FUNDAMENTOS DO ESTADO DE DIREITO

Estudos em Homenagem ao Professor Almiro do Couto e Silva

HUMBERTO ÁVILA
(organizador)

FUNDAMENTOS DO ESTADO DE DIREITO

Estudos em Homenagem ao Professor Almiro do Couto e Silva

Colaboradores

Ana Paula Oliveira Ávila – Carlos Ari Sundfeld
– Diogo de Figueiredo Moreira Neto
– Fábio Medina Osório Hartmut Maurer – Humberto Ávila
– Itiberê de Oliveira Rodrigues
– Jacqueline Morand Deviller – José Guilherme Giacomuzzi
– Judith Martins-Costa – Maren Guimarães Taborda
– Mário Júlio de Almeida Costa – Odete Medauar
– Rachel Sztajn – Rafael Da Cás Maffini
– Véra Maria Jacob de Fradera

MALHEIROS
EDITORES

FUNDAMENTOS DO ESTADO DE DIREITO

***Estudos em Homenagem ao Professor* ALMIRO DO COUTO E SILVA**

ISBN DESTE VOLUME: 85.7420.681.4

Direitos reservados desta edição por
MALHEIROS EDITORES LTDA.
Rua Paes de Araújo, 29, conjunto 171
CEP 04531-940 — São Paulo — SP
Tel.: (0xx11) 3078-7205
Fax: (0xx11) 3168-5495
URL: www.malheiroseditores.com.br
e-mail: malheiroseditores@terra.com.br

Composição
Acqua Estúdio Gráfico Ltda.

Capa
Criação: Vânia Lúcia Amato
Arte: PC Editorial Ltda.

Impresso no Brasil
Printed in Brazil
09.2005

SUMÁRIO

3. DIREITO CONSTITUCIONAL

4. DIREITO ADMINISTRATIVO

5. DIREITO E ECONOMIA

6. DIREITO COMPARADO

COLABORADORES

ANA PAULA OLIVEIRA ÁVILA

Mestra em Direito Público pela Universidade do Rio Grande do Sul; Professora de Direito Constitucional dos Cursos de Graduação e Pós-Graduação do Centro Universitário Ritter dos Reis; Membro nato do Instituto Internacional de Estudos de Direito do Estado (IIEDE); Advogada em Porto Alegre.

CARLOS ARI SUNDFELD

Professor Doutor da Faculdade de Direito da Pontifícia Universidade Católica de São Paulo; Presidente da Sociedade Brasileira de Direito Público (sbdp).

DIOGO DE FIGUEIREDO MOREIRA NETO

Professor Titular de Direito Administrativo da Universidade Cândido Mendes; Professor Emérito da Escola de Comando e Estado-Maior do Exército; Professor da EMERJ; Professor Conferencista da American University (Washington, DC, USA), da Georgetown University (Washington, DC, USA); da Universidad Complutense de Madrid (Madri, Espanha); Pós-graduação na especialização de Direito Administrativo pela Universidade de Lisboa; Procurador do Estado do Rio de Janeiro; Ex-Procurador-Geral do Estado da Guanabara.

FÁBIO MEDINA OSÓRIO

Doutor em Direito Administrativo pela Universidade Complutense de Madrid (UCM) pela CAPES; Mestre em Direito Público pela Universidade Federal do Rio Grande do Sul-UFRGS; Professor convidado nos cursos de mestrado e doutorado da UFRGS; Promotor de Justiça no Rio Grande do Sul.

HARTMUT MAURER

Universidade de Konstanz, Alemanha.

HUMBERTO ÁVILA

Doutor em Direito e Certificado de Estudos em Metodologia da Ciência do Direito pela Universidade de Munique, Alemanha; Mestre em Direito e Especialista em Finanças pela Universidade Federal do Rio Grande do Sul (UFRGS); Professor dos Cursos de Mestrado e Doutorado da UFRGS e da Universidade Estadual do Rio de Janeiro (UERJ); Professor de Direito Tributário, Financeiro e Econômico da Faculdade de Direito da UFRGS; Advogado e Parecerista em Porto Alegre.

ITIBERÊ DE OLIVEIRA RODRIGUES

Mestre em Direito Público pela Universidade Federal do Rio Grande do Sul (UFRGS) e pela Universidade de Münster, Alemanha; Doutorando em Direito Público pela Universidade de Münster, Alemanha; Professor na Faculdade de Direito da Universidade Federal de Pelotas (UFPEL-RS); Professor visitante no Curso de Pós-Graduação da UFRGS.

JACQUELINE MORAND DEVILLER

Doyen honoraire Professeur à l'Université Paris I – Panthéon Sorbonne.

JOSÉ GUILHERME GIACOMUZZI

Mestre em Direito Público Universidade Federal do Rio Grande do Sul; *Master of Laws* (George Washington University, USA, 2004) e doutorando em direito na mesma Universidade; bolsista CAPES; Promotor de Justiça no RS.

JUDITH MARTINS-COSTA

Professora de Direito Civil na Faculdade de Direito da Universidade Federal do Rio Grande do Sul; Doutora em Direito pela Universidade de São Paulo; Advogada.

MAREN GUIMARÃES TABORDA

Professora de História do Direito e de Direito Romano na UNISINOS e na Pontifícia Universidade Católica do Rio Grande do Sul-PUC/RS; Mestre em Direito Público (Teoria do Direito e do Estado) pela Universidade Federal do Rio Grande do Sul-UFRGS; Procuradora do Município de Porto Alegre.

MÁRIO JÚLIO DE ALMEIDA COSTA

Professor Catedrático da Faculdade de Direito de Coimbra, Portugal.

ODETE MEDAUAR

Professora Titular da Faculdade de Direito da Universidade de São Paulo.

RACHEL SZTAJN

Professora Associada da Faculdade de Direito da Universidade de São Paulo.

RAFAEL DA CÁS MAFFINI

Mestre e Doutorando em Direito pela Universidade Federal do Rio Grande do Sul; Professor de Direito Administrativo; Advogado em Porto Alegre.

VÉRA MARIA JACOB DE FRADERA

Mestre e Doutora em Direito pela Universidade de Paris II; Professora na Universidade Federal do Rio Grande do Sul; Advogada em Porto Alegre.

SAUDAÇÃO AO PROFESSOR ALMIRO DO COUTO E SILVA[1]

Quem homenageia faz um protesto de veneração e respeito a outra pessoa, dita homenageada. A entidade homenageante "presta" a homenagem; o homenageado a "recebe". Mas nem sempre é assim. Em ocasiões incomuns, a estatura do homenageado é tão grande que termina por provocar efeitos *reversos* sobre a entidade mesma que presta a homenagem. É o caso de hoje: a instituição que homenageia – o Curso de Pós-Graduação –, é, também ele, homenageado. Ao outorgar a homenagem, torna-se homenageada. Ter o Professor Almiro no seu quadro de professores, pelos seus méritos acadêmicos, profissionais e pessoais, é motivo de honra para todos nós.

Academicamente prestou serviços de importância incontestável à Cátedra, à Faculdade e ao Curso de Pós-Graduação. Tendo-se bacharelado em Direito por esta Faculdade em 1955, e – num tempo em que as distâncias eram tão maiores – se especializado em Direito Administrativo e Direito Romano, respectivamente com os grandes mestres Ernst Forsthoff e Geraldo Broggini, da Universidade de Heidelberg, iniciou sua carreira universitária como Professor de Direito Romano, cadeira que, desde 1965, passou temporariamente a ministrar nesta centenária Faculdade. A mesma casa que, logo após, começaria a integrar como Professor de Direito Administrativo, mediante concurso, em que foi classificado em 1º lugar, e da qual, tempos depois, se tornaria Digníssimo Diretor, entre 1984 e 1988.

Como Professor de Direito Público do Curso de Pós-Graduação, orientou e orienta mais duas dezenas de alunos de mestrado e douto-

1. Discurso de saudação feito por ocasião da Homenagem que lhe foi prestada pelo Curso de Pós-Graduação em Direito da Faculdade de Direito da Universidade Federal do Rio Grande do Sul, em 15 de junho de 2004.

rado, em Direito Administrativo, Constitucional, a maior parte dos quais com dissertações e teses não só defendidas como publicadas. Mais tarde, assumiu a difícil tarefa de Coordenar este Curso no período de 1992 a 1996, durante o qual preparou a sua inserção internacional, que se firmou com a brilhante gestão do Professor CEZAR SALDANHA e hoje se consolida com a extraordinária coordenação da Professora CLÁUDIA LIMA MARQUES.

Inserção internacional essa aberta ao Curso pela sua própria projeção internacional. O nosso Professor ALMIRO foi Professor Visitante da Universidade de Paris XII (St. Maur), em abril de 1988 e da Universidade de Paris I, Panthéon Sorbonne, em abril de 1995, bem como recebeu o título de membro da Academia de História Portuguesa, na cidade do Porto, para citar apenas algumas demonstrações de prestígio que tem recebido em vários países do velho continente.

Profissionalmente alcançou brilho sem par no Direito Público. Procurador do Estado do Rio Grande do Sul, exerceu variadas funções públicas, tanto em nível estadual – como Consultor Jurídico da Secretaria do Estado do Interior e Justiça e Membro do Conselho Superior da Procuradoria do Estado –, como em nível federal – como Coordenador Geral da Comissão de Estudos Legislativos do Ministério da Justiça e Subchefe da Casa Civil da Presidência da República. Tantas funções renderam-lhe várias honrarias, como o Prêmio Medalha Oswaldo Vergara, concedida pela OAB/RS, em reconhecimento pelos serviços prestados à Ordem e à Classe e a Comenda de Jurista Eminente concedida pelo Instituto dos Advogados, Rio Grande do Sul.

Em razão do seu profundo conhecimento em Direito Público, foi chamado a ocupar a Comissão constituída pelo Presidente do Tribunal Superior Eleitoral para a elaboração de anteprojeto de reformulação da legislação eleitoral brasileira (1995) e a Comissão constituída pelo Ministro da Justiça para a elaboração do Anteprojeto do Código de Procedimento Administrativo da União (1996).

Doutrinariamente o Professor Almiro ocupa lugar de destaque entre os publicistas brasileiros. Seria desnecessário fazer referência aos seus trabalhos, conhecidos de todos, cuja leitura é obrigatória a todos quantos se interessam pelo Direito Público brasileiro e comparado. Por angústia do tempo, pediria a permissão de todos para analisar um só trabalho seu, que tomo como exemplo das características marcantes de sua obra: *Princípios da legalidade da Administração Pública e da segurança jurídica no Estado de Direito contemporâneo*, publicado em 1987.

A primeira característica é o *pioneirismo*. As novidades doutrinárias de hoje, pontificadas em livros e artigos nacionais e estrangeiros supostamente inaugurais, sobre a ponderação e a concordância prática de princípios ou sobre a relativização do princípio da legalidade da Administração Pública, já eram antecipadas de modo inaugural e marcante pelo Homenageado, já na década de oitenta. "Não há erro maior do que acreditar que a palavra dita por último seja sempre a melhor, que toda coisa escrita mais tarde seja um melhoramento daquilo que foi escrito antes", são as palavras de Schopenhauer, que recobram viva atualidade no exemplo do homenageado.

A segunda característica é o *método peculiar de análise*. O Mestre aproxima-se do tema como que fazendo uma hermenêutica histórica: reconstrói, com filtros adequados de conceitos e de linguagem, e com um inigualável senso de unidade, o contexto histórico em que surgiu o problema. Com isso, permite compreender o presente como uma dimensão temporal frágil; o passado como uma realidade só ilusoriamente extinta; e os valores como de algum modo permanentes e universais. O Mestre não confunde história com catalogação de dados e de datas. O que ele faz é recompor, com sua conhecida maestria, a diversidade variável numa unidade permanente de valores.

A terceira característica é a *profundidade de análise*. Não há aspecto do tema que seja tratado de modo superficial. A opção do autor sempre foi – e continua sendo – pela qualidade, característica essa digna de mais louvores em nossa época, em que proliferam trabalhos de compilação, feitos às pressas, para se transformar numa novidade editorial, quando não mesmo num mero oportunismo. O que a pena do homenageado produz é obra pensada e repensada, fruto de pesquisa vertical na literatura alemã, italiana, francesa, espanhola, portuguesa, quando não mesmo nos clássicos da literatura universal.

A quarta característica, para pôr fim a esta lista, de resto interminável, é a simplicidade. No emaranhado de informações, no meio de culturas tão diversas, no seio de épocas tão distintas, na obra de autores tão diferentes surge a unidade de maneira límpida, a provocar no leitor a sensação de obviedade de que só as verdades são portadoras.

Mas se o homenageado busca incessantemente a verdade, não a tem por única, nem a vê como seu titular. Bem ao contrário. Uma das características marcantes do Mestre ALMIRO na docência é a sua serenidade. Não apenas a modéstia, como uma subavaliação, nem sempre sincera e muitas vezes hipócrita, de si mesmo. Não só a simplicidade, como a capacidade de fugir de complicações inúteis e praticamente das posições ambíguas. Também, e sobretudo, a serenidade: qualidade daquele que deixa o outro ser como é, ainda quando o outro é o insolente, o arrogante, o prepotente (Bobbio). Como professor, o homenageado deixa os alunos serem como são. Presta ajuda para que os alunos alcancem os seus propósitos. Se há mestres pelo poder, e mestres pelo saber, pode-se dizer, sem medo de errar, que o Professor ALMIRO, mais ainda do que mestre pelo *saber*, é mestre pelo *ser*: tornou-se respeitado e reconhecido porque ensinou, segundo preconizava o Pe. Vieira, muito mais com a vida e o exemplo do que com meras palavras.

Essa saudação e as circunstâncias do homenageado fazem-me recordar uma história, contada pelas palavras insuperáveis do Professor ROQUE CARRAZZA, que vem ao caso aqui repetir:

Conta-se que um artista, protegido do Duque de Milão, todos os dias subia, com suas ferramentas de trabalho, ao topo de uma das torres do famoso Duomo, que estava em construção. E lá permanecia, o dia todo; à noitinha tornava à terra. E, isto, meses a fio.

O vulgo, ignorante e maledicente, começou a murmurar que o artista estava burlando a confiança do Duque de Milão. Houve até quem assegurasse que ele ia dormir ao alto dos andaimes.

Estes murmúrios, como era de se esperar, chegaram aos ouvidos do Duque que, pelo sim, pelo não, não querendo passar por tolo, resolveu fazer algumas averiguações.

E, numa bela manhã, artista e Duque subiram a uma das torres da Catedral. Ao chegar ao topo, o Duque pode contemplar de perto os lavores cimeiros, aquele autêntico rendilhado de pedra, fruto de trabalho paciente, custoso.

Maravilhado, não se conteve e exclamou: "Por que tamanho esmero, se os homens, lá em baixo, nada vêem?"

A resposta do artista veio de pronto: "Excelência, meu trabalho não é para os homens; meu trabalho é para Deus". Eis o ponto: ALMI-

RO DO COUTO E SILVA, com seus trabalhos, com suas posições, com sua trajetória, nunca buscou o aplauso fácil. A popularidade pela popularidade. O mestre ALMIRO, o grande Almirante, como dizem seus discípulos mais próximos, soube conduzir a embarcação a um lugar seguro. E nós todos, que continuamos a navegar nessas águas irregulares do Oceano Atlântico, esperamos continuar sendo conduzidos, por muito tempo, pela mão segura do Mestre ALMIRO.

Mestre ALMIRO, parabéns e obrigado – digo, obrigado e parabéns a Vossa Excelência!

Professor HUMBERTO ÁVILA
em nome do Curso de Pós-Graduação em Direito
da Faculdade de Direito da Universidade Federal do Rio Grande do Sul.

1. História do Direito

UMA PERSPECTIVA DA EVOLUÇÃO DO DIREITO PORTUGUÊS

Mário Júlio de Almeida Costa[1]

1. Proponho-me mostrar e justificar, em breve síntese, a minha visão de conjunto da evolução do direito português. O problema relaciona-se com a abertura de grandes ciclos no processo histórico-jurídico que chega até nossos dias.

A questão apenas assumiu verdadeiro relevo científico em tempos próximos. Os bandeirantes da nossa historiografia jurídica, Melo Freire, Caetano do Amaral, Coelho da Rocha, ainda mesmo Herculano e, de certo modo, Gama Barros, adoptaram critérios políticos ou étnico-políticos. Isto é, fizeram coincidir as épocas da história do direito com as dominações dos povos estrangeiros na Península e, desde os começos da nacionalidade, com os reinados ou as dinastias.

Não menos insatisfatórios se apresentam os critérios jurídico-externos, que subordinam a divisão da história do direito à estrutura das fontes. Pode considerar-se seu defensor Ricardo Raimundo Nogueira.

Tais parâmetros antigos ainda inspiraram, em parte, o ensino e os estudos de Guilherme Moreira e de Pedro Martins. Mas, evidentemente, com essas cronologias não se tornava possível descobrir ou assinalar os vectores fundamentais da génese e do caminho do sistema ou dos sistemas jurídicos da história portuguesa. A evolução e a periodização do nosso direito encontravam-se dissociadas ou, mesmo, de costas voltadas.

1. Tributo a Almiro do Couto e Silva, Homem, Universitário e Jurisconsulto paradigmático, Amigo certo.

Foi Paulo Merêa – que, depois do interregno monográfico de Marnoco e Sousa, repôs o método cronológico – quem primeiro abandonou os pontos de vista tradicionais. Assim como foi Cabral de Moncada quem, pelos começos da década de trinta do século passado, numa comunicação apresentada a congresso na Universidade de Salamanca, colocou em termos rigorosos "O problema metodológico na ciência da história do direito português".[2] Propôs Moncada um critério jurídico-interno ou estritamente jurídico.

Em obediência à parcimónia da reflexão que anunciei, não vou ocupar-me desse estudo notável. Apenas salientarei que uma coisa representa a essência indiscutida do pensamento de Cabral de Moncada e outra constituem as soluções concretas a que chegou. Por muito que estas se encontrem superadas, o seu diagnóstico transitou em julgado.

Daí em diante, nunca mais se perdeu de vista nas diversas análises do passado do nosso direito. Levaria tempo a descrevê-las. Só observo que as opções se relacionam, evidentemente, com os aspectos que os seus autores consideram decisivos na evolução jurídica ou que melhor a traduzem; e que se prendem, também, com as áreas focadas.

É que não se mostra fácil, por exemplo, uma cronologia igualmente adequada à história do direito político e do direito privado, tal como se verificam dissemelhanças na evolução das fontes, das instituições e do pensamento jurídico. Aliás, acabam por existir nexos de complementaridade entre alguns desses critérios. E, de qualquer modo, as suas diferenças oferecem o interesse manifesto de uma compreensão da mesma realidade sob vários ângulos, o que contribui, sem dúvida, para o seu esclarecimento mais perfeito.

2. Na minha última ponderação, reduzo o processo evolutivo do direito português, desde os começos da nacionalidade até à época presente, a três ciclos básicos, bem distintos, com duração, perspectiva e significado muito diversos. São eles: o período da individualização do direito português; o período do direito português de inspiração romano-canónica; e o período da formação do direito português moderno.

Não pressupõe esta periodização um critério homogéneo, enquanto se assinalam, em assimetria, os problemas específicos ou fulcrais

2. *Estudos de História do Direito*, vol. II, Coimbra, 1949, pp. 179 e ss.

que conferem personalidade própria às sucessivas épocas. Por outro lado, obviamente, atribui-se às datas concretas que se apontam para delimitá-las um mero valor simbólico ou de referência. Pois, ainda quando os eventos que marcam o fim de um ciclo histórico ocasionam transformações profundas, nunca as mudanças jurídicas são globalmente radicais e instantâneas.

Passo a justificar o meu modo de ver.

3. O *período da individualização do direito português* decorre da fundação da nacionalidade aos começos do reinado de Afonso III, portanto, de 1140 a 1248. Com efeito, a independência política do Estado português não envolveu uma autonomia imediata no campo do direito. Verificou-se a manutenção do sistema herdado da monarquia leonesa. Só pouco a pouco foram surgindo fontes tipicamente portuguesas.

O nosso direito, até meados do séc. XIII, teve uma base consuetudinária e foraleira, como sucedeu nos restantes Estados peninsulares medievos, onde o Código Visigótico cada vez mais perdia terreno e a legislação ia aflorando timidamente. Por outro lado, o esforço de fomento social e económico conduzia à difusão de fontes de direito local: as cartas de povoação e os forais.

Compreende-se, de resto, que este sistema jurídico dos começos do Estado português fosse um direito rudimentar, caracterizado por instituições de tipo primitivo. O direito hispânico da Reconquista cristã, quanto ao seu conteúdo, traduz o resultado de uma amálgama de camadas sobrepostas, em consequência das sucessivas dominações da Península. Convirá também não esquecer que o ordenamento jurídico da época deve uma boa parte da sua originalidade e como que regressão atávica à situação histórica em que se desenvolveu, às específicas condições sociais, políticas e económicas que o rodearam, geralmente conhecidas.

Completa o quadro, uma referência ao empirismo que presidia à criação jurídica, orientada, no campo do direito privado, basicamente, pelos tabeliães, através dos contratos e outros actos que elaboravam, não existindo, via de regra, preceitos gerais individualizadores dos vários institutos. São as escrituras tabeliónicas, redigidas de acordo com a vontade concreta dos outorgantes, que, paulatinamente, acto após acto, modelam os diversos negócios jurídicos. A perfeita autonomia, a definição e a disciplina destes só vieram a operar-se à medida que se deu a penetração das normas e da ciência do direito comum romano-canónico.

Encontrava-se, pois, no centro da produção jurídica, a figura do tabelião ou notário – jurista prático, mas bem mais prático do que jurista. Muito expressivamente, sugere Paulo Merêa que a sua actuação "pode talvez ser aproximada, *mutatis mutandis*, da do jogral – meio-termo entre o bobo e o trovador – na esfera literária".[3]

4. Que sucedia, entretanto, além-Pirinéus, no âmbito do direito e do pensamento jurídico?

Algo de decisivo ia acontecendo por essa Europa adiante, a partir do séc. XII, embora já com prenúncios claros durante a centúria antecedente, sobretudo nos seus finais. Polarizado em Itália, na Universidade de Bolonha, dava-se o chamado renascimento do direito romano, paredes-meias com a renovação normativa e dogmática do direito canónico.

Torna-se necessário ter presente um conjunto complexo de causas ou conexões que explicam esse fenómeno. Desde logo, a restauração do Império do Ocidente, que aí encontrava o seu sistema jurídico. Sob a égide da Igreja, operou-se, não só essa reposição política, mas também a aplicação do direito das colectâneas justinianeias às matérias temporais. A seguir à morte de Carlos Magno, todavia, agudizaram-se as relações entre o Papado e o Império. Desponta a grande querela que encheu a época e de que constituem aspectos mais ou menos velados as controvérsias a respeito do Estado, da sua função social e das formas de governo, do problema da Igreja e da respectiva orgânica interna. Procurava-se no direito romano apoio para o robustecimento da posição imperial, a que não era estranho um desejo de predomínio sobre os soberanos dos restantes reinos.

Lembra-se, por outro lado, o universalismo decorrente da fé e do espírito de cruzada, que unifica os homens acima das fronteiras da raça e da história. Acresce o imprevisto fervor, entre os séculos XI e XII, na exaltação da romanidade, em consequência da interpretação cristã do mundo. Assiste-se, além disso, a um progresso geral da cultura.

3. *Estudos de Direito Hispânico Medieval*, t. I, Coimbra, 1952, p. XVIII.

Não convirá, ainda, perder o rasto de certos factores económicos. Assim, o aumento da população, o êxodo do campo, as potencialidades da nascente economia citadina, com o seu carácter essencialmente monetário, a sua indústria, o seu comércio, as suas novas classes sociais. Em suma: a vida colocava ao direito e à disciplina que o cultiva problemas de crescente complexidade.

O pensamento jurídico europeu viria a assumir quatro sucessivas atitudes metodológicas: a dos Glosadores no séc. XII; a dos Comentadores no séc. XIV; a dos Humanistas no séc. XVI; e a do *uso moderno* no séc. XVIII. A coincidência do ritmo invariável de dois séculos.

Na base da Escola dos Glosadores, encontra-se Irnério, que teve o mérito de conferir ao ensino do direito a autonomia antes denegada dentro do conjunto das disciplinas que compunham o saber medieval. Aplicou aos estudos jurídicos os conhecimentos gramáticos e dialécticos da sua formação de mestre em artes liberais.

É tradicional caracterizarem-se os Glosadores como simples exegetas dos textos legais. Tiveram, de facto, uma posição tipicamente dogmática e legalista em face do *Corpo de Direito Civil*. Atribui-se-lhes, também, uma ignorância profunda nos domínios filológico e histórico. Contudo, a sua obra foi da maior importância, ao procurarem transformar o conjunto romano-justinianeu, consabidamente inorgânico e diversificado, num todo unitário e sistemático. Mercê da sua actividade de exegese, de conciliação de princípios e de elaboração de regras, os Glosadores chegaram a uma estrutura doutrinal de conjunto. No acerto de Wieacker, criaram "talvez a primeira dogmática jurídica autónoma da história universal".[4]

Pelo segundo quarto do séc. XIII, com a Magna Glosa de Acúrsio, procedeu-se a uma selecção das nótulas exegéticas (glosas) anteriores, harmonizando ou apresentando criticamente as opiniões discordantes. Condensou-se o legado científico que gerações sucessivas de juristas acumularam. Encerrou-se, por assim dizer, um ciclo da ciência do direito. A segunda metade do séc. XIII, com os pós-acursianos ou pós-glosadores, desenha como que um período de transição para a nova metodologia, que se desenvolve, verdadeiramente, no séc. XIV.

4. *Privatrechtsgeschichte der Neuzeit*, 2ª ed., Göttingen, 1967, p. 59 (na versão portuguesa, Lisboa, 1980, p. 53).

Os Glosadores já utilizaram o silogismo e outros processos lógicos com vista a atingir, partindo da letra, o espírito da lei. Aí se pode reconhecer alguma influência escolástica. Todavia, a adopção aberta da dialéctica aristotélica na área do direito apenas ocorreu com os Comentadores.

Esta nova orientação do pensamento jurídico explica-se pela generalização do método escolástico. Aplicado com êxito à especulação teológica e filosófica, nada admira que se comunicasse ao estudo do direito. As suas primeiras manifestações recuam à famosa escola de Orléans, pelos fins do séc. XIII e começos do séc. XIV, embora só encontrasse pleno desenvolvimento na Itália.

Destacam-se, em relação aos Glosadores, diferenças de tipo didáctico e respeitantes ao enfoque das fontes romanas. Os novos esquemas de exegese dos textos legais são agora acompanhados de um esforço de sistematização das normas e dos institutos jurídicos de uma forma muito mais perfeita: encara-se a matéria jurídica, preferentemente, de um ângulo lógico-sistemático e não, sobretudo, exegético.

O ciclo mais criativo dos Comentadores decorre dos começos do séc. XIV aos meados do séc. XV. À frente dos grandes mestres da Escola encontra-se Bártolo. É de salientar o pragmatismo dos Comentadores. Voltaram-se para uma dogmática jurídica dirigida à solução dos problemas concretos, com um afastamento crescente da estrita letra dos textos romanos. Em resultado, lançaram-se os alicerces de instituições e disciplinas não vinculadas a categorias do direito romano ou que este apenas encarava casuisticamente. Assim aconteceu, por exemplo, a respeito dos direitos comercial e marítimo, do direito internacional privado, do direito civil, do direito penal e do direito processual. Deu-se, numa palavra, mais um passo nítido no caminho que levaria à moderna ciência do direito.

Só que, ao longo da segunda metade do séc. XV, inicia-se o declínio dos Comentadores. O método escolástico, utilizado por juristas talentosos, tinha sido criativo e permitira descobrir o verdadeiro espírito dos preceitos legais. No entanto, logo que passou a um emprego rotineiro – com o uso e abuso do princípio da autoridade (a opinião comum) e o excesso de casuísmo –, conduziu à estagnação, à mera repetição de argumentos e de autores.

Foi neste quadro que surgiu o humanismo jurídico quinhentista.[5] Começou a encarar-se o direito como uma das manifestações da cultura clássica. Não deve, contudo, entender-se o humanismo jurídico como simples movimento cultural dominado pela filologia e a investigação erudita das fontes que continham normas do direito romano (*studia humanitatis*). Importa encará-lo num horizonte mais vasto, abrangendo o conjunto de correntes espirituais e intelectuais, mormente impulsos racionalistas e individualistas, que definem esse período.

O humanismo jurídico desenvolveu-se, de facto, sob diversas tendências: desde as filológico-críticas, orientadas para o estudo e reconstrução dos textos clássicos, até à que reivindicava a liberdade e autonomia do jurista na exegese da lei, portanto, perante a opinião comum ou interpretação mais aceita. Vale a pena recordar António de Gouveia, precursor e mestre de Cujácio.

Triunfante em França, o humanismo jurídico não se radicou na Itália, onde os tradicionais métodos bartolistas continuaram a ter preferência. E é deste modo que, do séc. XVI ao séc. XVIII, a Europa assiste ao debate entre o método jurídico francês e o método jurídico italiano – o *mos gallicus* e o *mos italicus iura docendi.*

5. O nosso país não permaneceu estranho a esse sistema de direito comum romano-canónico, que, embora não uniformemente, constituiu o suporte da experiência jurídica europeia até finais de setecentos. Porém, a sua influência efectiva, entre nós, deu-se apenas a partir do meio do séc. XIII.

Este termo *a quo* é pacífico. Não pode atribuir-se demasiado alcance ao facto de existirem, em Portugal, antes dessa data, alguns letrados, designadamente junto dos reis, com formação romanística e canonística, ou múltiplos vestígios de códices que atestam a presença de livros do direito comum.

Deixo, assim, justificado por que deve abrir-se, em meados do séc. XIII, o segundo ciclo da evolução do nosso direito: o *período do direito português de inspiração romano-canónica*, que apenas se en-

5. Sobre o humanismo jurídico, cf. Domenico Maffei, *Gli Inizi dell'Umanesimo Giuridico,* Milano, 1956, e, entre nós, Nuno J. Espinosa Gomes da Silva, *Humanismo e Direito em Portugal no Século XVI*, Lisboa, 1964.

cerra nos fins do séc. XVIII. Corresponde-lhe a força de penetração avassaladora do direito comum.

Dispenso-me de insistir nos factores sabidos que a traduzem. Não inventariarei sequer algumas das grandes e interessantíssimas mudanças que se produziram, nesta época, em aspectos fundamentais do direito público e do direito privado.

Num balanço de conjunto, reconhece-se que as influências romanísticas tenham sido predominantes. Contudo, nalguns sectores, prevaleceram orientações do direito canónico. Estas últimas demonstram relevo muito específico na disciplina da família, mas fizeram-se ainda sentir, de modo significativo, noutras áreas, como as da posse, da usucapião, do direito e processo criminais.

O que não deixarei de assinalar é que, entre nós, o romanismo apresentou um sinal homogéneo, em vez de oferecer aquelas três fases correspondentes aos sucessivos critérios exegéticos e metodológicos do pensamento jurídico europeu. Na verdade, o romanismo português foi inteiramente, ou quase inteiramente, enquanto significativo, de cunho bartolista.

Houve, sem dúvida, juristas portugueses que aceitaram, com maior ou menor evidência, os rumos do humanismo jurídico. Contudo, a conclusão é a de que tiveram, em regra, uma acção irrelevante na vida nacional, tanto numa perspectiva da construção científica como da realidade prática.

A orientação humanista ligada à corrente filológico-crítica não transpôs as nossas fronteiras. Os portugueses educados no humanismo jurídico de raiz italiana, sobretudo inspirado por Alciato, ou não regressaram ao País (os casos de Henrique Caiado e Álvares Nogueira), ou, os que regressaram, nenhuma obra de direito aqui escreveram (como sucedeu com Luís Teixeira e Martinho de Figueiredo).

O mesmo se passou com os juristas filiados na corrente francesa continuadora da italiana. António de Gouveia tornou-se um autêntico estrangeiro; e, quanto aos restantes portugueses que estudaram em França, alguns voltaram à pátria, mas tiveram também uma reduzida importância (foi esse o destino de Diogo Mendes de Vasconcelos e Miguel de Cabedo) e até não faltou quem acabasse desiludido com o humanismo (o exemplo de Soares da Ribeira).

No que diz respeito à orientação humanista que reivindicava fundamentalmente a liberdade e a autonomia interpretativa dos textos, reconhece-se que ela não conseguiu sorte muito diversa: os seus reflexos em Portugal foram esporádicos, apesar de se revestirem de sensato realismo e ponderação.

Parece lícito, em resumo, acentuar o predomínio de juristas que combinaram, numa equilibrada e apreciável medida, as vantagens práticas do método dos Comentadores com as exigências eruditas e, especialmente, com os postulados hermenêuticos devidos à modernidade humanista. Revelaram os jurisconsultos nacionais uma enorme mestria e senso jurídico de cientistas práticos, ao conciliarem a visão dogmática e a visão histórica. Entre outros, cabe referir Manuel da Costa e Aires Pinhel. Acrescentando-se, no âmbito dos canonistas, Bartolomeu Filipe.

6. A trave mestra do sistema jurídico português durante todo este longo período, que decorre dos meados do séc. XIII aos finais do séc. XVIII, foi o direito comum romano-canónico, com a feição que acabo de pôr em destaque.

Não deve esquecer-se, todavia, que, a meio de quatrocentos, surge a nossa primeira colectânea oficial de preceitos gerais: as Ordenações Afonsinas, a que se seguiram, no séc. XVI, as Ordenações Manuelinas, completadas pela Colecção das Leis Extravagantes de Duarte Nunes do Lião, e, por último, as Ordenações Filipinas, vigentes até às codificações modernas oitocentistas.

Ora, essa centralização legislativa, que tem pressupostos políticos sintomáticos e consequências, a vários títulos, de enorme relevância, justifica um *antes* e um *depois*. Daí que se divida o extenso ciclo do direito português de inspiração romano-canónica em dois subperíodos: um deles até meados do séc. XV – a *época da recepção do direito romano renascido e do direito canónico renovado (direito comum)*; e o outro a partir dessa data – a *época das Ordenações*.

Aliás, cumpre salientar, ainda, um aspecto individualizante. É que, nesta época das Ordenações, se acentua a independência, ao menos formal, do direito próprio do Reino em face do direito comum, subalternizado no posto de fonte subsidiária e apenas mercê da autoridade ou legitimidade conferida pelo soberano, que personificava o Estado.

7. Atingimos, por fim, o terceiro e último grande ciclo que se abre na história jurídica do País: o *período da formação do direito português moderno*. O seu começo coincide com o governo do Marquês de Pombal. Já antes de dobrada a primeira metade do séc. XVIII, Verney proclamava novos rumos. Mas só a chamada Lei da Boa Razão, de 1769, e os Estatutos da Universidade, de 1772, concretizam uma mudança expressiva, tanto da ciência e da prática do direito, como da pedagogia jurídica. Estes constituem os diplomas carismáticos. A seu lado, algumas providências legislativas pontuais são secundárias.

Abre-se, então, o ciclo genético imediato que conduz ao sistema jurídico de nossos dias. Vê-se, ao longo dele, mais uma vez, que os juristas portugueses nunca ficaram alheios às grandes correntes de ideias que no estrangeiro marcaram a sucessiva modernidade na esfera do pensamento do direito, sempre muito unido, como não se ignora, à cadência geral da filosofia europeia.

Raro se produziram recepções inteiras e inflexíveis. Quase sempre, uma falta nítida de simultaneidade entre o momento da eclosão de cada nova directriz jurídica e o da sua difusão em Portugal fez com que fôssemos envolvidos por correntes que não se viram nascer nem se acompanharam no seu desenvolvimento inicial; e daí, ou advieram frutos efémeros, ou o modelo estrangeiro se enraizou, mas descrevendo uma trajectória com trâmites e sentido característicos, em face do património tradicional. Assim no direito, como noutros ramos do saber e da cultura. A tal fenómeno, também verificado durante os períodos anteriores, não estiveram imunes os últimos dois séculos da nossa história jurídica.

O moderno direito português lança as suas primeiras amarras nas reformas pombalinas. E estas reflectem ou acompanham, posto que em graus diversos que o Despotismo Ilustrado filtrou, as grandes correntes europeias do tempo. Designadamente: o jusnaturalismo racionalista, escola filosófica e de jurisprudência teorética, que inspirou a relevantíssima orientação teórico-prática do *uso moderno*; as tendências do humanismo jurídico que permaneciam; o Iluminismo, que tirou as ilações derradeiras de alguns postulados de filosofia jurídica e política que vinham do Renascimento, mas chegando à mentalidade portuguesa, segundo Moncada, com a atenuação da via italiana; e o Humanitarismo, também corrente de filiação iluminista, sobre o direito penal e o tratamento penitenciário.

A esta primeira onda, outra se seguiria com efeitos radicais, nos começos do séc. XIX: a que trouxe em cheio o individualismo, ao lado do liberalismo político e económico, que a Revolução Francesa difundira. À frente de todas as novidades, no plano mais propriamente político ou técnico-jurídico, ao serviço da construção ideológica da época, situou-se o princípio da separação de poderes.

Como corolário lógico, surge o positivismo jurídico, nas suas vertentes legalista e dogmática. Logo, o movimento de codificação, as construções de feição abstracta e formalista, a prevalência dos métodos axiomáticos e dedutivos. São estes os vectores que dominam o nosso séc. XIX, politicamente marcado pelo triunfo da Revolução Liberal, e as primeiras décadas do século imediato.

Em face do exposto, distinguem-se dois subperíodos: o que vai das reformas pombalinas à Revolução Liberal de 1820 – a *época do jusnaturalismo racionalista*; e o que prossegue de então em diante – a *época liberal* ou, na designação, porventura mais complexiva, de Cabral de Montada, a *época do individualismo filosófico ou crítico*.

8. Chegamos, assim, ao limiar do direito português contemporâneo. Passa-se da história ao quadro do presente. Nesta sede, coloca-se o problema de saber até onde já existe uma perspectiva suficientemente consolidada para encarar a evolução jurídica das décadas que antecedem a recente mudança de século. Apenas se acrescenta um rápido apontamento introdutório.

Ora, querendo-se indicar um marco cronológico – mais uma vez, com a sua relatividade inevitável – que sirva de ponto de referência para o começo do ciclo que se designa como sendo a *época do direito social*, ocorre a I Grande Guerra (1914-1918). Um alargamento sensível das actividades humanas trouxe consigo novas relações sociais, pôs ao direito imprevistas exigências de tutela, suscitou conflitos até então desconhecidos ou agudizou outros, chamando a ordem jurídica a desempenhar uma tarefa cada vez mais extensa, variada e melindrosa. Depois da II Grande Guerra (1939-1945), potenciou-se a dinâmica da transformação.

As tendências, por exemplo, do moderno direito privado enraizaram, antes de tudo, na mudança de estruturas económicas e sociais que resultaram da crise do liberalismo clássico. Como se apresentam diversos dos anteriores os pólos de gravitação das mais autênticas aspirações individuais e colectivas do nosso tempo.

Importantes factores culturais, progressos da ciência, sucessivas revoluções industriais e tecnológicas, que acompanharam a formação de sociedades massificadas, constituíram aspectos a que os problemas do direito e da realização da justiça não poderiam ficar alheios. Ensina a história que sempre cada época lhes deu ou procurou dar a sua própria resposta.

Um sentido de democratização económica e o intervencionismo da legislação do Estado, a limitar os anteriores postulados da autonomia da vontade e da liberdade contratual, determinaram, por toda a parte, a edificação de um direito social, ou, se preferirmos, de uma tendência social do direito, e o desenvolvimento da sua publicização. Verificam-se neoformações jurídicas, que se foram produzindo em múltiplos sectores, ao lado das instituições e dos ramos tradicionais do direito. Bastará pensar no que sucedeu quanto às relações de trabalho, ao instituto da propriedade, ao direito económico e industrial, ao contrato de arrendamento, a certos rasgos da responsabilidade civil, ao direito agrário, ao direito de defesa do consumidor, ao direito do ambiente, etc.

Sobre a inspiração última do fenómeno, aliás, comum à generalidade dos povos da nossa civilização, pode dizer-se, esquematicamente, que ele partiu das várias tendências solidaristas modernas, que subordinam os interesses individuais aos colectivos. Entre estas, a que mais toca ao espírito do direito português é a doutrina social cristã, que propõe a consecução do bem individual através da sua coordenação com os interesses gerais da comunidade, ao mesmo tempo que o próprio Estado procura, também por si, aumentar os poderes e impor-se ao individualismo neutralizador da sua acção.

Em todo o caso, neste começo do terceiro milénio, desenham-se ou acentuam-se linhas de força inversas. As últimas realidades económico-sociais e políticas, acompanhadas de incidências ideológicas, apontam para uma *desintervenção* do Estado, com retorno à esfera jurídico-privada.[6] Até onde caminhará, porém, o chamado Estado pós-social? Não se vaticina um horizonte seguro e definitivo.

6. Entre nós, ver Maria João Estorninho, *A Fuga para o Direito Privado*, Lisboa, 1966, com importante bibliografia.

A tais transformações que se têm operado no âmbito do direito correspondem viragens da ciência que o cultiva[7] e do pensamento filosófico-jurídico. A par do renovado direito natural católico, e depois do neokantismo e correntes concomitantes, e mesmo do neo-hegeleanismo, com relevo, ainda, para a fenomenologia, sublinha-se hoje o que poderá dizer-se a axiologia crítica no horizonte da reformulação hermenêutica e do aprofundamento metodológico, que vão sendo, entre outros, caminhos diversificados de superação das perspectivas positivistas, sem prejuízo dos contributos significativos que, a seu turno, estas trouxeram à ciência jurídica.

As breves referências anteriores deixarão entrever as profundas mudanças registadas no campo do direito. Como é óbvio, elas produziram-se em todas as suas áreas, publicistas e privatísticas. Enormes resultaram as paralelas transformações metodológicas e a evolução da ciência jurídica.

Sustenta a metodologia moderna que os cultores do direito não devem propor-se a mera explicação teórica das soluções consagradas na lei, com vista a uma compreensão sistemático-formal do ordenamento jurídico, segundo postulava a jurisprudência dos conceitos. Em vez dessa linha metodológica, considera-se que incumbe ao jurista, como tarefa principal, a indagação dos motivos práticos das soluções da lei, dos interesses materiais ou ideais e finalidades que as determinaram, como sugere a jurisprudência dos interesses; ou melhor, de acordo com a subsequente orientação da jurisprudência das valorações, é necessário que ao aplicar-se o direito se atenda, essencialmente, aos princípios ou critérios valorativos em que as formulações legislativas se baseiam e imanentes ao ordenamento jurídico. Esta orientação, contudo, não se mostra indiscutida.

Acresce que, numa acentuação do momento pragmático de linguagem e dos esquemas institucionais, as próprias correntes analíticas destacam o facto de uma adequada resolução dos problemas jurídicos concretos apenas se tornar possível mediante a ponderação das

7. Encontram-se indicações relativas a países de diversos continentes na colectânea de estudos organizada por M. Rotondi, *Inchieste di Diritto Comparato n. 6 – La Scienza del Diritto nell'Ultimo Secolo*, Padova, 1976. Sobre Portugal, pode consultar-se na mesma obra a síntese de Nuno J. Espinosa Gomes da Silva e Armindo Ribeiro Mendes, pp. 545 e ss.

especificidades destes, em referência a uma certa prática, e nunca por mera via axiomático-dedutiva de subsunção. Trata-se do modo actual de encontro do homem com o direito.

9. Convirá proceder a uma abreviada clarificação a propósito da realidade portuguesa. Inventariaram-se, na verdade, múltiplos factores, mais ou menos generalizados, que alicerçam, em oposição ao individualismo precedente, uma tendência para conferir relevo essencial às preocupações sociais e traduzi-las no campo do direito. Fixou-se o seu começo pelos fins da segunda década do séc. XX, o que parece ser um ponto de referência exacto no conjunto europeu. Entre nós, talvez o rigor justifique avançá-lo um decénio, chegando-se à II República, geralmente crismada de Estado Novo.

De qualquer modo, a respectiva análise, até ao termo de novecentos, impõe ou sugere uma subperiodização. Esta desenvolve-se em duas vertentes: a da criatividade legislativa e a do pensamento jurídico.

A primeira, a do empenho legislativo nacional que decorreu desde os anos trinta, não se compadece com reflexões sucintas. O direito português caminhou a par das modernizações sucessivas impostas nos países de civilização ocidental pelas novas situações históricas. Não obstante as rupturas institucionais de 1926 e 1974, a que se seguiram as Constituições de 1933 e 1976, reflectindo diferentes concepções do Estado, apura-se, no essencial, quanto ao comum do sistema jurídico, mais continuidade do que descontinuidade evolutiva.

Afigura-se, todavia, que o seccionamento do direito português de novecentos não se satisfaz com puros aspectos externos. Importa apreciar os eventos legislativos na sua circunstância. Deve ir-se ao fundo subjacente, em especial às perspectivas do pensamento jurídico. Eis o âmbito em que se situam as nossas últimas considerações

10. Como é próprio dos períodos que acompanham as grandes modificações da lei, apontaram-se, não raro, aos nossos juristas, durante o ciclo ou ciclos em apreço, largos esforços de análise e de construção dogmática. Porém, com que matrizes?

A mediação jusfilosófica marcante, entre nós, pelos meados do século passado, denuncia raízes neokantianas da Escola de Baden e evolução progressiva para uma metafísica idealista, com acentuação hegeliana de certo *espírito objectivo* na base da cultura histórica. Acresce, sob impulso fenomenológico, a preocupação de depurar os conceitos essenciais do direito e de explicitar uma axiologia que, também evolutivamente, de uma imediata manifestação material passaria a um sentido de abertura formal a determinar nas positivações da história, visando a renovação do problema do direito natural à luz dessa axiologia. Entendimento que conserva adeptos, embora nem todos de fidelidade inconfinada.[8] Mas trilhar-se-iam caminhos diversos, numa paralela rejeição positivista e conceitualista.

Efectivamente, através do problema e da reflexão normativo-metodológicos da realização do direito, tem-se chegado, mais perto da hora que passa, a novas posições. Ou seja: por um lado, conclui-se que a juridicidade não se reconduz à legalidade; e, por outro lado, propõe-se uma recompreensão da normatividade jurídica e uma revisão das suas fontes, com particular reconhecimento da autonomia normativamente constitutiva da concreta decisão judicativa da realização do direito e da especificidade que também para o direito daí resulta. Nessa base e em referência a um contexto sócio-cultural em profunda mutação, que se afirma como horizonte de crise, coloca-se o entendimento do direito como problema, interrogando-se o seu sentido – o sentido da sua emergência e da sua subsistência perante a possibilidade de eventuais alternativas –, a sua função histórica no quadro do sistema global e o seu específico modelo metodológico. É a partir deste tríptico que se intentam pensar e resolver as questões jurídicas fulcrais postas pelo tempo presente.

Surgirá, contudo, a dúvida sobre se as referidas orientações de abertura às correntes mais actualizadas não permaneceram, desafortunadamente, sem o eco que se justificaria na realização efectiva do direito. Retrocedamos um pouco.

Apura-se que, ultrapassada a fase do estrito positivismo, predominaram os autores que revelam, ainda nessa linha, uma certa incoerência interna. Quanto à fundamentação e compreensão filosófica do jurídico, são ou declaram-se jusnaturalistas. Porém, no plano metodológico da construção dogmática e da aplicação do direito, revelam-se

8. Sobre o confronto do pensamento filosófico-jurídico de Cabral de Moncada, Miguel Reale e António José Brandão, por exemplo, ver a síntese de António Braz Teixeira, em *Miguel Reale e o Diálogo Filosófico Luso-Brasileiro*, Lisboa, 1992 (separata de *O Pensamento de Tobias Barreto – Actas do Colóquio*, Lisboa, 4 a 7 de julho de 1990).

positivistas, quer numa vertente de cariz exegético-formal de rigorosa vinculação à lei, quer numa vertente que, aproximando-se da jurisprudência dos conceitos, privilegia o momento do sistema em termos lógico-formais.

Este é o denominador comum a várias atitudes. Encontram-se, de resto, no universo português, a par de construções inspiradas pela jurisprudência dos conceitos, outras resultantes da confluência de postulados exegéticos e de conceitualismo teleológico e também as que aceitaram a jurisprudência dos interesses ou a posterior jurisprudência das valorações. Linhas metodológicas, entre nós, mais coexistentes do que sobrepostas.

Pode afirmar-se que os que melhor conheceram a palavra actualizada da dogmática jurídica europeia e a ela aderentes tiveram, via de regra, pequena audiência, ou não suficiente audiência, no plano da prática, ao contrário do que sucedeu com alguns seus contemporâneos, ainda prisioneiros do passado, mas defensores de métodos fáceis e atractivos para o quotidiano forense. Acabaram por ser estes, consequentemente, que mais pautaram a vida jurídica portuguesa. Ou não exercessem tal influência mediante obras acessíveis, comentários e anotações à lei e à jurisprudência. É outro aspecto de muito relevo que importa atender na apreciação exacta da ciência e da prática jurídica das últimas décadas.

Esboçaram-se problemas relativos ao passado recente do direito português, apenas com propósitos introdutórios e de sensibilização para o seu estudo. Alinharam-se alguns elementos, acompanhados de vagas reflexões gerais. Tudo a convocar, sem dúvida, uma análise detida e rigorosa, observando-se a distância clarificadora do tempo ou da consumação dos factos que a história sempre reclama.

LE DROIT ADMINISTRATIF FRANÇAIS ET SES RÉVOLUTIONS TRANQUILLES

JACQUELINE MORAND DEVILLER

I – Le droit administratif et son propre juge. II – Le droit administratif et l'efficacité contentieuse. III – Le juge administratif saisi par la concurrence. IV – Le droit administratif saisi par l'urgence. V – Le droit administratif saisi par le consensualisme et le subjectivisme. Conclusion.

Comment résister à la proposition qui me fut faite de participer aux "Mélanges", comme nous disons en France, en l'honneur du Professeur Almiro do Couto e Silva. "Je résiste à tout, sauf à la tentation", disait Talleyrand et cette proposition est une tentation irrésistible à cause de l'amitié qui, en dépit du temps et des distances, m'unit à Almiro et à son frère Clovis, que j'ai eu la joie d'accueillir à la Faculté de droit de Paris XII, où j'ai exercé durant quelques années les fonctions de doyen.

Comment résister aux liens de plus en plus forts qui se sont noués avec le Brésil? J'ai longtemps été effrayée par l'immensité de ce somptueux continent, puis j'ai commencé à le découvrir à doses homéopathiques, accueillie si chaleureusement par des collègues et d'anciens étudiants. Les Brésiliens, mêmes les plus austères juristes, ont le goût de la fête qui s'est un peu perdu dans nos Facultés françaises. Le séjour à Porto Alègre fut sans doute trop court, mais grâce à Almiro, il fut intense: n'ai je pas visité la Grande foire internationale de l'élevage où mon orgueil gaulois fut comblé puisque le prix des plus belles vaches est allé à celles de ma province française: les vaches limousines. J'ai donc désormais mes habitudes avec le Brésil et elles me sont particulièrement chères.

Parmi cette brassée d'hommages qui vous sont rendus, je voudrais, cher Almiro, tenter de dresser un bilan de l'état du droit administratif français qui se porte d'autant mieux qu'il connait des mutations profondes ces dernières années ce qui lui a permis de se renouveler, révolution tranquille mais révolution quand même.

Je trahirai la tradition française du plan en deux parties pour une approche construite autour de différentes évolutions, celles qui me paraissent les plus significatives. Sous l'influence d'une opinion publique de plus en plus sensible à la *sécurité* et à l'*efficacité* juridique et poussé par la forte pression de l'Europe et de son droit, le droit administratif français a dû s'adapter afin de ne pas se laisser distancer. Contrairement à une vieille tradition de jacobinisme et de culture de l'autorité il s'est approprié la culture de la *transparence*, celle de la *concertation* et de la *participation*, celle de l'*urgence*. Par ailleurs, il accueille de plus en plus volontiers la dimension du *subjectivisme* et du *consensualisme* d'autant que la tradition centralisatrice s'est assouplie et que les irrésistibles progrès de la décentralisation ont changé le paysage administratif français ainsi que les perspectives d'une démocratie de proximité. Ces évolutions n'ont été possibles qu'avec l'étroite collaboration du juge administratif, lui aussi atteint ces dernières années par de paisibles révolutions.

I – Le droit administratif et son propre juge

A la recherche d'un juge administratif autonome – L'existence et le champ d'application du droit administratif français sont étroitement liés à l'existence d'un juge administratif, indépendant des juridictions de droit commun et à la nécessité pour ce juge original, car en même temps conseiller du Prince, de délimiter son domaine de compétence, de l'étendre et de le défendre. En dépit d'une inflation des sources législatives et règlementaires commune à la plupart des pays, le droit administratif français reste encore *largement prétorien* quant à ses principes et à son unité conceptuelle. Les critères de reconnaissance sont inchangés: la manifestation de prérogatives de *puissance publique* et l'exercice d'une mission de *service public* demeurent les clés de voûte de l'édifice.

Le modèle français d'organisation juridictionnelle se caractérise par trois traits: l'existence d'une juridiction spécialisée dans le contentieux administratif, son rattachement organique à l'exécutif et non à l'ordre judiciaire, la dualité de ses attributions à la fois consultatives et contentieuses. C'est un héritage de la séparation des pouvoirs telle que la concevait la Révolution française selon laquelle: "Les fonctions judiciaires sont distinctes et demeureront toujours séparées des fonctions administratives. Les juges (...) ne pourront troubler de quelque manière que ce soit les opérations des corps administratifs, ni citer devant eux les administrateurs pour raison de leurs fonctions" (loi des 16 et 24 août 1790).

Cette séparation des autorités administratives et judiciaires manifestait une réaction contre les Parlements d'Ancien Régime, qui avaient la réputation d'être frondeurs et hostiles aux idées nouvelles. Juger l'administration c'est aussi administrer, disait-on, et l'intrusion du juge judiciaire, juge des intérêts particuliers, dans des fonctions d'autorité exercées dans l'intérêt général, paraissait inadmissible.

Conseiller du gouvernement depuis sa création dans la constitution de l'an VIII, le Conseil d'Etat attendra deux siècles pour être consacré comme une juridiction indépendante et autonome. Jusqu'à *la loi du 24 mai 1872 qui* lui permet de statuer souverainement "au nom du peuple français", la justice administrative était "retenue" par le chef de l'Etat, même si, en pratique, il suivait presque toujours les avis d'une Commission du contentieux qui s'était constituée au sein du Conseil d'Etat.

Il fallut encore un siècle pour que l'autonomie de la juridiction administrative soit consacrée au plus haut niveau. Aucune constitution ne s'était préoccupée de cette question: le titre VII de la Constitution de 1958 traite du Conseil constitutionnel, le titre VIII traite de l'autorité judiciaire mais aucun article n'est consacré au Conseil d'Etat, dont l'existence aurait pu être remise en cause par une loi. Deux importantes décisions du Conseil constitutionnel sont à l'origine de la constitutionnalisation de l'autonomie de la juridiction administrative: celle du *22 juillet 1980* fait de l'indépendance de cette juridiction un "principe fondamental reconnu par les lois de la République", celle du *23 janvier 1987* donne une exclusivité au juge administratif pour annuler ou réformer des décisions administratives manifestant l'exercice de prérogatives de puissance publique. La première constitutionnalise la juridiction administrative, la seconde constitutionnalise le droit administratif.

Si l'absence de consécration officielle n'avait pas empêché le succès et la permanence de l'institution c'est à cause de la place éminente occupée par le Conseil d'Etat au sein des institutions publiques, de sa neutralité politique, de la prudence de ses avis, de la qualité de ses arrêts qui le firent sortir vainqueur des nombreuses crises politiques qui l'ont secoué.

A la recherche d'un droit administratif autonome – Après la loi de 1872, le droit administratif dût se trouver un *champ de compétence*. Le Conseil d'Etat et le Tribunal des conflits s'y employèrent activement. Dès 1873, la spécificité de la responsabilité administrative est reconnue (célèbre arrêt "Blanco") et l'accueillant *critère du service public* permet un élargissement constant de la compétence du juge administratif en matière de contrat, de police, d'action des collectivités territoriales et des établissements publics. A toutes les époques, le Conseil d'Etat veille jalousement à ne pas être écarté des grands débats de société, comme le prouve son attitude récente à l'égard des droits fondamentaux.

Si certains esprits chagrins, surtout d'obédience privatiste, annoncent la mort du juge administratif leur prédiction ne semble pas sur le point de se réaliser. Le juge et le droit administratif se portent bien et *trois raisons*, au moins, plaident en faveur de leur maintien: d'une part, la dualité des ordres juridictionnels repose sur une longue *tradition* et il est toujours dangereux de supprimer des institutions qui ont fait la preuve de leur capacité à répondre aux missions qui leur sont dévolues; d'autre part,les systèmes monistes sont de plus en plus contraints, pour répondre à la complexité des problèmes de créer des *chambres spécialisées* dans le contentieux administratif au sein de l'ordre judiciaire; enfin le juge et le droit administratif français savent, avec prudence mais détermination, *s'adapter aux mutations* des sociétés et favoriser des rapprochements avec le droit privé, convergences stimulantes et enrichissantes. Les conflits de compétence, requérant la saisine du Tribunal des conflits demeurent rares: une cinquantaine de cas par an.

On assiste ainsi à un rapprochement des droits public et privé, chacun conservant son propre langage et ses spécificités. La collaboration entre les deux Hautes juridictions est encouragée mais demeure trop discrète, ce qui s'explique par la volonté de chacune de voir respecter son indépendance et son "autorité": la constitution ne parle pas de pouvoir judiciaire mais d'autorité judiciaire et les Hautes juridictions sont suprêmes mais pas souveraines.

II – Le droit administratif et l'efficacité contentieuse

La réorganisation des juridictions administratives – Alors que l'ordre judiciaire se présente comme une structure de type pyramidal hiérarchisée avec, à son sommet, la Cour de cassation,l'ordre juridictionnel administratif aurait, selon l'heureuse image du professeur René Chapus, une structure concentrique, évoquant un système solaire, les juridictions planétaires gravitant autour du soleil Conseil d'Etat.

Jusqu'à la réforme de 1987, l'ordre juridictionnel administratif n'avait que deux niveaux: le Conseil d'Etat à la fois juge de premier et dernier ressort, juge d'appel des décisions des tribunaux administratifs et, de manière accessoire, juge de cassation des décisions rendues en dernier ressort pas les juridictions spécialisées et 36 *tribunaux administratifs*. Ces tribunaux avaient remplacés les anciens *Conseils de préfecture*, placés par Napoléon auprès des préfets. A la différence du Conseil d'Etat ceux-ci avaient reçu, dès l'origine, leur indépendance de juge et un domaine de compétence propre: le contentieux des travaux publics et celui des collectivités locales, contentieux technique pour le premier, contentieux qui ne touchait pas à l'intérêt national pour le second.

La réforme apportée par le décret-loi du 30 septembre 1953 répondait à une situation de fort encombrement du Conseil d'Etat (stock de 25.000 affaires). Devenus juges de droit commun du contentieux administratif, les *tribunaux administratifs* quittaient peu à peu une situation "subalterne" et s'organisaient. Un statut législatif fera de leurs membres des magistrats à part entière dont l'indépendance est garantie (loi du 6 janvier 1986).

Trente ans après, une autre réforme, encore plus ambitieuse intervient. L'encombrement du Conseil d'Etat s'était amplifié, le stock des affaires en instance dépassant les chiffres de 1953. Préparée par la Haute juridiction, qui hésitera entre plusieurs projets, la réforme est le fait de la loi du 31 décembre 1987. Elle introduit un nouveau degré de juridiction: les *Cours administratives d'appel* (au nombre de 5 à l'origine, 7 désormais) auxquelles l 'ensemble de la compétence d'appel est dévolue. Les effets de la réforme sont, en général, estimés satisfaisants. D'un point de vue statistique, le Conseil d'Etat est beaucoup moins encombré que par le passé mais les Cours administratives d'appel souffrent de ce mal.

Le problème est plus général: c'est celui de l'insuffisance des moyens dont dispose la justice – qu'elle soit administrative ou judiciaire – pour faire face à un afflux de recours contentieux. Des réformes sont en cours pour augmenter le nombre des magistrats et augmenter les moyens matériels. Des instructions sont données pour un règlement plus rapide des contentieux.

La mission de régulation – D'un point de vue qualitatif, le Conseil d'Etat, grâce à cette réforme peut exercer plus pleinement que dans le passé un rôle de régulation. Il est admis depuis longtemps que la Haute juridiction joue le rôle de *régulateur de l'action administrative*. Lorsque se pose une question délicate, le gouvernement se tourne souvent vers le Conseil d'Etat pour lui demander son avis, lequel peut préparer la position qu'il prendra ensuite au contentieux.

La réforme de 1987 fait du Conseil d'Etat le *régulateur du contentieux administratif.* La fonction de régulation présente un triple aspect: institutionnel, juridictionnel, jurisprudentiel. La gestion du "corps" des TA et des CAA est confiée à un Conseil supérieur présidé par le Vice président du Conseil d'Etat. Depuis 1987, les tribunaux administratifs ne sont plus rattachés au Ministère de l'Intérieur, situation anormale qui avait des raisons historiques. Désormais une concertation est recherchée: rencontres régulières entre les présidents des tribunaux et des Cours, mission d'inspection des membres du conseil.

Ces rencontres favorisent la *régulation de la jurisprudence*. Le Conseil d'Etat doit stabiliser l'interprétation et la cohésion de la règle de droit et guider les juridictions dans la prise en compte des évolutions. Rien n'empêche les juridictions des premiers degrés d'adopter des positions audacieuses et elles le feront d'autant plus volontiers qu'elles savent qu'une régulation intervient en cassation. Il en fut ainsi lorsque le Tribunal administratif de Strasbourg, influencé par le droit du pays voisin: l'Allemagne, fonda une de ses décisions sur le *principe de confiance légitime*. Il ne fut pas suivi par le Conseil d'Etat qui estima que les temps n'étaient pas encore venus d'introduire ce principe dans notre droit. L'initiative du tribunal administratif n'en fut pas moins appréciée. Les positions convergentes de plusieurs tribunaux administratifs parvinrent, dans le passé, à faire céder le Conseil d'Etat afin que soit admis la réparation du préjudice moral.

Le rôle de régulation juridictionnelle est encouragé par l'article 12 de la loi de 1987 qui incite les juridictions à soumettre au Conseil d'Etat les affaires "soulevant une question de droit nouvelle, présentant une difficulté sérieuse et se posant dans de nombreux litiges". Le Conseil ne donne qu'un avis, qualifié d'avis contentieux, mais dont l'autorité est certaine. Une vingtaine d'avis sont rendus chaque année.

Une représentation unifiée et pacifiée des relations entre les diverses juridictions administratives est recherchée pour qu'elles donnent l'image d'un corps uni, assurant aux citoyens la sécurité juridique à laquelle ils aspirent. A cet égard, la question de la publication des opinions divergentes n'a jamais été vraiment soulevée alors qu'elle l'est parfois s'agissant des décisions du juge constitutionnel.

III – Le juge administratif saisi par la concurrence

Il s'agira ici de montrer comment, d'une part, face à l'encombrement et aux inévitables lenteurs du contentieux administratif, de nouveaux modes de règlement des conflits sont envisagés; comment, d'autre part,le Conseil d'Etat se voit concurrencé par d'autres juges, tout aussi suprêmes que lui.

Les modes alternatifs de règlement des conflits – L'idée de confier à d'autres autorités que le juge administratif le règlement des conflits entre l'administration et les citoyens ne cesse de progresser. Le conseil d'Etat, lui-même, dans un Rapport intitulé "Régler autrement les conflits" regrettait l'insuffisance de ces modes alternatifs, à l'exception de la transaction. Les structures sont cependant nombreuses.

La plus prestigieuse est le *Médiateur de la République*, autorité indépendante, créé par le législateur en 1953. Saisi par l'intermédiaire d'un parlementaire, il ne fait que des recommandations qui n'ont pas le caractère de décisions administratives. Il peut aussi proposer aux pouvoirs publics toute "solution d'équité". Le système fonctionne bien: le médiateur est saisi d'environ 40.000 recours par an. Il est assisté de délégués départementaux et il est envisagé de permettre aux citoyens de le saisir directement dans certains cas.

La *conciliation* ne connaît qu'un succès limité, sauf en matière contractuelle. Ceci est d'autant plus regrettable que des encouragements ont été donnés par les textes: comités départementaux de règlement des conflits à l'efficacité très réduite, mission de conciliation confiée aux tribunaux administratifs, méthode rarement utilisée. La *transaction*, qui a un objet purement pécuniaire, est une possibilité ouverte à l'Etat, aux collectivités locales et aux établissements publics. Elle donne de bons résultats sauf à être limitée par l'interdiction faite aux personnes publiques de verser des sommes ne correspondant pas aux droits effectivement lésés. Quant à l'*arbitrage*, largement pratiqué en droit privé, il reste tout à fait exceptionnel en droit public. Les clauses compromissoires (avant le litige) sont interdites sauf autorisation législative: ce fut le cas pour le règlement des litiges d'Eurodisney land ou sauf convention internationale (ce fut le cas pour le tunnel sous la Manche. Quant aux compromis d'arbitrage (après le litige) ils sont autorisés par le législateur pour certaines grandes entreprises publiques (SNCF, France Télécom).

Quant aux *recours administratifs préalables*, recours gracieux et recours hiérarchiques, les administrés y recourent rarement, persuadés à l'avance du peu de succès à attendre de cette démarche. Ces recours ne sont efficaces que s'ils sont obligatoires, comme c'est le cas en matière fiscale: 3 millions de réclamations sont adressées chaque année aux administrations fiscales dont 95% obtiennent une satisfaction immédiate.

Les autorités administratives indépendantes – L'administration française encourage la création d'institutions originales qui ont la triple caractéristique d'être des *autorités*, détenant de véritables pouvoirs de décision qui vont bien au-delà d'une mission de contrôle ou de conseil, de rester des *institutions administratives* et non des juges et d'être *indépendantes* car, bien que dépourvues de la personnalité morale, bien que rattachées budgétairement à un ministère, elles échappent à tout contrôle hiérarchique ou de tutelle.

Leur nombre n'a cessé de croître et dépasse la trentaine actuellement. Trois secteurs sont particulièrement concernés: celui de la *régulation économique et financière:* Conseil de la concurrence, Commission des opérations de Bourse (COB), Commission de contrôle des Banques, Autorité de régulation des Télécommunications (ART), Commission de régulation de l'électricité (CRE) après la privatisation de ces entreprises; celui de l '*information et de la communication:* Commission nationale de l'informatique et des libertés (CNIL), Conseil supérieur de l'audiovisuel, Commission du secret de la défense nationale; celui des *rapports entre l'administration et les citoyens*: Commission d'accès aux documents administratifs (CADA), Commission du financement des partis politiques et, parmi les créations récentes, Commission de prévention et de lutte contre le dopage, Commission nationale du débat public...

Le développement de ces autorités correspond à la préoccupation de "régulation", c'est à dire à l'établissement de règles du jeu dans des secteurs sensibles. Les relations avec les juges sont bonnes, du fait que les avis ou décisions qu'elles prennent sont soumises ensuite au juge soit administratif, soit judiciaire (Conseil de la concurrence, COB). De surcroît, la présidence de nombreuses autorités est confiée à un membre du Conseil d'Etat, de hauts magistrats de l'ordre judiciaire étant membres, ce qui favorise les relations.

La question actuellement débattue est celle de l'importance des pouvoirs dont ces autorités disposent et de la procédure suivie devant elles. La Commission des opérations de Bourse et le Conseil de la concurrence sont parfois amenés à prononcer des sanctions pécuniaires très fortes à l'égard des entreprises et, comme il ne s'agit pas de juridictions, les principes du "procès équitable" et les garanties de la procédure contradictoire ne s'appliquent pas. Des décisions récentes de jurisprudence ont apporté des précisions et renforcé, entre autres, les garanties procédurales.

La concurrence entre les juges – Conseiller du gouvernement et juge suprême, le Conseil d'Etat demeure une institution prestigieuse au sein de l'Etat français. Cette position ne lui est pas contestée – sauf critiques isolées – et, comme il a été dit, sa prudence et sa neutralité lui a permis de surmonter toutes les crises qui l'ont secoué. Mais le Conseil d'Etat est entouré d'*autres juges suprêmes* avec lesquels s'est établie sur certains sujets une "concurrence", laquelle se révèle "stimulante", à l'origine de remises en cause et de progrès.

Conseil d'Etat et Cour de Cassation – La courtoise rivalité entre les deux juridictions suprêmes françaises est à l'origine de quelques tensions ces dernières années. L'une d'entre elle concerne le contentieux de la concurrence. En 1987, le législateur, dans un louable souci d'unification du contentieux des marchés publics et privés, a décider de confier l'appel des décisions du Conseil de la concurrence à une chambre spécialisée de la Cour d'appel de Paris. Le Conseil d'Etat cherche, depuis lors, à reconquérir une partie du terrain perdu, faisant jouer le critère des prérogatives de puissance publique. Il avait l'habitude de faire respecter le principe de la liberté du commerce et de l'industrie mais il s'affirme désormais juge de la concurrence, au sens moderne et en application des nouveaux textes, en particulier l'ordonnance de 1986: CE 3 novembre 1997, "Société Million et Marais".

L'autre sujet de discorde fut celui de la "voie de fait", c'est à dire du comportement grossièrement irrégulier de l'administration, laquelle en se mettant "hors du droit" perd le bénéfice de son juge. Comme il s'agit d'atteinte à la propriété ou aux libertés, le juge judiciaire est normalement compétent d'autant que lui seul avait le pouvoir de faire cesser en urgence cette voie de fait. Mais le Conseil d'Etat reprocha au juge judiciaire de qualifier trop largement une activité de "voie de fait" pour accroître sa compétence. Un conflit ouvert opposa conseillers d'Etat et conseillers à la Cour de cassation au sein du Tribunal des conflits et nécessita l'arbitrage du ministre de la Justice (ce qui ne s'est produit qu'une dizaine de fois depuis 1872): TC 12 mai 1997, "Préfet de police de Paris". Les nouveaux pouvoirs d'injonction du juge administratif et la possibilité que la loi vient de lui donner de statuer en urgence (cf. infra) ont apaisé les tensions, permettant au juge administratif d'être pleinement, lui aussi, juge des libertés.

Conseil d'Etat et Conseil constitutionnel – Les deux Juridictions suprêmes sont proches géographiquement: l'une et l'autre sont "juges du Palais-Royal". Par ailleurs, on se plaît à constater que les jurisprudences convergent le plus souvent: les méthodes éprouvées de raisonnement de l'aîné n'ont pas manqué d'influencer le Conseil constitutionnel et les divergences sont rares. Sur les questions de pure technique juridique: décision implicite de rejet, peines d'emprisonnement en matière de contravention, le Conseil constitutionnel se range le plus souvent à la position du Conseil d'Etat.

La lutte d'influence se manifeste à l'égard des droits fondamentaux. Il est à l'honneur du Conseil d'Etat d'avoir, après la Seconde guerre mondiale, révèle des "principes généraux du droit", lesquels ont au moins une valeur supra-décrétale – ce qui a permis notamment de contrôler la légalité des décrets autonomes (art 37 de la Constitution). Mais depuis la décision "historique" de 1971, par laquelle le Conseil constitutionnel s'est reconnu la compétence de contrôler la constitutionnalité des lois au regard du Préambule de la Constitution, cette Haute juridiction a construit peu à peu une jurisprudence qui l'honore en dégageant des "principes fondamentaux reconnus par las lois de la République" et des "principes à valeur constitutionnelle".

Il y aurait ainsi une sorte de surenchère – bénéfique pour les libertés individuelles – entre les deux Hautes juridictions, le Conseil d'Etat ne voulant pas se laisser distancer dans ce rôle créateur. Dans une affaire récente, CE 3 juillet 1996, "Koné", celui-ci n'a pas hésité à qualifier de "principe fondamental reconnu par les lois de la République" (formule du Conseil constitutionnel) le principe selon lequel l'Etat doit refuser l'extradition d'un étranger lorsqu'elle est demandée dans un but politique. Cet arrêt a été critiqué par la doctrine laquelle estime que le Conseil d'Etat est sorti de son rôle en se mêlant de contrôler les constitutionnalités des conventions internationales et allant au-delà de sa compétence?

Conseil d'Etat et Cours européennes – Le temps efface les tensions et la réaction de nationalisme juridique qui fut celle du Conseil d'Etat à l'égard des "fonctionnaires" de Bruxelles est oubliée. Le Conseil d'Etat se veut désormais exemplaire à l'égard de la *supériorité des normes communautaires*. Pourtant, il y eut une véritable résistance. Alors que la Cour de cassation se pliait sans difficulté aux effets de l'article 55 de la Constitution de 1958 qui proclame que les traités "ont une autorité supérieure à celle des lois", le Conseil d'Etat, utilisant l'ingénieuse théorie de la "loi-écran" refusait de faire prévaloir les normes communautaires sur les lois postérieures. La soumission tant attendue est intervenue avec le célèbre arrêt "Nicolo": CE 20 octobre

1989 et, par la suite, la jurisprudence administrative n'a pas cessé de manifester son allégeance aux normes de Bruxelles, sanctionnant la non transposition dans les délais des directives et veillant à la compatibilité de la règlementation française avec leurs objectifs. Les relations avec la *Cour de justice des Communautés européennes* – qui siège à Luxembourg – sont bonnes d'autant que le membre français de cette juridiction est... un membre du Conseil d'Etat.

Les relations sont un peu plus délicates avec la *Cour européenne des droits de l'homme* (dont le membre français est aussi... un conseiller d'Etat !).La Cour de Strasbourg, dans l'interprétation qu'elle donne de l'article 6 § 1 sur le "droit au procès équitable" a pris des positions qui, bien qu'il s'en défende, irritent le Conseil d'Etat. Ainsi, dans l'affaire CEDH du 28 septembre 1995: "Procola c/ Luxembourg", la Cour a dénoncé le manque d'impartialité du Conseil d'Etat luxembourgeois au motif que 4 des 5 membres composant le Comité du contentieux avaient auparavant siégé, pour la même affaire, dans la Commission consultative Cette confusion des fonctions de conseiller et de juge est une critique qui pourrait atteindre le Conseil d'Etat français, encore que celui-ci ait fait valoir que sa situation était tout à fait différente de celle de son homologue luxembourgeois.

IV – Le droit administratif saisi par l'urgence

Le délai raisonnable pour prendre les décisions – S'agissant des *décisions administratives*, il est un lieu commun d ' opposer l'action politique qui intervient souvent dans l'urgence et l'action administrative qui a besoin du temps. La modération, sinon la lenteur, des "bureaux" serait une prudente réponse à la frénésie, sinon la pusillanimité, des "cabinets" ministériels.

Les "bureaux" apportent plusieurs justifications à leur inertie: attente d'une "doctrine" administrative afin d'unifier l'interprétation d'une mesure nouvelle, complexité des problèmes, difficultés techniques... Vaincre cette inertie n'est pas chose aisée, sauf si le supérieur hiérarchique dispose d'une forte détermination. Quant au citoyen, il a de plus en plus tendance à utiliser un processus consistant à sommer l'administration de prendre une décision et, si celle-ci refuse, à demander au juge l'annulation de ce refus et la mise en demeure (par les nouveaux pouvoirs d'injonction) de l'administration d'avoir à prendre dans un certain délai la décision. Une condamnation sous astreinte peut aussi intervenir.

S'agissant des *décisions juridictionnelles*, une évolution récente doit être appréciée. Pressé par les exigences du respect du "délai raisonnable", élément d'un "procès équitable", selon l'article 6 § 1 de la Convention européenne des droits de l'homme (CEDH), et par celles du "droit au recours effectif" de l'article 13 de la Convention, le Conseil d'Etat, dans un arrêt d'Assemblée du 28 juin 2002, "Magiera", condamne l'Etat pour le non respect du délai raisonnable d'une instance devant les juridictions administratives: 8 années pour trancher d'une affaire modeste, ne présentant aucune difficulté particulière sont au-delà de ce qui peut être raisonnablement admis. La Haute juridiction administrative a préféré prendre les devants car une instance était pendante devant la Cour européenne des droits de l'homme qui n' aurait pas manqué de condamner la France.

L'exécution des décisions de justice – Une bonne justice est, nul ne l'ignore, une justice rapide, sans précipitation néanmoins. Une subtile maîtrise du "temps du droit" est requise. Les lenteurs du contentieux qui affectent l'ensemble des juridictions ont pour cause principale l'encombrement des prétoires par des requêtes de plus en plus nombreuses, "quête de droit" qu'il ne faut pas décourager. Comme il a été dit, la réforme de 1987, avec la création des Cours administratives d'appel et, par la suite, une politique d'augmentation des membres des juridictions administratives ont amélioré le système – encore que le nombre des affaires restant à traiter reste élevé: près de 200.000 dossiers en stock devant les tribunaux administratifs et près de 40.000 devant les Cours administratives d'appel. Mais la *maîtrise de l'urgence* posait des problèmes. Le juge administratif s'enorgueillissait à juste titre d'une tradition d'une instruction minutieuse, donc longue et ne voulait pas "troubler" l'administration ni avant, ni après la décision de justice, ce qui pouvait rendre celle-ci inefficace dans certains cas.

Pour améliorer le traitement des dossiers et rendre la justice plus efficace, les solutions ont été recherchées dans une triple direction: augmenter les hypothèses d'ordonnances rendues par juge unique; permettre un usage plus facile des mesures d'urgence; donner un pouvoir d'injonction au juge pour qu'il assure l'exécution effective des jugements.

Le recours à un juge unique – système fréquemment utilisé par les juridictions judiciaires, restait exceptionnel devant le juge administratif. Il s'est développé ces dernières années et concerne certaines procédures particulières: reconduite à la frontière des étrangers en situation irrégulière, désistement, non lieu à statuer, contentieux de la responsabilité lorsque l'indemnisation est inférieure à un certain seuil, contraventions de grande voirie, référés (...). Le renvoi à un juge unique pour les affaires simples ou urgentes est devenu une nécessité et donne des résultats satisfaisants.

Le renforcement des mesures d'urgence – Le Conseil d'Etat s'est montré longtemps très réservé à l'égard des mesures d'urgence, donnant une importance toute particulière au principe dit de la "décision exécutoire", règle fondamentale du droit public. Le recours contentieux n'ayant pas d'effet suspensif, la décision, même suspecte d'illégalité, était exécutée et le juge n'accordait que rarement le sursis à exécution et il ne l'accordait jamais en urgence, ce qui avait pour conséquence que lorsque le sursis était accordée il était souvent trop tard: la décision irrégulière était exécutée. Un bon exemple de l'inefficacité de la chose jugée par rapport au fait accompli peut être trouvé dans le contentieux des autorisations de construire et dans celui des expulsions d'étrangers. Comment procéder à la démolition d'un immeuble achevé lorsque le permis est annulé? Comment faire revenir en France un étranger dont la décision d'expulsion, bien des années auparavant, à été annulée?

Après quelques tentatives trop timides, une réforme décisive est intervenue à la suite de la *loi du 30 juin 2000* relative au référé devant les juridictions administratives. Elle remplace le sursis à exécution par une nouvelle procédure: le *référé-suspension* qui permet au juge (unique) d'accorder en urgence une mesure de suspension provisoire de la décision à deux conditions: l'urgence et un "doute sérieux" quant à la légalité de la décision. La procédure peut être écrite ou orale et l'ordonnance de référé suspension n'est susceptible que d'un recours en cassation devant le Conseil d'Etat.

L'autre innovation de la loi du 30 juin 2000 est le *référé-liberté*, dit aussi *référé-injonction*. S'il y a urgence et si une autorité administrative a porté une atteinte grave et manifestement illégale à une liberté, le juge (unique) peut, dans un délai de 48 heures, ordonner toute mesure nécessaire à la sauvegarde de cette liberté, décision susceptible d'appel devant le Conseil d'Etat qui statue aussi dans les 48 heures. Ainsi peut être réduit le nombre des saisines du juge judiciaire pour voie de fait, le juge administratif ayant désormais les moyens d'être pleinement un juge des libertés.

D'autres référés existent, plus spécifiques tels le *référé précontractuel* qui permet de différer la signature d'un contrat comportant des irrégularités, le *référé-provision* en matière de responsabilité, le *référé conservatoire* permettant de prendre toute mesure utile, telle une expertise, pour sauvegarder les droits des parties. Ces réformes ont été bien accueillies et se sont rapidement mises en place.

Le pouvoir d'injonction – Sans qu'aucun texte ne lui en fasse obligation, le juge administratif s'interdisait d'adresser des injonctions à l'administration. Cette attitude qu'il justifiait par son souci de respecter l'indépendance des autorités administratives était de plus en plus critiquée car elle mettait en péril le principe d'autorité de la chose jugée et les droits des citoyens à bénéficier du jugement rendu à leur profit.

La loi du 8 février 1995 permet au juge administratif d'adresser des injonctions aux personnes publiques dans le cas où l'exécution de la chose jugée implique nécessairement qu'une mesure soit prise dans un sens déterminé. L'injonction peut être assortie d'astreinte. Ces pouvoirs se révèlent efficace. Ainsi se sont mises en place des réformes que la doctrine appelait depuis longtemps de ses voeux et qui répondent à la vocation d'un juge, conscience de l'administration qui conseille, juge mais ne gouverne pas.

V – Le droit administratif saisi par le consensualisme et le subjectivisme

Un mode d'administration consensuel – L'opposition qui est traditionnellement faite entre un droit privé reposant sur le contrat et un droit administratif où l'acte unilatéral de puissance publique est le mode normal d'administration s'est affaibli. Le contrat devient un mode familier d'administration et la recherche de consensualisme, d'une gestion partenariale librement consentie est à la mode. On parle d'une *logique de projet* remplaçant la logique de guichet et le projet résulte le plus souvent d'un accord consensuel.

Le contrat s'est beaucoup développé *entre les collectivités locales et l'Etat et entre les collectivités locales entre elles*. Les personnes publiques disposent d'une assez grande liberté contractuelle, dans les limites de la loi et à condition que le contrat ne porte pas atteinte aux droits fondamentaux garantis par la Constitution, tels que la libre administration des collectivités locales. Parmi eux le contrat de plan Etat-région occupe une place privilégié mais s'y ajoutent des contrats de ville (qui tentent de réaménager les quartiers sensibles), des contrats de solidarité, des contrats d'agglomération,des contrats de pays... Se développent aussi les contrats entre l'Etat et les établissements publics, telles les Universités.

Le contrat gagne aussi de l'importance dans les *relations entre l'administration et les personnes privées*: ainsi dans le domaine de l'environnement se sont multipliés des contrats avec les entreprises qui acceptent de réduire leurs nuisances: contrats de branche, contrats de dépollution de terrain, des contrats avec les agriculteurs: contrats de rivières propres, contrats d'exploitation... Le philosophe Michel Serres a décrit les raisons de ce nouveau "contrat naturel", en en rappelant les origines anciennes: le *De natura rerum* de Lucrèce et les poèmes de Saint François d'Assise.

Le consensualisme influence donc de plus en plus les modes d'action de l'administration. Pour faire bonne figure et se targuer de modernisme, on y ajoute le *leitmotiv* du "développement durable", celui de la précaution – qui n'est autre que le vieux concept de *prudentia* – de l'expérimentation, de la bonne gouvernance et de la gestion intégrée.

Cette démarche est tout à fait intéressante mais présente des risques d'éclatement des centres d'autorité et d'imprécision des règles. Les contrats sont souvent des contrats d'objectifs, leurs clauses restent imprécises, incertaines car aisément modifiables et leur violation n'est guère sanctionnée. Des voix se font entendre pour critiquer cette mode du "tout contrat" et pour en bien marquer les limites.

Une administration de proximité – Cette recherche contemporaine d'un mode d'administration consensuelle et proche des citoyens est encouragée par les irrésistibles progrès de la *décentralisation*. La France est restée longtemps enfermée dans une tradition jacobine et centraliste et il est tout à fait satisfaisant d'observer les progrès d'une nouvelle forme de démocratie où les collectivités locales sont amenées à jouer un rôle de plus en plus important.

1982 et 1983 ont été des années de profond bouleversement à la suite de réformes réellement décentralisatrices, suivies de transferts importants de compétences en faveur des collectivités décentralisées. Les années 2000 marquent une relance du processus de décentralisation. Plusieurs questions se posent. La première est celle du découpage administratif existant: la France peut-elle s'offrir le luxe de *trois grands niveaux de collectivités territoriales:* communes, département et régions, sans compter les innombrables circonscriptions administratives aux frontières différentes? S'ajoute le problème du *découpage régional* au sein de l'Union européenne: certaines régions françaises ne sont-elles pas de dimension trop étroite par rapport aux *landers* allemands ou aux régions espagnoles et italiennes? Et, problème capital, ne conviendrait-il pas de *renforcer* le pouvoir régional sans aller toutefois jusqu'au fédéralisme?

Eu égard aux traditions auxquelles les Français sont attachées, il n'est pas envisagé de réduire le nombre des communes, à l'évidence excessif: soit 36.700 ! Même si ce luxe coûte cher, on le présente généralement comme répondant à un souci de démocratie de proximité et de participation du citoyen à la vie locale: communes "écoles de démocratie", comme l'a démontré Alexis de Tocqueville et décentralisation problème de *liberté politique* plus que de gestion administrative, comme l'a démontré Maurice Hauriou.

Les procédures, telle la fusion, tendant à réduire le nombre des communes ayant échoué la France, à la suite de différentes lois, s'est lancée dans une politique de *regroupement de communes*, laquelle est en train de réussir. Trois catégories sont nettement distinguées: communautés de communes rassemblant surtout des communes rurales, communautés d'agglomération d'au moins 50.000 habitants autour d'une ville moyenne, communautés urbaines pour les grandes métropoles formant un ensemble de plus de 500.000 habitants.

Il est évident que ces regroupements (établissements publics de coopération intercommunale, EPCI) devenus indispensables et qui se sont rapidement mis en place donnent une force nouvelle aux représentants de ces collectivités qui tenteront de développer des formes nouvelles de dialogues avec l'Etat, recourant souvent au *contrat de projet* préféré à la norme autoritaire.

Les droits subjectifs face à l'administration – Comme il a été dit l'administré est de plus en plus perçu comme un "citoyen". L'usager du service public s'il reste soumis à ses "lois" a un droit au bon fonctionnement du service, à une information transparente, à une concertation, à un débat autour de la gestion du service. L'amélioration des *relations entre les citoyens et l'administration* est un thème récurrent depuis une vingtaine d'années et les garanties procédurales entourant les décisions administratives n'ont cessés de se renforcer: communication des documents administratifs, motivation...

Par ailleurs, une autre évolution s'observe qui concerne le contentieux administratif. Le célèbre recours pour excès de pouvoir, "merveilleuse création des juristes" a-t-on dit, décrit comme un recours objectif dans l'intérêt de la loi est animé par des préoccupations nouvelles tenant à la subjectivisation croissant de contrôle exercé par le juge administratif. Il se rapprocherait ainsi du *contentieux de la pleine juridiction*. On en voit comme preuve le développement des garanties procédurales donnant au requérant de nouveaux moyens de défense individualisés: procédure contradictoire notamment; le développement des mesures d'urgence avec, comme on l'a dit, l'introduction, tant attendue d'un *référé-suspension* et d'un *référé-liberté*. Les *pouvoirs d'injonction* accordés au juge administratif vont aussi dans le sens de la protection des situations juridiques individuelles et rapprochent le recours pour excès de pouvoir de la justice de droit commun.

L'image d'un citoyen passif, extérieur à l'univers administratif s'estompe. Le justiciable devient un citoyen, qui n'est plus soumis à un ordre et à des ordres qui le dépassent, le pouvoir de commandement se civilise, s'humanise et s'individualise.

Conclusion

Bien d'autres questions auraient méritées d'être évoquées ici car elles suscitent actuellement d'intéressants débats. Ainsi du *droit de la responsabilité qui* connait des évolutions telles que l'amenuisement de l'exigence de faute lourde et le développement de la responsabilité sans faute. Le droit brésilien est, sans aucun doute, assailli par ces inéluctables remises en cause et connaît d'identiques révolutions tranquilles: les juristes n'aiment pas les révolutions brutales.

Et ces progrès du droit administratif en faveur des droits et libertés individuelles trouvent souvent leur origine dans les petites pierres modestes – mais immenses quand assemblées elles deviennent des palais ou des forteresses – amassées patiemment par de savants humanistes-juristes tel que le professeur Almiro do Couto e Silva.

FUNDAMENTOS DOGMÁTICO-JURÍDICOS DA HISTÓRIA DO PRINCÍPIO DA LEGALIDADE ADMINISTRATIVA NO BRASIL

ITIBERÊ DE OLIVEIRA RODRIGUES

1. Apresentação

O princípio da legalidade compõe-se tradicionalmente de dois outros subprincípios, o (sub)princípio da *primazia* ou da *supremacia da lei* e o (sub)princípio da *reserva legal*.[1] Aqui será realizada inicialmente uma análise de caráter dogmático-jurídico dos efeitos do princípio da legalidade em relação à atividade da Administração Pública, isto é: uma análise do assim chamado "princípio da legalidade da Administração Pública" ou "princípio da legalidade administrativa". Essa análise é, porém, de caráter histórico, visando a descrever, na visão

1. Cf. STF: *RTJ* 147/1.020; *RTJ* 150/616; *RTJ* 150/629; *RTJ* 163/536; *DJU* 11.6.1993, p. 11.531.

do autor, os principais passos da evolução desse princípio na história do Direito Público brasileiro até a promulgação da Constituição Federal de 1988. Além disso, intenta-se proceder aqui uma *arqueologia básica* dos conceitos e definições que rondam o tema *princípio da legalidade*, como, por exemplo, as expressões *lei*, *decreto*, *regulamento*, *instrução*, *supremacia da lei*, *reserva legal* etc., utilizando-se para tanto, sempre que possível, a literatura original da época. O leitor também notará um certo exagero em transcrições de textos normativos e, especialmente, de textos doutrinários de períodos passados. É, entretanto, intencional esse exagero, a fim de permitir um contato direto do leitor com obras jurídicas clássicas e de nem tão fácil acesso hoje.

Com o presente trabalho intenta-se prestar dupla homenagem a Almiro do Couto e Silva. De um lado trata-se de texto que se destina aos estudantes universitários de graduação e iniciantes na matéria, ressaltando-se com isso a direta relação do homenageado com sua profícua atividade docente na Faculdade Livre de Direito de Porto Alegre. Por outro lado procura-se salientar aqui o tema talvez mais clássico e elementar da disciplina que consolidou o nome do homenageado nas letras jurídicas nacionais, o direito administrativo.

2. Noções gerais

2.1 Primazia ou supremacia da lei

Esse princípio determina que todos os atos estatais emanados na forma de lei possuem primazia ou supremacia em relação a todos os demais atos estatais infraconstitucionais, como, por exemplo, os decretos, instruções, portarias e circulares da Administração Pública. Em conseqüência disso, uma lei não pode ser nem modificada e menos ainda pode ser revogada por qualquer desses outros atos estatais infraconstitucionais.[2] Em relação a todas as atividades da Administração Pública, esse princípio significa que ela necessita observar e aplicar as leis e que ela não pode substituir os comandos legais por suas próprias decisões. Isso significa, por conseguinte, que em virtude dessa primazia ou supremacia da lei a Administração Pública so-

2. Cf. STF: *RTJ* 150/629; *RTJ* 147/1.020; *DJU* 11.6.1993, p. 11.531.

mente pode agir *secundum legem* ou *praeter legem*, nunca, porém, *contra legem*. Assim agindo, seus atos serão inválidos.

2.2 Reserva legal

O princípio da reserva legal responde à questão *se* e *até que ponto* é necessária uma autorização legal expressa para que a Administração Pública possa agir frente a um determinado âmbito ou fato da vida concreta.[3] Se então a Administração Pública age sem aquela autorização legal expressa, sua atividade será inválida.[4]

O princípio da reserva legal no direito público brasileiro guarda acima de tudo (mas não somente) uma relação nuclear com a proteção dos direitos de liberdade e propriedade das pessoas contra atos ablativos ou ablatórios da Administração Pública. É disposição tradicional do nosso Direito aquela que, na Constituição Federal de 1988, se encontra no art. 5º, II: "ninguém será obrigado a fazer ou deixar de fazer alguma coisa senão em virtude de lei". No presente trabalho tal cláusula será denominada de "reserva legal geral", vez que protege de modo amplo e geral a liberdade e propriedade das pessoas contra quaisquer atos ablativos ou ablatórios da Administração Pública. Mas é possível ainda falar em "reserva legal especial" ou "reserva legal específica", quando uma norma constitucional exige uma lei para a regulação de um certo e determinado âmbito da vida. Assim, por exemplo, na Constituição Federal de 1988, o art. 33 prevê que "a lei disporá sobre a organização administrativa e judiciária dos Territórios". Ou o art. 88, que prevê que "a lei disporá sobre a criação e extinção de Ministérios e órgãos da administração pública". Por fim, seria ainda possível falar de uma "reserva legal total", a qual pode ser deduzida basicamente via interpretação sistemática dos dispositivos reguladores da repartição de competências normativas entre Poder Legislativo e Poder Executivo: se a este não se reconhece constitucionalmente nenhuma competência normativa originária ou exclusiva (ou: impossibilidade de atividade *praeter legem*), então caberá somente ao Poder Legislativo a competência para inovar a ordem jurídica. A atividade administrativa fica com isso totalmente dependente de prévia lei autorizadora, sem o que será inválida.

3. Idem, ibidem.
4. Cf. STF: *RTJ* 150/629.

Já que o princípio da supremacia ou primazia da lei permite inicialmente uma ação *praeter legem* da Administração Pública, é especialmente o princípio da reserva legal que espelha um problema da repartição de competências entre os Poderes do Estado, vez que em vista dele a Administração Pública está, no seu agir, dependente de uma prévia ação do Legislador. Com isso, a reserva legal constitui uma questão central no âmbito da repartição de competências entre o Poder Legislativo de um lado e o Poder Executivo de outro. Dito de modo mais genérico: constitui uma questão central em relação ao princípio constitucional da separação dos Poderes.[5]

2.3 Da relação entre os dois (sub)princípios

Primazia ou supremacia da lei, de um lado, e reserva legal, de outro, não são dois componentes estanques do princípio da legalidade. Pelo contrário, eles estão em conexão um com o outro. Isso se nota especialmente nos casos em que o sistema constitucional reconhece à Administração Pública uma competência normativa autônoma, isto é: uma competência normativa não sujeita ao princípio da reserva legal. Ainda ao tempo do direito constitucional prussiano, anterior, portanto, à República alemã de Weimar, já notava (provavelmente pela primeira vez) o jurista Richard Thoma que, com o aumento progressivo da Legislação formal, o espaço para a emanação de dispositivos normativos autônomos por parte da Administração Pública tornava-se cada vez mais estreito.[6] Dito de outro modo, o princípio da primazia ou supremacia da lei desenvolve também um efeito (indireto) de reserva legal: toda vez que um determinado âmbito da vida é regulado por meio de lei formal, somente uma nova lei formal poderá modificar ou revogar aquela regulação anterior.[7]

A Administração Pública perde com isso parte de sua competência normativa autônoma, podendo, hipotética e potencialmente, per-

5. Cf. STF: *RTJ* 147/1.020; *RTJ* 150/616; *RTJ* 150/629; *RTJ* 163/536; *DJU* 11.6.1993, p. 11.531.

6. Richard Thoma, *Der Vorbehalt des Gesetzes im preussischen Verfassungsrecht*, p. 219.

7. Richard Thoma, in Anschütz/Thoma, *Handbuch des deutschen Staatsrechts*, vol. II, p. 222.

dê-la por inteiro. Uma solução para tal fenômeno é aquela positivada pelo Constituinte francês de 1958: a lei formal não pode regular matérias reservadas a uma regulamentação pelo decreto do Executivo. Surge com isso, ao lado da reserva legal, também uma "reserva do Executivo" ou "reserva da Administração". Esse tema não é despiciendo no mais novo direito constitucional brasileiro, especialmente em face da nova redação do art. 84, VI, CF/1988, na forma da EC n. 32, de 11.9.2001.

3. Período colonial

No Brasil-Colônia vigorou basicamente o mesmo Direito que vigorava na Pátria-Mãe portuguesa, o Direito consolidado pelas Ordenações do Reino, as quais tomaram o nome do respectivo Rei que as mandou consolidar e publicar. As primeiras Ordenações foram as do Rei D. Afonso V, que entraram em vigor entre 1446 e 1447, e foram, depois, provavelmente já em 1511, com certeza, porém, no ano de 1521, revogadas pelas Ordenações do Rei D. Manuel I. A terceira e última das Ordenações deveu-se ao Rei Felipe I, as quais vigoraram desde 1602 até a independência do Brasil. Mas, mesmo depois da independência brasileira, as Ordenações Filipinas vigoraram parcialmente no Brasil como direito expressamente recepcionado pelo direito pátrio.

Em um Comentário português do final do século XVIII sobre as Ordenações do Rei Felipe I, lê-se que "segundo os princípios de Direito Público Universal (...) hé certo, que aos Monarchas na accepção generica compete a auctoridade de governarem, e regerem a Monarchia a seu arbitrio, sem outra norma, que o fim da mesma Sociedade".[8] Depois seria "o Primeiro officio do Imperante (...) regular as acções dos subditos em benefício da Sociedade, e dos seus membros, cujo regulamento se chama Lei".[9] Era o também denominado "Direito Legislativo", que tinha por único e exclusivo titular em Portugal o monarca,[10] vez que as leis podiam ser editadas pelo monarca sem a

8. Francisco Coelho de Sousa e Sampaio, *Preleções do Direito Pátrio, Público e Particular*, p. 407, fac-símile, *apud* António Manuel Hespanha, *Poder e Instituições na Europa do Antigo Regime*.

9. Francisco Coelho de Sousa e Sampaio, ob. cit., p. 408.

10. Francisco Coelho de Sousa e Sampaio, ob. cit., p. 408.

interferência de terceiros; lei era: "Voluntas Imperantis sufficienter declarata, ut subditi actiones suas ed eam componant".[11] O modo de exercício desse direito (isto é: dessa competência) pelo monarca português variava conforme o procedimento de emanação e o número de pessoas atingidas pelo ato normativo, resultando dessa combinação de fatores a carta de lei, a lei, o alvará, o decreto e a provisão.[12] Mas o próprio monarca não estava submetido às leis que ele editava, e ele podia também, por meio de "concessão de privilégio contra a Lei" ou por meio de "dispensa da Lei", excluir terceiros da submissão a elas,[13] isto é: excluir terceiros da vigência do princípio da primazia ou supremacia da lei.

Ao lado do Direito Legislativo do monarca destacava-se o "Direito da Polícia". Assim, "por Direito da Polícia entendemos a auctoridade, que os Princepes tem para estabelecerem e proverem os meios, e subsidios, que facilitem, e promovão a observancia das suas Leis. Os meios são principalmente a cultura das Disciplinas, o augmento da População, a saude dos Povos, o Comercio, a Agricultura, as Manufacturas".[14] Encontra-se então no Direito da Polícia o embrião do moderno direito administrativo, com bases ainda hoje conservadas: atividade infralegal, atividade (basicamente) de execução ou concretização da lei, atividade de regulação ou intervenção na propriedade e liberdade dos administrados, atividade de prestação de serviços ou de benefício aos administrados.

Garantias dos súditos contra intervenções reais nos seus direitos de liberdade e propriedade eram praticamente inexistentes, vez que os *direitos reais* do monarca podiam hipoteticamente se estender a todos os âmbitos da vida. De salientar-se era o direito real de confisco, o qual estava previsto já nas Ordenações Afonsinas, foi, depois, recepcionado no Livro II, Título 15, § 30 das Ordenações Manuelinas e no Livro II, Título XVI, § 30 das Ordenações Filipinas, e que vigorou até a introdução do instituto da desapropriação, já no início do século XIX. Esse direito de confisco permitia que, sem qualquer direito a uma indenização por parte do súdito, o monarca poderia por meio de

11. Francisco Coelho de Sousa e Sampaio, ob. cit., p. 408.
12. Francisco Coelho de Sousa e Sampaio, ob. cit., pp. 412 e ss.
13. Francisco Coelho de Sousa e Sampaio, ob. cit., pp. 408 e ss.
14. Francisco Coelho de Sousa e Sampaio, ob. cit., p. 422.

lei (que, lembre-se, era ato exclusivo do próprio monarca) ordenar o confisco de bens dos seus súditos mesmo quando não se tratasse da perda desses bens em face da prática de crime.

4. Reino Unido de Portugal, Brasil e Algarve

Como uma conseqüência tardia da invasão napoleônica em Portugal em 1807, em virtude da qual a Corte portuguesa transferiu-se para a cidade brasileira do Rio de Janeiro, foi fundado em 1815 o Reino Unido de Portugal, Brasil e Algarve e declarada a cidade do Rio de Janeiro sua capital. Como reação eclode em 1820 na cidade portuguesa do Porto, sob o ideário burguês-liberal então reinante nessa época, a "Revolução do Porto". Esse movimento buscava acima de tudo a constitucionalização do poder monárquico em Portugal, isto é: a limitação do poder do monarca em favor da liberdade e propriedade das pessoas.

A Revolução do Porto forçou, com isso, o retorno para Portugal do Rei D. João VI, bem como a adoção pela monarquia de medidas de proteção da liberdade e da propriedade dos súditos. No Brasil permaneceu como Príncipe Regente seu filho D. Pedro. Ele mandou editar em 21.5.1821 um decreto que revogou o direito real de confisco previsto nas Ordenações e, ato contínuo, introduziu no Brasil o instituto da desapropriação, isto é: a possibilidade de sacrifício dos bens de particulares em nome da coletividade, mas sempre mediante prévia e justa indenização ao particular.[15]

5. Constituição de 1824

Após a proclamação da independência do Brasil em 7.9.1822 por D. Pedro I, tornou-se ele Imperador brasileiro e foi convocada uma Assembléia Nacional Constituinte, a qual restou dissolvia pelo Imperador, vez que o anteprojeto de Constituição limitava em demasia seus poderes e interesses. Em 25.3.1824 o Imperador outorgava então aos brasileiros sua primeira Constituição.

15. Cf. Afonso Arinos de Mello Franco, *Curso de Direito Constitucional Brasileiro*, vol. II, pp. 35 e ss., que inclusive transcreve trechos da exposição de motivos desse decreto de D. Pedro.

5.1 O Poder Moderador

O núcleo da Constituição de 1824 foi a recepção do *princípio monárquico*, princípio teorizado no art. 57 da Carta do Congresso de Viena, o qual teve por objetivo restaurar os antigos poderes e prerrogativas das monarquias conservadoras européias, após a vitória contra Napoleão Bonaparte, contra o liberalismo então reinante. Segundo o princípio monárquico, a Constituição não era a base de legitimidade para o exercício do poder estatal, antes o contrário: ela era o resultado de uma autolimitação do poder do monarca perante seus súditos. Essa tese político-constitucional tomou depois forma político-jurídica no Poder Moderador do Imperador brasileiro, o qual era, na forma do art. 10 da Constituição de 1824, um quarto Poder ao lado dos três outros tradicionais.

Teoreticamente a estrutura e o funcionamento do Poder Moderador estariam baseados na teoria política do pensador suíço Benjamin Constant sobre o "Poder Neutro" (*pouvoir neutre*), isto é: um Poder cujas competências dirigiam-se sempre diretamente contra os demais Poderes, com vistas a politicamente equilibrá-los e harmonizá-los, nunca, porém, diretamente em direção ao povo ou nação. Nesse sentido vinha dito no art. 98 da Constituição de 1824, que era o dispositivo regulamentar geral do Poder Moderador, que "o Poder Moderador é chave de toda organização política, e é delegada privativamente ao Imperador, como Chefe Supremo da Nação, e seu Primeiro Representante, para que incessantemente vele sobre a manutenção da Independência, equilíbrio e harmonia dos demais poderes políticos".

Lidos, contudo, os demais dispositivos constitucionais acerca do Poder Moderador, nota-se que ele não era um Poder neutro. Ele foi em verdade o meio através do qual o Imperador não apenas controlava os três outros Poderes como também governava diretamente perante o povo ou a nação. Em primeiro lugar, na forma do art. 99 da Constituição de 1824 "a Pessoa do Imperador é inviolável e sagrada: ele não está sujeito a responsabilidade alguma". Por conseqüência, todos os atos do Imperador no exercício de competências constitucionais não estavam submetidos a qualquer espécie de controle, fosse político, fosse jurídico. Depois, no art. 101, que arrolava as competências do Poder Moderador, nota-se que as mais importantes competências de governo e administração tradicionalmente pertencentes ao

Poder Executivo foram deslocadas para o âmbito do (política e juridicamente irresponsável) "Poder Neutro" (cf. incisos III – o ato de sanção no processo legislativo; VI – a livre nomeação e demissão de Ministros de Estado; VIII – o perdão ou a moderação de penas impostas aos réus condenados pelo Poder Judiciário; IX – a concessão de anistia).

Mas, mesmo depois desse esvaziamento das funções tradicionais do Poder Executivo, o Imperador era ainda (cf. art. 102 da Constituição de 1824) "o Chefe do Poder Executivo", exercitando as funções desse "pelos seus Ministros de Estado". Política e juridicamente responsáveis no caso de ações do Poder Executivo eram então somente os Ministros de Estado, por força da sistemática de referenda aos atos do Poder Executivo.[16]

Tomando-se literalmente a gramática do art. 13 da Constituição de 1824, deveria o Imperador ser apenas um órgão secundário junto ao exercício da função legislativa: "O Poder Legislativo é delegado à Assembléia Geral com a sanção do Imperador". Mas, como titular do Poder Moderador, o Imperador escolhia a partir de uma lista tríplice todos os Senadores do Império, os quais exerciam depois seu mandato em caráter vitalício.[17] Em relação à Câmara de Deputados, o Poder Moderador podia, "nos casos em que o exigir a salvação do Estado", convocar imediatamente uma outra Câmara que substituísse a anterior, por ele dissolvida.[18] Perante a Assembléia Geral, isto é, o conjunto das duas Casas Legislativas, o Poder Moderador podia prorrogar ou adiar suas sessões, bem como convocá-la extraordinariamente.[19] Acima de tudo, a Assembléia Geral não possuía qualquer competência constitucional exclusiva. Todas as suas competências, que vinham expressamente arroladas no art. 15 da Constituição de 1824, necessitavam (cf. o art. 101, III) da posterior sanção do Poder Moderador para que pudessem "ter força de lei". As competências da Assembléia Geral reduziam-se faticamente com isso a atos preparatórios para a sanção imperial. Além disso, o citado art. 15 arrolava as competên-

16. Cf. Pimenta Bueno, *Direito Publico Brazileiro*, pp. 251 e ss.; Ribas, *Direito Administrativo Brasileiro*, pp. 210 e ss.

17. Cf. arts. 40 e 43, Constituição de 1824.

18. Art. 101, V, *in fine*, Constituição de 1824.

19. Art. 101, II e V, Constituição de 1824.

cias da Assembléia Geral de modo taxativo, ao passo que no art. 102 apenas as "principais atribuições" do Poder Executivo estavam arroladas. O Imperador, enquanto Chefe do Poder Executivo, gozava, portanto, de uma prerrogativa no caso de um conflito de competências entre Legislativo e Executivo.[20]

Por fim, era também atribuição do Poder Moderador nomear os magistrados bem como suspendê-los "por queixas contra eles feitas".[21] É bem verdade que o art. 137 da Constituição de 1824 criou um Conselho de Estado, órgão que deveria, cf. art. 142, ser obrigatoriamente consultado pelo Imperador (especialmente) quando da tomada de suas decisões no exercício do Poder Moderador. Mas a ouvida do Conselho de Estado pelo Imperador reduzia-se a uma mera formalidade, vez que a opinião do Conselho do Estado não vinculava as decisões do Imperador.[22] E depois das reformas constitucionais de 1840/1841 tornou-se a ouvida do Conselho de Estado pelo Imperador inclusive um ato discricionário deste. Por tudo isso coube razão ao Conselheiro Ribas, quando sinteticamente afirmou que o poder jurídico-constitucional no Império brasileiro estava entregue a uma só pessoa: "na nossa organisação politica o Imperador impera, governa, e administra".[23]

5.2 *A primazia ou supremacia da lei*

No art. 102, XII, da Constituição de 1824, o qual enumerava as formas jurídico-normativas pelas quais o Poder Executivo agia, vinha dito que cabia a esse Poder "expedir os Decretos, Instruções e Regulamentos adequados à boa execução das leis". Uma competência normativa *praeter legem* não era constitucionalmente reconhecida ao Poder Executivo. Em vista da literalidade do dispositivo supracitado, tais competências normativas eram definidas então como "secundárias",[24] vez que sua edição estava sempre dependente das leis (formais) e sempre devendo a estas obediência e coerência. O princípio da primazia ou

20. Cf. Veiga Cabral, *Direito Administrativo Brasileiro*, p. 29.
21. Arts. 101, VII, 102, III, e 154, Constituição de 1824.
22. Cf. Pimenta Bueno, ob. cit., p. 215 item 282 e ss.; Veiga Cabral, ob. cit., p. 17, rodapé 6, e pp. 26 e ss.; Ribas, ob. cit., p. 212.
23. Ribas, ob. cit., p. 56.
24. Veiga Cabral, ob. cit., p. 29; Ribas, ob. cit., p. 34.

supremacia da lei estava, pois, implicitamente positivado na norma do art. 102, XII, da Constituição de 1824, criando-se a partir disso inclusive uma hierarquia formal entre o Poder Legislativo de um lado e o Poder Executivo (ou Administração Pública) de outro. Por isso, o Conselheiro Ribas podia afirmar que "o legislador é a intelligencia que formula a regra; a administração é a força mecanica que a executa".

Para além disso, o princípio da primazia ou supremacia da lei era ainda encontrável de modo esparso em normas emanadas pela própria Administração Pública. Assim, por exemplo, a Resolução 1ª, de 4 de dezembro de 1827, bem como a Resolução 8ª, de 1º, de março de 1830, estabeleciam que "os avisos, ordens e portarias dos ministros e secretarias de estado não têm força para revogar, modificar ou suspender os decretos imperiaes, e menos ainda as leis e decretos legislativos".[25]

Na doutrina lia-se então que, quando os atos do Poder Executivo "infringem leis do Estado, e consequentemente direitos individuaes ou formulas protectoras desses direitos, então sua autoridade é susceptivel de contestação, de recurso contencioso. (...) Nem outro deve ser o princípio, pois que desde então ha da parte da administração violação da lei e a obrigação de reformar seu acto; o contrario seria constituir uma vontade ministerial como superior á lei, inutilisar ou aniquilar o poder legislativo, e falsear, ou antes destruir todo o systema e garantia constitucionaes; não haveria segurança de direitos".[26]

O antigo poder monárquico de dispensa ou suspensão da lei não foi recepcionado. Excepcionalmente restaram apenas as possibilidades previstas no art. 179, XXXV, da Constituição de 1824, isto é: a suspensão ou dispensa da lei nos casos de estado de sítio, o qual previa inicialmente que, "nos casos de rebelião ou invasão de inimigos, pedindo a segurança do Estado, que se dispensem por tempo determinado algumas formalidades que garantem a liberdade individual, poder-se-á fazer por ato especial do Poder Legislativo". Uma possível suspensão ou dispensa de aplicação das leis pelo Poder Executivo encontrava-se na segunda parte desse dispositivo: "Não se achando porém a esse tempo reunida a Assembléia, e correndo a Pátria perigo iminente, poderá o Governo exercer esta mesma providência, como

25. Ribas, ob. cit., p. 215.
26. Pimenta Bueno, ob. cit., p. 231.

medida provisória e indispensável, suspendendo-a imediatamente que cesse a necessidade urgente que a motivou; (...)".

5.3 Reserva legal (total)

Uma vez que, por um lado, na Constituição de 1824, a competência para o exercício da função legislativa estava entregue, cf. art. 13, "à Assembléia Geral com a sanção do Imperador" e, de outro lado, ao Poder Executivo apenas era reconhecida uma competência normativa *secundum legem* ou *secundária*, concluía acertadamente a mais importante literatura pátria da época pela vigência de um modelo jurídico-normativo de reserva legal total. A norma constitucional que fundamentava a vigência desse modelo de reserva legal total era a do art. 15, VIII, a partir da qual era atribuição da Assembléia Geral "fazer leis, interpretá-las, suspendê-las e revogá-las". Reservas de lei específicas e esparsas pelo texto constitucional, isto é: a exigência expressa de uma lei para a regulamentação de uma determinado tema ou matéria, mais não faziam "do que aplicar essa mesma atribuição geral [*isto é: a norma do art. 15, VIII*] a alguns assumptos que por sua importancia e condições especiaes attrahem uma attenção particular da lei fundamental".[27] Assim, "tudo que é crear principios, regras ou disposições geraes, dar, tirar ou modificar direitos ou obrigações, impôr deveres, prohibições, privilegios ou limitações ás faculdades do homem ou do cidadão, estabelecer multas ou penas civis ou criminaes, é não só da alçada da lei, mas de seu dominio exclusivo".[28]

No âmbito específico das "Garantias dos direitos civis e políticos dos cidadãos brasileiros" aparecia no art. 179, I, da Constituição de 1824 uma cláusula geral positivadora de um princípio de reserva legal geral, com a finalidade precípua de defesa da liberdade e propriedade das pessoas contra atos ablativos ou ablatórios da Administração Pública: "Nenhum cidadão pode ser obrigado a fazer, ou deixar de fazer alguma cousa, senão em virtude uma Lei".

27. Pimenta Bueno, ob. cit., p. 67.

28. Pimenta Bueno, ob. cit., p. 68. Cf., também, ob. cit. p. 235; Pereira do Rego, ob. cit., p. 6, § 5.

5.4 Formas de ação do Poder Executivo

As formas básicas e hierarquicamente superiores de ação do Poder Executivo encontravam-se enumeradas no art. 102, XII, da Constituição de 1824: "Decretos, Instruções e Regulamentos", todos destinados somente "à boa execução das leis". Por meio de decretos formalizavam-se os atos do Imperador enquanto Chefe do Poder Executivo: "os decretos são actos redigidos em nome do monarcha, por elle assignados e referendados pelo respectivo ministro, que, segundo os estylos de cada côrte, são reservados para medidas mais importantes, que não devem depender sómente da assignatura ministerial".[29]

Regulamentos eram por sua vez uma dentre as espécies de decretos imperiais, mais especificamente quando um tema ou matéria era regulado de modo geral e abstrato (daí a generalização de expressões como "decretos gerais" ou "decretos regulamentares"):[30] "Os regulamentos são actos e modos de mera execução e não de legislação, são disposições geraes e moveis do poder executivo, revestidas de certas fórmas, que preparão os meios, determinão os detalhes e coordenão as providencias necessarias para que as leis sejão facilmente executadas, para que não encontrem obstaculos em nenhum tempo, occurrencia ou parte do Estado"[31] (...) Os regulamentos "São medidas de regulação a própria acção do poder executivo, de seus agentes, dos executores, no desempenho de sua missão; são actos, não de legislação, sim de pura execução, e dominados pela lei".[32]

Instruções, por sua vez, "são actos ministeriais que se destinão a desenvolver o pensamento dos regulamentos ou ordens do governo, ou suas idéias sobre o modo de resolver as difficuldades que possão occorrer na execução das leis ou realisação dos actos administrativos".[33]

A dantes citada vigência de um princípio de reserva legal total no período do Império foi parcialmente derrogada de fato pela prática da delegação legislativa, isto é: a previsão legal que autorizava o Poder Executivo a regular discricionariamente um dado tema ou matéria. O

29. Pimenta Bueno, ob. cit., p. 239.
30. Cf. Ribas, ob. cit., pp. 228 e ss.
31. Pimenta Bueno, ob. cit., pp. 82 e ss.
32. Pimenta Bueno, ob. cit., p. 236.
33. Pimenta Bueno, ob. cit., p. 239.

instituto da delegação legislativa não se encontrava previsto no texto constitucional, mas foi práxis habitual, tanto que Pimenta Bueno, quando da análise das competências do Poder Legislativo, dedicou ao tema uma inteira secção em sua clássica obra com o título "Do abuso da subdelegação do Poder Legislativo no Poder Executivo", e concluindo ser ela "não só illegitima, mas também muito nociva (...), e falseando nosso sistema de governo".[34] À guisa de exemplo, "a base que o nosso contencioso administrativo de Fazenda e das outras Repartições tem em legislação directamente emanada do Corpo legislativo he insignificantissima. O contencioso administrativo que temos resulta, senão todo, quasi todo de regulamentos do Governo, feitos em virtude de autorizações do Corpo legislativo, o qual nem sequer deu para isso bases convenientes".[35]

Além disso, provavelmente bebendo na fonte da literatura e práxis européia da época, vez que do texto da Constituição de 1824 nada autorizava uma tal conclusão, importantes autores pátrios reconheceram uma área de atuação *praeter legem* do Poder Executivo, mais exatamente o chamado *âmbito interno* de organização e funcionamento da própria Administração Pública. Pimenta Bueno, por exemplo, aludia então a uma área de livre regulação pelo Poder Executivo dos *serviços administrativos*: "A tarefa do poder executivo não se limita simplesmente a essa execução [das leis], tem de mais o dever de estudar os defeitos das leis, o melhor modo de aperfeiçoa-las, de preencher suas lacunas, de regularisar os serviços ainda não regulados, e que demandem normas ou garantias".[36] E o Conselheiro Ribas afirmava que "fica, porém, entendido que a esphera regulamentar [do Poder Executivo] se amplia em relação aos funcionarios e empregados administrativos, no sentido de estatuir o poder executivo, na ausencia ou silencio da lei, mas nunca em manifesta opposição á ella".[37]

Em vista disso, conclui-se que já desde o Império três eram as espécies de regulamentos expedidos pelo Poder Executivo: regulamentos de fiel execução de lei (regulamentos *executivos*), regulamentos *delegados* ou *autorizados*, e regulamentos *autônomos*.

34. Pimenta Bueno, ob. cit., pp. 37 e ss.
35. Visconde do Uruguay, *Ensaio sobre o Direito Administrativo*, t. I, p. 153.
36. Pimenta Bueno, ob. cit., p. 257.
37. Ribas, ob. cit., p. 35.

6. Constituição de 1891

Proclamada a República em 15.11.1889, o Governo provisório manda publicar em 22.6.1890 um projeto de Constituição para legitimar a nova forma de governo. Com modificações secundárias em seu conteúdo, esse projeto foi depois em 24.2.1891 promulgado definitivamente como Constituição da República pelo, pela primeira vez eleito, Congresso Nacional, o qual recebeu também poderes constituintes.

O texto da Constituição de 1891 foi basicamente obra do jurista Rui Barbosa e teve como modelo jurídico-constitucional inspirador o texto da Constituição norte-americana de 1787. Os princípios e institutos básicos do direito constitucional norte-americano ganhavam com isso primazia frente aos princípios e institutos do direito europeu, especialmente o francês, que tanto influenciou o direito público no período imperial. Assim, pelo art. 1º da Constituição de 1891 "a Nação brasileira adota como forma de governo, sob regime representativo, a República Federativa proclamada a 15 de novembro de 1889, e constitui-se, por união perpétua e indissolúvel das suas antigas províncias, em Estados Unidos do Brasil".

Abolida não somente a monarquia, mas, também, o Poder Moderador, introduziu-se por via do art. 15 da Constituição de 1891 pela primeira vez o sistema de tripartição dos Poderes, "harmônicos e independentes entre si". O Poder Legislativo foi entregue ao Congresso Nacional "com a sanção do Presidente da República". Aquele se dividia, cf. art. 16, § 1º, em "dois ramos": o ramo dos representantes do povo, a Câmara dos Deputados, e o ramo dos Representantes dos Estados-membros, o Senado. Diversamente da Assembléia Geral no período imperial, cabia agora somente ao próprio Congresso Nacional "deliberar sobre a prorrogação e adiamento de suas sessões".[38] Ao Poder Executivo cabia apenas exigir a convocação extraordinária do Congresso Nacional.[39] O Poder Executivo passou a ser exercido pelo "Presidente da República dos Estados Unidos do Brasil, como chefe eletivo da Nação".[40] E no âmbito do Poder Judiciário criou-se à seme-

38. Art. 17, § 2º, Constituição de 1891.
39. Art. 48, item 10, Constituição de 1891.
40. Art. 41, Constituição de 1891.

lhança da Suprema Corte norte-americana como órgão de cúpula o Supremo Tribunal Federal.[41]

6.1 Primazia ou supremacia da lei

O princípio da primazia ou supremacia da lei não sofreu modificações de monta na Constituição de 1891. Assim, o art. 48, item 1º, *in fine*, previa que "compete privativamente ao Presidente da República (...) expedir decretos, instruções e regulamentos" para a "fiel execução" das leis e resoluções do Congresso Nacional. Depois, pelo Supremo Tribunal Federal restou reconhecido no Acórdão n. 112, de 19.9.1895, que "decretos offensivos aos direitos garantidos pela Constituição e pelas leis, são nullos e de nenhum effeito jurídico".[42] E complementava João Barbalho que "contra os actos das auctoridades publicas fundados em regulamentos e determinações do governo, contrarios á Constituição e ás leis, podem os particulares prejudicados intentar acção judicial (Const., art. 60 a) e lei n. 221 de 20 de novembro de 1894, art. 13, § 9 a 12)".[43]

6.2 Reserva legal (total)

Do mesmo modo que a Constituição de 1824, a Constituição de 1891 não atribuía ao Poder Executivo qualquer competência (normativa) *praeter legem*. A competência normativa do Chefe do Executivo reduzia-se àquela do supracitado art. 48, item 1º, voltada para a "fiel execução" de leis e resoluções do Congresso Nacional. Essa sistemática de reserva legal total era depois reafirmada nas normas que dispunham sobre a competência normativa do Congresso Nacional, mais exatamente por meio de duas cláusulas gerais. Inicialmente vinha disposto no art. 34, item 33, que competia privativamente ao Congresso Nacional "Decretar as leis e resoluções necessárias ao exercício dos poderes que pertencem à União". Depois vinha disposto no art. 34, item 34 que competia privativamente ao Congresso Nacional "Decretar as leis orgânicas para a execução completa da Constituição", isto

41. Art. 55, c/c arts. 56 e 59, Constituição de 1891.
42. João Barbalho, *Constituição Federal Brasileira*, p. 250.
43. João Barbalho, ob. cit., p. 250.

é: "a faculdade de regular o funccionamento dos institutos politicos e administrativos (...) creados" pela Constituição.[44]

Por fim, o princípio da reserva legal geral vinha expresso no art. 72, § 1º, na Seção da "Declaração de Direitos" das pessoas: "Ninguém pode ser obrigado a fazer, ou deixar de fazer alguma cousa, senão em virtude de lei". Foi provavelmente por vez primeira João Barbalho quem, ao interpretar esse dispositivo constitucional, estabeleceu como que de modo definitivo no direito público brasileiro os efeitos do princípio da reserva legal geral não somente em relação aos indivíduos, mas, também, em relação à Administração Pública. Assim, na pena desse autor: "ao indivíduo é reconhecido o direito de fazer tudo quanto a lei não tem prohibido, e não póde elle ser obrigado sinão ao que ella lhe impõe. Com a autoridade, porém, com os funccionarios publicos, dá-se justamente o contrário, só podem fazer, nessa qualidade, o que a lei autoriza". Essa interpretação dialética do princípio da reserva legal geral vem ainda hoje, com ou sem citação de sua fonte original, repetida pela quase unanimidade dos autores pátrios quando da conceituação do princípio da legalidade. Entretanto, em realidade, tal interpretação não pode ser obtida única e exclusivamente a partir da literalidade de um tal dispositivo. É que tal cláusula de reserva legal geral tem por finalidade proteger as esferas de liberdade e propriedade das pessoas somente contra atos limitadores ou que restrinjam essa liberdade e propriedade, isto é: atos ablativos ou ablatórios da Administração Pública contra a liberdade e propriedade das pessoas. Para esses casos a norma acima transcrita exige que se o faça pela Administração Pública somente mediante prévia lei autorizadora. Mas o texto do dispositivo nada deixa concluir acerca de atos da Administração Pública que ampliem as esferas de liberdade e propriedade das pessoas, como, por exemplo, atos de benefício (prestação de serviços públicos, subvenções, isenções etc) nem tampouco acerca de atos reguladores da organização e funcionamento internos da Administração Pública. Assim, concluir que a Administração Pública, em qualquer âmbito da vida, nada pode sem prévia previsão ou autorização legal, é uma conclusão que não pode ser retirada exclusivamente a partir da literalidade de um dispositivo como o do art. 72, § 1º, da Constituição de 1891. E tam-

44. João Barbalho, ob. cit., p. 189.

pouco pode ser retirada exclusivamente do atual art. 5º, II, da Constituição de 1988.

Também do mesmo modo que na Constituição de 1824, a Constituição de 1891 não trazia em seu texto qualquer norma a respeito da possibilidade da delegação da função legislativa pelo Congresso Nacional ao Poder Executivo. Mas ela foi também práxis habitual no período da República Velha. A doutrina dividiu-se quanto a essa práxis, tendo sido praticamente esgotados nessa discussão os argumentos pró e contra a práxis da delegação.[45] Elucidadora da realidade da época é a seguinte frase de Rui Barbosa, inicialmente contra a delegação legislativa, mas que, depois, pragmaticamente à sua aceitação se rendeu: "o princípio da delegação reemerge sempre como regra consuetudinária quando as circunstâncias impõem (...) se contestássemos a existência da delegação e sua validade, em nome de uma doutrina abstrata, daríamos em terra com a construção de nosso direito administrativo quase todo".[46]

Típica era a práxis de delegações legislativas apostas junto às leis de orçamento, as quais ficaram sendo denominadas pejorativamente de *caudas orçamentárias*. Essa prática específica de delegação legislativa foi depois expressamente proibida quando da reforma constitucional de 1926, por meio do art. 34, § 1: "As leis de orçamento não podem conter disposições estranhas à previsão da Receita e à Despesa fixada para os serviços anteriormente criados".

Ao lado dessa proibição específica permaneceu, porém, a prática das delegações via leis ordinárias. Aqui, a jurisprudência do Supremo Tribunal Federal desenvolveu-se de modo não-uniforme, variando de caso a caso, às vezes com decisões contraditórias a respeito do mesmo tema. Por outro lado, o Supremo Tribunal Federal procurou também distinguir entre delegações *em branco*, isto é: autorizações

45. Cf., p. ex., os argumentos contrários em João Barbalho, ob. cit., pp. 72 e ss. e 249; Rodrigo Octavio e Paulo Domingues Vianna, *Elementos de Direito Público e Constitucional Brasileiro*, pp. 195 e ss.; Rui Barbosa, *Commentarios á Constituição Federal Brasileira*, vol. 1, p. 411, e vol. 3, pp. 203 e ss. Para os argumentos favoráveis cf., p. ex., Viveiros de Castro, ob. cit., p. 410; Carlos Maximiliano, *Commentarios à Constituição Brasileira*, pp. 544 e ss.; Freire da Fonseca, *Do Poder Executivo na República Brasileira*, pp. 81 e ss.

46. Rui Barbosa, *RF* 7/37; também *apud* Bonifácio Fortes, *RDA* 62/359, nota 17.

genéricas e sem limitações materiais ou temporais para legislar, de delegações com diretrizes, isto é: aquelas em que o próprio Legislador havia estipulado um mínimo de previsibilidade quanto ao conteúdo da norma que seria editada pelo Poder Executivo. Para além disso, o Supremo Tribunal Federal tinha como válidas e eficazes delegações legislativas, caso o Congresso Nacional posteriormente ratificasse a legislação editada pelo Poder Executivo. Por fim, por várias vezes o Supremo Tribunal Federal adotou perante um mesmo tema objeto de delegação entendimentos contraditórios acerca da validade de tais delegações, vezes anulando-as, vezes aceitando-as, em especial no âmbito do direito educacional.[47]

Depois, houve também decisões do Supremo Tribunal Federal que em termos práticos equipararam o âmbito de uso do regulamento de execução ao do regulamento delegado ou autorizado. Em uma decisão de 1921 o Tribunal reconheceu, por exemplo, que "o poder de regulamentar do Presidente é amplo, pode inovar na matéria legislada, sanando qualquer lacuna de ato legislativo". E em outra decisão do ano de 1923 o Tribunal afirmava que "subordinado e dependente da lei, vasto campo ainda lhe fica para desdobrar a sua capacidade de regulamentação, principalmente se o legislador, desprezando as minudências, tão só houver disposto sobre generalidade".[48]

Por fim, a partir da segunda metade dos anos 20 dissemina-se a práxis da descentralização administrativa, com o crescimento da chamada Administração Pública indireta, especialmente com a instituição de autarquias. Também aqui se aceitou que a regulamentação de tais entidades, sua organização e funcionamento, inclusive o regime de seus agentes, pudesse ser regulado por decretos autônomos do Poder Executivo. Argumentava-se que o âmbito de validade do princípio da reserva legal estava limitado à regulação da organização e funcionamento da Administração Pública direta.[49]

47. Cf. detalhes em Bonifácio Fortes, *RDA* 62/365 e ss. Cf., também, Temístocles B. Cavalcanti, *Tratado de Direito Administrativo*, p. 310; Victor Nunes Leal, *Problemas de Direito Público*, pp. 102 e ss.

48. Decisões *apud* Victor Nunes Leal, ob. cit., pp. 102 e ss. Cf., também, Bonifácio Fortes, *RDA* 62/365 e ss.

49. Cf. Duarte, *RDP* 16/94 e ss.

7. Constituição de 1934

Após a Revolução de 1930, pela qual políticos da oposição e oficiais militares derrubaram o regime da República Velha, restou de fato, por via da instalação de um governo provisório formalizado no Decreto n. 19.398, de 11.11.1930, revogada a Constituição de 1891.[50] Seguiu-se a Contra-Revolução de 1932, pró-convocação de uma Assembléia Nacional Constituinte, a qual foi eleita em 3 de maio de 1933. A segunda Constituição republicana foi então promulgada em 16.7.1934. A Constituição de 1934, sob direta influência das Constituições mexicana de 1917 e alemã de Weimar de 1919, inaugurou novos temas no constitucionalismo brasileiro: a "Ordem Econômica e Social", regulamentada detalhadamente a partir de seu art. 115, e a regulamentação (também detalhada) "Da Família da Educação e da Cultura", a partir do art. 144.

Em relação ao princípio da legalidade, a Constituição de 1934 seguiu em princípio as linhas básicas da Constituição de 1891. Assim, competia privativamente ao Poder Legislativo, cf. art. 39, item 1): "decretar leis orgânicas para a completa execução da Constituição". Depois, competia privativamente ao Poder Legislativo, cf. art. 39, item 8), alínea *e:* "legislar sobre todas as matérias de competência da União, constantes do art. 5º ou dependentes de lei federal, por força da Constituição". Já ao Poder Executivo restava somente a competência normativa do art. 56, item 1): expedir decretos e regulamentos para a "fiel execução" das leis. A interpretação sistemática de tais dispositivos levava à conclusão da vigência de um princípio de reserva legal total também no regime da Constituição de 1934.

Essa sistemática de vigência de um princípio de reserva legal total foi ainda reforçada pela reação que se seguiu na Assembléia Nacional Constituinte de 1934 à práxis de delegações legislativas durante o Império e, principalmente, durante a República Velha. Assim, já nas suas "Disposições Preliminares", vinha inscrito no art. 3º, § 1º, da Constituição de 1934 que "é vedado aos poderes constitucionais delegar as suas atribuições".

Por outro lado, a vigência de tal princípio de reserva geral total foi amenizada em termos práticos mediante a introdução da sistemá-

50. Cf. Afonso Arinos de Mello Franco, ob. cit., vol. II, pp. 171 e ss.

tica de "iniciativa exclusiva" de leis (às vezes também denominada *iniciativa privativa*, como no art. 61, § 1º, da Constituição de 1988), mais exatamente para aquelas leis que regulavam internamente a organização e funcionamento da Administração Pública. Assim, ficou estabelecido no art. 41, § 2º, da Constituição de 1934 que, "ressalvada a competência da Câmara dos Deputados e do Senado Federal, quanto aos respectivos serviços administrativos, pertence exclusivamente ao Presidente da República a iniciativa dos projetos de lei que aumentem vencimentos de funcionários, criem empregos em serviços já organizados ou modifiquem, durante o prazo da sua vigência, a lei de fixação das Forças Armadas". O texto da lei reguladora da organização e funcionamento internos da Administração Pública tinha, pois, sua origem não no Poder Legislativo, mas na Chefia do próprio Poder Executivo. O Poder Legislativo perdia com isso a possibilidade de, por via de lei, intervir direta e autonomamente na organização e funcionamento internos do outro Poder.

Digno de nota, por fim, é um dispositivo que excepcional e literalmente quebrava a vigência do princípio da reserva legal total no âmbito de temas específicos do direito educacional, vez que permitia sua regulação tanto por lei quanto por regulamento. Era o art. 158 da Constituição de 1934: "É vedada a dispensa do concurso de títulos e provas no provimento dos cargos do magistério oficial, bem como, em qualquer curso, a de provas escolares de habilitação, determinadas em lei ou regulamento". Tal dispositivo parece também guardar relação com a práxis de delegações legislativas ao tempo da República Velha, quando tal tema, no âmbito do direito da educação, foi objeto de vários julgados do Supremo Tribunal Federal. Nesse sentido, o art. 158 da Constituição de 1934 constitui em uma concessão do Constituinte de 1934 em relação à cláusula geral de vedação de delegações legislativas do art. 3º, § 1º, dessa Constituição.

Não obstante o seu caráter revolucionário no âmbito da renovação da matéria constitucional brasileira, com a introdução dos temas "Ordem Econômica e Social" e "Família, Educação e Cultura", a importância prática da Constituição de 1934 foi diminuta, vez que por pouco tempo permaneceu em vigor. Já em 10.11.1937, o Presidente Getúlio Vargas empreendeu com sucesso o Golpe do Estado Novo e outorgou uma nova Constituição ao Brasil.

8. Constituição de 1937

Discute-se ainda hoje se a Constituição de 1937, outorgada por Getúlio Vargas, entrou formalmente em vigor. É que o seu art. 187, o último dispositivo dessa Constituição, previa a realização de um referendo popular: "Esta Constituição entra em vigor na sua data e será submetida ao plebiscito nacional na forma regulada em decreto do Presidente da República". Esse referendo popular, porém, nunca ocorreu.

Outorgada e ditatorial, a Constituição de 1937 refletia tais características, quebrando o tradicional princípio da separação dos Poderes "independentes e harmônicos entre si" e erigindo em seu art. 73 o Presidente da República, isto é: o ditador, como "autoridade suprema do Estado".

8.1 Hipóstase do conceito de lei

Por sua natureza logicamente concentradora das funções estatais nas mãos do ditador, a Constituição de 1937 introduziu com isso também substanciais alterações dogmático-jurídicas nas relações entre Poder Legislativo e Poder Executivo e, por conseqüência, entre lei, de um lado, e, por outro lado, decreto e regulamento.

Inicialmente, bebendo na teoria filosófica de Aristóteles, a Constituição de 1937 introduziu com seu art. 11 a hipóstase do conceito de lei parlamentar, isto é: a redução de seu âmbito de uso como forma jurídico-normativa apenas à essência da matéria regulanda. No art. 11 vinha dito então que "a lei, quando de iniciativa do Parlamento, limitar-se-á a regular, de modo geral, dispondo apenas sobre a substância e os princípios, a matéria que constitui seu objeto. O Poder Executivo expedirá os regulamentos complementares".

A tentativa de uma distinção material entre lei e regulamento, devendo aquela apenas regrar de maneira genérica o tema ou a matéria regulanda, deixando-se para o regulamento as particularidades e minúcias, reavivava construções doutrinárias já existentes ao tempo do Império. Já ali nossa doutrina idealizava tal distinção, afirmando por exemplo que "a lei formula syntheses geraes e permanentes; a administração desenvolve estas syntheses, applicando-as ás circumstancias especiaes e variaveis do logar e do tempo; a lei proclama os principios, a administração deduz e organisa as conseqüências".[51] Veiga Cabral por sua vez afirmava que "o legislador não se recusando tratar de nenhum objeto, não deve comtudo descer aos detalhes da execução; porque estando as questões submettidas a principios geraes, delles emanão as regras de aplicação; a lei, diz Mr. Vivien, "deve proclamar os principios, e limitando a sua intervenção a esta grande e solemne missão, deve deixar á Administração o cuidado de expedir todas as disposições obrigatórias".[52]

Mas era ainda o Conselheiro Ribas quem alertava: "Na applicação pratica, porém, desta these, numerosas difficuldades apparecem, que não achão facil e completa solução na nossa legislação, nem na sciencia".[53] E na República Velha afirmava Freire da Fonseca que "há quem funde a distinção entre o regulamento e a lei no caracter de generalidade, pois a lei estabelece o principio geral e o regulamento as particularidades. São distinções subtis sem a menor consistencia juridica. Meucci observou com justesa que as palavras de generalidade e particularidade têm um sentido relativo. Os regulamentos são igualmente feitos para casos hypotheticos, genericamente enunciados".[54] Por fim, afirmava Pontes de Miranda nos seus Comentários à Constituição do Estado Novo: "As expressões 'substância' e 'princípios' são assaz vagas quando se trata de norma jurídica, porque há substância legal nos regulamentos, e o que é substancial, ou principiológico, num texto de lei, depende de critério, ou de convicção doutrinária, com que se elaborou a própria lei. (...) o art. 11 estabelece um problema subtil, tal a zona cinza em que importa a adoção dos dados conceptuais de 'substância' e de 'princípios'".[55]

8.2 Decreto-lei

Reduzida a amplitude de uso da lei como forma regulatória somente da *essência* da matéria ou tema regulando, além disso, a Constituição de 1937 introduziu a figura jurídica do decreto-lei, isto é:

51. Ribas, ob. cit., pp. 67 e ss.
52. Veiga Cabral, ob. cit., p. 31.
53. Ribas, ob. cit., p. 68.
54. Freire da Fonseca, ob. cit., p. 79.
55. Pontes de Miranda, *Comentários à Constituição Federal de 10 de novembro de 1937*, t. I, p. 321.

uma norma materialmente legislativa, porém formalmente editada pelo Poder Executivo. Por meio do decreto-lei, distintas funções legislativas poderiam ser exercidas pelo Poder Executivo.

O art. 12 da Constituição de 1937 introduziu a possibilidade da delegação legislativa condicionada e limitada, a qual seria depois formalizada por meio do decreto-lei: "O Presidente da República pode ser autorizado pelo Parlamento a expedir decretos-leis, mediante as condições e nos limites fixados pelo ato de autorização".

Ao lado disso, o princípio da reserva legal foi mitigado por dois distintos dispositivos constitucionais. Inicialmente, o art. 13 da Constituição de 1937 permitia que "o Presidente da República nos períodos de recesso do Parlamento ou de dissolução da Câmara dos Deputados, poderá, se o exigirem as necessidades do Estado, expedir decretos-leis sobre as matérias de competência legislativa da União". Excluídas dessa possibilidade vinham depois arroladas as seguintes matérias: modificações à Constituição, legislação eleitoral, orçamentos, impostos, instituição de monopólios, moeda, empréstimos públicos, alienação e oneração de bens imóveis da União. Além disso, o parágrafo único desse artigo exigia que "os decretos-leis para serem expedidos dependem de parecer do Conselho da Economia Nacional, nas matérias da sua competência consultiva".

Adiante, o art. 14 instituiu a possibilidade da edição de decreto-lei autônomo para a regulamentação da organização e funcionamento internos da Administração Pública: "O Presidente da República, observadas as disposições constitucionais e nos limites das respectivas dotações orçamentárias, poderá expedir livremente decretos-leis sobre a organização do Governo e da administração federal, o comando supremo e a organização das Forças Armadas". Criava-se nesse âmbito uma área de concorrência normativa entre a lei formal e o decreto-lei.

8.3 Conselho de Economia Nacional

Por fim, a Constituição de 1937 reconheceu também ao Conselho de Economia Nacional, órgão instituído pelo art. 57, uma competência normativa. Ela vinha regrada nos arts. 61 a 63.

Os dispositivos da Constituição de 1937 reguladores da lei e dos decretos-leis não tiveram, porém, qualquer significado prático, vez que dispositivos insertos nas "Disposições Transitórias e Finais" tornaram sem sentido tais normas do corpo principal da Constituição. Assim, o art. 178 dissolvia, na data da publicação da Constituição, "a Câmara dos Deputados, o Senado Federal, as Assembléias Legislativas dos Estados e as Câmaras municipais". Complementarmente, o art. 180 dispunha que "enquanto não se reunir o Parlamento Nacional, o Presidente da República terá o poder de expedir decretos-leis sobre todas as matérias da competência legislativa da União". Até o final da ditadura do Estado Novo, o Presidente Getúlio Vargas editaria 8.964 decretos-leis.[56] Dentre estes, um número razoável deles delegou a órgãos da Administração direta e indireta, especialmente as autarquias, o exercício da competência legislativa.

8.4 Omissão do princípio da reserva legal geral

Digno de nota é ainda o fato de a Constituição de 1937 ser a única Constituição brasileira em que o princípio da reserva legal geral, que exige lei formal para a prática de atos ablativos ou ablatórios da liberdade e propriedade das pessoas pela Administração Pública, não aparece em seu texto. O próprio Francisco Campos justificava a não-inclusão do princípio como corretamente dentro da lógica da ditadura do Estado Novo: "na Constituição de 1937 os direitos individuais eram regulados de maneira a não constituírem limitações efetivas ao Poder".[57]

9. Constituição de 1946

A Constituição de 1946 restabeleceu os fundamentos do princípio da separação dos Poderes e também os fundamentos do princípio da legalidade administrativa tal como antes positivados nas Constituições republicanas anteriores ao Estado Novo, aproximando-se basicamente do modelo estabelecido na Constituição de 1934.

56. Estatística apresentada pelo então Deputado Federal e Constituinte Adylson Motta junto à Assembléia Nacional Constituinte de 1988, no *Diário da Assembléia Nacional Constituinte*, n. 209, março de 1988, p. 8.654.

57. Francisco Campos, *Direito Constitucional*, vol. 2, p. 98.

9.1 Reserva legal (total)

O princípio da reserva legal total foi reintroduzido. Ele era dedutível inicialmente de uma cláusula geral estabelecida no art. 65, X, da Constituição de 1946, segundo a qual "compete ao Congresso Nacional, com a sanção do Presidente da República (...) legislar (...) sobre todas as matérias da competência da União (...)". Esse princípio se complementava depois com a atribuição de apenas uma competência normativa secundária ou infralegal ao Poder Executivo, seguindo a vetusta fórmula do direito público brasileiro, agora inscrita no art. 87, I, da Constituição de 1946, isto é: a competência privativa do Presidente da República para expedir decretos e regulamentos para a fiel execução das leis.

Novamente a vigência do princípio da reserva legal total era apenas minorada com a atribuição da competência exclusiva do Presidente da República para a iniciativa de leis reguladoras do âmbito interno da Administração Pública. Na redação do art. 67, § 2º, o texto aduzia então à "iniciativa de leis que criem empregos em serviços existentes, aumentem vencimentos ou modifiquem, no decurso de cada legislatura, a lei de fixação das Forças Armadas".

Já o princípio da reserva legal geral retornava a seu capítulo habitual na Constituição, isto é, o capítulo "Dos Direitos e das Garantias Fundamentais" das pessoas, mais exatamente no art. 142, § 2º: "Ninguém pode ser obrigado a fazer ou deixar de fazer alguma coisa senão em virtude de lei".

9.2 Mitigação da reserva legal total

Profundamente discutida durante os trabalhos da Assembléia Nacional Constituinte foi a questão da possibilidade, ou não, da delegação legislativa. Preponderou nas discussões o temor de uma repetição da massiva práxis de delegações legislativas, tal qual ocorrido ainda no período da vigência da Constituição de 1891, o que levou então os Constituintes a se decidirem pela proibição expressa da delegação de quaisquer das funções entre os Poderes estatais, assim como na Assembléia Nacional Constituinte de 1934. Propostas apresentadas no intuito de permitir a delegação legislativa com o prévio estabelecimento de freios para o seu exercício, com a estipulação de limites e condições para o exercício da função delegada, não foram aceitas.[58] A cláusula proibitiva foi inscrita no art. 36, § 2º, da Constituição de 1946: "vedado a qualquer dos poderes delegar atribuições".

Como no caso da Constituição de 1946, a concentração absoluta da competência para o exercício da função legislativa junto ao Congresso Nacional, havendo com isso um identificação total entre órgão e função, isto é: a vigência de um sistema de reserva legal total, torna o Poder Executivo integralmente dependente da prévia ação do legislador. Também por isso, a implantação da política por cada novo governo eleito fica do mesmo modo amarrada à plena vontade do legislador: *Nulla politica sine lege.* O argumento da legitimidade democrática do legislador possui aqui pouca valia, vez que também a Chefia do Poder Executivo possui legitimidade democrática direta.

Esse fato agrava-se ainda mais se se levar em conta que a Constituição, de 1946 era não somente organizadora dos Poderes estatais, mas rica em conteúdos democrático-sociais, e também por isso extensa e expressamente reclamadora de um número significativo de leis específicas ("reservas legais especiais") para sua concretização plena. Nesse ponto é inclusive de perguntar-se se haveria condições fáticas de o Congresso Nacional poder discutir e deliberar acerca de todas as leis reclamadas pela Constituição em um espaço de tempo relativamente razoável. De outro lado, o aumento da atividade estatal, reconhecido formalmente em nível constitucional já desde a Constituição de 1934, com a transformação do mero Estado de polícia liberal em Estado democrático-social, exige proporcionalmente um aumento dos órgãos e das atividades administrativas, o que, conseqüentemente, também se traduz em aumento de normatização. A esse respeito vem, aliás, elegantemente afirmado que uma plena identificação entre órgão e função, isto é: uma radical separação de funções entre Legislador e Administração Pública à base de lei e regulamento mais não seria que uma "abstração lírica",[59] incompatível com a realidade atual.

58. Cf., p. ex., Temístocles B. Cavalcanti, ob. cit., pp. 280 e ss. e 290 e ss.; Bilac Pinto, *Estudos de Direito Público*, pp. 235 e ss.; Sá Filho, *Relações entre os Poderes do Estado*, pp. 210 e ss., 235 e 243; Victor Nunes Leal, ob. cit., pp. 92 e ss.; Pinto Ferreira, ob. cit., p. 101, Caio Tácito, *RDA* 34/471 e ss.; Medeiros Silva, *RDA* 20/1 e ss., e *RDA* 30/28 e ss.; Bonifácio Fortes, *RDA* 62/367 e ss.

59. Jacqueline Morand-Deviller, *Cours de Droit Administratif*, p. 338.

Na vigência da Constituição da 1946, tais fatores foram em parte mitigados tanto por meio da práxis quanto, acima de tudo, pela jurisprudência. Assim, por exemplo, ocorreu no âmbito da Administração indireta a criação e extinção de cargos e empregos por meio de decretos *praeter legem*. Isso se deu também na criação de novos Consulados e Embaixadas no exterior.[60] Tal fenômeno foi possível provavelmente porque a Constituição de 1946 não conhecia mecanismos de controle objetivo da ordem jurídica, estando a via judicial basicamente estruturada para a defesa de direitos subjetivos.

O Supremo Tribunal Federal reconheceu, já no ano de 1948, a relatividade da cláusula vedatória de delegações legislativas do art. 36, § 2º, da Constituição de 1946, especialmente quando ela estivesse em conflito com outros dispositivos constitucionais, os quais atribuíam à Administração Pública a adoção de determinadas medidas, como, por exemplo, o controle de preços pelas Comissões de Preços. Além disso, o Supremo Tribunal Federal admitiu que as delegações legislativas realizadas antes da vigência da Constituição de 1946 eram compatíveis com a nova ordem constitucional. Vedada estaria a delegação legislativa somente após a entrada em vigor dessa Constituição.[61] Esse entendimento do Supremo Tribunal Federal teve profundo significado prático, vez que, especialmente no período da ditadura do Estado Novo, a um grande número de órgãos administrativos e entidades da Administração indireta foi delegada competência legislativa.

9.3 Leis delegadas

A Emenda Constitucional n. 4, de 2.9.1961, que instituiu o sistema parlamentar de governo, criou também, pela primeira vez de modo expresso no direito público brasileiro, a possibilidade da delegação legislativa. O art. 22, parágrafo único, dessa Emenda previa que "a legislação delegada poderá ser admitida por lei votada na forma deste artigo". O *caput* do dispositivo estabelecia por sua vez que tais leis deveriam ser aprovadas, nas duas Casas do Congresso Nacional,

60. Cf. Clenício Duarte, *RDP* 16/89. Cf., também, Medeiros Silva, *RDA* 20/2.

61. STF: *RF* 137/5. Cf. Borba Vita, *RDA* 31/500; Bonifácio Fortes, *RDA* 62/370 e ss.; Pinto Ferreira, *Curso de Direito Constitucional*, p. 101.

pela maioria absoluta de seus membros, um *quorum* qualificado, portanto. Surgia com isso a "lei delegada", a qual tinha, no entendimento do Supremo Tribunal Federal, o mesmo *status* hierárquico da legislação ordinária, podendo, com isso, modificar ou mesmo revogar a legislação ordinária anterior realizada pelo Congresso Nacional.[62] Com a reintrodução do sistema presidencialista pela Emenda Constitucional n. 6, de 23.1.1963, que revogou *in totum* a Emenda n. 4, foi conseqüentemente também o instituto da lei delegada revogado.

10. Ditadura militar de 1964

10.1 Os Atos Institucionais e os Atos Complementares

Após o golpe militar de 1964 a nova ordem jurídico-institucional passou a basear-se antes e acima de tudo em Atos Institucionais e seus Atos Complementares, os quais *motu proprio* possuíam primazia ou supremacia sobre a Constituição.[63] Já o art. 1º do Ato Institucional n. 1, de 9.4.1964, previa expressamente que a Constituição de 1946 permaneceria em vigor, porém com as modificações por ele introduzidas.

Os diversos Atos Institucionais outorgados pela ditadura militar foram, assim, a verdadeira e autêntica Constituição desse período, vez que hierarquicamente sempre foram superiores às Constituições então vigentes nesse período. Assim, por exemplo, o art. 10 do Ato Institucional n. 1 e o art. 19 do Ato Institucional n. 2, 27.10.1965, permitiram a suspensão dos direitos individuais bem como a suspensão ou cassação de direitos políticos nos âmbitos federal, estadual e municipal. O art. 6º do Ato Institucional n. 2, de 1965, permitiu o aumento do número de vagas de Ministros no Supremo Tribunal Federal. O art. 14 do mesmo Ato Institucional n. 2 revogou as garantias institucionais dos servidores públicos e dos magistrados. O art. 31, também do Ato Institucional n. 2, determinou a dissolução dos partidos políticos então existentes e, por fim, o art. 32 desse mesmo Ato Institucional n. 2 permitiu a dissolução do Poder Legislativo da União, estados-membros e Municípios pelo Presidente da República. Destaque negativo mor merece aqui o Ato Institucional n. 5, de 13.12.1968,

62. STF: *RTJ* 30/114.
63. Cf. Medeiros Silva, *RF* 347/7, e *RDA* 121/469.

o qual constituía basicamente uma consolidação dos mais duros e antidemocráticos dispositivos dos outros quatro Atos Institucionais até então outorgados, e, com razão, vem descrito como "o instrumento mais autoritário da história política do Brasil".[64]

O Congresso Nacional não foi de pronto pura e simplesmente fechado ou posto coativamente em recesso pelos militares. Tal fato aconteceu episodicamente durante o largo período em que durou a ditadura, até seu final em 1985. Em vez disso, o órgão legislativo foi instrumentalizado. Assim, por exemplo, via criação de um sistema bipartidário, com os partidos ARENA, situacionista, e MDB, de oposição. Depois, com modificações pontuais da legislação eleitoral ao longo do tempo, para permitir que a maioria no Congresso Nacional fosse do partido situacionista – a chamada "legislação casuística". Por fim, no âmbito do processo legislativo, os Atos Institucionais ns. 1 e 2 introduziram o princípio da aprovação dos projetos de lei "por decurso de prazo". Segundo esse princípio, o Congresso Nacional estava obrigado a discutir, propor modificações e votar os projetos de lei enviados pelo Poder Executivo dentro de prazos exíguos. O esgotamento desses prazos sem a conseqüente deliberação equivalia à sua aprovação (tácita) pelo órgão legislativo.

Depois, o art. 30 do Ato Institucional n. 2 reintroduziu a figura jurídica do decreto-lei, que antes existiu ao tempo da ditadura do Estado Novo. Na redação original do dispositivo, ele se destinava a regular matérias no âmbito da "segurança nacional". Já o art. 9º, §§ 1º e 2º, do Ato Institucional n. 4, de 7.12.1966, ampliou seu âmbito de uso também para matérias de caráter financeiro e administrativo.

Por fim, a Emenda n. 17 à Constituição de 1946, de 26.11.1965, introduziu um sistema de delegação legislativa interna ou *interna corporis*, isto é: Comissões Especiais do Congresso poderiam ser autorizadas a legislar em nome do Pleno do Congresso Nacional.

10.2 Constituição de 1967

Após a suspensão e cassação dos direitos políticos dos principais políticos de oposição à ditadura militar, o Congresso Nacional foi con-

64. José Afonso da Silva, *Curso de Direito Constitucional Positivo*, p. 88.

vocado extraordinariamente, pelo Ato Institucional n. 4, de 7.12.1966, para "discutir, votar e promulgar" um anteprojeto de Constituição enviado pelo governo militar, tendo ela então sido publicada em 27.1.1966.

Quanto ao tema princípio da legalidade, por um lado a Constituição de 1967 incorporava em seu texto normas tradicionais do direito público brasileiro. Assim, por exemplo, o art. 43 entregava ao Congresso Nacional a competência para "dispor sobre todas as matérias de competência da União". E o art. 83, III, cometia ao Poder Executivo a competência para apenas editar decretos e regulamentos para "fiel execução" de leis. Adiante, o art. 150, § 2º, ordenava que "ninguém será obrigado a fazer ou deixar de fazer alguma coisa senão em virtude de lei".

Por outro lado, princípios da nova ordem ditatorial foram também positivados. No art. 54, no âmbito do processo legislativo, estava previsto o princípio da aprovação (tácita) dos projetos de lei do Poder Executivo por decurso de prazo. E no art. 60 foi ampliada a competência exclusiva do Presidente da República para a iniciativa de projetos de lei. Se em regimes anteriores essa competência exclusiva basicamente se resumia à organização e funcionamentos internos da Administração Pública, a nova ordem ampliou seu âmbito de aplicação para a "matéria financeira" (art. 57, I) e "anistia relativa a crimes políticos" (art. 57, VI).

Resta depois constatar que, em seu art. 6º, parágrafo único, a Constituição de 1967 previa, à semelhança das Constituições de 1934 e 1946, uma cláusula geral vedadora da delegação de funções estatais. Mas ao lado disso a Constituição de 1967 aceitava também a possibilidade de derrogações expressas desse princípio geral. No tema "delegações legislativas", a partir de seu art. 55 e ss., estavam então previstas duas distintas possibilidades de delegação, a interna e a externa. Pela primeira, o Congresso Nacional podia delegar a função legislativa a uma de suas Comissões Especiais, ao Senado Federal ou à Câmara dos Deputados. Pela segunda, a qual se concretizava por fim na "lei delegada", o Congresso Nacional poderia, sob a forma de uma resolução, autorizar o Presidente da República a legislar, excluídos, porém, dessa delegação os temas e matérias expressamente arrolados no art. 55, § 1º. Tal resolução não era do tipo "em branco", vez que, conforme o art. 57, ela deveria especificar, quanto ao ato de delegação, "seu conteúdo e os termos de seu exercício". Delegações externas foram, porém, letra morta ao tempo da ditadura militar, vez que nunca foram praticadas.

Por outro lado, do mesmo modo que no período imperial ou na República Velha, um número significativo de leis e decretos-leis desse período autorizou a Administração Pública, inclusive entidades da Administração indireta, a editar normas em variados âmbitos da vida, muito embora inexistissem disposições constitucionais a tal respeito e, acima de tudo, no período da vigência da Constituição de 1967, por força da cláusula geral do art. 6º, parágrafo único, somente estarem reconhecidas as delegações expressamente previstas em seu texto. Assim, por exemplo: a Lei n. 4.595/1964 autorizou a edição de normas pelo Conselho Monetário Nacional; o mesmo fez a Lei n. 6.251/1975 em relação ao Conselho Nacional de Desportos; e também o Decreto-lei n. 73/1966 em relação ao Conselho Nacional de Seguros Privados. Em sua jurisprudência, o Supremo Tribunal Federal entendeu, porém, como válidas e eficazes tais autorizações para legislar. Segundo o Tribunal, bebendo em construções da jurisprudência norte-americana, tratar-se-ia de legislação autorizadora onde meramente se encontrava uma "autorização para completar os contornos da lei, desenvolvendo-a dentro da órbita circunscrita"[65] ou tratar-se-ia de mera "flexibilidade na fixação de *standards* jurídico de caráter técnico".[66]

Por fim, o art. 58 da Constituição de 1967 remodelou a figura do decreto-lei do Ato Institucional n. 2, renomeando-o para "decreto com força de lei", o qual deveria, em princípio, ser editado somente "em casos de urgência ou de interesse público relevante" e também apenas nos âmbitos da "segurança nacional" ou das "finanças públicas". A Emenda Constitucional n. 1, de 17.10.1969, irá modificar seu *nomen juris*, passando novamente a denominá-lo "decreto-lei" (nova redação do art. 55, *caput*). Foi também por meio dessa Emenda que o âmbito de aplicação do decreto-lei foi ampliado: "inclusive normas tributárias" foi expressão aposta após o tema "finanças públicas" (nova redação do art. 55, II). A Emenda n. 1 punha fim, desse modo, à discussão doutrinária e jurisprudencial acerca de uma possível distinção entre normas de direito financeiro e de direito tributário, uma vez que não era possível o uso do decreto-lei no âmbito tributário. A segunda maté-

65. STF: *RTJ* 64/500.
66. STF: *RTJ* 71/477.

ria que passou a ser objeto de decreto-lei foi a "criação de cargos públicos e fixação de vencimentos" (nova redação do art. 55, III), isto é: a regulamentação do âmbito interno da Administração Pública.

A partir de sua edição pelo Presidente da República, o decreto-lei possuía vigência imediata. Ele deveria, porém, ser submetido pelo Presidente da República ao Congresso Nacional, que deveria aprová-lo ou rejeitá-lo *in totum*. Alterações no conteúdo do decreto-lei pelo Poder Legislativo estavam expressamente excluídas. Além disso, o Congresso Nacional estava obrigado a apreciá-lo dentro do prazo fixo de 60 dias, sem o que se aplicaria o princípio da aprovação (tácita) por decurso de prazo. E, mesmo rejeitado pelo Congresso Nacional, o decreto-lei teria produzido efeitos (ou: sido eficaz) desde o período de sua edição até a posterior rejeição pelo Congresso Nacional. Disso se conclui que, em verdade, nesse caso o Congresso Nacional recebeu a competência para agir como *legislador negativo*, uma vez que o ato de rejeição do decreto-lei possuía somente efeito constitutivo ou *ex nunc*. Tratava-se então de ato de revogação de norma vigente.

A partir de uma interpretação literal do dispositivo constitucional regrador do decreto-lei, ele era um instrumento normativo para casos emergenciais, vez que sua existência no mundo jurídico estava condicionada ou ao requisito da "urgência" ou ao requisito do "interesse público relevante". Na práxis, porém, o decreto-lei foi um meio ordinário de legislação. Os simples dados estatísticos demonstram que entre a sua reintrodução no direito público brasileiro – em outubro de 1965 – e o final da ditadura militar – em março de 1985 –, foram editados 2.272 decretos-leis: 318 no governo Castello Branco; 486 no governo Costa e Silva; 265 pela junta militar; 253 no governo Médici; 357 no governo Geisel; e 593 no governo Figueiredo. Mesmo depois do final da ditadura, os números não sofreram alteração de monta, no governo José Sarney foram editados mais de 150 decretos-leis.[67]

Isso foi possível porque, por meio de uma "interpretação elástica"[68] dos requisitos de existência – qualquer tema objeto de regramento por

67. Estatística apresentada pelo então Deputado Federal e Constituinte Adylson Motta junto à Assembléia Nacional Constituinte de 1988, *Diário da Assembléia Nacional Constituinte*, n. 209, março de 1988, p. 8.654.

68. Manoel Gonçalves Ferreira Filho, *Comentários à Constituição Brasileira de 1988*, vol. 2, p. 83.

decreto-lei era considerado pelo Poder Executivo como de "urgência" ou "interesse público relevante".[69] Assim, para ficar em um simples exemplo, a regulação da purgação da mora em locações para fins não-residenciais foi matéria considerada como de "segurança nacional" pelo Decreto-lei n. 322, de 7.4.1967, razão pela qual o Supremo Tribunal Federal, em corajosa votação contra os interesses da ditadura militar, considerou inconstitucionais dispositivos do referido diploma.[70]

Por outro lado, nessa mesma decisão, ficou assentado pelo Supremo Tribunal Federal que "a apreciação dos casos de 'urgência' ou de 'interêsse público relevante', a que se refere o art. 58 da Constituição de 1967, assume caráter político e está entregue ao discricionarismo dos juízos de oportunidade ou de valor do Presidente da República, ressalvada apreciação contrária e também discricionária do Congresso".[71] Não caberia, portanto, ao Poder Judiciário exercer o controle acerca da real ocorrência dos pressupostos de edição (e existência) dos decretos-leis; tratava-se, na velha acepção criada pela Suprema Corte norte-americana, de uma "questão política". Esse entendimento do Supremo Tribunal Federal, ressalvado o fato de se referir a um julgado prolatado em plena vigência de uma ditadura militar, não se coaduna, porém, com a tese norte-americana das questões políticas. É que esta foi formulada para criar uma barreira à apreciação judicial de certos fatos quando inexiste com segurança, a partir do direito posto, um texto de norma que se aplique de modo satisfatório ao fato ou caso decidendo. Dessa forma, a discussão deixa de ser jurídica para transformar-se em (mera) questão política, razão da autocontenção judicial. No caso concreto da norma reguladora do decreto-lei, encontrava-se, entretanto, expressamente no texto o conjunto de requisitos de existência "urgência" ou "interêsse público relevante", os quais deveriam então haver sido objeto de interpretação judicial de seu conteúdo e alcance, vez que expressões integrantes do texto normativo-constitucional.

Ainda sobre o decreto-lei, o Supremo Tribunal Federal – usando da expressão "decreto com força de lei", do texto originário da Cons-

69. Cf., p. ex., o estudo pormenorizado de casos em Geraldo Ataliba, *O Decreto-lei na Constituição de 1967*, pp. 79 e ss. Cf., também, Ronaldo Poletti, *RIL* 70/83 e ss. e 86 e ss.; Carlos M. Velloso, *Temas de Direito Público*, p. 410.

70. STF, *RTJ* 44/54.

71. STF, *RTJ* 44/54. Cf., também, STF, *RTJ* 62/819; *RDA* 125/89.

tituição de 1967 –, entendeu que ele se encontrava na mesma hierarquia formal da legislação ordinária.[72] Em conseqüência disto, decretos-leis poderiam modificar ou revogar a legislação ordinária anterior.[73] Isso significava também que eles poderiam ser entendidos como lei em sentido formal ou como norma "primária" do ordenamento jurídico, logo: preenchiam os requisitos do princípio da reserva legal para inovar a ordem jurídica, inclusive fundamentando a edição de atos ablativos ou ablatórios da liberdade e propriedade das pessoas, como, por exemplo, os atos que criam ou modificam tributos. Somente às demais normas *secundárias* editadas pelo Poder Executivo, como instruções e portarias, é que tal era vedado.[74]

Como conclusão, transcreva-se a lição do jurista alemão Richard Thoma, ainda na época da República de Weimar: "O núcleo dos direitos fundamentais é que eles constituem uma esfera de liberdade civil que quer vê-la submetida no mais alto grau de intensidade possível ao princípio da legalidade administrativa. Mas se nesse contexto a idéia de separação de Poderes não for levada em conta, então o direito fundamental perde o sentido de sua existência".[75] Ora, depois de um longo caminho histórico, a figura do decreto-lei nada mais fez que ressuscitar o direito de confisco previsto nas Ordenações ao tempo do Brasil-Colônia. Nesse tempo, o monarca, sozinho, podia editar lei que, depois, aplicada em nome do Direito da Polícia, poderia limitar ou restringir a liberdade e a propriedade de seus súditos. Nesse contexto, inexiste separação de Poderes. O mesmo podia o Presidente da República, sozinho, por meio de decretos-leis, aplicados depois aos casos concretos pelo próprio órgão que editou a norma: o Poder Executivo. Nesse contexto, inexiste separação de Poderes. E igualmente pode, no atual regime da Constituição de 1988, o Presidente da República por meio da edição de medidas provisórias, vez que o Poder Executivo as edita e as executa. Inclusive vem afirmado na jurisprudência do Supremo Tribunal Federal que a figura da medida provisória no atual regime constitucional nada mais é do que uma espécie de

72. STF, *RTJ* 97/317; *RTJ* 133/119.
73. STF: *RTJ* 119/548; *RTJ* 129/426.
74. Cf., p. ex., STF, *RTJ* 78/300; *RTJ* 85/639; *RTJ* 103/404.
75. Richard Grau, in Anschütz/Thoma, *Handbuch des deutschen Staatsrechts*, vol. II, pp. 283 e ss.

decreto-lei.[76] Também nesse contexto inexiste separação de Poderes. Seguindo-se, então, a lição de Richard Thoma, é possível então falar na perda (relativa) do sentido da existência dos direitos fundamentais (também) no atual quadro constitucional.[77-78]

76. STF: *Lex-STF* 200/32.

77. Sobre as cláusulas gerais, existe extensa e variada bibliografia, merecendo destaque, no plano europeu: J. Hedeman, *Die Flucht in die Generalklauseln, Eine Gefahr für Recht und Staat*, Tübingen, 1933; J. Esser, *Principio y Norma en la Elaboración Jurisprudencial del Derecho Privado*, Bosch, 1961; *Generalklausen als Gegenstand der Sozialwissenschaften*, mit Beiträgen von K. Luederssen, E. Noelle Neumann, T. Raiser, G. Teubner und A. Zielcke, Baden-Baden, Nomos Verlag, 1978; Stefano Rodotà, "Il tempo delle clausole generale", *Riv. Crit del Diritto Privato*, vol. 5, 1986, pp. 709 e ss.; Luciana Cabella Pisu e Luca Nanni (org.) *Clausole e Principi Generali nell'Argomentazione Giurisprudenziale degli Anni Novanta*, Cedam, 1998. No Brasil, J. Martins-Costa, "As cláusulas gerais como fatores de flexibilização do sistema", *Revista de Informação Legislativa do Senado Federal*, vol. 112, 1992. Posição crítica, a que nos filiamos, a respeito da adoção das cláusulas gerais, por considerar a técnica já há muito ultrapassada, é a do Professor Antonio Junqueira de Azevedo, "Insuficiências, deficiências e desatualização do projeto de Código Civil na questão da boa-fé objetiva nos contratos", *RT* 775/11-17, maio 2002, em especial pp. 11 e 12.

78. A respeito da exata natureza da boa-fé objetiva, se norma jurídica, *standard* ou princípio, grassa intensa controvérsia, a despeito de toda a literatura existente a respeito desse tema. As próprias codificações têm adotado ora uma posição ora outra, ou duas ao mesmo tempo. O *Code Napoléon*, por exemplo, concebe a boa-fé como *standard*, na maioria das hipóteses, sem excluir outras acepções (v. arts. 550, 1.134 e 1.870). Já no *BGB*, por força da interpretação jurisprudencial, a boa-fé é vista como princípio, um princípio geral de direito, de aplicação obrigatória, dotado de força cogente muito mais amplo do que um simples princípio jurídico do direito dos contratos (v. §§ 242, 157, 162, 320 e 815). Outro exemplo interessante, o *Minpô*, o Código Civil japonês, o qual, após receber a influência alemã, adotou a boa-fé como princípio geral (*shingi soku*, princípio). No nosso Código Civil, assim como no francês, a concepção sobre a boa-fé é polisemântica, ora *standard*, ora princípio, mas nessa última acepção, ainda não alcançou os mesmos níveis da aplicação realizada pelos tribunais alemães ao longo do tempo. V., a respeito, J. Staudinger, *bürgerliches Gesetzbuch*, 5 tomos, 12ª ed., 1978/1991, § 242, Ed. Schwizer- de Gruyter, Berlin; Béatrice Jalouzout, *La bonne foi dans les contrats*, Dalloz, 2001; Franz Wieacker, "El principio general de la buena fé", *Cadernos Civitas*, 1982; I. Kitamura, H. Morita, A. Omura, "La bonne foi dans la formation du contrat – Rapport japonais", in *La bonne foi (Journées Louisianaises, Travaux Capitant)*, t. XLIII, ed. LITEC, 1992, p. 143. Em Portugal, M. Menezes Cordeiro, *Da Boa Fé no Direito Civil*, Almedina, 1984, 2 vols. No Brasil, dentre outros, os já mencionados Clóvis do Couto e Silva, nota 58 *supra*, e J. Martins-Costa, *A Boa-Fé no Direito Privado*, Ed. RT, 1999.

2. Princípios do Direito Público

JURIDICIDADE, PLURALIDADE NORMATIVA, DEMOCRACIA E CONTROLE SOCIAL

*Reflexões sobre alguns rumos do Direito público neste século**

Diogo de Figueiredo Moreira Neto

* Contribuição do autor aos Estudos em Homenagem a Almiro do Couto e Silva.

1. Expansão das referências paramétricas do Direito

1.1 O parâmetro tradicional da legalidade

Com a legalidade, dá-se o mesmo que com qualquer conceito similar, discernindo-se um curso histórico de mudanças, por vezes muito sutis para serem percebidas numa geração, por vezes tão marcantes a ponto de gerar crises.

Mas a legalidade jamais foi conceito unívoco e pacífico, mesmo quando os tempos pareciam transcorrer menos turbulentos, pois a idéia de *supremacy of law* – governo de leis e não de homens[1] –, que se desenvolveu a partir da Magna Carta e se tornou a pedra angular do sistema anglo-saxão, expressa, essencialmente, a autonomia da *common law* e de seus tribunais e não a supremacia política do Estado legislador, que, distintamente, é o que se subentende na formulação novecentista germânica do *Rechtsstaat* e se incorporou à nossa herança continental européia.

Indubitavelmente, enquanto o Estado contemporâneo manteve as mesmas características centrípetas e monopolísticas de poder político, que construíram o Estado renascentista e se robusteceram no Estado moderno. Este conceito de Direito exclusivamente estatal foi parâmetro único e suficiente para aferir a juridicidade, definindo, por muito tempo, o princípio de legalidade da ação do Estado em seu sentido tradicional como a conformidade do agir à lei.

Assim, qualquer que fosse a lei dimanada do Estado, não importando se proviesse do poder dos reis, ainda que usurpadores do poder dos parlamentos ou do poder espúrio de tiranos, ela seria sempre o Direito na concepção tradicional da legalidade.

1.2 O instigante parâmetro da legitimidade

Mas o cenário de poder mudaria dramaticamente no século XX. Os grandes enfrentamentos bélicos em escala mundial que tiveram lugar, entre as muitas lições deixadas à humanidade, a alto preço de suor e de lágrimas, pôs em evidência o absurdo risco de se entregar

1. Declaração de Direitos de Massachusetts de 1780, art. XXX.

o destino dos povos a aparelhos de Estado e governos com alta concentração de poder e reduzida, quando nenhuma, participação da sociedade.

Assim, a ascensão política da sociedade, que se seguiu a esse pesadelo, despertada pelos desvairos catastróficos das guerras quentes e frias e das ideologias totalitárias de plantão, que lançaram o mundo às vésperas de um holocausto nuclear, nada mais foi, em última análise, que uma resposta de autopreservação da própria civilização ameaçada.

Providencialmente, porém, e não sem certa ironia, o impressionante surto de desenvolvimento tecnológico provocado em apenas algumas décadas por esses megaenfrentamentos de poder foi também o instrumento de redenção, que permitiu que a democracia superasse o ritualismo formal da escolha dos governantes e passasse à escolha do núcleo substancial das decisões de governo, para devolver sentido comum e responsabilidade às suas decisões.

Em conseqüência, com a sociedade assumindo seu novo papel, como origem e fundamento do poder político, a evolução histórica da legalidade passaria a ficar indissoluvelmente atrelada ao princípio democrático, ou seja, dependente não apenas da legalidade como da legitimidade, entendida como a conformidade do agir do Estado à vontade do povo.

Destarte, a lei, produto normativo estatal por excelência, não mais se submeteria, a partir de então, apenas a padrões formais de juridicidade, o que a justificaria tão-somente por sua origem legítima (legitimidade originária), mas necessitaria satisfazer parâmetros de juridicidade muito mais amplos, como o são a razoabilidade e a realidade, e a critérios muito mais exigentes, como a eficiência e a economicidade, que, em seu conjunto, a tornam também legítima quanto aos meios (legitimidade corrente) e quanto aos fins (legitimidade teleológica), como adiante se discorrerá.[2]

2. Ignazio Maria Marino, em percuciente estudo monográfico sobre a evolução recente do direito dos entes autônomos europeus, observa que "paradossalmente la legge ha forzato il principio di legalità evolvendosi piuttosto in uno strumento al servizio del potere (verso quel 'panpolitismo', frutto del giuridicismo eccessivo, paventato da Tulio Ascarelli, *utile per coartare cittadini e società ai disegni del potere*, e utile, al tempo stesso, per allontanare la responsabilità dal potere (e trovare nella continua

2. *Resultado das primeiras críticas corretivas: a realidade, a razoabilidade e a interdição do arbítrio*

Após a introdução do conceito do devido processo legal, originariamente concebido em sentido formal, como o julgamento legítimo pelos pares e a observância da lei da terra,[3] desenvolveu-se lentamente no Direito anglo-saxônio um sentido material da velha cláusula, que consistia, fundamentalmente no direito de todos a uma decisão justa e razoável.

Esses novos parâmetros substantivos ganharam identidade vazados como três princípios provenientes de intensa construção doutrinária e jurisprudencial, que hoje se tornaram reconhecidamente indispensáveis ao funcionamento dos sistemas de garantias dos direitos fundamentais: o princípio de realidade, o princípio da razoabilidade e o princípio da interdição do arbítrio.

Esses três parâmetros são considerados violados quando se constata sua falta, ou seja, pela negação dos valores que exprimem, nas hipóteses de irrealidade, de irrazoabilidade e de arbítrio no exercício do poder.

O princípio da realidade não estará satisfeito quando os fatos são considerados distintamente do que a realidade os exterioriza,[4] ou seja, proscreve-se que se a desconheça ou que se a distorça, ainda que involuntariamente, por erro de apreciação.

O princípio da razoabilidade estará violado quando falte a necessária adequação, o que inclui a necessidade, e a proporcionalidade do objeto à finalidade do ato.

O princípio da interdição do arbítrio restará transgredido quando o ato de poder praticado não estiver suportado em motivação, explí-

promulgazione di nuove leggi facile successo politico)" (*Aspetti della Recente Evoluzione del Diritto degli Enti Locali*, Palermo, Quatrosoli, 2002, p. 69 – nosso o grifo da menção aos cidadãos e à sociedade, sacrificados ambos pelo "juridicismo excessivo", uma expressão que deve ser entendida no contexto do conceito de legalidade positivista). Na mesma linha, com idêntica clareza, J. Chevalier ("La dimension symbolique du principe de légalité", *Revue du Droit Public*, 1990, 1.651, e G. Capograssi, *Il Problema della Scienza del Diritto*, Milão, 1962, e *Incertezze sull'Individuo*, Milão, 1969).

3. "Nisi per legale judicium parium suorum vel per legem terrae".

4. Odete Medauar, *Direito Administrativo Moderno*, São Paulo, Ed. RT, 2002, p. 137.

cita ou implícita, que justifique pretendidas desigualações quanto à proteção dos direitos fundamentais.

2.1 A maturidade da crítica corretiva: a eficiência, a economicidade, a efetividade e a responsividade

Mas a crítica corretiva ainda mais progrediria graças à reintrodução da consideração dos fins e dos respectivos valores que a sociedade deve realizar.

Assim é que, aos três parâmetros desbravadores, sucederam-se outros critérios, mais exigentes e sutis, consentâneos com a complexidade dos desafios das múltiplas atividades exigidas do Estado contemporâneo, definidos como princípios da eficiência, da economicidade, da efetividade e da responsividade, destacando-se, desde logo, sua estreita vinculação aos direitos fundamentais, no sentido de que sua aplicação estará sempre orientada a salvaguardá-los e exaltá-los.

Portanto, se a clássica característica jurídica da eficácia estaria satisfeita desde que o ato alcançasse aptidão para a produção dos resultados visados, a nova característica jurídica da eficiência foi adiante de modo que só estará satisfeita quando esses resultados pretendidos forem efetivamente alcançados e qualificados por uma correlação ótima entre os meios empregados e o que efetivamente se logrou.

Seguindo essa linha, a economicidade é um critério que deriva da eficiência, pois resultará da aferível e adequada proporcionalidade dos recursos despendidos aos resultados obtidos, razão pela qual o seu emprego nas finanças públicas passou a representar um dos mais importantes avanços do Direito para o controle do que foi a outrora indevassável reserva de arbítrio administrativo, um teimoso resquício regaliano que até há pouco prevalecia na administração dos gastos públicos.

Do mesmo modo, a efetividade também é um critério derivado da eficiência, só que seu âmbito de exigência é mais amplo, uma vez que a correlação ótima entre os meios empregados e o que efetivamente se logrou passa a ser aferida não apenas *in casu*, mas tendo em vista o benefício para o conjunto da sociedade, ou seja, considerando se o ato do Poder Público, seja ele normativo, administrativo ou judicativo, está produzindo no meio social aqueles efeitos que haviam sido abstrata e genericamente visados na ordem jurídica.

Encerrando esta lista, felizmente ainda em aberto, o critério da responsividade marca um avanço conceptual do princípio da responsabilidade. Com efeito, se no estado de direito bastava a aferição da responsabilidade de um agente público sob o critério da legalidade, ou seja, se havia atendido ou não às prescrições legais, no Estado Democrático de Direito impõe-se em acréscimo a aferição da resposta do agente sob o crivo da legitimidade, assim traduzida no conceito de responsividade.

Em apertada síntese, a responsividade consiste na obrigação de o agente público responder pela postergação ou pelo desvio da vontade popular democraticamente manifestada, fato que pode ocorrer mesmo que os parâmetros de legalidade estrita estejam satisfeitos.

3. O parâmetro em construção da licitude

3.1 O requisito da moralidade administrativa

Conceito polêmico e nebuloso por muitos anos, trabalhado jurisprudencialmente pelo Conselho de Estado francês a partir do desvio de poder, somente com a formulação precisa do conceito de moral de resultados como conceito distinto da moral das intenções,[5] ganhou precisão e, com ela, autonomia, passando a fundamentar outros importantes e recentíssimos institutos como o da improbidade administrativa e o da prudência fiscal.

Não se trata, portanto, de exigências da moral comum, demandadas de todos em quaisquer circunstâncias, mas de um comportamento ético próprio do agente público, que livremente se propõe a administrar o patrimônio público, pois a que tanto nada o obriga, devendo, por isso, ter um desempenho absolutamente voltado à consecução de finalidades públicas, não se tolerando que visem a quaisquer outras finalidades que as afastem ou as desvirtuem.

Com efeito, uma vez assim distinguida da moral comum, a moral administrativa hoje se afirma como específico critério comportamental próprio do agente administrativo, vinculado não mais apenas à legalidade e à legitimidade, mas também à licitude.

5. A referência é feita à clássica distinção de Max Weber entre *Gesinnungsethik e Verantwortungsethik* (*Politik als Beruf*, 2ª ed., Munique, 1926, pp. 55 e ss.)

Deve-se, portanto, à auspiciosa reaproximação do novo Direito pós-positivista aos valores éticos essa extraordinária ampliação dos referenciais de juridicidade.

4. A derivação da probidade administrativa

Uma vez entendida como categoria autônoma, a moralidade administrativa passa não apenas a servir de fundamento autônomo para a anulação de um ato administrativo, como, no instituto da ação popular, a informar o salutar conceito de *improbus administrator*, abrindo um novo campo para a atividade sancionadora do Estado.

Assim, ilustrativamente, pode-se dizer que a improbidade administrativa surge como uma espécie de imoralidade administrativa legalmente qualificada. Daí afirmar o culto monografista Fábio Medina Osório, que "pode haver práticas objetivamente imorais que, embora enquadradas no art. 11 da Lei n. 8.429/92 pelo ângulo objetivo, não se ajustam àquele dispositivo legal pelo ângulo subjetivo, mostrando-se fruto de um atuar culposo do agente, circunstância que não afastará a nulidade do ato, embora possa impedir a imposição de sanções do art. 12, III, do diploma legal referido".[6]

É neste sentido, que se aproxima da idéia de grau de lesividade ao valor que representa a moralidade administrativa, que melhor se pode apreciar a improbidade administrativa, tal como hoje se encontra positivada na Lei n. 8.429, de 1992.

5. A nova fronteira da prudência administrativa

Do mesmo modo, entendida a moralidade administrativa como categoria autônoma, ela pode também informar o instituto, ainda mais recente, da prudência fiscal.

Com efeito, ainda na vigência do Estado de Direito já se havia iniciado um lento, mas irreversível processo de resgate da licitude, mas a sua aplicação prática só surgiria no campo da gestão das finanças públicas com o desenvolvimento desse correspondente princípio da prudência fiscal.

6. Fabio Medina Osório, *Improbidade Administrativa*, 2ª ed., Porto Alegre, Síntese, 1998, p. 159.

A prudência fiscal vem a ser um *standard* comportamental, a ser observado pelo agente público responsável pela gestão de dinheiros públicos ante os riscos a que está sujeita. Trata-se de um conceito apropriado à sutileza ética exigida pelo correto manejo desses recursos que são entregues pela sociedade ao Estado para o atendimento de suas necessidades.

Explica-se esse incremento qualitativo da responsabilidade administrativa dos agentes públicos financeiros diante dos inúmeros, e nem sempre claramente previsíveis, desafios que podem sobrevir, mesmo no curso de uma gestão legal e sendo seus agentes legitimamente incensuráveis. Deles demanda-se um especialíssimo cuidado e moderação nos gastos públicos para prever e evitar situações de risco que possam vir a comprometer a satisfação das necessidades sociais confiadas à sua cura.

Assim, riscos que poderiam ser incensuravelmente assumidos pelo gestor privado – ainda porque a administração empresarial envolve sempre um desafio para superá-los –, não podem ser ignorados ou negligenciados pelo gestor público, que deve esforçar-se para executar uma gestão sem riscos.[7]

Do mesmo modo, no que toca à proteção de direitos fundamentais, a prudência fiscal pode ser exigida não apenas do administrador da coisa pública como do próprio legislador, pois também tem ele responsabilidade na alocação moralmente adequada dos recursos públicos para atender às necessidades fundamentais da sociedade, rechaçando a sempre presente tentação de consignar nos orçamentos gastos supérfluos e desnecessários.

6. A juridicidade como conceito síntese dessa evolução

A ampliação dos fundamentos do Direito, conforme se expôs, ainda que brevemente, suscita duas considerações importantes para estudiosos e intérpretes: uma, de natureza metodológica e, outra, de natureza pragmática

7. Como exemplos aplicativos, na Lei Complementar n. 101, de 4 de maio de 2000, os artigos 9º, 21, 43, § 1º, 50, § 3º, e 59, § 1º.

A primeira consideração põe em destaque um nítido enriquecimento dos fundamentos do Direito (observável desde que Karl Larenz desenvolveu sua revolucionária metodologia),[8] já que, não mais restrito à legalidade, hoje se apóia em um tripé ético: a legalidade, a legitimidade e a licitude – respectivamente um fundamento positivo, um fundamento político e um fundamento moral.

A segunda consideração se refere às conseqüências práticas da expansão do Direito além da lei, que exigiu uma reavaliação do seu papel que, sem amesquinhá-la em nada, só engrandece e enobrece a velha Ciência. Em reforço deste novo sentido é que importantes Constituições contemporâneas, como a da Espanha, de 1978, para citar um exemplo expresso, averbam que a Administração Pública está duplamente sujeita à lei e ao Direito (art. 103.-1).

Com efeito, a execução da lei não se pode apartar do Direito, que a contém e a limita. Relegou-se, assim, à História, o papel que a Revolução Francesa reservara à lei, como centro do sistema jurídico e parâmetro único da juridicidade da ação do Estado.

6.1 A finalidade pública revisitada

6.1.1 Insuficiência do conceito positivo da finalidade pública

O positivismo jurídico restringiu na prática o conceito de interesse público às definições legislativas ordinárias que se fizessem, uma vez que, sob a concepção vigente, não se reconhecia eficácia imediata às definições constitucionais. Assim, como prevalecia então o caráter meramente programático dos cometimentos administrativos ao Estado, restava exclusivamente ao legislador ordinário a tarefa de torná-los eficazes a partir da especificação de *como* e *quando* lhe parecesse conveniente e oportuno fazer em lei.

Mas o avanço do constitucionalismo pós-positivista, ao afirmar a regra da eficácia geral dos comandos constitucionais, notadamente dos relativos aos direitos e liberdades e às prerrogativas inerentes à nacionalidade, à soberania e à cidadania, deslocou para a sede constitucional a dicção fundamental do interesse público, remanescendo

8. *Methodenlehre der Rechtswissenschaft*, Berlin-Heidelberg, Springer-Verlag, 1960.

ao legislador ordinário dos três níveis federativos, conforme sua respectiva competência, a tarefa de especificá-los.[9]

Desse modo, apenas excepcionalmente algum interesse público genericamente consignado na Constituição carecerá de eficácia, o que demandará o emprego da cláusula de reserva legal de eficácia, justamente para bem caracterizar essa necessidade de vir a regular-se a matéria em nível subconstitucional.

À luz dessas observações, não cabe ao legislador restringir o elenco de interesses públicos que devam ser atendidos pela Administração Pública, como, tampouco, pode o administrador omitir-se no atendimento possível daqueles cometimentos. Atente-se, todavia, que por atendimento possível há de se entender o que se conforme à realidade e o que obedeça a prioridades expressas ou implicitamente consignadas na própria Constituição.

Destarte, para ilustrar com exemplo, o direito fundamental à saúde (art. 6º da Constituição) é alçado a interesse público relevante, como tal expressamente garantido na mesma Carta, de modo a que venha a ser atendido em caráter universal e igualitário (arts. 196 e 197), impondo-se tais comandos supra-ordinados tanto ao legislador quanto ao administrador, de sorte que nenhum deles poderá eximir-se de efetivá-los *in concretu* (art. 198 da Constituição).

Da mesma forma, para acrescentar-se ainda mais um exemplo da hierarquização de interesses públicos, constitucionalizada com o objeto de não se permitir ao legislador ou ao administrador substituir, minimizar ou procrastinar seu atendimento administrativo, tome-se a educação, que é também um direito fundamental (art. 6º da Constituição) e que será atendido por ações devidas pelo Estado (o "dever do Estado", referido no art. 196).

Esse dever do Estado, ou seja, esse interesse público qualificado e hierarquizado a seu cargo deverá ser efetivado mediante um elenco de garantias irredutíveis e supra-ordinadas (art. 208 da Constituição).

Como se pode observar, está na idéia de efetividade, ou seja, na efetiva realização do interesse público constitucionalmente prescrito, a chave do constitucionalismo de resultado, que tornou obsoleto o

9. V. art. 5º, LXXI, da Constituição do Brasil.

constitucionalismo programático, um fenômeno de transcendente importância no novo Direito, que auspiciosamente emergiu das ordálias e vicissitudes das guerras mundiais, que, na visão esclarecida de Luís Roberto Barroso, deve ser por isso considerado como "a mais notável preocupação do constitucionalismo dos últimos tempos".[10]

7. *A introdução do resultado como parte essencial do conceito de finalidade pública*

7.1 Da eficácia à eficiência

A característica jurídica de eficácia dos atos do Poder Público não continha em si qualquer apreciação quanto ao resultado concreto da ação, mas apenas a de sua aptidão para produzi-lo em abstrato.

É evidente que tal característica, que é tão importante quanto às de existência e de validade, que logicamente a precedem, é insuficiente para a adequada descrição desses atos no atual contexto de um Direito ampliado por uma juridicidade de três dimensões.

Realmente, ao se considerar a importância de se aferir o resultado da ação estatal, notadamente na Administração Pública, torna-se imprescindível aditar a característica finalística da eficiência.

Neste sentido, já em 1948, a Constituição italiana, a pioneira carta política européia moderna do segundo pós-guerra, seguindo os passos de uma doutrina que remontava às lições de Raffaele Resta, incluía em seu texto a garantia do bom andamento da Administração com vistas à efetiva realização do conceito de *buona amministrazione*,[11] um conceito que trinta anos mais tarde a Constituição espanhola viria a aperfeiçoar, incluindo-o entre os princípios regedores da Pública Administração com a atual denominação de princípio da eficiência.[12] Nossa Constituição, na mesma linha, registra este princípio entre os cinco que optou por expressar como especialmente orientadores da ação administrativa de todos os poderes, inclusive, por óbvia

10. Luís Roberto Barroso, *Interpretação e Aplicação da Constituição*, 4ª ed., Rio de Janeiro, Renovar, 2001, p. 240. Para aprofundamento no tema da *efetividade*, todo o item 7 do Cap. II da Parte II desta obra.

11. Constituição da Itália, art. 266-2.

12. Constituição da Espanha, art. 103-1.

extensão, a dos órgãos constitucionalmente autônomos, em todos os níveis federativos.[13]

8. Onde entra a efetividade

A destacada conseqüência dessa despertada preocupação, não apenas com o processo de decisão, como era da tradição administrativa, mas, além, com o resultado do decidido, pode ser bem apreciada na evolução da técnica do controle.

Assim, além dos tradicionais controles de existência, de validade, de eficácia e de eficiência dos atos públicos, acrescentou-se um quinto, o de efetividade, destinado a verificar se a ordem dos fatos reproduz, enfim, a contento, o disposto na ordem jurídica.

O que talvez não tenha ficado bem claro é que este quinto modo de controle é especialmente relevante para a valorização da cidadania, pois é através dele que a legitimidade ganha visibilidade na ação do Estado, sendo exatamente essa qualidade que permite a verificação finalística daquilo que de modo tão nítido se averba na Constituição portuguesa: "a administração pública persegue o interesse público, no respeito dos direitos e interesses legalmente protegidos do cidadão".[14]

Com efeito, a Pública Administração só se conforma plenamente à Constituição quando o interesse público, que ela deve perseguir, se realiza sob os limites supra-ordinantes e inafastáveis dos direitos fundamentais das pessoas. Apenas esta profundíssima lição bastaria para justificar a entronização desses conceitos e todo o esforço contemporâneo desenvolvido para redimensionar e redefinir o interesse público como pauta da ação do Estado, permitindo uma flexibilização até então impensada dos meios empregados, mas sempre em sintonia com os direitos fundamentais.

8.1 A pluralização das fontes normativas e o novo papel atribuído à lei

8.1.1 A lei deixa de ser fonte normativa única

Uma leitura superficial dessas mudanças poderia deixar a impressão de que a importância do papel da lei vem declinando no Direito.

13. Constituição do Brasil, art. 37, *caput*.
14. Constituição de Portugal, art. 266-1.

Esse equívoco deve ser afastado, pois, muito ao contrário, essa importância não só se mantém como se afirma, na medida em que, de fonte normativa única – e por isso mesmo abusada e banalizada[15] –, assume o papel de fonte normativa privilegiada nos ordenamentos jurídicos contemporâneos.

De fato, de longa data o domínio da lei, tanto a concebida no absolutismo regaliano como a vontade do rei, quanto a posteriormente definida a partir de Rousseau como a vontade geral, já havia sido fracionado para admitir normatividade complementar a ser editada pela Administração Pública.

Mas essa normatividade complementar, que se iniciou timidamente com a prática da edição de regulamentos de execução, hoje difundidos em todos os países, logo se ampliaria e se qualificaria para destacar campos normativos reservados e não apenas à Administração Pública – os regulamentos autônomos[16] – como diferentes campos normativos exclusivos dos demais Poderes e, posteriormente, de novos outros órgãos constitucionalmente autônomos.

Assim é que a sede normativa subconstitucional principal continua a ser a lei, porém não mais como única fonte, mas convivendo agora com uma constelação de regimentos, de regulamentos e de normas reguladoras de todo tipo e conteúdo, que com ela apresentam uma grande variedade de relações, desde a autonomia à estreita dependência.

8.1.2 A lei deixa de ser fonte normativa absoluta

Por outro lado, não se pode ignorar, no processo recente de expansão de fontes normativas, não importa se dotadas de maior ou de

15. Entre as razões da chamada *crise normativa* do século passado têm sido apontadas tanto o seu uso *inadequado*, como ocorre com as leis de excessivo conteúdo técnico, quanto o seu uso quantitativamente *abusivo*, profligado pelos clássicos ("Corruptissima Republica plurimae legis", dos *Anais* de Tácito, e "as leis inúteis que debilitam as necessárias", do *Espírito das Leis* de Montesquieu).

16. Na ordem jurídica brasileira foram reabertos campos reservados a regulamento autônomo pela Emenda Constitucional n. 32, de 11 de setembro de 2001, ao atribuir competência ao Chefe do Poder Executivo para, *mediante decreto*, organizar o funcionamento da Administração federal, quando não implicar aumento de despesa nem criação ou extinção de órgãos públicos, bem como para extinguir funções ou cargos públicos quando vagos (art. 84, VI, *a* e *b*, da Constituição).

menor autonomia em face das normas legais no sentido estrito, o crescimento de uma nova legitimação democrática pelo processo, que não apenas o parlamentar, fato por que se vem tornando extremamente difícil submetê-las a uma ordem hierárquica definida.[17]

Essa nova dimensão jurídica das fontes normativas extravagantes sem dúvida introduz um elemento de relatividade, que reduz o caráter absoluto das leis parlamentares: a legitimação, que dantes somente ocorria pela via da democracia indireta, passa a derivar diretamente da vontade dos cidadãos pelas vias participativas.

Acresce que, em razão disso, o Estado contemporâneo não está limitado a editar sempre normas gerais e abstratas e, por isso, hierarquizáveis, passando-se a admitir a possibilidade de negociar o melhor modo de realizar concretamente o interesse público, o que abre espaços para a edição de normas mais adequadas a essa realização, revestida da legitimação também concreta, hoje permitida pelos modernos instrumentos da publicidade, da visibilidade e da participação.

E é em razão dessa quebra do "absolutismo jurídico" da lei[18] que eclode com força e viço a idéia de que na pluralidade do ordenamento jurídico se apóia a vitalidade do Direito e da democracia.[19]

Assim, uma conclusão parcial facilmente adiantada é a de que o conceito clássico de legalidade, formulado simplesmente como a submissão do agir à lei, só se mantém no sentido estrito, uma vez que a pluralidade de fontes normativas legitimadas passa a exigir um conceito mais amplo, qual seja, o da juridicidade.[20]

17. Para aprofundamento deste tema há uma instigante literatura européia contemporânea na qual se destacam os italianos, como, por exemplo: F. Modugno, "Crisi della legge e sistema delle fonti", in *Legislazione – Profili Giuridici e Politici*, Milão, 1992, pp. 143 e ss.; e I. M. Marino, "Giurisdizione esclusiva e Costituzione", in *Le Nuove Frontiere della Giurisdizione Esclusiva del Giudice Amministrativo*, a cura de V. Parisio e D. Perini, Milão, 2002.

18. Recolhido em Ignazio Maria Marino, ob. cit., p. 92.

19. Quanto à *pluralidade*, Norberto Bobbio atribui ao clássico Santi Romano um merecido pioneirismo, reconhecendo, em monografia dedicada a suas idéias, os fundamentos da pluralidade dos ordenamentos jurídicos desde o século XIX ("Teoria e ideologia nelle dottrine di Santi Romano", *in Le Dottrine Giuridiche di Oggi e l'Insegnamento di Santi Romano*, Milão, 1977).

20. Rercorde-se, a respeito, a lição de Ignazio Maria Marino acima transcrita na nota 2.

8.1.3 Novos critérios de juridicidade para a ação do Poder Público

Um novo Direito, orientado por valores, necessita de novos institutos para a sua realização. Além dos critérios da eficiência, da economicidade, da responsividade e da participação, já referidos neste ensaio, hoje indispensáveis à juridicidade do agir do Estado, soma-se ainda um outro especialíssimo, que merece ser mencionado: o da subsidiariedade.

A subsidiariedade, embora com alguma antigüidade quanto à sua existência, vem a ser uma nova maneira de realizar-se o princípio da separação de poderes do Estado, definindo, assim, um passo adiante na caminhada que se iniciou com a divisão tripartite de Montesquieu e prosseguiu com a introdução do federalismo e do conceito de órgãos constitucionalmente autônomos, como o são, entre nós, os que desempenham as funções essenciais à justiça, os tribunais de contas e, em outros países, também os bancos centrais, os conselhos de estado e os tribunais constitucionais, estes quando destacados do Poder Judiciário.

A subsidiariedade oferece uma fórmula sociologicamente adequada, eticamente perfeita e funcionalmente insuperável para a distribuição do poder não só no Estado como em toda a sociedade. No plano da sociedade, preservando, em sua base, a dignidade da pessoa humana em sua expressão cratológica mais simples – o poder individual –, ao qual se confere a responsabilidade primária de atender a todas as necessidades que possam ser individualmente satisfeitas, só se atribuindo, sucessivamente, aos entes privados por ela criados, que concentram poder coletivo, a responsabilidade de atender a necessidades que demandem atividades coletivas, como as empresariais e associativas, em geral. No plano do Estado, ultrapassadas as possibilidades dos entes privados, atuando em serviço da dignidade humana (tal como inovam as Constituições européias do segundo pós-guerra), sucedem-se as modalidades públicas de concentração de poder caracterizadas pelo monopólio legítimo da força, a partir das manifestações locais (municípios, comunas, condados etc.), passando pelas manifestações regionais (Estados, províncias, regiões autônomas etc.) e pelas manifestações nacionais (os Estados soberanos), até as manifestações de poder transnacionais (organizações internacionais, multinacionais e supranacionais).

Esse fracionamento subsidiário dos poderes outorgados pela sociedade ao Estado, bem como a passagem da função normativa, outrora concentrada nos Parlamentos, a outros órgãos públicos, fenômenos que vêm ocorrendo para permitir um pronto e eficiente atendimento das demandas cidadãs, requerem, em conseqüência, um novo tipo de balanceamento e de controle recíproco entre as diferentes sedes de poder, tanto as tradicionais quanto as inovadas, o que significa, afinal, que os instrumentos de legitimação dispostos pelo regime democrático deverão se expandir e se aperfeiçoar muito além dos restritos horizontes da democracia representativa.

Atente-se, ainda que, em última análise, respeitar a separação subsidiária de poderes, dentro e fora do Estado, é respeitar a pessoa humana, sua imanente dignidade e sua vontade política, trilhando-se o melhor caminho para se estabelecer uma autêntica democracia material, como a seguir se expõe.

8.2 A democracia substantiva

8.2.1 A democracia formal

A moderna democracia formal, globalmente difundida, inspirada pelo modelo de *Westminster*, é a que se realiza pelo critério da maioria de representantes escolhidos pelo povo.

Esta é a democracia formal, pois o mero atendimento das formas de escolha de representantes e de decisão nos Parlamentos é o suficiente para legitimar uma e outra.

Está claro que esse sistema, como se observou, absolutamente vitorioso na quase totalidade das organizações políticas do planeta, se apóia em presunções: a de que o escolhido permanecerá com legitimação sem importar que decisões venha a tomar e, por conseqüência, a de que as decisões tomadas serão igualmente legítimas, não importando se conduziram ou não a resultados socialmente desejados.

Em síntese, na democracia formal, o processo de investidura e o processo decisório são suficientemente legitimatórios, ressalvados os casos extremos, em geral sancionados pela ordem jurídica em *numerus clausus*.

8.2.2 A representação e suas limitações

Não é necessário grande esforço de crítica para perceber que, assim como o primitivo modelo grego tornou-se limitado com a expansão da organização política além das dimensões (físicas e sociais) da *polis*, do mesmo modo, o modelo inglês passou a apresentar, com a complexidade das sociedades pós-industriais, limitações intrínsecas que não podem ser solucionadas com ajustes meramente formais.

Separando as duas questões, o modelo de escolha e o modelo decisório, e simplificando ao máximo a intricada problemática que ambas suscitam, quanto à primeira questão, que Giovanni Sartori denomina de democracia eleitoral, desde logo é indubitável que a autenticidade da representação recolhida depende da opinião pública,[21] nem sempre suficientemente livre e nem sempre adequadamente informada. Mas, além disso, quanto ao modelo de tomada de decisão, como os representantes não estão, como se sabe, adstritos ao que explícita ou implicitamente se comprometeram perante os eleitores, as decisões podem ser tomadas em descompasso e até mesmo em antagonismo com a presumida vontade do eleitor.

É o que, a propósito, sustenta Schumpeter na chamada teoria competitiva da democracia, que, distintamente da teoria clássica, para a qual a seleção de representantes é secundária em relação à escolha de políticas que estes deverão implementar, afirma que, na verdade, os fatos se passam ao revés: a escolha de soluções políticas para os problemas pelo eleitorado "é secundária em relação à eleição dos homens que vão decidir".[22]

Como se observa, em apertada síntese, a democracia assim considerada sob o ponto de vista estritamente procedimental é limitada, pois a competição democrática se reduz a homens e não a idéias, sendo necessário, como primeira correção possível, romper o círculo vicioso, que assim se cria, por meio de lideranças representativas de idéias, como propõe Carl Friedrich.[23] Mas, além disso, como segunda e mais

21. "(...) eleições livres sem opinião livre não expressam nada" (*A Teoria da Democracia Revisitada*, vol 1, São Paulo, Ática, 1994, O Debate Contemporâneo, p. 135).

22. A citação é de Schumpeter, autor da teoria, recolhida por Giovanni Sartori, ob. cit., pp. 209 e 209.

23. Carl Friedrich, *Constitutional Government and Democracy*, Boston, Ginn, 1941, Cap. 25.

ampla correção, cumpre torná-la objetiva, voltada, sempre que possível e necessário, à escolha de como a sociedade quer ser governada.

8.2.3 Como garantir a legitimidade plena

Para um adequado equacionamento da questão, é necessário partir da distinção entre a *legitimidade originária*, a *legitimidade corrente* e a *legitimidade finalística* ou *teleológica*.

Será através dessa distinção que se poderá perceber com clareza qual deva ser o caminho para alcançar e garantir a legitimidade plena, ou seja, a que se realiza sob os três aspectos.

8.2.4 A realização pelo título: a legitimidade originária

A legitimidade provém originariamente de um título. O agente político, qualquer que seja, o será por algum título, pois mesmo os que se apoderam do poder pela força procurarão justificá-lo de algum modo. Mas o que distingue e justifica o título nas democracias é o consenso, não importando como surja, podendo ser uma escolha explícita ou uma aceitação implícita, e variando bastante as modalidades de legitimação históricas e atuais, tais como a vontade de Deus, manifestada em cerimônias religiosas; a bravura nos campos de batalha, que era a forma como se sagravam os antigos reis poloneses; a capacidade técnica comprovada, como se pratica para a escolha dos magistrados e dos agentes públicos em geral; ou, como é mais difundida para a composição dos Parlamentos e para as chefias de Estado e de governo, pelo pleito eleitoral.

8.2.5 A realização pelo desempenho: a legitimidade corrente

Entretanto, a legitimidade originária, *usque titulum*, tem a duração do ato de investidura, pois tão logo o detentor do poder político passa a tomar decisões, será necessário confrontar seu desempenho com as expectativas dos governados. Está claro que há uma ampla margem dentro da qual poderá mover-se confortavelmente o governante titulado, mas bastará que traia ou mesmo frustre aquelas expectativas para perder a legitimidade corrente.

Trata-se, portanto, de uma legitimidade aferível a cada momento em que dure a detenção do poder, daí a vantagem da democracia sobre os demais regimes, pois com a temporariedade dos mandatos, pelo menos para os agentes políticos encarregados da formulação de políticas públicas, ela permitirá a periódica correção da ilegitimação corrente, ou seja, a aferição permanente da legitimidade pelo desempenho.

8.2.6 A realização pelo resultado: a legitimidade finalística

Mas, como a intenção nem sempre corresponde ao resultado, a realização da legitimidade ficará, em última análise, dependendo do que hajam produzido os agentes políticos ao aplicarem as parcelas de poder estatal a seu cargo. Será essa confrontação, entre o que deveria realizar, a partir de sua proposta, e o que de fato realizou, a derradeira aferição qualificatória da legitimidade – a legitimidade finalística.

E de tal forma caprichosa se pode tornar essa avaliação, que o agente político, embora haja sido eficiente na condução de políticas públicas específicas, intercorrentemente legitimadas, poderá vir a produzir resultados que, em seu todo, venham a ser rechaçados pelos governados.

8.2.7 Legitimação material dos agentes e das decisões do Poder Público

A superação da democracia formal vai desenvolvendo aos poucos instrumentos para pôr cobro aos descompassos apontados entre a ação dos governantes e a vontade dos governados. Pode-se denominar "democracia material" a que se realiza não apenas pela satisfação de formalidades procedimentais para a escolha dos políticos, mas pela adoção de novos instrumentos de participação para a escolha das políticas e para a confirmação de que elas estão sendo executadas a contento.

Legitimam-se plenamente, portanto, agentes e decisões, quando coincidem as escolhas democráticas subjetivas e objetivas – dos agentes políticos e das políticas a serem perseguidas – e, sobretudo, quando satisfazem com plenitude aos múltiplos controles de juridicidade à disposição da sociedade.

8.2.8 Participação nas políticas e nos controles públicos

A realização da democracia material se suporta na participação política, aberta aos cidadãos ou a quaisquer pessoas físicas ou jurídicas em todos os Poderes e órgãos constitucionalmente autônomos do Estado para que tenham acesso à informação, para que sejam admitidos a manifestar sua opinião e influir na formulação de políticas públicas, para que possam, em alguns casos, co-participar das decisões e, por último, mas não menos importante, para que estejam legitimados para deflagrar os instrumentos de controle de legalidade, de legitimidade e de licitude para tanto dispostos pela ordem jurídica vigente.[24]

A participação, não obstante haver sido convenientemente enfatizada circunstanciada em certos diplomas constitucionais europeus contemporâneos, como uma garantia fundamental do cidadão, não mereceu mais que um discreto tratamento na Carta de 1988. Para ilustrar, é suficiente confrontar-se o art. 9.2 do texto espanhol, possivelmente o mais aperfeiçoado, com o seu equivalente, o art. 1º, parágrafo único, na Carta brasileira de 1988.

No texto espanhol: "Corresponde aos poderes públicos promover as condições para que a liberdade e a igualdade do indivíduo e dos grupos em que se integra sejam reais e efetivas, remover os obstáculos que impeçam ou dificultem sua plenitude e facilitar a *participação* de todos os cidadãos na vida política, econômica, cultural e social".[25]

Em contraste, o laconismo e a condicionalidade do texto brasileiro: "Todo poder emana do povo, que o exerce por meio de representantes eleitos ou diretamente, nos termos desta Constituição".

É bem verdade que, ainda assim, há de se inferir entre nós o *status* de direito fundamental à participação como resultado de uma interpretação sistemática da integralidade do texto, especialmente tendo em vista a abertura do seu art. 5º, § 2º, mas é indubitável que o efeito pedagógico obtido no espanhol haveria de ser muito mais apropriado ao Estatuto Político de um país como o Brasil.

A teoria da democracia inclina-se hoje a distinguir com nitidez a democracia como processo de seleção de agentes políticos, ordinariamente por via de sufrágio, da democracia como processo decisório de políticas públicas. Embora ainda muito se possa inovar para o aperfeiçoamento da primeira vertente, é na segunda que se abrem as maiores promessas da participação.

24. Sobre o tema, do autor, *Direito da Participação Política*, Rio de Janeiro, Renovar, 1992, *passim*, especialmente os Capítulos VI, VII, VIII e IX.

25. Tradução e grifo do Autor.

É necessário, porém, definir sobre quais decisões cabe cada modalidade de participação para que atue realmente como otimizadora da legitimidade do processo decisório e não apenas como mais um ritual pseudodemocrático que, em certos casos, poderia ser inútil ou contraproducente.

A teoria democrática tem avançado, neste sentido, a partir da festejada distinção de Arend Lijphart entre democracia majoritária, em que prevalece a regra da maioria, e democracia consensual (ou consociativa), em que se prevalece a regra consensual conjunta, elogiada esta por Giovanni Sartori pela afirmação de que sociedades altamente complexas e segmentadas não podem basear-se na regra da maioria, pois sua opção é ou serem democracias consensuais ou deixarem de ser democracias, na medida em que, devido à fragmentação e à intensidade das opções, as decisões passem a ser tomadas por cada vez menores margens majoritárias.

Mas não obstante os adminículos da Ciência Política, fazer essa distinção em cada país e cada caso é uma tarefa das mais árduas porque sempre envolverá numerosas variáveis, todas elas de elusiva consideração, tais como a natureza da decisão – se puramente política, se parcialmente política ou se técnica; o alcance da decisão – se referida a um indivíduo, a um grupo ou a toda a sociedade; a relação entre os custos da tomada de decisão para seus próprios tomadores e os riscos externos dela resultantes que recairão sobre os destinatários, apenas para exemplificar com algumas entre tantas outras cogitações igualmente importantes que devem ser levadas em conta para se definir se é o caso de participação, de que tipo, em que oportunidade ou fase da tomada de decisão etc.

Há, todavia, uma terceira vertente participativa que é a da democracia como processo de controle de agentes políticos e de políticas públicas, na qual pouca ou quase nenhuma dificuldade se apresenta como óbice para ser amplamente implantada. Para esta terceira vertente da democracia material nada mais é necessário do que uma ampla admissão de adequadas modalidades de controle social no ordenamento jurídico, e, para bem empregá-las, uma específica preparação cívica, suportada por uma livre e ampla rede de informação.

Mas como esses dois requisitos não podem ser considerados de difícil superação nesta Era da Informação, como apropriadamente a denomina Manuel Castells, mesmo em países em vias de desenvolvimento, tem-se que, por um lado, a preparação cívica se pode dar *pari passu* com a educação regular em todas as escolas, notadamente na prática diuturna da discussão dos temas coletivos e da tomada de decisão em grupo, e, por outro lado, a ampla e livre rede de informação é proporcionada pela mídia e pela internet, dá-se que esta vertente de realização da democracia material é bastante promissora a curto prazo, justificando-se que sobre ela sejam concentrados os esforços oficiais.

São essas reflexões que lastreiam destacadamente as seguintes breves conclusões deste ensaio.

9. Conclusões na linha do controle social

No Estado Democrático de Direito, tal como se enuncia no frontispício de sua Carta paradigmal, a Lei Básica de Bonn de 1949, a pessoa humana é o centro ético do Estado e do Direito, que existem para "respeitá-la e protegê-la".[26] A lei é uma expressão positiva do Direito, mas não o esgota, pois a proteção dos valores inerentes ao homem despassa de muito o que se possa conter na legalidade estrita. Por esta razão, o conceito de Estado Democrático de Direito não pode prescindir da legitimidade e da licitude na atuação dos agentes e órgãos do Estado, que lhe conferirão juridicidade plena.

Pela mesma razão, a própria lei, entendida como produto das casas legislativas, é insuficiente para regrar toda a complexidade da vida humana nas sociedades contemporâneas, embora seja imprescindível para garantir-lhe a coesão e a coerência, de modo que ela ocupa o centro da ordem jurídica subconstitucional, conformada por uma constelação de todo tipo de normas, tais como os regulamentos, regimentos e as diversas regulações autônomas, e, por sua vez, cada uma delas, com seu respectivo séquito de normas administrativas secundárias.

Como todo esse complexo normativo não escapa aos requisitos de juridicidade, é necessário que qualquer norma, oriunda ou não dos Parlamentos, seja democraticamente legitimada pela observância do respectivo e devido processo legal, em que a participação cidadã seja

26. Art. 1. "1. *Die Würde des Menschen ist unantastbar. Sie zu achten und zu schützen ist Verpflichtung aller staatlichen Gewalt*" ("A dignidade do homem é intangível. É dever de todos os poderes estatais respeitá-la e protegê-la").

assegurada na medida do possível e do razoável, se não na tomada de decisão, pelo menos e inafastavelmente no controle social dos decorrentes resultados das políticas públicas executadas.

Em princípio, em se tratando de políticas públicas, seria ocioso afirmar que a mais importante delas é a da educação e que todos os demais avanços sociais dela dependerão. Seria ocioso afirmá-lo, se não fora, para reiterar aqui enfaticamente, à guisa de conclusão, a importância de educar o cidadão para a democracia, mostrando-lhe, desde a mais tenra idade, que, enquanto a sociedade é a realidade tangível, pois é conformada por pessoas – todas as pessoas –, o Estado, em suas múltiplas configurações, é uma virtualidade necessária para que pessoas – algumas pessoas – possam tomar e executar decisões de interesse geral da sociedade e que, por isso, todo tipo de participação nesse processo interativo será importante para a vida de todos e de cada um, mas, em especial, porque é a mais fácil e permanentemente acessível, destaca-se essa modalidade de participação democrática exercida através dos instrumentos abertos ao controle social, isso não só pelo valor que possa ter em cada caso em razão de seu conteúdo, como, e principalmente, pelo que sempre terá como exemplo de civismo.

Teresópolis, janeiro de 2003.

SEGURANÇA JURÍDICA E CONFIANÇA LEGÍTIMA

ODETE MEDAUAR

1. Introdução. 2. Noção. 3. Decorrências. 4. Princípio da confiança legítima. 5. Algumas questões.

1. Introdução

O tema da segurança jurídica, no Direito brasileiro, vem associado, em geral, a questões de direito adquirido, ato jurídico perfeito e coisa julgada. É referido sob a expressão *segurança e certeza das relações jurídicas.*

A doutrina e a jurisprudência alemãs e autores europeus influenciados pelo Direito alemão reservam espaço significativo ao tema. O Direito alemão é considerado a fonte intelectual do princípio da segurança jurídica. Aí é visto como um dos elementos constitutivos essenciais do Estado de Direito, tendo, portanto, nível constitucional. Almiro do Couto e Silva, em brilhante artigo publicado em 1987,[1] já chamava a atenção para o princípio da segurança jurídica, incluindo-o entre os componentes do Estado de Direito, no seu aspecto material, além da idéia de justiça; integrando o aspecto formal do Estado de Direito encontra-se a legalidade da Administração Pública e a proteção da boa-fé ou da confiança. Neste trabalho menciona, também, a possibilidade de colisão entre o princípio da legalidade da Administração Pública e o da proteção da boa-fé ou da confiança dos administrados.

1. "Princípios da legalidade da Administração Pública e da segurança jurídica no Estado de Direito contemporâneo", *RDP* 84/46, out.-dez./1987.

A partir de 1969, o princípio da segurança jurídica vem sendo invocado explicitamente pela Corte de Justiça da Comunidade Européia como princípio do direito comunitário.

O interesse pela segurança jurídica vem se acentuando e expandindo, sobretudo em decorrência da inflação legislativa que hoje ocorre em quase todos os Estados.

2. *Noção*

Em essência segurança jurídica diz respeito à estabilidade das situações jurídicas. Expressa a condição do indivíduo como sujeito ativo e passivo das relações sociais, quando podendo saber quais são as normas jurídicas vigentes, tem fundadas expectativas de que elas se cumpram. A sociedade necessita de uma dose de estabilidade, decorrente, sobretudo, do sistema jurídico. A segurança jurídica permite tornar previsível a atuação estatal e esta deve estar sujeita a regras fixas. Diz respeito, assim, à estabilidade da ordem jurídica e à previsibilidade da ação estatal.

Vários autores afirmam que a segurança jurídica é justamente a motivação básica do Direito; o Direito é elaborado para proporcionar segurança e certeza na vida social. Daí se cogitar de que a expressão se revelaria tautológica ou redundante.[2]

3. *Decorrências*

Decorrências básicas do princípio da segurança jurídica, também denominadas por autores alemães e por Canotilho como subprincípios da segurança jurídica:

a) exigência de leis claras e precisas;

b) exigência de grau de concreção suficiente na disciplina de certa matéria; o caráter *vago* da norma implica, muitas vezes, delegação de competência ao Executivo e ao Judiciário;

c) proteção da confiança (a ser tratado em item infra).

2. J. Boulois e R-M. Chevallier, *Grands Arrêts de la Cour de Justice des Communautés Européennes*, t. I, 6ª ed., 1994, p. 76.

Vinculam-se de modo próximo à segurança jurídica, no Direito Constitucional e Administrativo, por exemplo:

a) A proibição de retroatividade das leis e dos atos administrativos.

b) A proteção do direito adquirido, do ato jurídico perfeito e da coisa julgada; no Brasil, a Constituição Federal, art. 5º, inciso XXXVI, inserido no capítulo dos direitos e garantais individuais e coletivos, assim prevê. Deve-se lembrar que o *caput* do art. 5º menciona a garantia à *segurança*.

c) No Brasil, a restrição aos efeitos *ex tunc* da declaração de inconstitucionalidade de lei ou ato normativo e a outros efeitos, por razões de segurança jurídica (Lei 9.868, de 10.11.1999, art. 27).

d) A prescritibilidade dos ilícitos administrativos; a Constituição Federal, no art. 37, § 5º, remete à lei a fixação de prazos de prescrição para ilícitos praticados por qualquer agente, servidor ou não, que causem prejuízo ao erário, ressalvadas as respectivas ações de ressarcimento; de seu lado, a Lei 9.873, de 23.11.1999, fixa em 5 anos a prescrição da ação punitiva da Administração direta e indireta no exercício do poder de polícia; os Estatutos de servidores contêm, em geral, regras sobre a prescrição do exercício do poder disciplinar.

e) Certas limitações ao desfazimento dos atos administrativos. Por vezes surge contraposição entre legalidade e segurança jurídica, nos casos, por exemplo, em que direitos se consolidaram com a passagem do tempo; e nas situações em que o desfazimento traz efeitos cruéis em termos sociais, como o cancelamento de benefício previdenciário a pessoa de muita idade. Por isso muitos ordenamentos fixam prazos para que a Administração possa exercer seu direito/dever de anular atos administrativos geradores de direitos. Cabe a Almiro do Couto e Silva a autoria do art. 54 da Lei 9.784, de 29.01.1999 – que regula o processo administrativo no âmbito da Administração Federal, cujo teor é o seguinte: "O direito da Administração de anular os atos administrativos de que decorram efeitos favoráveis para os destinatários decai em 5 (cinco) anos, contados da data em que foram praticados, salvo comprovada má-fé".

Assim, da segurança jurídica desdobram-se outros princípios que representam sua tradução mais específica ou precisa. De regra citamse os seguintes: princípio da não retroatividade das leis e dos atos administrativos; princípio do respeito aos direitos adquiridos; princípio da imutabilidade das situações jurídicas subjetivas; princípio da boa-fé.

4. Princípio da confiança legítima

Também denominado *princípio da proteção da confiança*, apresenta-se como desdobramento do princípio da segurança jurídica. Consagrado no ordenamento alemão, adotado no Direito holandês, vem se consolidando na jurisprudência da Corte de Justiça da Comunidade Européia, "estendendo-se a todo particular que se encontre numa situação na qual sobressai que a administração comunitária fêz nascer esperanças fundadas".[3] Aos poucos vem recebendo atenção dos estudiosos.[4]

A proteção da confiança diz respeito à continuidade das leis, à confiança dos indivíduos na subsistência das normas. Isso não protege os cidadãos genericamente de toda alteração legal, pois cada situação terá a peculiaridade para detectar, ou não, a confiança suscitada. Apresenta-se mais ampla que a preservação dos direitos adquiridos, porque abrange direitos que não são ainda adquiridos, mas se encontram em vias de constituição ou suscetíveis de se constituir; também se refere à realização de promessas ou compromissos da Administração que geraram, no cidadão, esperanças fundadas; visa, ainda, a proteger os particulares contra alterações normativas que, mesmo legais, são de tal modo abruptas ou radicais que suas conseqüências revelam-se chocantes.[5]

De seu lado, Chapus observa que este princípio não se consagrou ainda, de forma explícita, no Direito Administrativo francês, embora venha embasando, discretamente, a jurisprudência administrativa sobre responsabilidade decorrente de informações erradas e de promessas não cumpridas e também a jurisprudência sobre responsabilidade

3. J. Boulois e R-M. Chevallier, ob. cit., p. 77.

4. Jean-Pierre Puissochet, "Vous avez dit confiance légitime? (le principe de confiance légitime en droit communautaire)", *Mélanges Braibant*, Paris, 1996, pp. 581-596; Torstein Stein, "A segurança jurídica na ordem legal da República Federal da Alemanha, in Acesso à justiça e cidadania", *Cadernos Adenauer*, São Paulo, Fundação Konrad-Adenauer, pp. 93-117; René Chapus, *Droit Administratif Général*, t. 1, 14ª ed., 2000, pp. 98-101.

5. Puissochet, ob. cit., pp. 587 e 590.

da Administração pelo caráter brusco, sem justificativa, de mudança em seu comportamento, mudança esta que engana a confiança que o cidadão podia ter legitimamente quanto à estabilidade da sua situação; o mesmo autor cita decisão do Tribunal Administrativo de Estrasburgo, emitida em 1994, na qual se afirma que a Administração deve zelar para não alterar nem a disciplina legal em vigor nem seu comportamento, de modo inesperado, quando o caráter repentino da mudança não era necessário ante o objeto da medida e as finalidades a alcançar.[6]

O reconhecimento da proteção da confiança pode limitar a liberdade de alterar a legislação ou a disciplina normativa existente em certa matéria, impondo, ao legislador ou à autoridade administrativa, a previsão de um regime de transição quando ocorrerem modificações de leis vigentes, sobretudo para direitos ainda não adquiridos, mas em vias de aquisição, ou suscetíveis de aquisição.

5. Algumas questões

Na perspectiva brasileira e na de muitos outros Estados, algumas questões podem ser mencionadas:

a) *Inflação legislativa e segurança jurídica.* O Brasil e muitos outros países vivem a situação de desenfreada e desordenada produção legislativa, também chamada de explosão legal. Tal situação é o contrário do que o buscado pelo princípio da segurança jurídica, gerando não somente incerteza no tocante a situações jurídicas individuais, mas uma sensação generalizada de insegurança.

Na França o Conselho de Estado, em seu relatório de 1991, mencionou a inflação de textos de leis e de regulamentos, sua instabilidade e a degradação das normas editadas como fatores de insegurança jurídica para os cidadãos e de risco de arbítrio das autoridades, enquanto a função do Direito é, antes de tudo, a de assegurar a proteção de uma e a prevenção do outro. Daí dizer-se que o excesso de direito mata o Direito.

No Brasil, um exemplo encontra-se no ainda excessivo número de medidas provisórias, que, a par da imprevisibilidade, dificulta o conhecimento das normas.

6. *Droit Administratif Général*, t. 1, pp. 99-100.

Pode-se, hoje, ainda buscar a segurança jurídica ante o quadro geral de inflação legislativa? Haverá um *acostumar-se* a esse quadro de insegurança?

b) *A indeterminação dos termos da lei e a segurança jurídica.* Vem se tornando habitual o uso de termos vagos nos textos normativos. Uma das explicações oferecidas advém da necessidade de conciliar interesses, para que a lei seja votada, o que leva utilizar palavras que possibilitem flexibilidade justamente para não haver mudanças freqüentes.

c) *Redação confusa e segurança jurídica.* Neste caso também a justificativa se encontraria na busca de conciliação de interesses, só possível com uma redação obscura e confusa. Daí decorre a dificuldade de compreensão para todos aqueles que trabalham com o Direito, que se agiganta para o cidadão em geral, perplexo ante incoerências e obscuridades das normas.

d) *Alterações repentinas (e constantes) e segurança jurídica.* No caso das medidas provisórias, o quadro mostra-se o oposto da proteção da confiança, da previsibilidade, da continuidade.

e) *Emendas constitucionais que alteram direitos de servidores previstos no texto originário da Constituição ou em anteriores Emendas Constitucionais.* A questão vem sendo debatida, no ordenamento brasileiro, desde o advento das Emendas Constitucionais 19/1998 – reforma administrativa – e 20/1998 – reforma da previdência, ressurgindo forte em 2003 ante a possibilidade de nova Emenda Constitucional sobre matéria previdenciária. Além dos direitos adquiridos discute-se a questão das expectativas, que se inserem, sobretudo, no âmbito da chamada confiança legítima.

Os aspectos supramencionados tornam relevante, nos dias de hoje, o estudo e a aplicação do princípio da segurança jurídica e da confiança legítima. E os estudos de Almiro do Couto e Silva, nesta matéria, prenunciaram sua importância atual e oferecem lúcida diretriz às futuras pesquisas.

ALMIRO DO COUTO E SILVA E A RE-SIGNIFICAÇÃO DO PRINCÍPIO DA SEGURANÇA JURÍDICA NA RELAÇÃO ENTRE O ESTADO E OS CIDADÃOS

JUDITH MARTINS-COSTA

1. Introdução. 2. A segurança como garantia de estabilidade e legalidade. 3. A segurança jurídica como crédito da confiança. 4. Referências bibliográficas.

1. Introdução

O Supremo Tribunal Federal, pelo voto de um dos seus mais ilustrados membros – o Ministro Gilmar Mendes – vem de proferir a seguinte decisão (publicada em seu Informativo semanal) que vale a pena transcrever integralmente:

"Princípio da Segurança Jurídica (*Transcrições*)[1]

"Decisão: Cuida-se de ação cautelar com pedido de concessão de efeito suspensivo ao recurso extraordinário, interposto por R. L. V., contra acórdão da 3ª Turma do Tribunal Regional Federal da 4ª Região que indeferiu a sua transferência de uma instituição de ensino superior federal para outra, pleiteada em razão da assunção de cargo, para o qual foi aprovada em concurso público.

"Preliminarmente, cabe anotar que, embora tenha sido apresentada, tão-somente, a petição de fls., dou por sanada a deficiência de instrução dos autos, por já se encontrar nesta Corte o recurso extraordinário a que ela se refere.

"A requerente, por ter sido nomeada para trabalhar em Porto Alegre, em decorrência de sua aprovação no concurso público para o cargo de técnico

1. Pet (MC) 2.900-RS. Decisão pendente de publicação.

operacional júnior na Empresa Brasileira de Correios e Telégrafos, em 1999, mudou seu domicílio para Porto Alegre. Assim, pleiteou a transferência do curso de Direito da Universidade de Pelotas – UFPEL, onde se encontrava matriculada no 4º (quarto) semestre, para a Universidade Federal do Rio Grande do Sul – UFRGS, com base no princípio constitucional estabelecido, principalmente, nos arts. 205 c.c. 206, I e IV, e 37 c.c. 5º, XXXIII.

"O pleito foi indeferido, administrativamente, ao entendimento de que não se tratava 'de funcionária pública federal removida ex-officio, não se enquadrando, portanto, na Lei 9.536/97 para ingresso na UFRGS' (fls.).

"Daí ter impetrado mandado de segurança, acolhido em sentença datada de 21.12.2000, '(a) para reconhecer que a impetrante tem direito a transferir-se e a freqüentar o curso de direito na UFRGS, a partir deste semestre; (b) determinar à autoridade impetrada que imediatamente providencie a transferência da parte impetrante, permitindo que a mesma realize a matrícula, freqüente as atividades discentes e todas as demais decorrentes da sua condição de estudante, tudo nos termos da fundamentação' (fls.).

"O Tribunal Regional Federal da 4ª Região, ao julgar a apelação em mandado de segurança, reformou a sentença de 1º grau, forte no argumento de que a impetrante não provara a existência de vagas na universidade para a qual pretendia ingressar e, também, por considerar inaplicável a transferência compulsória, disciplinada pela Lei n. 9.536, de 1997, aos empregados de empresa pública que não gozam de *status* de funcionário ou servidor público federal. Ainda, nos termos do parágrafo único do artigo 1º da Lei n. 9.536, de 1997, assentou-se que a mudança de cidade para assunção de cargo em razão de concurso público não dá direito à transferência compulsória de matrícula (fls.).

"Contra essa decisão, houve a interposição de recurso extraordinário, com fundamento no art. 102, III, 'a', da Constituição Federal, em que se alega a violação dos arts. 5º, XXXIII; 37; 205 e 206, I e IV, da Carta Magna.

"Conforme a narrativa da requerente, o inconformismo se deve ao desrespeito à norma geral estabelecida na Constituição de que 'o ensino é público e obrigatório em todos os níveis e para todos os cidadãos'. E que, 'diante do fato concreto a mínima providência deveria ter sido a verificação sobre a existência ou não de vagas, o estudo minucioso das particularidades (motivos do requerimento) e somente após, expedida a decisão, sobre a possibilidade ou não da transferência'.

"Alega, ainda, que o fato de a requerida impedir a continuidade de seus estudos em universidade pública e gratuita, 'sem demonstrar impossibilidade por falta de vagas no semestre pretendido e sob alegação de que esta transferência não é obrigatória, segundo a Lei 9.536/97 e Instrução Normativa n. 001/2000, reprisa-se, é verdadeiro acinte aos princípios constitucionais norteadores da Administração Pública, especificamente: estudo público gratuito direito de todos e dever do Estado', causando prejuízos à sua profissionalização e realização pessoal.

"No âmbito da cautelar, a matéria evoca, inevitavelmente, o princípio da segurança jurídica.

"A propósito do direito comparado, vale a pena trazer à colação clássico estudo de Almiro do Couto e Silva sobre a aplicação do aludido:

'É interessante seguir os passos dessa evolução. O ponto inicial da trajetória está na opinião amplamente divulgada na literatura jurídica de expressão alemã do início do século de que, embora inexistente, na órbita da Administração Pública, o principio da *res judicata*, a faculdade que tem o Poder Público de anular seus próprios atos tem limite não apenas nos direitos subjetivos regularmente gerados, mas também no interesse em proteger a boa fé e a confiança (*Treue und Glauben*) dos administrados.

'(...)

'Esclarece Otto Bachof que nenhum outro tema despertou maior interesse do que este, nos anos 50 na doutrina e na jurisprudência, para concluir que o princípio da possibilidade de anulamento foi substituído pelo da impossibilidade de anulamento, em homenagem à boa fé e à segurança jurídica. Informa ainda que a prevalência do princípio da legalidade sobre o da proteção da confiança só se dá quando a vantagem é obtida pelo destinatário por meios ilícitos por ele utilizados, com culpa sua, ou resulta de procedimento que gera sua responsabilidade. Nesses casos não se pode falar em proteção à confiança do favorecido' (*Verfassungsrecht, Verwaltungsrecht, Verfahrensrecht in der Rechtssprechung des Bundesverwaltungsgerichts*, Tübingen 1966, 3. Auflage, vol. I, pp. 257 e ss.; vol. II, 1967, pp. 339 e ss.).

'Embora do confronto entre os princípios da legalidade da Administração Pública e o da segurança jurídica resulte que, fora dos casos de dolo, culpa etc., o anulamento com eficácia *ex tunc* é sempre inaceitável e o com eficácia *ex nunc* é admitido quando predominante o interesse público no restabelecimento da ordem jurídica ferida, é absolutamente defeso o anulamento quando se trate de atos administrativos que concedam prestações em dinheiro, que se exauram de uma só vez ou que apresentem caráter duradouro, como os de índole social, subvenções, pensões ou proventos de aposentadoria.'

"Depois de incursionar pelo direito alemão, refere-se o mestre gaúcho ao direito francês, rememorando o clássico *affaire* Dame Cachet:

'Bem mais simples apresenta-se a solução dos conflitos entre os princípios da legalidade da Administração Pública e o da segurança jurídica no Direito francês. Desde o famoso *affaire* Dame Cachet, de 1923, fixou o Conselho de Estado o entendimento, logo reafirmado pelos *affaires* Vallois e Gros de Beler, ambos também de 1923 e pelo *affaire* Dame Inglis, de 1935, de que, de uma parte, a revogação dos atos administrativos não cabia quando existissem direitos subjetivos deles provenientes e, de outra, de que os atos maculados de nulidade só poderiam ter seu anulamento decretado pela Administração Pública no prazo de dois meses, que era o mesmo prazo concedido aos particulares para postular, em recurso contencioso de anulação, a invalidade dos atos administrativos.'

"Hauriou, comentando essas decisões, as aplaude entusiasticamente, indagando: 'Mas será que o poder de desfazimento ou de anulação da Administração poderá exercer-se indefinidamente e em qualquer época? Será que jamais as situações criadas por decisões desse gênero não se tornarão estáveis? Quantos perigos para a segurança das relações sociais encerram essas possibilidades indefinidas de revogação e, de outra parte, que incoerência, numa construção jurídica que abre aos terceiros interessados, para os recursos contenciosos de anulação, um breve prazo de dois meses e que deixaria à Administração a possibilidade de decretar a anulação de ofício da mesma decisão, sem lhe impor nenhum prazo'. E conclui: 'Assim, todas as nulidades jurídicas das decisões administrativas se acharão rapidamente cobertas, seja com relação aos recursos contenciosos, seja com relação às anulações administrativas; uma atmosfera de estabilidade estender-se-á sobre as situações criadas administrativamente' (*La Jurisprudence Administrative de 1892 a 1929*, Paris, 1929, vol. II, pp. 105-106).

Na mesma linha, observa Couto e Silva em relação ao direito brasileiro: 'Miguel Reale é o único dos nossos autores que analisa com profundidade o tema, no seu mencionado 'Revogação e Anulamento do Ato Administrativo' em capítulo que tem por título 'Nulidade e Temporalidade'. Depois de salientar que 'o tempo transcorrido pode gerar situações de fato equiparáveis a situações jurídicas, não obstante a nulidade que originariamente as comprometia', diz ele que 'é mister distinguir duas hipóteses: (a) a de convalidação ou sanatória do ato nulo e anulável; (b) a perda pela Administração do benefício da declaração unilateral de nulidade (*le bénéfice du préalable*)' (ob. cit., p. 82). (Almiro do Couto e Silva, "Os princípios da legalidade da administração pública e da segurança jurídica no estado de direito contemporâneo", *Revista da Procuradoria-Geral do Estado*, Publicação do Instituto de Informática Jurídica do Estado do Rio Grande do Sul, vol. 18, n. 46, 1988 pp. 11-29)'.

"Considera-se, hodiernamente, que o tema tem, entre nós, assento constitucional (princípio do Estado de Direito) e está disciplinado, parcialmente, no plano federal, na Lei n. 9.784, de 29 de janeiro de 1999 (*v.g.* art. 2º).

"Em verdade, a segurança jurídica, como subprincípio do Estado de Direito, assume valor ímpar no sistema jurídico, cabendo-lhe papel diferenciado na realização da própria idéia de justiça material.

"Tendo em vista todas essas considerações e a peculiar situação jurídica da ora recorrente, prestes a concluir o curso de direito na UFRGS (conforme consta das razões recursais, em outubro de 2002, a requerente cursava o 8º semestre), defiro a tutela cautelar, *ad referendum* da 2ª Turma, para dar efeito suspensivo ao recurso extraordinário, até seu final julgamento nesta Corte.

"Oficie-se. Publique-se. Brasília, 8 de abril de 2003. Ministro Gilmar Mendes – Relator."

Essa decisão, conquanto ainda liminar, ao propor a re-significação do princípio da segurança jurídica, marca um giro hermenêutico no Direito brasileiro. Uma re-significação quer dizer, do ponto de vista da Teoria da Linguagem, a passagem de um significado conotado a certo signo lingüístico a um outro significado, ocasionando a mudança no seu valor semântico, sem alteração, contudo, no valor facial do signo. O giro hermenêutico provocado pela re-significação do princípio da segurança jurídica está a indicar que esse princípio vem de ingressar no direito positivo brasileiro com um *renovado âmbito de normatividade*.

Esse renovado âmbito de normatividade – marcando o trânsito do acento tônico do princípio da segurança jurídica para o que, em outras plagas, tem sido denominado de *princípio da confiança legítima* – deriva da circunstância de, no Direito, serem as palavras *constituintes* – delas derivando eficácias e, portanto, a construção de realidades normativas. Mas as palavras são também *constituídas* por pré-compreensões, pela história do que vem antes de sua apreensão intelectiva. Como percebeu Bourdieu, um apaixonado pelo verbo e sua compreensão, "tout acte de parole et, plus généralement, toute action, est une conjoncture".[2] A gramática define apenas muito parcialmente os sentidos das palavras, pois a determinação completa da significação dos discursos opera-se no *marché*, no mercado lingüístico, na conjuntura, vem do *dehors*,[3] resulta de *artefatos*, de *produção de sentidos sociais*.

Essas notas – que nascem da admiração intelectual e da amizade – têm por objetivo marcar a contribuição de Almiro do Couto e Silva justamente para a *produção do sentido* que agora o Supremo Tribunal Federal vem de conferir ao princípio da segurança jurídica. O exame dessa contribuição será feito pela contraposição entre o significado tradicional e o que agora se instaura, com foros de positividade jurídica, pela força da recente decisão do mais alto Tribunal brasileiro.

2. A segurança como garantia de estabilidade e legalidade

O ementário eletrônico do Supremo Tribunal Federal registrava, em agosto de 2003,[4] 37 decisões indexadas à expressão *segurança jurídica*. Essas decisões estão no âmbito do Direito Penal, Civil, Administrativo, Tributário e Trabalhista. Consideradas pelo viés positivo do princípio, denotam os seguintes focos de significação:[5]

– a segurança jurídica está no fundamento do instituto da decadência;[6]

2. Pierre Bourdieu, *Ce que parler veut dire – L'économie des échanges linguistiques*, Paris, Fayard, 1982, p. 14.

3. Pierre Bourdieu, ob. cit., p. 15, no original: "La grammaire ne définit que très partiellement le sens, et c'est dans la relation avec un marché que s'opère la détermination complète de la signification du discours".

4. Disponível em: www.stj.gov.br/jurisprudência. Acesso em: 9 ago. 2003.

5. Nem todas as 37 decisões estão abaixo transcritas, mas apenas aquelas que me pareceram exemplares ou paradigmáticas dos focos de significações encontrados.

6. STF, QO AR 1.323-RS, rel. Min. Moreira Alves, j. 3.11.1989, Pleno, *DJU* 9.2.1990, p. 572, *Ementário* 1.568-01, p. 76: "Ementa: Ação rescisória. Ação ajuizada antes da ocorrência do prazo de decadência, mas em que não foram observadas as exigências dos parágrafos 2 e 3 do artigo 219 do Código de Processo Civil, sem a verificação de obstáculo judicial. – Ocorrência da hipótese prevista no parágrafo 4º do art. 219 do C.P.C. – Em se tratando de decadência do direito material a rescisão da sentença transitada em julgado que se entende viciada. Esse direito potestativo não tem em si mesmo natureza de direito patrimonial, mas foi criado pela lei para a defesa da segurança jurídica, razão por que está ele subtraído a disponibilidade da

– a segurança jurídica fundamenta o instituto da prescrição;[7]

– a segurança jurídica fundamenta o instituto da preclusão;[8]

– a segurança jurídica fundamenta a intangibilidade da coisa julgada;[9]

– a segurança jurídica é o valor que sustenta a figura dos direitos adquiridos;[10]

alegação do réu, não se lhe aplicando, portanto, a proibição da parte inicial do parágrafo 5º do artigo 219 do C.P.C. Decadência do direito potestativo. A rescisão da sentença em causa, decretada nos termos do parágrafo 6º do artigo 219 do C.P.C., julgando-se, em conseqüência, extinto o processo".

7. STF, AI 140.751 AgR-RJ, rel. Min. Marco Aurélio, j. 9.6.1992, 2ª Turma, *DJU* 25.9.1992, p. 16.186, *Ementário* 1.677-02, p. 433, *RTJ* 143(03)/1.009: "Ementa: Constituição – Aplicação imediata – Prescrição no Direito do Trabalho. A regra do parágrafo 1º do artigo 5º da Constituição Federal pressupõe situação em que os efeitos não se tenham completado sob a égide da ordem constitucional pretérita. Isto não ocorre no caso da prescrição trabalhista, cujo prazo foi elevado pela Carta de 1988 para cinco anos, quando, na data do ajuizamento da demanda, já havia transcorrido o biênio previsto na legislação à época em vigor. Impossível é confundir a aplicação imediata com a retroativa, a ponto de comprometer a almejada segurança jurídica, o que aconteceria caso viesse a ser admitido verdadeiro ressuscitamento de demanda fulminada pela prescrição".

8. STF, AI 249470 AgR-BA, rel. Min. Marco Aurélio, j. 10.10.2000, 2ª Turma, *DJU* 1.12.2000, p. 74, *Ementário* 2.014-03, p. 638: "Ementa: Processo – Organicidade e dinâmica. Defeso é voltar-se, sem autorização normativa, a fase ultrapassada. A época de liquidação de precatório não enseja rediscussão do título executivo judicial. Óptica diversa implica olvidar a organicidade e a dinâmica do Direito, alçando o Estado a posição que não o dignifica. Paga-se um preço por viver-se em um Estado Democrático de Direito e nele encontra-se a estabilidade das relações jurídicas, a segurança jurídica, ensejadas pela preclusão".

9. STF, AR 1461-PE, rel. Min. Marco Aurélio, Tribunal Pleno: "Coisa julgada – Intangibilidade – Cumpre rescindir a decisão de mérito que, a partir de julgamento de certo recurso, tenha resultado na ofensa à coisa julgada, cujo respeito diz necessariamente com a preservação da segurança jurídica".

10. STF, RE 367166 ED-RN, relatora Ministra Ellen Gracie, 1ª Turma. "Ementa: Embargos de declaração. Servidor público celetista inativo. Art. 40, § 4º da CF/88 (redação anterior à EC 20/98). Não se discute na presente demanda eventual violação aos princípios do direito adquirido, da isonomia e da segurança jurídica. Na realidade, centrou-se a decisão embargada na interpretação do art. 40, § 4º da Constituição, concluindo-se pela sua inaplicabilidade aos servidores públicos celetistas, aposentados pelo Regime Geral de Previdência, antes da promulgação do atual texto constitucional e da edição da Lei n. 8.112/90. Embargos de declaração rejeitados".

E ainda: STF, RE 168.046-SP, rel. Min. Marco Aurélio, j. 17.4.1998, 2ª Turma, *DJU* 12.6.1998, p. 65, *Ementário* 1.914-03, p. 498: "Recurso extraordinário – Julgamento – Parâmetros. Na apreciação de todo e qualquer recurso de natureza extraor-

– a segurança é o valor que sustenta o princípio do respeito ao ato jurídico perfeito;[11]

dinária são consideradas as premissas fáticas do acórdão impugnado. Defeso é adentrar o exame dos elementos probatórios dos autos para, à mercê de moldura fática diversa, concluir-se de forma diametralmente oposta. Nisto está a razão de ser, a essência dos recursos a serem julgados em sede extraordinária.

"Recurso extraordinário – Direito local – Por ofensa a norma estadual não cabe o extraordinário – Verbete n. 280 da Súmula do Supremo Tribunal Federal.

"Complementação de proventos da aposentadoria – Leis ns. 4.819/58 e 200/74 do Estado de São Paulo. Contemplando a lei nova a preservação do direito não só daqueles que, à época, já eram beneficiários como também o daqueles empregados admitidos na respectiva vigência, forçoso é entender-se pela homenagem à almejada segurança jurídica, afastada a surpresa decorrente da modificação dos parâmetros da relação mantida, no que julgada procedente o pedido formulado na ação."

E ainda: STF, RE 186.264-SP, rel. Min. Marco Aurélio, j. 16.12.1997, 2ª Turma, *DJU* 17.4.1998, p. 17, *Ementário* 1.906-04, p. 78: "Embargos declaratórios – Duplicidade. Se de um lado é correto dizer-se da admissibilidade dos segundos declaratórios, de outro exsurge a necessidade de empolgar-se vício constante do acórdão proferido em razão dos primeiros. Descabe utilizá-los para atacar o acórdão inicialmente embargado.

"Incentivo fiscal – Revisão – Situação – Direito adquirido. A regra da revogação dos incentivos, que não tenham sido confirmados por lei, apanhados pela Carta de 1988 após dois anos, a partir da respectiva promulgação, restou excepcionada, considerada a segurança jurídica e, até mesmo, cláusula pétrea, pelo § 2º do artigo 41 do Ato das Disposições Constitucionais Transitórias: 'a revogação não prejudicará os direitos que já tiverem sido adquiridos, àquela data, em relação a incentivos concedidos sob condição e com prazo certo'."

11. STF, RE 194.662-BA, rel. Min. Marco Aurélio, j. 18.9.2001, 2ª Turma, *DJU* 19.4.2002, p. 59, *Ementário* 2.065-04, p. 773: "Ementa: Salários – Reposição do poder aquisitivo – Cláusula de garantia em convenção coletiva. O contrato coletivo, na espécie 'convenção', celebrado nos moldes da legislação em vigor e sem que se possa falar em vício na manifestação de vontade das categorias profissional e econômica envolvidas, encerra ato jurídico perfeito e acabado, cujo alcance não permite dúvidas no que as partes previram, sob o título 'Garantia de Reajuste', que política salarial superveniente menos favorável aos trabalhadores não seria observada, havendo de se aplicar, em qualquer hipótese, fator de atualização correspondente a noventa por cento do Índice de Preços ao Consumidor – IPC. Insubsistência da mudança de índice de correção, passados seis meses e ante lei que, em meio a nova sistemática, sinalizou a possibilidade de empregado e empregador afastá-la, no campo da livre negociação".

E ainda: STF, AI 210678-AgR-PR, rel. Min. Marco Aurélio, j. 18.12.1998, 2ª Turma, *DJU* 18.12.1998, p. 54, *Ementário* 1.936-04, p. 816: "Caderneta de poupança – Plano Collor – Bloqueio dos depósitos – Juros e correção monetária – Regência. Uma vez verificada a indisponibilidade dos quantitativos existentes nas contas de cadernetas de poupança, descabe cogitar da aplicação de lei nova, no que alterados os parâmetros de cálculo de juros e correção monetária. A segurança jurídica impõe o respeito ao que ajustado inicialmente".

– a segurança jurídica está na base da imodificabilidade, por ato unilateral da Administração, de certas situações jurídicas subjetivas previamente definidas em ato administrativo;[12]

– a segurança jurídica está na *ratio* da adstrição às formas processuais;[13]

– a segurança jurídica está na *ratio* do princípio da irretroatividade da lei, quando gravosa ao *status libertatis* das pessoas[14] ou afron-

12. STF, RE 118.927 AgR-RJ, rel. Min. Marco Aurélio, j. 7.2.1995, 2ª Turma, *DJU* 10.8.1995, p. 23.556, *Ementário* 1.795-01, p. 191: "Ementa: Concurso – Edital – Parâmetros. Os parâmetros alusivos ao concurso hão de estar previstos no edital. Descabe agasalhar ato da Administração Pública que, após o esgotamento das fases inicialmente estabelecidas, com aprovação nas provas, implica criação de novas exigências. A segurança jurídica, especialmente a ligada à relação cidadão-Estado rechaça a modificação pretendida".

E ainda: STF, MS 21.791-BA, rel. Min. Francisco Rezek, j. 25.3.1994, Tribunal Pleno, *DJU* 27.5.1994, p. 13.187, *Ementário* 1.746-01, p. 170: "Mandado de Segurança. Processo administrativo disciplinar. Abandono de cargo: não configuração. Súmula 473. Servidor da Universidade Federal da Bahia inocentado por ato do Ministro da Educação no processo disciplinar a que respondia. Eventual mudança – motivada por pedido de reexame – na decisão que inocentara o servidor deve, por imperativo da segurança jurídica, ser idoneamente motivada. Não poderia o ato dimensório desconsiderar situação jurídica já consolidada. Aplicável à espécie o verbete 473 da Súmula de jurisprudência do STF. Mandado de segurança deferido".

13. STF, HC 69906-MG, rel. Min. Paulo Brossard, j. 15.12.1992, 2ª Turma, *DJU* 16.4.1993, p. 6.434, *Ementário* 1.699-03, p. 587, *RTJ* 146(01)/244: "Ementa: 'Habeas-corpus'. Prefeito denunciado por Promotor perante Juiz de Direito, nas sanções do art. 1º, II, e par. 1º, do Decreto-lei n. 201/67. Competência superveniente do Tribunal de Justiça, art. 29, VIII, da Constituição Federal de 1988. Desnecessidade de ratificação expressa da denúncia pelo Procurador-Geral da Justiça, mormente quando, nas razões finais, pede a condenação, demonstrando que estava de acordo com a denúncia. Nulidade inexistente. É inestimável a importância das formalidades processuais como garantias da liberdade pessoal e da segurança jurídica. Mas, a homenagem a esse princípio não há de chegar ao feiticismo, e não deve ser levada a exageros inúteis para se proclamar nulidade, pois, os atos praticados pelo Promotor de Justiça, quando praticados, foram rigorosamente legais, e os atos praticados pelo Juiz, quando praticados, foram irretocavelmente legais, não havendo razão para que deixem de sê-lo porque, por lei posterior, a competência passou a ser do Tribunal. 'Habeas-corpus' conhecido, mas indeferido".

14. STF, ADI 605 MC-DF, rel. Min. Celso de Mello, j. 23.10.1991, Tribunal Pleno, *DJU* 5.3.1993, p. 2.897, *Ementário* 1.694-02, p. 252.: "Ação direta de inconstitucionalidade – Medida Provisória de caráter interpretativo – Leis interpretativas – A questão da interpretação de leis de conversão por Medida Provisória – Princípio da irretroatividade – Caráter relativo – Leis interpretativas e aplicação retroativa – Reiteração de Medida Provisória sobre matéria apreciada e rejeitada pelo Congresso

tosa às situações mais favoráveis, consolidadas pelo tempo ou resguardadas pela lei.[15]

Já pelo viés negativo, decidiu o Supremo Tribunal Federal:

– a segurança jurídica não é afrontada, senão reforçada, com o rigor probatório nas matérias concernentes à concessão de benefícios especiais a certas categorias, ou pessoas ou situações;[16]

Nacional – Plausibilidade jurídica – Ausência do 'periculum in mora' – Indeferimento da cautelar. – É plausível, em face do ordenamento constitucional brasileiro, o reconhecimento da admissibilidade das leis interpretativas, que configuram instrumento juridicamente idôneo de veiculação da denominada interpretação autêntica. – As leis interpretativas – desde que reconhecida a sua existência em nosso sistema de direito positivo – não traduzem usurpação das atribuições institucionais do judiciário e, em conseqüência, não ofendem o postulado fundamental da divisão funcional do poder. – Mesmo as leis interpretativas expõem-se ao exame e à interpretação dos juízes e tribunais. Não se revelam, assim, espécies normativas imunes ao controle jurisdicional. – A questão da interpretação de leis de conversão por Medida Provisória editada pelo Presidente da Republica. – O princípio da irretroatividade 'somente' condiciona a atividade jurídica do Estado nas hipóteses expressamente previstas pela Constituição, em ordem a inibir a ação do Poder Público eventualmente configuradora de restrição gravosa (a) ao 'status libertatis' da pessoa (CF, art. 5º, XI), (b) ao 'status subjectionis' do contribuinte em matéria tributaria (CF, art. 150, III 'a') e (c) à 'segurança' jurídica no domínio das relações sociais (CF, art. 5º, XXXVI). – Na medida em que a retroprojeção normativa da lei 'não' gere e 'nem' produza os gravames referidos, nada impede que o Estado edite e prescreva atos normativos com efeito retroativo. – As leis, em face do caráter prospectivo de que se revestem, devem, 'ordinariamente', dispor para o futuro. O sistema jurídico-constitucional brasileiro, contudo, 'não' assentou, como postulado absoluto, incondicional e inderrogável, o princípio da irretroatividade. – A questão da Retroatividade das Leis Interpretativas".

15. STF, RE 193.124-RJ, rel. Min. Marco Aurélio, j. 16.12.1997, 2ª Turma, *DJU* 20.3.1998, p. 16, *Ementário* 1.903-05, p. 957: "Proventos da aposentadoria – Igualação – Artigo 40, § 4º, da Constituição Federal. O disposto no § 4º do artigo 40 da Constituição Federal pressupõe benefício outorgado aos servidores da ativa após a promulgação da Carta de 1988. Descabe confundir aplicação imediata do preceito com a retroativa, solapando, com isso, a almejada segurança jurídica".

16. STF, ADI 2.555-DF, relatora Ministra Ellen Gracie, j. 3.4.2003, Tribunal Pleno, *DJU* 2.5.2003, p. 25, *Ementário* 2.108-02, p. 241: "Ação direta de inconstitucionalidade. Art. 54 do ADCT. Pensão mensal vitalícia aos seringueiros recrutados ou que colaboraram nos esforços da Segunda Guerra Mundial. Art. 21 da Lei n. 9.711, de 20.11.98, que modificou a redação do art. 3º da Lei n. 7.986, de 20.11.89. Exigência, para a concessão do benefício, de início de prova material e vedação ao uso da prova exclusivamente testemunhal. A vedação à utilização da prova exclusivamente testemunhal e a exigência do início de prova material para o reconhecimento judicial da situação descrita no art. 54 do ADCT e no art. 1º da Lei n. 7.986/89 não

– a segurança jurídica não impede que lei nova ou ato administrativo conforme situações jurídicas, desde que resguardado o princípio da legalidade, pois não limita de modo absoluto o poder de conformação do legislador;[17]

Se examinarmos com atenção esses 11 focos de significações, veremos que uma linha os une, indissoluvelmente: para o Supremo Tribunal Federal o princípio da segurança é como que uma tradução jurídica do fenômeno físico da imobilidade, marcando o que, nas relações jurídicas entre a Administração e os administrados, *deve* permanecer estático, imóvel como estátua, permanente no tempo.

vulneram os incisos XXXV, XXXVI e LVI do art. 5º da CF. O maior relevo conferido pelo legislador ordinário ao princípio da segurança jurídica visa a um maior rigor na verificação da situação exigida para o recebimento do benefício. Precedentes da Segunda Turma do STF: REs n. 226.588, 238.446, 226.772, 236.759 e 238.444, todos de relatoria do eminente Ministro Marco Aurélio. Descabida a alegação de ofensa a direito adquirido. O art. 21 da Lei 9.711/98 alterou o regime jurídico probatório no processo de concessão do benefício citado, sendo pacífico o entendimento fixado por esta Corte de que não há direito adquirido a regime jurídico. Ação direta cujo pedido se julga improcedente".

17. STF, RMS 23.543-DF, rel. Min. Ilmar Galvão, j. 27.6.2000, 1ª Turma, *DJU* 13.10.2000, p. 21, *Ementário* 2.008-02, p. 208: "Ementa: Administrativo. Cana-de-açúcar. Portaria n. 294, de 13.12.1996, do Ministério da Fazenda, que liberou os preços do produto, a partir de 1.05.98. Alegada ofensa aos princípios da separação dos poderes, da hierarquia das normas, da legalidade, da proporcionalidade, da segurança jurídica, e do devido processo legal. O art. 10 da Lei n. 4.870/65, que previa a fixação do preço da cana-de-açúcar, foi alterado pelo art. 3º, III, da Lei n. 8.178/91, que deixou a critério do Ministro da Fazenda, responsável pela execução da política econômica do Governo, a liberação, total ou parcial, dos preços de qualquer setor, o que foi concretizado pela referida autoridade por meio do ato impugnado, em face do manifesto descabimento da exigência de lei, ou de decreto, para fixação ou liberação de preços. Não há falar-se, portanto, em ofensa aos princípios constitucionais sob enfoque. no que concerne ao mérito do ato impugnado, é fora de dúvida que se trata de matéria submetida a critérios de conveniência e oportunidade, insuscetíveis, por isso, de controle pelo Poder Judiciário. Recurso desprovido".

E ainda: STF, AI 151.787-SP, rel. Min. Celso de Mello, Tribunal Pleno: "Ementa: Embargos de divergência – Interposição contra acórdão proferido em sede de agravo regimental – Inadmissibilidade – Subsistência da Súmula 599/STF – Superveniência da Lei n. 8.950/94 – Poder de conformação do Legislador – Ausência de incompatibilidade com o princípio da segurança jurídica – Agravo improvido. – Os embargos de divergência, que constituem instrumento processual de uniformização da jurisprudência, só se revelam oponíveis quando, manifestados no âmbito do Supremo Tribunal Federal, insurgem-se contra decisão de uma de suas Turmas, desde que proferida no julgamento de recurso extraordinário. Subsiste íntegro, desse

Não que as situações de vida sejam, em si mesmas, imóveis, previsíveis, estáveis e permanentes – Heráclito já clamara o constante dinamismo e mutação das coisas: *pânta rei*, tudo flui. Mas Parmênides, ao só reconhecer validez ao eterno, não estava destituído de razão, e a história do Direito o comprova: o ordenamento jurídico é perpassado por uma secular *relação de tensão* entre permanência e ruptura, entre estabilidade e mudança, entre o que tende a ser eterno e o que tende à perpétua mudança. Em outras palavras, o ordenamento jurídico, tal qual a vida, equilibra-se entre os pólos da segurança (na abstrata imutabilidade das situações constituídas) e da inovação (para fazer frente ao *pânta rei)*. Assim, na relação (que é fundamental) entre tempo e direito, a expressão "princípio da segurança jurídica" marca, como signo de significados que é, o espaço de retenção, de imobilidade, de continuidade ou de permanência: valoriza, por exemplo, o fato de o cidadão não ser apanhado de surpresa por modificação ilegítima na linha de conduta da Administração,[18] ou pela lei posterior, ou pela modificação na aparência das formas jurídicas.

É que, como privilegiado espaço de retenção e de continuidade, o ordenamento jurídico dispõe de mecanismos diversos para adaptar o que na vida flui e se modifica à permanência, à estabilidade. Um desses mecanismos é, justamente, o princípio da segurança jurídica – por si e por todas as regras e institutos que embasa, como a prescri-

modo, o enunciado constante da Súmula 599/STF, especialmente em face do que prescreve o art. 546, II, do CPC, com a redação que lhe deu a Lei n. 8.950/94. – Os embargos de divergência possuem objeto de impugnação próprio, somente podendo ser deduzidos em face de situação processual específica que se traduz na existência de dissídio jurisprudencial motivado por acórdão proferido em sede recursal extraordinária, afastada, em conseqüência – e sem qualquer ofensa ao postulado da segurança jurídica ou da proteção jurisdicional –, a possibilidade de utilização desse recurso contra decisões de Turma do Supremo Tribunal Federal no julgamento de agravos. Precedentes".

E ainda: STF, AR 1.056-GO, rel. Min. Ilmar Galvão, j. 27.6.2000, 1ª Turma, *DJU* 13.10.2000, p. 21, ement., vol. 2.008-02, p. 208; Rescisória, rel. Min. Octavio Gallotti, j. 26.11.1997, Tribunal Pleno, *DJU* 25.5.2001, p. 10, *Ementário* 2.032-01, p. 132: "Ementa: Por não atacar decisão de mérito, não cabe rescisória (art. 485, *caput*, do Código de Processo Civil), contra sentença que se limitou a extinguir o processo, pelo reconhecimento da ocorrência de coisa julgada. Ação de que, em conseqüência, por maioria de votos, não conhece o Plenário do Supremo Tribunal".

18. Sylvia Calmes, *Du príncipe de protection de la confiance légitime en droits allemand; communautaire et français*, p. 3.

ção, a decadência, o direito adquirido, o respeito à forma preestabelecida etc. Mesmo quando afirma não afrontar a segurança a lei nova, por ser expressão do "poder de conformação do legislador", o Supremo Tribunal Federal está, em alguma medida, defendendo a permanência, ao limitar a determinadas situações o "poder de conformação" do novo; protege-se o que se considera, valorativamente, dever permanecer imutável no tempo; o que deve ser certo, porque de antemão sabido. O valor imediatamente conotado à segurança jurídica é, pois, o valor da *permanência* ou imutabilidade.

E a permanência constitui, com efeito, num valor a ser protegido, pois reflete a *confiança* das pessoas na ordem jurídica considerada como regra do jogo de antemão traçada para ser, no presente e no futuro, devidamente respeitada; sinaliza que essa ordem não permitirá modificações suscetíveis de afetar suas decisões importantes de maneira imprevisível (salvo por razões imperiosas). A permanência constitui, nesse sentido, uma das projeções da *confiança legítima*, garantindo o cidadão contra os efeitos danosos, ou ilegítimos, das modificações adotadas pelo Poder Público. Como afirma Couto e Silva, atende ao interesse público resguardar "a confiança dos indivíduos em que os atos do Poder Público que lhes dizem respeito e outorgam vantagens, são atos regulares, praticados com a observância das leis".[19]

Tão ponderável é essa vertente por assim dizer "estática" do princípio da segurança que pode conduzir, inclusive, ao dever da Administração Pública de não invalidar seus próprios atos originalmente inválidos.[20] Daí a relação existente – e sublinhada na decisão do Min. Gilmar Mendes – entre o princípio da segurança jurídica e o princípio da confiança legítima.

Porém, essa relação *há de ser conjunturalmente compreendida*. Em certa conjuntura, o princípio da segurança jurídica pode *recobrir* o princípio da confiança para escondê-lo nas dobras do manto da legalidade estrita. Em conjuntura diversa, poderá significar o dever

19. Almiro Couto e Silva, "Princípios da legalidade e da segurança jurídica no Estado de Direito Contemporâneo", *Revista da Procuradoria-Geral do Estado do Rio Grande do Sul*, vol. 8, n. 46, p. 13.

20. Almiro Couto e Silva, "Prescrição Qüinqüenária da Pretensão Anulatória da Administração Pública com relação a seus atos administrativos", *Revista de Direito Administrativo* 204/21-31.

de afastar ou relativizar, no caso concreto, o princípio da estrita legalidade para fazer atuar outros princípios do ordenamento, tais como o princípio da boa-fé e o do livre desenvolvimento da personalidade.

O princípio da segurança jurídica recobria (e por vezes escondia) o princípio da confiança quando a este último era conotada, exclusivamente, a idéia de estabilidade ou permanência, implicando na *passividade do Estado* frente ao poder de iniciativa do cidadão, isto é, na garantia da não-intervenção ilegítima ou desastrosa do Poder Público diante da iniciativa particular. Mais ainda: a segurança jurídica (e a confiança) confundia-se, nessa acepção, com o *princípio da estrita legalidade*, pois esse demarcava, como um rígido muro, os lindes da ação estatal.

Porém, se a determinação completa da significação dos discursos opera-se no *marché*, como disse Bourdieu, no "mercado lingüístico", na conjuntura, é preciso detectar qual é a conjuntura que subsumia a confiança na idéia de segurança jurídica compreendida como a dura adstrição à legalidade, de tal forma que, no caso de conflito ou antinomia entre a legalidade e a justiça, prevaleceria a primeira: é que se entendia, nesse contexto, que "segurança jurídica não é algo que se contraponha à justiça; é ela a própria justiça".[21]

Na base da conjuntura formadora do sentido social da segurança jurídica como previsibilidade e certeza dos atos estatais, estavam a radical separação entre a sociedade e o Estado;[22] a relativa estreiteza das funções administrativas; a também relativa estabilidade da produção normativa estatal; e a noção segundo a qual as relações entre Estado e particulares seriam, nuclearmente, *relações de poder, de sujeição ou de subordinação*. Estava a conjuntura de um Estado econômica e filosoficamente liberal, ao qual correspondia uma produção jurídica estatal eminentemente repressiva, refletida, pelo avesso, no brocardo: "o que não é expressamente proibido, é permitido". Estava a equação segundo a qual segurança era certeza da previsibilidade e certeza era

21. Almiro Couto e Silva, "Princípios da legalidade e da segurança jurídica no Estado de direito contemporâneo", cit., p. 12.

22. Parejo Afonso, prólogo à obra de Federico Castillo Blanco, *La protección de la confianza en el Derecho Administrativo*, p. 10. Assim escrevi, também, em Judith Martins-Costa, "A proteção da legítima confiança nas relações obrigacionais entre a Administração e os particulares", *Revista da Faculdade de Direito da Universidade Federal do Rio Grande do Sul* 22/228-257.

a confiança na previsibilidade:[23] a lei, abstrata e geral, minudente em seus comandos repressivos, preveria e fixaria o universo dos comportamentos devidos, realizando, assim, o valor "justiça". O que não estivesse previsto na lei (princípio da legalidade) configuraria o campo da livre ação dos indivíduos (princípio da autonomia privada).

Presente essa conjuntura, a ação da Administração Pública para realizar ou resguardar o valor "segurança jurídica" e proteger a confiança é quase uma não-ação, constituindo, a rigor, num *dever de abstenção*: não atingir o direito adquirido ou o ato jurídico perfeito; não bulir com situações abrangidas pelo manto protetor da prescrição, decadência ou preclusão; não modificar a prática há longo tempo seguida em prejuízo do administrado; não mudar bruscamente as formas jurídicas, que são a garantia da estabilidade; não revogar ou anular, em certas situações, atos administrativos que tenham produzido efeitos na esfera jurídica de terceiros; não invadir, enfim, o campo da liberdade privada, regulado pela mão invisível de um demiurgo (mas também previsível) mercado.

Sem desmerecer a significação da segurança jurídica como estabilidade ou fixidez jurídica, a decisão do Supremo Tribunal que inaugura essas notas sinaliza, contudo, *também uma outra significação* para aquele antigo princípio. Faz o trânsito do peso mais ponderável – no arco do princípio da segurança – da legalidade estrita para a proteção da confiança, permeando-o por um viés de *dinamismo*. Traça inter-relações entre a confiança e outros princípios, notadamente, com os princípios e direitos fundamentais da personalidade humana. Indica que, por vezes, a confiança carece de *ação* (e não de abstenção), sob pena de ser afrontado o valor "justiça". É esse o conteúdo da re-significação que antes acentuei, devida, no Brasil, à doutrina de Almiro do Couto e Silva.

3. A segurança jurídica como crédito da confiança

Na decisão do Min. Gilmar Mendes, transcrita na Introdução a essas notas, é referido um texto de Couto e Silva do final dos anos 1980:

23. Por paradoxal que possa parecer, essa mesma conjuntura se apresenta no Estado ditatorial, que reconhece à Administração Pública todos os poderes da supremacia. A lei (em sentido material muitas vezes sendo produzida pela própria Administração) é o limite *para o cidadão*. Suas legítimas expectativas de nada valem diante do muro rígido da legalidade estatal.

"Os princípios da legalidade da administração pública e da segurança jurídica no estado de direito contemporâneo".[24] Nesse texto notável, examina o professor gaúcho o porquê de uma "falsa antinomia" por vezes traçada entre o princípio da segurança jurídica e o princípio da justiça e mostra a razão pela qual hoje em dia o princípio da estrita legalidade não é mais "incontrastável", devendo ser sopesado e articulado com outros princípios que darão a medida de sua aplicação. Entre esses outros princípios está, de maneira exponencial, justamente o princípio da confiança. Porém, nessa nova conjuntura, o princípio da segurança jurídica vem conotado a um outro tipo de confiança, a uma *outra lógica* da confiança: não apenas confia-se na inação estatal, em vista a não perturbar o espaço da livre iniciativa econômica; confia-se *também* na racionalização do poder do Estado e na sua ação tendo em vista o interesse (que é social e coletivo, e não meramente individual) ao *livre desenvolvimento da personalidade dos indivíduos.*

Com efeito, a personalidade humana, considerada em seus aspectos existenciais, protegidos, em larga medida, no catálogo dos di-

24. Almiro Couto e Silva, "Princípios da legalidade e da segurança jurídica no Estado de Direito contemporâneo", cit., pp. 11-29 (v. também em *RDP* 84/46-63). É de ser ressaltado que o TJRS de há muito já vem recorrendo a esse texto, como, exemplificativamente, no julgamento da ApCiv 70001943372, j. 14.2.2001, da relatoria da Desa. Maria Isabel de Azevedo Souza, em cujo voto se lê: "Enquanto o princípio da legalidade exige a extinção dos atos administrativos inválidos, outros princípios, como o da segurança jurídica, da estabilidade jurídica, da presunção de legitimidade, da boa-fé, advogam a manutenção dos direitos já declarados, ainda que sem respaldo legal. Segundo Almiro do Couto e Silva, aos princípios da legalidade e da proteção da confiança ou boa-fé dos administrados, ligam-se, 'respectivamente, a presunção ou aparência de legalidade que têm os atos administrativos e a necessidade de que sejamos particulares defendidos, em determinadas circunstâncias, contra a fria e mecânica aplicação da lei, com o conseqüente anulamento de providências do Poder Público que geraram benefícios e vantagens, há muito incorporadas ao patrimônio dos administrados (...) A invariável aplicação do princípio da legalidade da Administração Pública deixaria os administrados, em numerosas situações, atônitos, intranqüilos e até mesmo indignados pela conduta do Estado, se a este fosse dado, sempre, invalidar seus próprios atos – qual Penélope, fazendo e desmanchando sua teia, para tornar a fazê-la e tornar a desmanchá-la – sob o argumento de ter adotado uma nova interpretação e de haver finalmente percebido, após o transcurso de certo lapso de tempo, que eles eram ilegais, não podendo, portanto, como atos nulos, dar causa a qualquer conseqüência jurídica para os destinatários". O valor ético da confiança incorporado na boa-fé impõe, portanto, restrições à Administração Pública, dentre outros campos, o da extinção das relações.

reitos fundamentais,[25] mas também nas leis infraconstitucionais,[26] é o bem jurídico fundamental por excelência. Proporcionar as condições para o seu desenvolvimento livre na vida comunitária, no "mundo comum a todos", *é também dever de atuação* do Poder Público. A confiança do cidadão perante a Administração Pública vem aí conotada a um dever que se desdobra, que se bifurca em dois sentidos diversos a um mesmo sintagma – boa-fé: a Administração deve não apenas resguardar as situações de confiança traduzidas na boa-fé (crença) dos cidadãos na legitimidade dos atos administrativos ou na regularidade de certa conduta; deve também agir segundo impõe a boa-fé, considerada como norma de conduta,[27] produtora de comportamentos *ativos e positivos de proteção.*

25. Assim, exemplificativamente, o direito fundamental à formação escolar, ao ensino, que é público e obrigatório em todos os níveis e para todos os cidadãos, devendo servir – como está no art. 205 do texto constitucional – "*ao pleno desenvolvimento da pessoa, seu preparo para o exercício* da cidadania e sua qualificação para o trabalho".

26. Por exemplo, no art. 21 do CC/2002, que assegura a inviolabilidade da vida privada, determinando ao juiz adotar as "providências necessárias" para assegurá-la, ou o art. 422 do mesmo Código, pelo qual os contratos devem ser concluídos e executados segundo a probidade e a boa-fé.

27. Seja-me consentido, para recordar a distinção dogmática entre a boa-fé subjetiva e a boa-fé objetiva, recorrer ao que escrevi em: "Mercado e solidariedade social entre cosmos e táxis: a boa-fé nas relações de consumo", in Judith Martins-Costa (org.), *A reconstrução do direito privado. – Reflexos dos princípios, diretrizes e direitos fundamentais constitucionais no Direito privado*, p. 612: "Muito embora ambas as expressões encontrem unidade no princípio geral da confiança que domina todo o ordenamento, cada uma desempenha, dogmaticamente, distintos papéis. A boa-fé subjetiva traduz a idéia naturalista da boa-fé, aquela que, por antinomia, é conotada à má-fé. Diz-se subjetiva a boa-fé compreendida como estado psicológico, estado de consciência caracterizado pela ignorância de se estar a lesar direitos ou interesses alheios, tendo forte atuação nos direitos reais, notadamente no direito possessório, (...) o que vai justificar, por exemplo, uma das formas da usucapião. Diferentemente, a expressão boa-fé objetiva designa, seja um critério de interpretação dos negócios jurídicos, seja uma norma de conduta que impõe aos participantes da relação obrigacional um agir pautado pela lealdade, pela colaboração intersubjetiva no tráfico negocial, pela consideração dos legítimos interesses da contraparte. Nas relações contratuais, o que se exige é uma atitude positiva de cooperação, e, assim sendo, o princípio é a fonte normativa impositiva de comportamentos que se devem pautar por um específico *standard* ou arquétipo, qual seja, a conduta segundo a boa-fé. Há, inegavelmente, distinção funcional entre o 'agir *de* boa-fé' e o 'agir *segundo a* boa-fé', a primeira expressão conotando a boa-fé subjetiva, a segunda, a boa-fé objetiva".

A essa outra lógica corresponde uma diferenciação no *status* normativo do "princípio da segurança jurídica". A esse fica reservado, antes de mais, o *status* de um *fundamento*, no sentido dicionarizado de "aquilo sobre que se apóia quer um dado domínio do ser, quer uma teoria ou um conjunto de conhecimentos (e então o fundamento é o conjunto de proposições de onde esses conhecimentos se deduzem)".[28] O princípio da segurança jurídica tem esse caráter de fundamento ou "razão de ser" na medida em que caracteriza um "elemento nomocrático do Estado de Direito".[29]

Já a confiança, adjetivada como "legítima", é um verdadeiro princípio, isto é: uma norma imediatamente finalística, estabelecendo o dever de ser atingido um "estado de coisas" (isto é: o estado de confiança) para cuja realização é necessária a adoção de determinados comportamentos.[30] Como princípio que é, a confiança articula-se, no jogo de ponderações a ser necessariamente procedido pelo intérprete, com outros princípios e submete-se a postulados normativos, tais quais os da proibição do excesso e da proporcionalidade.[31]

Aí há, naturalmente, uma mudança de conjuntura: ao Estado liberal sucederam-se, velozmente, e de modo não-linear, mas sobreposto, confuso e transversalizado, o Estado-providência (gerador de um Direito da atividade prestacional); o Estado-propulsivo (correspondente a um Direito planificado); um Estado reflexivo (no qual se desenvolve o Direito dos programas relacionais) e, finalmente, o Estado-incitador (cujo Direito é fundado na persuasão e na influência[32]). O Estado-incitador propõe políticas públicas, diretrizes a serem alcançadas pela ação pública ou privada numa relação que não é mais de subordinação, mas de coordenação e de cooperação,[33] fa-

28. Conforme *Dicionário Aurélio XXI Eletrônico*, verbete "fundamento" (*filos.*).

29. Sylvia Calmes, ob. cit., p. 166.

30. Humberto Ávila, *Teoria dos princípios: da definição à aplicação dos princípios jurídicos*, p. 63.

31. Entendendo-se que as decisões da Administração que colidam com direitos subjetivos ou interesses legalmente protegidos só podem afetar essas posições em termos adequados e proporcionais aos objetivos a realizar.

32. O quadro é proposto por Charles-Albert Morand, *Le Droit neo-moderne des politiques publiques*, p. 16.

33. Acerca de aspectos parciais dessa vasta questão, seja-nos consentido reenviar ao que escrevemos Judith Martins-Costa, "Alternativas de gestão da Adminis-

lando-se então na "consensualidade nas decisões administrativas".[34] Tudo isso corresponde à atribulada travessia, que vivenciamos em tão poucas décadas, entre o "mundo da segurança"[35] e a "sociedade do risco",[36] e risco permanente.

A essa atribulada travessia corresponde o fenômeno da mutação, que não é só de forma, senão da *estrutura jurídica*. Ao invés da plana e linear legalidade que levava, quase que automaticamente, à cadeia dedutiva entre: Estado de Direito/princípio da legalidade/princípio da segurança jurídica/princípio da confiança na estabilidade ou na regularidade dos comportamentos e ações estatais, o cidadão (o administrado, a pessoa) tem hoje pela frente uma hipercomplexa teia de interlegalidade, de internormatividades,[37] cruzadas entre valores e interesses públicos e privados, estatais e sociais, corporativos e gerais, nacionais e internacionais, dignos e espúrios.[38] Essa teia de interlegalidade, esse entrecruzar de princípios que regem políticas públicas diversas, essa diversidade valorativa a reger os comportamentos na arena social perturbam a linearidade daquela cadeia dedutiva, de modo que a segurança não está, sempre e exclusivamente, na legalidade; o princípio da segurança jurídica (como estabilidade) e o princípio da confiança do cidadão (como expectativa legítima a certo comportamento estatal que viabilize o livre desenvolvimento da personalidade, ou a expansão de um direito fundamental) podem agir e reagir sobre *campos semânticos* diversos.

tração Pública: o regime das concessões e permissões municipais", *Revista da Procuradoria-Geral do Município de Porto Alegre* 13/29-44.

34. Almiro Couto e Silva, "Os indivíduos e o Estado na realização de tarefas públicas", *Revista de Direito Administrativo* 204/64.

35. A referência é ao célebre romance de Stefan Zweig, *Die Welt Von Gestern* (1944), ora traduzido no Brasil como *O mundo que eu vi*, mas em outras edições e em outros idiomas como *O mundo da segurança*.

36. A expressão é de Ulrich Beck (in *La Sociedad del riesgo: hacia una nueva modernidad*).

37. A expressão é de Charles-Albert Morand, ob. cit., p. 191.

38. Essa hipercomplexidade mais se acentua para nós, brasileiros, pois somos, ao mesmo tempo, pós-modernos e pré-modernos, sem nunca termos sido "modernos". As categorias libertadoras da modernidade iluminista ainda não chegaram para muitos: a escravidão, por exemplo, ainda é uma realidade neste país; as pessoas são ainda hobbesianamente estatutárias, valem pelo *status*, pela classe, pelo cargo; diante dos indicadores sociais e econômicos, percebe-se que o Estado de Direito existe como estrutura formal, e não real, ou substancial.

Forma e estrutura estão mudadas, e mescladas. O surgimento das políticas públicas, diz Morand, teve uma influência profunda sobre as formas jurídicas, pois, à estrutura linear e bem ordenada do direito moderno (conjuntura onde traçado o tradicional significado do princípio da segurança jurídica), sucedem, "sans la remplacer tout à fait, des formes complexes qui font penser à celle du labyrinthe".[39] Nesse labirinto, o fio de Ariadne é o princípio da confiança que agora recobre, com seu campo semântico próprio, com sua significação ativa e propulsiva, o estático princípio da segurança jurídica até então considerado como a *mimesis* do princípio da legalidade.

Assim o demonstra, por exemplo, a jurisprudência da Corte de Justiça das Comunidades Européias, que desde o final dos anos 50 do séc. XX vem recepcionando o princípio "como um mosaico formado peça por peça",[40] e que hoje – como anota Mengozzi – recebe, no quadro dos demais princípios, "une manifestation tout a fait particulière et significative",[41] caracterizando-se, um tanto espetacularmente, como um dos "elementos estrella del Derecho administrativo europeo principial en germen".[42]

Essa manifestação *particular e significativa* tem, ademais, um variegado campo de incidência. Opera, por exemplo, mediante a ligação entre a ação estatal e a extensão de certos direitos sociais concedidos a categorias que devem ser especialmente tuteladas, como os trabalhadores migrantes;[43] pelo reforço ao dever de motivação dos atos admi-

39. Charles-Albert Morand, ob. cit., p. 194.

40. A expressão é de F. Hubeau, "Le principe de la protection de la confiance légitime dans la jurisprudence de la Cour de Justice des Communautés européennes" (citado por Sylvia Calmes, ob. cit., p. 27).

41. P. Mengozzi, *Evolution de la méthode suivie par la jurisprudence communautaire en matière de protection de la confiance légitime: de la mise en balance des intérêts, cas par cas, à l'analyse en deux phases* (citado e transcrito por Sylvia Calmes, ob. cit., p. 28, nota 125).

42. Luciano Parejo, Prólogo à obra de Federico Castillo Blanco, *La protección de la confianza en el Derecho Administrativo*, p. 14.

43. Aff. C-34/02. "Sécurité sociale – Prestations de vieillesse – Nouveau calcul – Répétition de l'indu – Prescription – Droit applicable – Modalités procédurales – Notion", tendo por objeto demanda dirigida à Corte pelo Tribunale Ordinario di Roma, relativa ao litígio entre Sante Pasquini / Istituto Nazionale della Previdenza Sociale (INPS). Decisão da 5ª Câmara da Corte, em 19 de junho de 2003. A referência está no ponto 46: "Il considère que c'est justement lorsque des périodes d'assurance ont été accomplies dans plusieurs États membres que les intéressés sont défa-

nistrativos;[44] pela proteção de estados de fato que não se põem, a rigor, como direitos adquiridos, mas como situações de fundada confiança[45] ou de "fundada expectativa"[46] em certo comportamento estatal; tem atuação relevantíssima no direito da concorrência, distinguindo o campo semântico da segurança jurídica e o da confiança,[47] sendo esse úl-

vorisés, du fait de la juxtaposition de divers ordres juridiques, par rapport aux travailleurs qui n'ont travaillé que dans un seul État membre. Une protection particulière de la confiance légitime des travailleurs migrants se justifierait de ce point de vue, ce à quoi pourrait contribuer une limitation à deux ans des effets rétroactifs de recalculs en principe prévus par le droit national" (Disponível em: http://curia.eu.int/jurisp/cgi-bin/form.pl?lang=fr. Acesso em: 10 ago. 2003).

44. Aff. T-102/00. "Politique sociale – Fonds social européen – Réduction d'un concours financier – Droits de la défense – Article 24 du règlement (CEE) n. 4253/88 – Motivation". Vlaams Fonds voor de Sociale Integratie van Personen met een Handicap/Commission des Communautés européennes Decisão do Tribunal (4ª Câmara), em 9 de julho de 2003. Ponto100. "Selon une jurisprudence constante, l'obligation de motiver une décision individuelle a pour but de fournir à l'intéressé une indication suffisante pour savoir si la décision est bien fondée ou si elle est, éventuellement, entachée d'un vice permettant d'en contester la validité et de permettre au juge communautaire d'exercer son contrôle sur la légalité de la décision. La portée de cette obligation dépend de la nature de l'acte en cause et du contexte dans lequel il a été adopté (arrêts de la Cour du 7 avril 1987, Sisma/Commission, 32/86, Rec. p. 1645, point 8; du 4 juin 1992, Consorgan/Commission, C-181/90, Rec. p. I-3557, point 14, et Cipeke/Commission, C-189/90, Rec. p. I-3573, point 14; arrêts du Tribunal du 12 janvier 1995, Branco/Commission, T-85/94, Rec. p. II-45, point 32, du 16 septembre 1999, Partex/Commission, précité, point 73, et Associação Comercial de Aveiro/Commission, précité, point 35)" (Disponível em: http://curia.eu.int/-jurisp/cgi-bin/form.pl?lang=fr. Acesso em: 10 ago. 2003).

45. Indicações dos casos julgados no sentido da proteção das expectativas em Federico Castillo Blanco, *La protección de la confianza en el Derecho Administrativo*, p. 185.

46. Federico Castillo Blanco, ob. cit., p. 194.

47. A distinção do campo semântico é traçada por Sylvia Calmes (ob. cit., p. 167), que adota, para tanto, o critério dos diversos mecanismos de proteção: a segurança jurídica, objetiva e abstrata: é "indifférente à nature de la situation en cause", pois "elle vise à garantir la fiabilité dans le temps de l'ordre juridique dans son ensemble que la situation en question soit bénéfique ou onéreuse: la sécurité juridique qui prend en compte la situation objective du droit peut jouer en faveur ou détriment des intéressés". Em outras palavras, diz a autora, esse postulado "exige notamment du droit, de façon générale et abstraite, qu'il ne soit pas rétroactif, ni foisonnant, et qu'il soit public, cohérent, clair et précis". Diversamente, a confiança é invocada em favor de um determinado interessado, ela é mediada pela necessária concreção e significa a manutenção de uma situação jurídica favorável ao interessado, exigindo "que seul l'intérêt de la personne privée à la fiabilité des situations soit pris en considération".

timo configurado pela manutenção da regularidade retirada de certo comportamento administrativo, para além da declaração expressa,[48] a ser averiguado conforme as circunstâncias do caso concreto, pois, diferentemente da segurança jurídica, que se põe como um fundamento quase que axiomático, geral e abstratamente perceptível, a confiança só é avaliável na concretude das circunstâncias.

A construção jurisprudencial do Tribunal de Justiça de Luxemburgo é seguida pela doutrina. Por força, primeiramente, de autores e juízes alemães[49] (mas hoje com expansão nos diversos direitos nacionais, como o francês,[50] o espanhol[51] e o italiano[52]), questiona-se se a *fonte*[53]

48. Aff. T-223/00, "Concurrence – Entente – Lysine – Lignes directrices pour le calcul du montant des amendes – Applicabilité – Gravité de l'infraction – Chiffre d'affaires – Cumul de sanctions". Decisão do Tribunal, (4ª Câmara), de 9 de julho de 2003, no caso Kyowa Hakko Kogyo Co. Ltd, e Kyowa Hakko Europe GmbH. Os demandantes argumentaram (ponto 25) que a Comissão violara "le principe de protection de la confiance légitime au motif que, durant la procédure administrative, le comportement de la Commission a fait naître, chez elles, une confiance légitime en quant à la méthode de calcul de l'amende qui serait utilisée. Contrairement à ce que prétend la Commission au considérant 328 de la Décision, la confiance légitime quant au mode de calcul pourrait trouver son origine dans les déclarations et l'attitude des institutions et non pas seulement dans la communication sur la coopération". A decisão (pontos 27 e 28) considerou: "En effet, le personnel de la Commission, dont les actes et déclarations seraient, selon la jurisprudence, assimilables au comportement de l'institution (arrêts de la Cour du 11 mai 1983, Klöckner-Werke/Commission, 303/81 et 312/81, Rec. p. 1507, points 28 et suivants, et du Tribunal du 12 octobre 1999, Acme/Conseil, T-48/96, Rec. p. II-3089, point 48), leur aurait fourni, durant la procédure administrative, des assurances précises sur l'utilisation de cette méthode de calcul du montant des amendes. Comme le confirmerait la Décision (considérants 319 à 328), ces assurances résulteraient des déclarations expresses du personnel de la Commission en charge du dossier, par lesquelles il aurait été confirmé que la pratique habituelle de la Commission consistait à évaluer le montant de l'amende en se fondant sur le chiffre d'affaires afférent aux ventes du produit concerné dans l'EEE et qu'il n'y avait pas de raison de s'en départir. (...)" (Disponível em: http://curia.eu.int/jurisp/cgi-bin/form.pl?lang=fr. Acesso em: 10 ago. 2003).

49. V. Harmut Maurer, *Elementos de Direito Administrativo alemão*, pp. 67 e ss.

50. Para a exposição e crítica, v. Sylvia Calmes, ob. cit., pp. 185-223.

51. V. Federico Castillo Blanco, ob. cit., e ainda a obra pioneira de Jésus Gonzalez Péres, *El principio general de la buena fe en el Derecho Administrativo.*

52. Exemplificativamente, Gabriella Racca, *La responsabilità precontrattuale dela Pubblica Amministrazione tra autonomia e correttezza*, e Favio Merusi, *Buona fede e affidamento nel Diritto Pubblico.*

53. Esclarece Calmes o emprego da expressão "fonte", tecnicamente mais adequada que "fundamento", na medida em que os autores partidários dessa ancoragem

do princípio da proteção da confiança legítima não estaria, ao invés da estrita legalidade, nos Direitos Fundamentais, transformados, por força da jurisdição constitucional e comunitária, na "referência incontornável de toda e qualquer ordem jurídica".[54]

Outros julgados fazem supor que essa fonte está na tutela da *boa-fé* do particular, na medida em que existe uma interação entre confiança e crença/confiança e fé, aparecendo a confiança como *elemento constante* ora da proteção da boa-fé, ora como uma de suas *concretizações* ou *manifestações particulares*, como ocorre com as figuras do *estoppel*,[55] originária do Direito anglo-saxão; dos limites à revogação e ao anulamento dos administrativos geradores de eficácia na esfera jurídica dos particulares; da vinculatividade das informações dadas por autoridade administrativa; da responsabilidade pré-contratual (feição atual da responsabilidade por *culpa in contrahendo)*; e com o princípio que coíbe *venire contra factum proprium*,[56] que leva à vin-

não apreendem os Direitos fundamentais em tanto que "fundamentalidade substancial", mas como listagem de direitos individuais concretos do direito positivo ("fundamentalidade formal"). Assim, não se estaria a buscar um 'fundamento' para o princípio da legítima confiança, mas uma fonte (*source, Rechtsquelle)* do princípio, suscetível de engendrá-lo diretamente (Cf. Sylvia Calmes, ob. cit., p. 185).

54. Sylvia Calmes, ob. cit., p. 185.

55. Assim no Direito Internacional Público. No caso Neira Alegría e outros (Exceções Preliminares, Decisão de 11 de dezembro de 1991. Serie C n. 13, par. 29, a Corte Interamericana de Direitos Humanos assim se referiu a uma contradição na qual incorrera o Governo do Peru: "(...) Según la práctica internacional cuando una parte en un litigio ha adoptado una actitud determinada que redunda en beneficio propio o en deterioro de la contraria, no puede luego, en virtud del principio de *estoppel*, asumir otra conducta que sea contradictoria con la primera. Para la segunda actitud rige la regla de *non concedit venire contra factum proprium*. Si bien la Corte se refería a afirmaciones iniciales en beneficio del Gobierno o en deterioro de la parte contraria, corresponde aplicar dicho principio cuando existen afirmaciones contradictorias, máxime cuando un Gobierno expone algo en beneficio de la parte contraria y después lo niega" (Também o *Informe* 6/98, caso 10.382, partes: Ernesto Máximo Rodríguez / Argentina, 21 de fevereiro de 1998. Disponível em: http: //www.cidh.oas.org/annualrep/97span/Argentina10.382.htm#_ftn5. Acesso em: 11 ago. 2003).

56. Tenho a convicção de ser inverso o nexo: a confiança é mais ampla do que a boa-fé. Essa é uma fé qualificada ("boa") que aparece no Direito sob uma dupla modalidade (boa-fé objetiva e boa-fé subjetiva) e suscita determinados efeitos, operando, funcionalmente, como pressuposto ou condição do mecanismo de proteção da confiança. Porém, não tem a generalidade da confiança que é, ao mesmo tempo, princípio, fundamento e pressuposto da ordem jurídica, globalmente considerada,

culação da Administração Pública à sua própria prática, quando geradora de legítimas expectativas, entre outras hipóteses. Em síntese – e apesar da existência de problemas ligados à construção de uma *dogmática da confiança* –, o certo é que, como observou acertadamente Maurer, "não pode ser duvidoso que a idéia da proteção à confiança se estabeleceu firmemente em alguns âmbitos",[57] partindo – ainda segundo o autor – "da perspectiva do cidadão".[58]

Em certos sistemas é mais forte o nexo entre o princípio da confiança e o da boa-fé. Assim ocorre desde a década de 1980 no Direito espanhol, primeiramente por força da doutrina, seguida, posteriormente, pelo Tribunal Supremo: o princípio da boa-fé permitiu aos tribunais "cobrir grande parte do espaço que o princípio da proteção da confiança apresenta na atualidade em outros ordenamentos".[59] No Direito público italiano acena-se à integração entre a *fattispecie "affidamento del cittadino"* e o princípio da boa-fé seja na limitação à revogabilidade e ao anulamento, seja no reconhecimento de eficácia à prática administrativa geradora de legítima confiança, seja na imposição de deveres de correção, seja como critério auxiliar na caracterização do excesso de poder,[60] seja, enfim, como fundamento para a indenizabilidade do dano pré-contratual.

Assim também ocorre entre nós. O princípio da boa-fé fez fortuna no Direito privado, notadamente após a entrada em vigor do Código de Defesa do Consumidor, mas alcança, agora, a doutrina administrativista,[61] seguidora das trilhas abertas por Couto e Silva já no início

apanhando casos que não são reconduzidos ao âmbito de incidência (e operatividade) da boa-fé. Acerca dessa relação permito-me enviar aos meus *Comentários ao Novo Código Civil*, p. 28. Aliás, observa Sylvia Calmes que a relação boa-fé/confiança teve como ponto de partida, sobretudo, a doutrina civilista alemã mais antiga, que, todavia, não apresentou "cette logique de déduction de manière détaillée". Todavia, com o curso do tempo, essa concepção vem suscitando nos civilistas, e sobretudo nos tributaristas "de plus en plus de doutes, principalement parce qu'ils ont reconnu que l'exigence de bonne foi – même considérée, détachée du droit prive, comme une idée juridique générale – ne peut pas servir de base juridique globale pour tous les cas de protection de la confiance" (ob. cit., p. 233).

57. Harmut Maurer, ob. cit., p. 68.

58. Harmut Maurer, ob. cit., p. 68.

59. Indicações em Federico Castillo Blanco, ob. cit., pp. 253 e ss.

60. V. Fábio Merusi, ob. cit.

61. V. José Guilherme Giacomuzzi, *A moralidade administrativa e a boa-fé da Administração Pública. O conteúdo dogmático da moralidade administrativa.*

dos anos 1980[62] e ainda vigorosamente percorridas pelo mestre gaúcho: basta, para tal, lembrar trabalho em que analisa a responsabilidade pré-negocial da Administração Pública, retornando ao tema da boa-fé e confiança.[63] Por igual a jurisprudência brasileira, que estabelece, por exemplo, o dever de não-contradição decorrente da aplicação da regra que coíbe *venire contra factum proprium*,[64] uma das concreções mais significativas da boa-fé como norma de conduta; e, felizmente, também a lei, pois a Lei n. 9.784, de 29 de janeiro de 1999 – que regula o processo administrativo no âmbito da Administração Pública Federal e cujo Anteprojeto foi elaborado, entre outros eminentes juristas, por Almiro do Couto e Silva – determina, no art. 2º, que a Administração Pública obedecerá, "dentre outros", aos princípios da legalidade, finalidade, motivação, razoabilidade, proporcionalidade, moralidade, ampla defesa, contraditório, segurança jurídica, interesse público e eficiência, estatuindo a observância, nos processos administrativos, dos critérios de "atuação segundo padrões éticos de probidade, decoro e boa-fé" (inciso IV).

62. Almiro Couto e Silva, "A Responsabilidade do Estado no quadro dos problemas jurídicos resultantes do planejamento", *RDP* 63/28-35, texto que reproduz tese apresentada pelo autor no III Congresso Brasileiro de Direito Administrativo, realizado em Canela-RS em setembro de 1981. Como acentua Giacomuzzi, "do que se tem notícia, Almiro do Couto e Silva foi, em 1981, pioneiro em afirmar que o Estado também se sujeita ao princípio da boa-fé" (ob. cit., p. 229).

63. Almiro Couto e Silva, "Responsabilidade pré-negocial e culpa *in contrahendo* no Direito Administrativo brasileiro", *Revista de Direito Administrativo*, Rio de Janeiro, vol. 217, 1999, pp. 163-171.

64. Exemplar é, nesse sentido, a decisão do STJ no REsp 47015/SP, 2ª. Turma, rel. Min. Min. Adhemar Maciel, j. 16.10.1997, *DJU* 9.12.1997, p. 64.655: "Ementa: Administrativo e processual civil. Título de propriedade outorgado pelo Poder Público, através de funcionário de alto escalão. Alegação de nulidade pela própria Administração,objetivando prejudicar o adquirente: inadmissibilidade. Alteração no pólo ativo da relação processual na fase recursal: impossibilidade, tendo em vista o princípio da estabilização subjetiva do processo. Ação de indenização por desapropriação indireta. Instituição de parque estadual. Preservação da mata inserta em lote de particular. Direito à indenização pela indisponibilidade do imóvel, e não só da mata. Precedentes do STF e do STJ. Recursos parcialmente providos. I – se o suposto equívoco no título de propriedade foi causado pela própria Administração, através de funcionário de alto escalão, não há que se alegar o vício com o escopo de prejudicar aquele que, de boa-fé, pagou o preço estipulado para fins de aquisição. Aplicação dos princípios de que 'nemo potest venire contra factum proprium' e de que 'nemo creditur turpitudinem suam allegans'. (...)".

De tudo resulta, pois, a percepção de um *movimento intelectual* (também assinalado pelo administrativista espanhol Luciano Parejo Alfonso)[65] no sentido de ser cada vez mais freqüente o apelo à confiança na relação Estado-cidadão. Porém, trata-se de uma confiança que o é também na *atividade* estatal, na ação continuadamente voltada à proteção das expectativas legítimas do cidadão e dos seus direitos, notadamente os Direitos Fundamentais instrumentalmente necessários ao livre desenvolvimento da personalidade humana, como o direito à escolarização reconhecido na decisão judicial que inaugura essas linhas.

Esse apelo freqüente, essa nova forma ou sentido que reveste o termo *confiança*, constitui sintoma da atual insuficiência dos princípios da segurança jurídica e da legalidade para resolver por si mesmo – por sua tensão recíproca – os problemas hoje enfrentados pelo Estado de Direito. É justamente esse sintoma que fora detectado por Almiro do Couto e Silva ao alertar para a polaridade entre os princípios da legalidade e da segurança, com a prevalência ora de um, ora de outro, para concretizar o valor essencial da justiça. A confiança é, pois, mais que o apelo à segurança da lei; é também mais do que a boa-fé, embora a suponha. É *crédito social*, é a expectativa, legítima, na ativa proteção da personalidade humana como escopo fundamental do ordenamento. Daí alcançar Couto e Silva, em texto escrito mais recentemente, a plena compreensão *da operatividade positiva* da confiança no quadro do Estado de Direito.[66]

A confiança dos cidadãos é *constituinte* do Estado de Direito, que é, fundamentalmente, *estado de confiança*. Seria mesmo impensável uma ordem jurídica na qual não se confie ou que não viabilize, por seus órgãos estatais, o indispensável estado de confiança. A confiança é, pois, fator essencial à realização da justiça material, mister maior do Estado do Direito. De resto, a exigência de um comportamento positivo da Administração Pública na tutela da confiança legítima dos cidadãos corre paralela ao crescimento, na consciência social, da extremada relevância da conexão entre a ação administrativa e o dever de proteger de maneira positiva os direitos de personalidade constituintes do eixo central dos direitos fundamentais.

65. Luciano Parejo, prólogo à obra citada de Federico Castillo Blanco, p. 9.
66. Prefácio à obra citada de José Guilherme Giacomuzzi, p. 11.

Em suma: no nosso contexto social complexo, multiforme, instável e conflitual, a Administração Pública não pode – para garantir a confiança, fundamento do Direito – limitar-se a uma abstenção, antes devendo estar presente na regulação e na garantia dos variados mecanismos de realização dos direitos fundamentais e das legítimas expectativas que gera na esfera jurídica dos particulares. Daí a importância da decisão do Supremo Tribunal Federal, re-significando o princípio da segurança jurídica, situando-o como subprincípio do Estado de Direito para, a final, viabilizar o acesso de uma cidadã a um daqueles direitos fundamentais, ao conceder à autora do pedido a continuidade de seu processo educacional em universidade pública como garantia do livre desenvolvimento de sua personalidade.

Como assinalei em outra passagem,[67] a doutrina é porta-voz das mudanças, dos quase imperceptíveis câmbios semânticos dos quais o Direito é tecido: pois é justamente a insuficiência dos princípios da legalidade e da segurança, visto à maneira estática e tradicional, que revestirá a nova conotação que vem sendo conferido à confiança, princípio tão antigo que estava nas bases da formação de Roma.[68] E a referência a Roma serve, a final, para lembrar que antes do administrativista Almiro do Couto e Silva, esteve e está presente o romanista Almiro do Couto e Silva: permito-me assim suspeitar que os tantos caminhos que vem abrindo, como verdadeiro jurista que é, ao Direito público brasileiro encontram origem na dedicação que o marcou como professor de Direito Romano da Faculdade de Direito da Universidade Federal do Rio Grande do Sul.

4. Referências bibliográficas

ÁVILA, Humberto. *Teoria dos princípios: da definição à aplicação dos princípios jurídicos*. 4ª ed., 2ª tir. São Paulo, Malheiros Editores, 2005.

BECK, Ulrich. *La sociedad del riesgo: hacia una nueva modernidad*. Tradução espanhola de J. Navarro, D. Jiménez e Maria Rosa Borrás. Barcelona, Paidos, 1998.

BOURDIEU, Pierre. *Ce que parler veut dire – L'économie des échanges linguistiques*. Paris, Fayard, 1982.

67. No texto "A proteção da legítima confiança nas relações obrigacionais entre a Administração e os particulares", cit., pp. 228-257.

68. V. Paolo Frezza, *Fides bona*, in *Studi sulla buona fede*, p. 3.

CALMES, Sylvia. *Du principe de protection de la confiance légitime en Droits allemand; communautaire et français*. Paris, Dalloz, 2001.

CASTILLO BLANCO, Federico. *La protección de la confianza en el Derecho Administrativo*. Madri, Marcial Pons, 1998.

COUTO E SILVA, Almiro. "A responsabilidade do Estado no quadro dos problemas jurídicos resultantes do planejamento". *RDP* 63/28-35.

__________. "Os indivíduos e o Estado na realização de tarefas públicas". *RDA* 209/43, Rio de Janeiro, 1997.

__________. Prefácio ao livro de GIACOMUZZI, José Guilherme. *A moralidade Administrativa e a boa-fé da Administração Pública. O conteúdo dogmático da moralidade administrativa*. São Paulo, Malheiros Editores, 2002.

__________. "Prescrição quinqüenária da pretensão anulatória da Administração Pública com relação a seus atos administrativos". *RDA* 204/21, Rio de Janeiro, 1996.

__________. "Princípios da legalidade e da segurança jurídica no Estado de Direito Contemporâneo". *Revista da Procuradoria-Geral do Estado do Rio Grande do Sul*, vol. 18, n. 46, Porto Alegre, Instituto de Informática Jurídica, 1988, p. 13.

__________. "Responsabilidade pré-negocial e culpa *in contrahendo* no Direito Administrativo brasileiro". *Revista de Direito Administrativo*, vol. 217, Rio de Janeiro, 1999, pp. 163-171.

FREZZA, Paolo. *Fides Bona, in Studi sulla buona fede*. Milão, Giuffrè, 1975.

GIACOMUZZI, José Guilherme. *A moralidade administrativa e a boa-fé da Administração Pública. O conteúdo dogmático da moralidade administrativa*. Prefácio de Almiro Couto e Silva. São Paulo, Malheiros Editores, 2002.

GONZALEZ PÉRES, Jésus. *El principio general de la buena fe en el Derecho Administrativo*. 3ª ed., Madrid, Civitas, 1999.

MARTINS-COSTA, Judith. "A proteção da legítima confiança nas relações obrigacionais entre a Administração e os particulares". *Revista da Faculdade de Direito da Universidade Federal do Rio Grande do Sul*, vol. 22, 2002, pp. 228 a 257.

__________. "Alternativas de gestão da Administração Pública: o regime das concessões e permissões municipais". *Revista da Procuradoria-Geral do Município de Porto Alegre*, n. 13, 1999, pp. 29-44.

__________. *Comentários ao novo Código Civil*. vol. V, t. I. Rio de Janeiro, Forense, 2003.

__________. "Mercado e Solidariedade Social entre cosmos e táxis: a boa-fé nas relações de consumo". In: __________. (org.) *A reconstrução do Direito privado – Reflexos dos princípios, diretrizes e direitos fundamentais constitucionais no Direito privado*. São Paulo, Ed. RT, 2002.

MAURER, Harmut. *Elementos de Direito Administrativo alemão*. Tradução de Luis Afonso Heck. Porto Alegre, Fabris, 2001.

MERUSI, Favio. *Buona fede e affidamento nel Diritto publico*. Milão, Giuffrè, 2001.

MORAND, Charles-Albert. *Le droit neo-moderne des politiques publiques*. Paris, LGDJ, 1999.

RACCA, Gabriella. *La responsabilità precontrattuale dela Pubblica Amministrazione tra autonomia e correteᴢᴢa*. Napoles, Jovene, 2000.

ZWEIG, Stefan. *Die Welt Von Gestern* (1944). Tradução portuguesa (*O mundo que eu vi*) de Lya Luft. Rio de Janeiro, Record, 1999

Dicionário Aurélio XXI Eletrônico, verbete *fundamento (filos.)*.

Canela, agosto de 2003

MULTA DE MORA: EXAMES DE RAZOABILIDADE, PROPORCIONALIDADE E EXCESSIVIDADE

HUMBERTO ÁVILA

1. Introdução

A Lei n. 8.620/1993 estabeleceu, em seu art. 4º, que a falta de pagamento de tributo no prazo sujeita o contribuinte ao pagamento de uma multa de mora de 60% do valor do débito. A aplicação da multa de mora nesse percentual, em razão da mera impontualidade no pagamento, suscita a questão da sua compatibilidade em face dos princípios constitucionais, notadamente dos princípios de liberdade e de propriedade. A 1ª Turma do TRF-4ª Região, ao se defrontar com a aplicação dessa multa, decidiu, por meio de bem fundamentado voto do Juiz Federal Leandro Paulsen, levantar questão de ordem, tendo em vista que o reconhecimento da inconstitucionalidade da multa depende de maioria absoluta dos membros da Corte Especial do Tribunal, conforme determina o art. 97 da Constituição de1988.[1]

Normalmente, o controle de constitucionalidade de tributos ou multas elevadas é feito por meio da análise da sua confiscatoriedade.

1. ApCiv 2000.04.01.063415-0, 1ª Turma, TRF, voto do Juiz Federal convocado Leandro Paulsen.

Aqui-e-acolá, no entanto, as exações, além de consideradas excessivas, são também qualificadas de desproporcionais e irrazoáveis, sendo que essas expressões ora são usadas como tendo o mesmo significado, ora como tendo significados diferentes. Este estudo tem a dupla finalidade de demonstrar, de um lado, que os exames da excessividade, da proporcionalidade e da razoabilidade da multa de mora consistem em diferentes espécies de controle material de constitucionalidade e, de outro, que esses exames, por atingirem aspectos diferentes da aplicação de uma mesma norma, podem ser feitos simultaneamente e conduzir a resultados díspares. Esses objetivos são atingidos por meio da análise dos diversos modos de controle material de constitucionalidade (item 2) e por meio dos limites ao exercício desse controle (item 3).

2. Controle material de constitucionalidade

2.1 Exame da razoabilidade

2.1.1 Conteúdo

O postulado da razoabilidade tem sido aplicado pelo Supremo Tribunal Federal como decorrência do princípio do Estado de Direito (art. 1º, CF/1988), que proíbe o exercício arbitrário do poder.[2] Seguindo o mesmo caminho, a Lei n. 9.784/1999 estabeleceu a razoabilidade como parâmetro da atuação administrativa (art. 2º).

A jurisprudência do Supremo Tribunal Federal atribui ao chamado princípio da razoabilidade a fonte para várias exigências.

Em primeiro lugar, a razoabilidade exige a *harmonização da norma geral com os casos individuais*. Nessa hipótese, a exigência de razoabilidade determina tanto que a interpretação das normas seja feita com a *presunção daquilo que normalmente acontece*, como aconteceu no caso em que o Supremo Tribunal Federal considerou irrazoável presumir a falta de procuração quando um procurador do Estado apresenta defesa escrita em papel timbrado da procuradoria,[3]

2. Cf. Humberto Ávila, *Teoria dos princípios: da definição à aplicação dos princípios jurídicos*, 4ª ed., 2ª tir., São Paulo, Malheiros Editores, 2005, pp. 94 e ss.
3. RE 192553-1, 2ª Turma, rel. Min. Marco Aurélio, *DJ* 16.4.1999.

quanto que a interpretação das normas gerais seja feita com a *consideração de aspectos individuais*, como ocorreu no caso em que o Supremo Tribunal Federal qualificou de irrazoável aplicar a norma geral que pune o administrador que contrata servidor sem concurso, no caso de contratação para uma atividade de menor hierarquia, como a de gari.[4]

Em segundo lugar, a razoabilidade impõe a *harmonização das normas com as suas condições externas de aplicação*. Nessa hipótese, a razoabilidade exige uma *causa real justificante* para a adoção de qualquer medida.[5] O Supremo Tribunal Federal considerou irrazoáveis várias leis: aquela que instituiu um adicional de férias de um terço para os inativos, por tratar-se de vantagem destituída de causa, já que só deve ter adicional de férias quem tem férias,[6] aquela que determinou que os estabelecimentos de ensino expedissem certificados de conclusão do curso e histórico escolar aos alunos que haviam passado no vestibular, mesmo que eles não tivessem sequer freqüentado o curso,[7] aquela que determinou que o pagamento dos servidores do Estado fosse feito até o décimo dia útil, por remunerar serviços que ainda não tinham sido sequer prestados.[8] Além disso, a razoabilidade exige uma *relação de congruência* entre o fundamento para a diferenciação entre sujeitos e a norma que estabelece a diferenciação. O Supremo Tribunal Federal considerou irrazoáveis as seguintes leis: a lei que aumentou o prazo para interposição de ação rescisória somente para o Poder Público, por não existir nenhuma diferença real que autorizasse a distinção,[9] e a lei que contava em dobro o prazo de aposentadoria somente para os secretários de Estado, por não existir qualquer particularidade que justificasse a diferenciação.[10]

Em terceiro lugar, a razoabilidade exige uma relação de *equivalência entre a medida adotada e o critério que a dimensiona*. O Supremo Tribunal Federal considerou irrazoável a criação de taxa judi-

4. HC 77.003-4, 2ª Turma, rel. Min. Marco Aurélio, *DJ* 11.9.1998.
5. Denis James Galligan, *Discretionary powers*, Oxford, Clarendon, 1986, p. 321.
6. ML em ADI, Tribunal Pleno, rel. Min. Celso de Mello, *DJU* 26.5.1995.
7. ADI 2.667-DF (MC), Tribunal Pleno, rel. Min. Celso de Mello, j. 19.6.2002.
8. ADI 247-RJ, rel. Min. Ilmar Galvão, j. 17.6.2002.
9. ADI, Tribunal Pleno, rel. Min. Sepúlveda Pertence, *DJ* 12.6.1998.
10. ML em ADI, Tribunal Pleno, rel. Min. Sepúlveda Pertence, *DJ* 22.11.1991.

ciária, de percentual fixo, por não ser equivalente ao custo real do serviço.[11] Nesse caso, a multa, além de não ser equivalente ao serviço prestado, ainda impedia o exercício do direito fundamental de acesso ao Poder Judiciário, sendo qualificada de excessiva, como será adiante analisado.

Em quarto lugar, e segundo a jurisprudência do Tribunal de Justiça do Estado do Rio Grande do Sul, a razoabilidade exige uma relação de *coerência lógica*,[12] quer no sentido de *consistência interna* entre as normas jurídicas (p. ex. não é razoável uma lei municipal que estabelece uma obrigação para um sujeito e direciona a punição para outro), quer no sentido de *consistência externa* da norma com circunstâncias necessárias a sua aplicação (p. ex. não é razoável uma lei que impõe uma obrigação que não poderá ser tecnicamente cumprida, desde a edição, porque o órgão incumbido de cumpri-la não é capacitado nem competente para tanto).[13]

Dentre todos esses significados, importa para o caso em pauta um deles: a exigência de relação de *equivalência entre a medida adotada e o critério que a dimensiona*. Qualquer ato proveniente do Poder Executivo ou do Poder Legislativo que não leve em consideração a relação entre a medida adotada e o critério que a dimensiona, viola o postulado da razoabilidade por desrespeitar os princípios do Estado de Direito e do devido processo legal. Num Estado Democrático de Direito não é tolerável o exercício do poder de forma *excludente*, *desarrazoada*, *incoerente* ou *arbitrária*. Como lembram Garcia de Enterría e Fernández:

> As razões que a autoridade que decide tem de aduzir para excluir a pecha de arbitrariedade têm que ter *alguma consistência* (...), devem proporcionar um fundamento objetivo capaz de sustentar a decisão, hão de ser, pois, *razões justificativas, suscetíveis de assegurar para a decisão aquilo a que se refere o qualificativo de racional.*[14]

11. Representação n. 1.077, *Revista Trimestral de Jurisprudência do Supremo Tribunal Federal* 112/34-67.

12. Gino Scaccia, *Gli 'strumenti' della ragionevolezza nel giudizio costituzionale*, Milano, Giuffrè, 2000, p. 202.

13. TJRS, ADI 70002017721, Tribunal Pleno, j. 16.9.2002.

14. Eduardo García de Enterría e Tomás-Ramón Fernández, *Curso de Derecho Admninistrativo*, 10ª ed., Madrid, Civitas, 2000, p. 478.

É preciso atentar para o fato de que, no exame de razoabilidade, não há um conflito entre princípios constitucionais surgido em razão de uma medida adotada para atingir um fim, em razão do qual seja preciso investigar se a utilização do meio produz efeitos que contribuem para a promoção do fim (exame de adequação), se o fim não poderia ser promovido com a adoção de um outro meio que provocasse uma restrição menor a outro princípio constitucional (exame de necessidade) e se as vantagens produzidas com a adoção do meio superam as desvantagens advindas da sua utilização (exame de proporcionalidade em sentido estrito), como ocorre no controle de proporcionalidade. Também não há o exame da invasão do núcleo essencial de um princípio fundamental, como acontece no controle de excessividade.

No exame de razoabilidade-equivalência, o aplicador precisa tão-só investigar se o montante da multa guarda relação de equivalência com a gravidade do comportamento que se quer punir, não se avaliando nem a proporcionalidade nem a excessividade. Uma multa pode, em princípio, ser razoável, porque seu montante mantém relação de equivalência com a gravidade da falta cometida (por exemplo: uma multa elevada aplicada para uma falta grave), mas, ao mesmo tempo, ser excessiva, porque restringe o núcleo de um direito fundamental, e desproporcional, porque a finalidade almejada poderia ser atingida de forma mais suave aos princípios fundamentais.

2.1.2 Aplicação

O postulado da razoabilidade encontra aplicação no caso da fixação de multa de mora elevada. A multa de mora pode ser considerada irrazoável, se sua fixação não guardar relação de congruência com o critério que lhe serve de fundamento.

No caso em pauta, a multa de mora de 60% é irrazoável, pois não há equivalência entre a gravidade da penalidade (60% do valor do imposto) e a gravidade da falta cometida (pagamento impontual). O montante da multa deve levar em conta a gravidade da falta cometida. Nesse caso, porém, a mera impontualidade no pagamento, de pouca gravidade, faz com que o contribuinte seja punido com uma multa extremamente alta, de elevada monta. Não há equivalência e, por conseguinte, razoabilidade na fixação da multa.

2.2. Exame da proporcionalidade

2.2.1 Conteúdo

O postulado da proporcionalidade tem sido aplicado pelo Supremo Tribunal Federal como decorrência dos princípios do Estado de Direito e do devido processo legal (art. 1º e art. 5º, LIV, CF/1988). Seguindo o mesmo caminho, a Lei n. 9.784/1999, além de estabelecer a proporcionalidade como diretriz da Administração, exige a sua atuação segundo o critério de adequação entre meios e fins, vedando a imposição de obrigações, restrições e sanções em medida superior àquelas estritamente necessárias ao atendimento do interesse público (art. 1º, § único, VI).[15]

A jurisprudência do Supremo Tribunal Federal tem aplicado de forma reiterada o chamado princípio da proporcionalidade. O Supremo Tribunal Federal apontou para a máxima garantia dos interesses atingidos quando decidiu que uma obra não pode ser suspensa por ato próprio da autoridade administrativa *quando há outros meios específicos à disposição*, mesmo que as condições legais sejam contrariadas: "*Suspensão de obra pela autoridade administrativa.* Esta não pode, por ato próprio, suspender a obra, sem recorrer à via judicial por meio da ação cominatória, que é o remédio específico concedido pela lei, no caso. Código de Processo Civil, artigos 302, XI, e 305. Leva-se ainda em conta que a construção fora licenciada pela autoridade competente, estava em fase adiantada (tivera início onze meses antes) e que, com base e confiança na licença da autoridade, haviam surgido interesses de terceiros de boa-fé (muitos dos adquirentes de unidades no edifício). Os parágrafos do citado art. 305, embora referentes à hipótese de demolição, claramente traduzem o espírito da lei, *no sentido de conciliar o interesse público com os demais interesses em causa*, ordenando que a construção não seja demolida, mesmo quando contrária às condições legais, *se por outro meio se puder evitar o dano ao bem comum*".[16]

O Supremo Tribunal Federal também declarou inconstitucional uma lei que determinava que as empresas transportadoras de botijões

15. Cf. Humberto Ávila, *Teoria dos princípios: da definição à aplicação dos princípios jurídicos*, 4ª ed., 2ª tir., São Paulo, Malheiros Editores, 2005, pp. 104 e ss.

16. RMS 13.140, rel. Min. Luiz Gallotti, *DJ* 16.12.1964, p. 4.649.

de gás deveriam possuir, em cada veículo transportador, uma balança especial aprovada pelo órgão competente. Nesse caso, o meio, além de ter sua adequação colocada em dúvida (a balança não seria adequada para pesagem em unidade de massa), foi considerado *desnecessário* (a fiscalização por amostragem seria menos restritiva) e desproporcional em sentido estrito (as desvantagens decorrentes de sua utilização – aumento do preço do botijão, deslocamento do consumidor até o caminhão, exigência de investimentos pelas empresas – foram consideradas superiores e, portanto, sem proporção à vantagem – incremento da proteção dos consumidores).[17]

O Supremo Tribunal Federal decidiu que o exame de DNA, requerido por um terceiro, não pode ser exigido do pai presumido, quando há outros meios disponíveis para a comprovação da paternidade, como é o caso da produção do exame pelo próprio terceiro pretendente. Nesse caso, a determinação do exame foi considerada desnecessária.[18]

Esses precedentes demonstram que qualquer ato estatal, para ser considerado válido, deve preencher três requisitos: *adequação* (o meio deve contribuir para a promoção do fim, pois se sua utilização só é justificada pelo fim, não sendo ele promovido, o uso do meio acaba não mais possuindo justificativa), *necessidade* (o meio deve ser o mais suave dentre os meios disponíveis, pois o Estado não apenas tem a obrigação de atingir seus fins próprios, mas, também, tem a obrigação de proteger ao máximo os direitos dos particulares, e isso somente é possível se ele adotar o meio menos restritivo) e *proporcionalidade em sentido estrito* (o meio deve proporcionar vantagens superiores às desvantagens, pois o Estado, tendo obrigação de realizar todos os princípios constitucionais, não pode adotar um meio que termine por restringi-los mais do que promovê-los em seu conjunto).

2.2.2 Aplicação

O postulado da proporcionalidade encontra aplicação no caso da multa de mora elevada, na medida em que o ato estatal constitui um

17. ADI 855-2, rel. Min. Ministro Sepúlveda Pertence, *DJ* 1.10.1993.
18. HC 76060-SC, rel. Min. Sepúlveda Pertence, *DJ* 15.5.1998, p. 44.

meio para a promoção de um fim (promover a pontualidade do pagamento dos tributos) e sua adoção restringe o princípio do livre exercício de atividade econômica (art. 170, parágrafo único, CF/1988) e o princípio da proteção da propriedade privada (art. 5º, XXII, CF/1988).

A multa de 60% é desproporcional, pois, apesar de adequada para atingir o fim (promover o pagamento pontual de tributos ou desmotivar a mora), é desnecessária, não pelo comportamento de instituir a multa, pois há poder para isso, mas pela circunstância de um percentual menor da mesma multa ser igualmente adequado para estimular o pagamento pontual e menos restritiva relativamente ao direito de propriedade e de liberdade.

Além disso, a multa é desproporcional em sentido estrito, pois não há proporção entre a vantagem valorativa obtida (pagamento pontual de tributos) e a restrição colateral causada (restrição intensa do direito de propriedade e de liberdade): não há proporção entre o valor da promoção positiva da pontualidade e o desvalor da restrição negativa da liberdade e da propriedade.

Como elementos inerentes ao livre exercício de qualquer trabalho ou atividade econômica estão a *liberdade de organização* (liberdade de eleição de formas, de preços, de nomes, de constituição interna) e a *liberdade de direção da empresa* (liberdade de tomar decisões, de produzir, de distribuir, de vender e de fixar uma estratégia comercial).[19] Ora, uma multa de 60% pela mera impontualidade retirará expressivo capital de giro da empresa, limitando a liberdade de organização e de direção de forma desproporcional à vantagem obtida pela pontualidade do pagamento.

Qualquer atuação estatal deve ser precedida de uma ponderação de *todos os interesses em jogo*. Trata-se de uma exigência de racionalidade: se a medida destina-se a todos e a todos alcança, deve ser adotada mediante a consideração do interesse de todos.[20] Não só dos inte-

19. Gaspar Ariño Ortiza, *Principios constitucionales de la liberdad de empresa. Liberdad de comercio e intervencionismo administrativo*, Madrid, Marcial Pons, 1995, pp. 88 e 89.

20. Jürgen Habermas, *Faktizität und Geltung: Beiträge zur Diskurstheory des Rechts und des demokratischen Rechtsstaates*, Darmstradt, Wissenschftliche Buchgesellschaft, 1994, pp. 267 e 317. Robert Alexy, *Recht, Vernunft, Diskurs*, Frankfurt am Main, Suhrkamp, 1995, p. 171.

resses do Poder Público, mas dos interesses de todos os grupos sociais atingidos pela medida. O dever do poder público de *conciliar os interesses em jogo* foi, inclusive, reconhecido pelo Supremo Tribunal Federal: "Atualmente o poder de tributar (...) é o poder de conservar, de manter, *conciliando assim as necessidades do Estado com os direitos assegurados ao indivíduo*".[21]

A exigência de conciliar os interesses em jogo é, por vezes, denominada de *concordância prática* entre os interesses. Essa exigência também é encampada pelo Supremo Tribunal Federal: "Representação de inconstitucionalidade de lei. Artigos 15, § 3º, e 17, da Lei n. 5.991, de 17.12.73. Limitação à liberdade de comércio. Drogarias. A norma que prevê a assistência do técnico responsável nas drogarias *visa a concordância prática entre a liberdade do exercício do comércio de medicamentos e o seu controle*, em benefício dos que visam tais medicamentos".[22]

No caso em pauta, *não houve uma conciliação* nem uma *concordância prática* entre interesses das necessidades do Estado com os direitos assegurados aos contribuintes: a medida adotada parte, ao contrário, da exclusiva consideração dos interesses de caixa do Poder Público, preservados pela coação ao pagamento pontual, sem atribuir o mesmo relevo aos interesses dos contribuintes com dificuldade de pagamento.

Registre-se, por fim, que quanto maior for a restrição causada a um direito fundamental, maior deverá ser a sua razão justificativa. Uma restrição em grau elevado exige uma justificação na mesma medida.[23] No caso em pauta, porém, vê-se o contrário. A justificação para a promoção da finalidade (garantir pontualidade do pagamento) não está à altura da intensidade da restrição (cerceamento e embaraçamento intenso da liberdade de organização e de direção das empresas). A utilização de uma justificativa insuficiente para uma atuação estatal viola o postulado da proporcionalidade.

21. RE 18.976, rel. Min. Barros Barreto, *ADJ* 26.11.1952, p. 14.653 (p. 15 do acórdão), que se refere à decisão recorrida.

22. Representação 1.507, Tribunal Pleno, rel. Min. Carlos Madeira, *DJ* 9.12.1988.

23. Laura Clerico, *Die Struktur der Verhältnismäßigkeit*, Baden-Baden, Nomos, 2001, p. 189.

2.3 Exame de excessividade

2.3.1 Conteúdo

O postulado da proibição de excesso tem sido aplicado pelo Supremo Tribunal Federal, normalmente em associação com a proporcionalidade (art. 1º e art. 5º, LIV, CF/1988) ou com a liberdade de comércio (art. 170, § único, CF/1988). Ele fundamenta-se na idéia de que todos os direitos e princípios fundamentais, ainda que possam ser restringíveis, não podem ser atingidos no seu núcleo essencial, sendo esse núcleo definido como aquela parte do conteúdo de um direito sem a qual ele perde a sua mínima eficácia e, por isso, deixa de ser reconhecível como um direito fundamental.[24]

A 2ª Turma do Supremo Tribunal Federal decidiu por negar provimento a um recurso extraordinário por entender excessiva e desproporcional a majoração do imposto de licença sobre as cabines de banho. A recorrente aduziu que tal imposição poderia lhe cercear uma atividade lícita e, por isso, estaria colidindo com o princípio da liberdade de qualquer profissão (art. 141, § 14, da Constituição de 1946). O voto do Min. Orozimbo Nonato faz referência à decisão da Suprema Corte Americana no sentido de que: "o poder de taxar somente pode ser exercido dentro dos limites que o tornem *compatível com a liberdade de trabalho, de comércio e de indústria e com o direito de propriedade*".[25]

O Supremo Tribunal Federal, analisando a constitucionalidade da majoração do antigo imposto de licença, asseverou: "A meu ver, porém, faz-se dispensável qualquer referência expressa nesse sentido, pois os próprios dispositivos fundamentais, que asseguram as liberdades individuais, entre os quais se incluiu o exercício de qualquer profissão, comércio e indústria, constituem uma implícita limitação ao poder de tributar do Estado, no concernente à criação de impostos exagerados, *vedando, por conseqüência, que a administração, por meio de tributos excessivos, possa tolher, cercear ou dificultar o pleno exercício dos direitos básicos conferidos ao cidadão*".[26]

24. Cf. Humberto Ávila, ob. cit., pp. 89 e ss.
25. RE 18.331/SP, rel. Min. Orozimbo Nonato, *DJ* 21.9.1951.
26. RE 18.976, rel. Min. Barros Barreto, *ADJ* 26.11.1952, p. 14.653 (p. 15 do acórdão, que se refere à decisão recorrida).

O importante é que foi reconhecido um limite implícito ao poder de tributar, não apenas no sentido de acabar plenamente com a atividade da empresa, mas, também, no sentido de "tolher, cercear ou dificultar o pleno exercício dos direitos básicos conferidos ao cidadão".

Noutro caso, a 1ª Turma do Supremo Tribunal Federal reconheceu o direito à cobrança do imposto do selo, mas modificou o entendimento em relação ao valor da multa, considerando-a *excessiva* relativamente ao direito de propriedade e de liberdade.[27]

O Supremo Tribunal Federal tem igualmente considerado inconstitucionais as restrições administrativas que, ainda que não bloqueiem de modo absoluto, certamente embaraçam o seu livre exercício:

Penso, porém, que, ao estatuir essa exigência, fato que tenho como certo, visto não haver sido contestado, a autoridade arrecadadora estabeleceu, em verdade, sanção fiscal, que, *se não impediu totalmente, bloqueou de modo profundo a atividade profissional lícita do contribuinte*, violando, de tal arte, o aludido preceito constitucional, sem falar na violação da Súmula 547.[28]

Noutro julgamento, o Plenário do Supremo Tribunal Federal decidiu por deferir medida liminar que suscitava a inconstitucionalidade de Lei Estadual que elevava os valores de taxa judiciária. O fato de a taxa judiciária ter sido elevada em 827% *restringiria excessivamente* o direito de acesso ao Poder Judiciário a uma grande parcela da população.[29]

O Supremo Tribunal Federal também decidiu pela inconstitucionalidade da restrição tributária em virtude do seu conteúdo arbitrário, da seguinte forma:

"Ademais, é de considerar-se que esta Turma, ao julgar o RE 76.455 (*RTJ* 73/821 e segs.), em caso análogo ao presente (tratava-se de exigência, a contribuinte submetido ao regime especial de controle de fiscalização, de pagamento antecipado do ICM, para entrega de talonários referentes a esse imposto), decidiu que restrição dessa ordem importava sanção política, vedada pelo § 23 do art. 153 da Constituição [*de 1967*], sendo aplicável a Súmula 547.

27. RE 47.937-GB, rel. Min. Cândido Motta, *DJ* 6.12.1962.
28. RE 76.455, rel. Min. Leitão de Abreu, j. 1.4.1975, *RTJ* 73/825.
29. Representação n. 1.077-5/RJ, rel. Min. Moreira Alves, *DJ* 26.2.1981.

"Na hipótese, a matéria, como lembrado, foi regulada pelo Decreto n. 17.727/81, *deixando, além disso, inaceitável margem de arbítrio para a aplicação pela autoridade fiscal*".[30]

O Supremo Tribunal Federal, seguindo o precedente anterior, considerou inconstitucional a restrição arbitrária e excessiva ao princípio do livre exercício de atividade econômica, da seguinte forma:

"A questão de saber da constitucionalidade das medidas aplicadas no *regime especial* de pagamento do ICM é matéria já conhecida desta Corte, que, pelo menos em três assentadas, pelas suas duas Turmas, teve ocasião de pronunciar-se em sentido contrário à sua imposição, sob o fundamento de que as sanções, cominadas ao contribuinte, carecem de respaldo constitucional, *particularmente à vista da inaceitável margem de arbítrio aos agentes do Fisco.*

"O certo é que o 'regime especial do ICM', *mesmo autorizado por lei, porque impõe restrições e limitações à atividade comercial do contribuinte, viola a garantia da liberdade de trabalho*, que estava inscrita no art. 153, § 23, da [Constituição de 1967, e que a] Constituição de 1988 reafirma no art. 5º, XIII".[31]

Noutro caso já mencionado, o Supremo Tribunal Federal analisou a obrigatoriedade de utilização de balanças especiais por veículos transportadores de botijões de gás. Dentre as várias alegações, uma delas diz respeito à proibição de excesso: os efeitos da utilização do meio poderiam provocar à restrição excessiva do direito fundamental de livre iniciativa (a utilização de balanças poderia levar as empresas "à ruína").[32]

O Supremo Tribunal Federal, em caso também já referido, entendeu que submeter o pai presumido ao constrangimento de fazer um exame de DNA para provar a paternidade de um terceiro restringiria excessivamente a dignidade humana.[33]

O Supremo Tribunal Federal também veda o exercício arbitrário do poder, entendido esse como aquele que é praticado de modo imoderado e que, por isso, afeta substancialmente o patrimônio e os

30. RE 106.759, rel. Min. Oscar Corrêa, j. 24.9.1985, *RTJ* 115/1.443.
31. ERE 115.452, rel. Min. Carlos Velloso, j. 4.10.1990, *RTJ* 138/849-850.
32. ADI 855-2, rel. Min. Ministro Sepúlveda Pertence, *DJ* 1.10.1993.
33. HC 76060-SC, rel. Min. Sepúlveda Pertence. *DJ* 15.5.1998, p. 44.

rendimentos do contribuinte, como demonstra a decisão que aponta a excessividade com o nome de violação à razoabilidade: "Resulta configurado o caráter confiscatório de determinado tributo, sempre que o efeito cumulativo – resultante das múltiplas incidências tributárias estabelecidas pela mesma entidade estatal – *afetar, substancialmente, de maneira irrazoável, o patrimônio e/ou os rendimentos do contribuinte.* O Poder Público, especialmente em sede de tributação (as contribuições de seguridade social revestem-se de caráter tributário), *não pode agir imoderadamente, pois a atividade estatal acha-se essencialmente condicionada pelo princípio da razoabilidade.* (...)".[34]

Em todos esses casos, o Supremo Tribunal Federal constatou que nenhuma medida estatal pode: (a) restringir *excessivamente* um direito fundamental, inviabilizando-o substancialmente, independentemente do seu motivo; (b) *cercear, tolher ou dificultar sobremaneira* o livre exercício da atividade econômica, ainda que a medida não inviabilize por completo a atividade empresarial.

2.3.2 Aplicação

O mais difícil exame a ser efetuado com a multa de mora de 60% é o da excessividade, pois sua configuração depende ou da prova de que algum direito fundamental está sendo excessivamente restringido ou de que haja a projeção de que isso fatalmente ocorrerá, mesmo não havendo a prova disso.

É plausível sustentar que a multa de mora de 60% é excessiva, pois, independentemente da sua justificação (verificável noutros exames), restringe o núcleo essencial do direito de propriedade e de liberdade. Nessa perspectiva, não há propriamente exame entre princípios colidentes para ver se o fim justifica a utilização do meio (exame da proporcionalidade), nem um controle de proporção entre a gravidade da penalidade e a falta cometida (exame da razoabilidade-equivalência). O que há é uma exigência de um limite, além do qual o núcleo de um princípio fundamental é atingido e, por isso, ele não tem um mínimo de eficácia. Tanto a proibição de excesso não se identifica com a razoalibilidade-equivalência que o próprio Supremo Tribunal Federal decidiu que a primeira diz respeito a um limite acima

34. ADI 2010 (MC), rel. Min. Celso de Mello, *DJ* 12.4.2002.

do qual há restrição a um direito fundamental e a segunda diz respeito à relação entre a punição e a gravidade da conduta punida. Assim a decisão: "Conheço do recurso e lhe dou parcial provimento para julgar procedente o executivo fiscal, salvo quanto à multa moratória que, fixada em nada menos do que 100% do imposto devido, assume feição confiscatória. Reduzo-a para 30% (trinta por cento), base que reputo razoável para a reparação da impontualidade do contribuinte".[35]

Neste julgamento, fica claro que a excessividade (ou confiscatoriedade) representa a restrição excessiva de um direito fundamental. Uma vez decidido que a multa é excessa, é preciso verificar, então, qual o montante em que ela deve ser fixada. Para isso, é preciso investigar qual falta a multa pretende punir. Por isso que o Supremo Tribunal Federal decidiu, de um lado, que a multa moratória de 100% assume feição confiscatória (exame da proibição de excesso) e, de outro, que a sua fixação em 30% é razoável para a reparação da impontualidade (exame da razoabilidade-equivalência). No exame da proibição de excesso investiga-se a existência de restrição excessiva a um direito fundamental, nada sendo dito com relação a qual percentual seria razoável; no exame da razoabilidade-equivalência analisa-se justamente a relação entre o montante da multa e a falta cometida, nada sendo dito com relação à invasão do núcleo de um direito fundamental.

Como todo o direito fundamental (na sua eficácia principiológica) depende da existência de alguns bens jurídicos (estados, posições ou sujeições) para ter um mínimo de eficácia, nenhuma medida estatal poderá atingir esse núcleo. Aquilo que os tributaristas chamam de confisco é a invasão do núcleo essencial pela instituição de um tributo excessivo que viola o direito de propriedade. A multa, porém, mesmo não sendo tributo, restringe o mesmo direito fundamental, que é o da propriedade e da liberdade. Por isso, pouco importa que o art. 150, IV, da CF/1988 faça referência a tributos. Pelo próprio direito fundamental chega-se à proibição de excesso, que, no caso de instituição de tributos, se chama proibição de confisco.

Nesse caso, a multa de mora, de tão elevada, pode facilmente restringir de modo excessivo a liberdade de exercício de atividade econômica e a propriedade, na medida em que, pela mera impontualidade,

35. RE 81.550, rel. Min. Xavier de Albuquerque, j. 20.5.1975, *RTJ* 74/319-320.

obriga o contribuinte a pagar mais 60% do valor do tributo, cerceando a organização e direção da empresa pela captura de capital de giro que lhe são essenciais. Lembre-se que, não tendo o dinheiro para pagar os tributos pontualmente, o contribuinte que atrasar o pagamento de vários tributos terá uma carga tributária 60% maior pela mera impontualidade. Considerando que a carga tributária aproxima-se dos 40% do Produto Interno Bruto, o pagamento de mais 60% do valor de determinados tributos conduz, inexoravelmente, à subtração das condições materiais mínimas à eficácia dos princípios de liberdade e de propriedade.

3. Limites do controle material de constitucionalidade

A declaração de inconstitucionalidade da multa de mora pela violação à razoável, proporcional e não-excessiva aplicação dos princípios constitucionais pode conduzir à exclusão total da norma incompatível com a Constituição ou à substituição do percentual por ela estabelecido. Nessa segunda hipótese, pergunta-se: a atuação do Poder Judiciário não violaria o princípio da separação dos poderes (art. 2º da CF/88)?

Exatamente sobre essa questão o Supremo Tribunal Federal desenvolveu a tese do legislador negativo para indicar que o Poder Judiciário tem a função de *legislar negativamente*, no sentido de *eliminar* do ordenamento jurídico a norma incompatível com a Constituição, mediante um juízo de *exclusão*, não podendo criar norma jurídica geral diversa da instituída pelo Poder Legislativo.[36]

Logo se percebe que há dois fundamentos concorrentes para a tese do legislador negativo, um de natureza formal e outro de caráter material. O fundamento de natureza formal (procedimental) consistiria na proibição de pronunciamento positivo por parte do Supremo Tribunal Federal, em sede de controle abstrato de constitucionalidade, mediante criação de norma geral, por ser esse controle circunscrito ao exame da compatibilidade da norma com a Constituição, e conducente a um juízo de exclusão/eliminação do ordenamento jurídico da norma incompatível com a Constituição. O fundamento material

36. P. ex.: ADI 896 (MC), rel. Min. Moreira Alves, *DJ* 16.2.1996, p. 2.997.

consistiria na proibição de o Poder Judiciário exercer competência privativa do Poder Legislativo, seja alterando norma que este Poder instituiu, seja criando norma que ele deixou de editar, pois fazê-lo, nesses casos, importaria na violação do princípio da separação dos poderes.

A análise desses fundamentos permite verificar que a tese do legislador negativo não pode ser utilizada de modo incondicional. Em primeiro lugar, porque ela não se aplica a qualquer caso. Com efeito, quando houver uma limitação de ordem procedimental (no controle concentrado, como se trata de aferir a constitucionalidade de lei em tese, deve-se analisar a lei tal como posta), aí sim existe um limite à competência do Poder Judiciário. Quando, porém, não houver limite decorrente do objeto da ação, não se pode impedir o Poder Judiciário de instituir a norma individual para o caso concreto. Bem ao contrário: é dever do Poder Judiciário dizer o Direito. Isso revela, pois, que o uso irrestrito dessa tese pelos tribunais inferiores, baseado sobretudo na sua idéia geral desatrelada dos fundamentos que lhe atribuem conteúdo de sentido (simplesmente "o Poder Judiciário não pode pronunciar-se positivamente sobre questões jurídicas já constantes de lei") pode constituir verdadeiro repúdio ao dever constitucional atribuído ao Poder Judiciário de julgar o caso concreto e a total negação do direito fundamental da universalidade da jurisdição.

Em segundo lugar, o uso incondicional da tese do legislador negativo negligencia a inarredável necessidade de construção das significações normativas pelo Poder Judiciário. De fato, o próprio fundamento da teoria do legislador negativo é incorreto, na medida em que parte do pressuposto de que há significados incorporados ao texto e normas com sentido inequívoco. Ora, não há nem significação incorporada ao texto nem significados inequívocos, como já analisado. As significações nunca estão prontas, mas devem ser exatamente construídas mediante atos de decisão do próprio Poder Judiciário. A tese do legislador negativo ainda conduz, de modo imperceptível, a uma equiparação da hipótese em que o Poder Judiciário não pode agir positivamente (proibição de preenchimento de lacunas como planejadas incompletudes decorrente de as leis não conterem normas apesar de o ordenamento jurídico as exigir), com as hipóteses em que ele deve exatamente atuar de modo positivo, quer utilizando métodos como *argumentum e contrario* (atribuir sentido ao que o legislador, ao regular somente um caso, determinou relativamente a outros diferentes), *redução teleológica* (reduzir o sentido das palavras da lei por serem elas muito amplas em relação a sua finalidade) e *extensão teleológica* (ampliar o sentido das palavras da lei por serem elas muito restritas em relação a sua finalidade), quer simplesmente concretizando definitoriamente e mediante regras de prevalência aquilo que o ordenamento jurídico estatui por meio dos princípios fundamentais.[37] Interpretar não é nem simplesmente enquadrar um fato ou comportamento numa classe de fatos ou comportamentos, nem só atribuir um significado a palavras ou enunciados; interpretar é também fazer suposições sobre finalidades e intenções de agentes ou construir conjecturas sobre as relações de causa e efeito entre fatos.[38] De qualquer modo, a interpretação consiste numa atividade complexa de relacionar elementos sintáticos, semânticos e pragmáticos segundo estruturas fornecidas por postulados hermenêuticos.[39] Nesses casos, o Poder Judiciário não é chamado a criar uma norma para um caso não regulado mediante operação de similitude com casos já regulados, mas convocado a construir o próprio significado da norma em função da sua finalidade, que só estava entremostrada antes da delimitação do caso a ser julgado. Ora, restringir a atuação do Poder Judiciário ao aspecto negativo não é só desconhecer as hipóteses em que não é sequer racionalmente concebível desconjuntar a dimensão negativa da positiva ou mesmo prescindir do caráter multifacetado das normas jurídicas; é também olvidar a indispensável faculdade positiva de o Poder Judiciário constituir o Direito diante do caso concreto, e terminar por permitir um incontornável apoucamento do significado normativo dos princípios e regras constitucionais que protegem o contribuinte.

É preciso considerar, no caso do controle de constitucionalidade das multas, que o próprio Supremo Tribunal Federal – que utiliza a tese do legislador negativo – tem substituído o percentual das multas mediante a utilização de parâmetros legais estabelecidos pelo próprio Poder Legislativo para casos análogos. Vale dizer, o Poder Judiciário

37. Claus-Wilhelm Canaris, *Die Feststellung von Lücken im Gesetz*, 2ª ed., Berlin, Duncker und Humblot, 1983, pp. 82 e ss.

38. Riccardo Guastini, "Interprétation et description de normes", in Paul Amselek (Org.), *Interpretation et Droit*, Bruxelles, Bruylant, 1995, pp. 90-91.

39. Robert Alexy, "Juristische Interpretation", in *Recht, Vernunft, Diskurs*, Frankfurt am Main, Suhrkamp, 1995, pp. 76 e ss.

não está substituindo o Poder Legislativo, mas pensando coerentemente aquilo mesmo que o Poder Legislativo, atuando nos limites estabelecidos pela Constituição, previu para casos análogos.

4. Conclusão

Este estudo visa a demonstrar que os exames da razoabilidade, da proporcionalidade e da excessividade são distintos, já que envolvem a relação de elementos diversos em face de parâmetros diferentes.

Com efeito, o exame de razoabilidade-equivalência investiga a relação entre duas grandezas ou entre uma medida e o critério que informa sua fixação. No caso em pauta, o exame da razoabilidade-equivalência culminou com a conclusão de inexistência de relação de equivalência entre a falta cometida (pagamento impontual) e o montante da multa aplicada (60% do valor do imposto).

O exame de proporcionalidade investiga a relação entre a medida adotada, a finalidade a ser atingida e o grau de restrição causado nos direitos fundamentais atingidos. No caso em análise, o exame da proporcionalidade resultou na demonstração da falta de necessidade e de proporcionalidade em sentido estrito: uma multa menor seria igualmente adequada para combater a impontualidade e causaria restrição menor aos princípios de liberdade e de propriedade; e as vantagens valorativas trazidas pela medida em relação à promoção da pontualidade no pagamento de tributos seriam inferiores às desvantagens valorativas decorrentes da elevada restrição aos princípios de liberdade e de propriedade.

O exame da proibição de excesso analisa a existência de invasão no núcleo essencial de um princípio fundamental. No caso em análise, o exame de excessidade concluiu pela existência de restrição excessiva aos princípios de liberdade e de propriedade em função de o montante da penalidade decorrente da impontualidade comprometer o capital de giro essencial ao livre exercício de atividade econômica.

Com essas considerações fica claro que os exames de razoabilidade, proporcionalidade e excessividade consistem em exames concretos diferentes uns dos outros. Com essas observações fica também evidente por que há tanta confusão entre esses exames: as expressões *razoabilidade*, *proporcionalidade* e *excessividade*, quando não utilizadas em razão do exame concreto que visam a representar, podem fazer referência a exames concretos diferentes. Sendo a irrazoabilidade, no caso em pauta, a falta de equivalência entre o montante da multa e a gravidade da conduta a ser punida; pode-se expressar essa falta de equivalência tanto dizendo que não há *proporção* entre o montante da multa e a falta cometida quanto afirmando que o montante da multa *excede* aquilo que seria adequado para punir a falta praticada. O mesmo vale para os outros casos.

Isso quer dizer, então, que toda a discussão a respeito da *razoabilidade*, da *proporcionalidade* e da *excessividade* diz respeito apenas a um problema de consenso? Não. Quer dizer, em vez disso, que essas expressões são ambíguas e que devem ser definidas, sendo secundário decidir qual delas será utilizada para cada exame. O que deve ficar claro – e este é o problema central – é que há três diferentes exames concretos que não podem ser confundidos, pois envolvem elementos distintos relacionados com parâmetros diversos. O problema não está em usar essa ou aquela expressão, mas em confundir exames concretos diferentes pelo uso unificado de uma só expressão ou pelo uso alternativo de várias expressões. Dito de outro modo: o problema não está em usar uma palavra para três fenômenos, mas não perceber que há três fenômenos diferentes a analisar.

Importa registrar, por fim, que em todos esses exames, sempre há um raciocínio que é feito relativamente à aplicação de outras normas do ordenamento jurídico. No exame da razoabilidade-equivalência, analisa-se a norma que institui a multa com a finalidade de verificar se há equivalência entre o seu montante e a falta que ela visa a punir. No exame de proporcionalidade, investiga-se a norma que institui a multa para verificar se o princípio que justifica sua instituição será promovido e em que medida os outros princípios serão restringidos. É por esse motivo que, nesse exame, vem à tona a restrição maior ou menor aos princípios da liberdade e da propriedade. No exame de proibição de excesso, analisa-se a norma que institui a multa para comprovar se algum princípio fundamental não está sendo atingido no seu núcleo. Por esse motivo é que surge a questão de saber se há uma restrição excessiva dos princípios da liberdade e da propriedade.

Isso demonstra que esses exames investigam o *modo* como devem ser aplicadas outras normas, quer estabelecendo os critérios, quer estabelecendo as medidas. De qualquer forma, as exigências decorrentes da razoabilidade, da proporcionalidade e da proibição de excesso vertem sobre outras normas, não, porém, para atribuir-lhes sentido, mas para estruturar racionalmente sua aplicação. Sempre há uma outra norma por trás da aplicação da razoabilidade, da proporcionalidade e da excessividade. Por esse motivo é oportuno tratá-las como meta-normas. E como elas estruturam a aplicação de outras normas, com elas não se confundindo, é oportuno fazer referência a elas com outra nomenclatura. Daí a utilização do termo *postulado*, a indicar uma norma que estrutura a aplicação de outras.

Os postulados se diferenciam das normas cuja aplicação estruturam em várias perspectivas: quanto ao nível (os postulados situam-se no meta-nível ou no segundo nível e as normas objeto de aplicação situam-se no nível objeto ou no primeiro nível), quanto ao objeto (os postulados indicam a estrutura de aplicação de outras normas e as normas descrevem comportamentos, se forem regras, ou instituem a promoção de fins, se forem princípios) e quanto ao destinatário (os postulados se dirigem aos aplicadores e as normas a quem deve obedecê-las).

Essas sutilezas apontadas quanto à natureza da espécie normativa que está sendo utilizada e quanto ao controle que é exercido contribuem decisivamente para a maior efetividade dos princípios constitucionais, pois o aplicador tem melhores condições de saber o que deve ser fundamentado, o que deve ser comprovado e quais as normas cuja restrição ou efetividade está sendo analisada.

3. Direito Constitucional

A REVISÃO JURÍDICO-CONSTITUCIONAL DAS LEIS PELO TRIBUNAL CONSTITUCIONAL FEDERAL

Hartmut Maurer*

1. Visão de conjunto. 2. Pontos de vista dogmático-jurídicos: 2.1. A estrutura do controle normativo; 2.2 Tipos de controle normativo: 2.2.1 Controle normativo principal e incidental; 2.2.2 Controle normativo abstrato e concreto; 2.2.3 Controle normativo concentrado e difuso; 2.2.4 Controle normativo especial e integrado 3. Aspectos históricos. 4. Os fundamentos do controle normativo judicial-constitucional: 4.1 Princípio do Estado de Direito; 4.2 Princípio da divisão de poderes; 4.3 Princípio democrático; 4.4 Partidos políticos. 5. Os procedimentos de controle normativo particulares: 5.1 O controle normativo abstrato; 5.2 O controle normativo concreto; 5.3 O recurso constitucional; 5.4 Procedimento litigioso entre órgãos; 5.5 Controles normativos limitados objetivamente. 6. A decisão no procedimento de controle normativo: 6.1 Declaração de nulidade; 6.2 Alternativas para a declaração de nulidade.

1. Visão de conjunto

Às marcas características da Constituição da República Federal da Alemanha – "denominada Lei Fundamental"[1] – pertence a instalação de uma jurisdição constitucional ampla. O Tribunal Constitucional Federal, que se compõe de dois senados, cada qual com oito juízes,

* Tradução: Luís Afonso Heck da Universidade Federal do Rio Grande do Sul.

1. A designação "Lei Fundamental" deve ser reduzida a fundamentos históricos da origem, mas não modifica nada nisto, que se trata (pelo menos hoje) de uma Constituição de valor inteiro, comparar K. Hesse, *Grundzüge des Verfassungsrechts der Bundesrepublik Deutschland*, 20. Aufl. 1995, S. 34 [*a 20ª ed. desse livro foi traduzido para o português e publicado por Fabris Editor de Porto Alegre em 1998*]; K. Stern, *Das Staatsrecht der Bundesrepublik Deutschland*, Bd. V, 2000, S. 1223 ff.

decide *exclusivamente* sobre litígios que resultam da interpretação e aplicação da Lei Fundamental. Ele se distingue, com isso, por exemplo, do Supremo Tribunal Federal do Brasil e da Corte Suprema dos Estados Unidos da América que, como Tribunais Supremos, *também* têm de decidir sobre litígios jurídico-constitucionais. A competência do Tribunal Constitucional Federal está mencionada separadamente no art. 93 da Lei Fundamental e outras prescrições da Lei Fundamental, mas, no total, tão amplamente, que o Tribunal Constitucional Federal pode, por fim, ser chamado em todas as questões relevantes jurídico-constitucionais. A isso pertencem:

– *litígios entre órgãos* (art. 93, I, n. 1, da Lei Fundamental): litígios entre órgãos constitucionais da Federação ou partes desses órgãos constitucionais sobre seus direitos recíprocos, por exemplo, entre o Parlamento Federal e o Conselho Federal, entre uma fração do Parlamento Federal e o Presidente Federal e assim por diante;

– *litígios federativos* (art. 93, I, n. 3, da Lei Fundamental): litígios entre a Federação e os Estados ou entre Estados particulares sobre seus direitos e deveres recíprocos;

– *controle normativo abstrato* (art. 93, I, n. 2, da Lei Fundamental): exame imediato da compatibilidade de uma norma jurídica com a Lei Fundamental ou da compatibilidade de uma prescrição jurídico-estadual com o direito federal, por solicitação de determinados órgãos constitucionais, ou seja, o governo federal, um governo estadual ou um terço dos membros do Parlamento Federal;

– *controle normativo concreto* (art. 100, I, da Lei Fundamental): exame da constitucionalidade de uma lei por apresentação de um juiz que, em si, deveria aplicar essa lei em um conflito jurídico concreto, mas a considera anticonstitucional;

– *recurso constitucional* (art. 93, I, n. 4a, da Lei Fundamental): demanda de um cidadão por causa da violação de seus direitos fundamentais pelo Poder Público, todavia, primeiro depois do esgotamento da via jurídica e, com isso, como *ultima ratio*.

A esses âmbitos de competências genéricos acresce ainda uma série de procedimentos especiais, assim, o exame da constitucionalidade da eleição para o Parlamento Federal (art. 41, II, da Lei Fundamental), o recurso constitucional comunal, com o qual municípios e distritos estaduais podem objetar a violação de seu direito de auto-administração, garantido no art. 28, II da Lei Fundamental (art. 93, I, n. 4b, da Lei Fundamental), e algumas determinações de proteção à Constituição (perda de direitos fundamentais, segundo o art. 18 da Lei Fundamental, proibição de partido político, segundo o art. 21, II, da Lei Fundamental, acusação contra juiz, segundo o art. 98, II, da Lei Fundamental e, até certo grau, a acusação contra o Presidente Federal, segundo o art. 61 da Lei Fundamental).[2]

Se se lança um olhar sobre as competências distintas do Tribunal Constitucional Federal, então se mostra que elas, sem dúvida, não se distinguem muito segundo os facultados à solicitação e os pressupostos jurídico-procedimentais, mas que elas têm por objeto bem preponderantemente a constitucionalidade das leis. Isso já vale conceitualmente para o controle normativo abstrato e concreto. Isso vale, ademais, para o recurso constitucional que, na maioria dos casos, dirige-se contra uma lei, seja imediatamente, ao ser a própria constitucionalidade da lei atacada, seja mediatamente, ao ser uma sentença judicial impugnada com a fundamentação de que ela se baseia em uma lei anticonstitucional e é, por conseguinte, anticonstitucional. Também os litígios entre órgãos e os litígios federativos, freqüentemente, concernem à constitucionalidade de uma lei, assim, por exemplo, quando é feito valer que o Parlamento Federal ou o Estado X promulgou uma lei anticonstitucional e, com isso, prejudicou o solicitador em seus direitos. O recurso constitucional comunal é, já pelo texto do art. 93, I, n. 4b, da Lei Fundamental, limitado à violação da garantia da auto-administração "por lei". Por fim, pode, também no exame de eleição, ficar atual a constitucionalidade de uma lei, ou seja, da Lei Eleitoral que está na base da eleição.[3]

A função de controle do Tribunal Constitucional Federal não se limita, sem dúvida, à produção de leis, mas se estende também aos

2. Comparar a reunião das competências do Tribunal Constitucional Federal no § 13 da lei sobre este tribunal. [*A tradução dessa lei foi publicada na "Revista Brasileira de Direito Constitucional", vol. 1, São Paulo, 2003; uma versão mais antiga encontra-se na "Revista de Informação Legislativa", Brasília, n. 127, 1995, pp. 241-258, e no livro, "O Tribunal Constitucional Federal e o desenvolvimento dos princípios Constitucionais. Contributo para uma compreensão da jurisdição constitucional federal alemã", Porto Alegre, Fabris, 1995, anexo II, o qual também contém, no seu anexo I, a tradução dos arts. 92-104 da Lei Fundamental, referentes ao Poder Judiciário*].

3. Comparar, por exemplo, *BVerfGE* 16, 130 (divisão em seções de uma circunscrição eleitoral); *BVerfGE* 95, 335 (mandatos adicionais).

atos de governo[4] e sentenças judiciais, que não se baseiam em uma lei anticonstitucional, mas, por causa de uma interpretação viciosa de uma lei ou por causa de uma infração contra um direito procedimental, garantido jurídico-constitucionalmente, é anticonstitucional.[5] Ela, contudo, está no primeiro plano e enforma a jurisdição constitucional.

Antes de, no que segue, serem abordados circunstanciadamente os procedimentos de controle normativo distintos, que servem à revisão judicial-constitucional de leis em sua constitucionalidade (para isso vide o item 5 infra), são convenientes, para melhor compreensão, algumas observações dogmático-jurídicas, históricas e fundamentais (para isso vide os itens 2 e 4).

2. *Pontos de vista dogmático-jurídicos*

2.1 A estrutura do controle normativo

a) Sob controle normativo entende-se a revisão da compatibilidade de uma norma jurídica com normas jurídicas de hierarquia mais elevada. Pressuposto e fundamento do controle normativo é a doutrina da ordem hierárquica das fontes jurídicas.[6] Ela põe as (numerosas) normas jurídicas em uma relação de graus e indica que a norma jurídica de hierarquia mais baixa deve corresponder à norma jurídica de hierarquia mais elevada. Se isso não é o caso, então a norma jurídica de hierarquia mais baixa, não compatível com a norma jurídica de hierarquia mais elevada, é não-observável, anulável ou nula. Os graus distintos formam a Constituição, a lei formal, o regulamento jurídico e o estatuto.[7]

4. Por exemplo, o emprego do Exército Federal no exterior (*BVerfGE* 90, 286) ou o poder de controle e de dar instruções do Ministério Federal competente diante dos Estados no âmbito da Administração de pedido (*BVerfGE* 81, 310; 104, 249).

5. A interpretação viciosa de uma lei é então relevante judicial-constitucionalmente, quando ela simultaneamente apresenta uma infração contra direito constitucional, comparar para isso K. Schlaich/St. Korioth, *Das Bundesverfassungsgericht*, 5. Aufl. 2001, S. 186 f. Como infração de procedimento entra em consideração, por exemplo, a violação da audiência judicial (art. 103, I, da Lei Fundamental) no procedimento judicial.

6. Comparar para isso o circunstanciado por H. Maurer, *Allgemeines Verwaltungsrecht*, 14. Aufl. 2002, § 4 Rn. 37 ff.

7. A distinção orienta-se pelo dador de normas: as leis formais são promulgadas pelo Parlamento, os regulamentos jurídicos pelo Executivo e os estatutos pelas

No que segue, interessa, somente ainda, a relação entre a Constituição e a lei formal. A concepção de que entre elas existe uma relação de hierarquia formou-se, na Alemanha, primeiro no correr do tempo. Antigamente – no século XIX, mas também ainda no tempo de Weimar, no século XX – foi especialmente sustentada a concepção de que ambas ocupam hierarquia igual, e a particularidade da Constituição somente se situa nisto, e de que para modificações constitucionais existem formas determinadas e maiorias aumentadas.[8] A Lei Fundamental, doravante, parte inequivocamente de uma relação de hierarquia. Isso já resulta do seu texto, ou seja, dos arts. 1, III, 20, III, da Lei Fundamental, que vinculam o legislador à Constituição, e do art. 79, que coloca à modificação constitucional exigências aumentadas diante da criação de leis ordinária. Mas também isso resulta do significado e da função da Constituição que, como ordem fundamental jurídica da comunidade estatal geral, não pode estar submetida à disposição arbitrária do legislador.

b) Na prática, colocam-se duas questões. Por um lado, trata-se da questão *jurídico-material*: se, no fundo, existe uma contradição normativa; se a lei, cuja anticonstitucionalidade é afirmada, também, de fato, é anticonstitucional. Essa questão é, devido aos tipos do direito constitucional, formulados ampla e indeterminadamente, muitas vezes, duvidosa e debatida entre os participantes. Tanto mais significativa é, por conseguinte, a segunda questão *jurídico-constitucional*: quais órgãos estatais e em qual procedimento estão autorizados ou, dado o caso, obrigados a examinar e comprovar a contradição normativa e, com isso, a anticonstitucionalidade da lei. A competência para o exame é pressuposto para a comprovação da anticonstitucionalidade. Se ela faltasse, então a lei "não-examinada" deveria ser aceita como vinculativa e aplicada.

c) O exame normativo compõe-se, em princípio, de três atos. O órgão de controle competente, portanto, sobretudo, o Tribunal, deve averiguar e determinar, no caminho da interpretação, o conteúdo da lei (objeto do exame) e o conteúdo da norma constitucional corres-

entidades com auto-administração. A Constituição é promulgada por decisão popular ou, pelo menos, em um procedimento especial.

8. Assim o comentário condutor sobre a Constituição Imperial de Weimar, em G. Anschütz, *Die Verfassung des Deutschen Reiches*, 14. Aufl. 1933, Art. 76 Anm. 1.

pondente (critério de exame); a seguir – comparativamente – examinar se a lei é compatível com a Constituição. Se variar a interpretação de uma das normas, então também a comparação irá sair diferente. Quando da interpretação da lei resulta que sentidos distintos são sustentáveis e uma está de acordo com a Constituição, mas a outra não é compatível com a Constituição, então pode, e deve, a interpretação de acordo com a Constituição ser escolhida (chamada interpretação conforme a Constituição).

d) O controle normativo como tal diz respeito somente ao procedimento de exame. Ele ainda nada declara sobre isto, quais conseqüências jurídicas resultam de uma contradição normativa comprovada. Algumas conseqüências, contudo, devem existir, se o exame não deve ser sem sentido. Fundamentalmente, atos estatais anticonstitucionais são inválidos, precisamente porque eles não correspondem às exigências jurídicas e, com isso, não cumprem os pressupostos para a sua validade. Mas o ordenamento jurídico também pode determinar outras conseqüências do vício.[9] Assim, é possível que leis anticonstitucionais somente são nulificáveis, isto é, primeiro pela declaração de nulidade judicial-constitucional *ex tunc* perdem a sua eficácia jurídica, mas até a decisão judicial-constitucional devem ser observadas e aplicadas, ou que elas até somente são anuláveis, isto é, primeiro com a decisão judicial-constitucional perdem a sua eficácia jurídica *ex nunc* ou em uma data posterior. Segundo o direito alemão, leis anticonstitucionais são, fundamentalmente, nulas. Mas, sempre de novo, o Tribunal Constitucional Federal limita-se à comprovação da anticonstitucionalidade de uma lei até a comprovação de que o legislador, dentro de um prazo determinado ou conveniente, adotou uma regulação nova. Isso ocorre então, quando a comprovação – que atua de forma cassatória – da nulidade não iria compreender convenientemente a infração à Constituição ou até aprofundar mais a anticonstitucionalidade.[10]

e) Contradições normativas também podem, como deve ser acrescentado complementarmente, nascer no mesmo grau de ordem hierár-

9. Atos administrativos antijurídicos são, como se sabe, em regra, só impugnáveis e anuláveis e, só excepcionalmente, ou seja, quando eles padecem de um vício grave e manifesto, nulos. Comparar para isso e para outras conseqüências do vício do ato administrativo Maurer (aaO. nota 6), § 10 Rn. 20 ff.

10. Comparar para isso circunstanciado no item 6 infra.

quica, ou seja, então, quando uma norma jurídica nova contradiz uma norma jurídica antiga. Elas se deixam resolver segundo princípios já há muito conhecidos e solidificados, por exemplo, a regra de que a lei posterior suprime e anula a lei anterior ou a lei especial, a lei geral.[11]

Problemas de juridicidade nisso não resultam. O legislador está fundamentalmente autorizado a, por regulações novas, anular ou modificar ou, por prescrições especiais, relativizar suas leis. As regras de colisão mencionadas têm exatamente a função de assegurar a liberdade de configuração do legislador. Ao contrário, a promulgação de uma prescrição jurídica, que não está de acordo com o direito de hierarquia mais elevada, indicia sua antijuridicidade. A comprovação que o egislador promulgou uma lei anticonstitucional contém a censura – pelo menos objetiva – de atuação anticonstitucional e, com isso, um juízo de desvalor. As regras de colisão da doutrina da ordem hierárquica não asseguram a liberdade de configuração do legislador, mas têm, ao contrário, a função de assegurar a primazia da Constituição. Uma variante especial forma o caso de que uma lei, de acordo com a Constituição originalmente, torna-se anticonstitucional pela modificação da Constituição ou das circunstâncias fáticas. Também nesse caso vale a proposição: *lex superior derogat legi inferiori*. Mas ao legislador não toca a censura de que ele não observou os ajustes jurídico-constitucionais; porque pela modificação das circunstâncias jurídicas ou fáticas a lei existente é, por assim dizer, superada.

2.2 Tipos de controle normativo

A formação jurídico-procedimental do controle normativo pode ser regulada diferentemente. Deve ser distinguido entre o controle normativo principal e o incidental, o controle normativo abstrato e o concreto, o controle normativo concentrado e o difuso, assim como o controle normativo especial e o integrado, em que esses pares conceituais podem, a cada vez, se cruzar. Eles também não são somente de natureza processual, mas têm repercussões jurídico-materiais.

11. Eles são até hoje, muitas vezes, expressos na formulação latina: *lex posterior derogat legi priori; lex specialis derogat legi generali*. Essas proposições, todavia não são evidentes, assim, na Idade Média foi sustentada a concepção que a lei anterior, que foi considerada como a melhor lei, suprimia a lei posterior.

2.2.1 Controle normativo principal e incidental

Esse par conceitual diz respeito ao objeto do litígio. No controle normativo principal é a questão da constitucionalidade/anticonstitucionalidade da lei, mesma e exclusivamente, objeto do procedimento. A solicitação da demanda visa a um esclarecimento e decisão correspondente. A decisão do controle normativo torna-se coisa julgada e é forçosamente de vinculatividade geral, uma vez que uma e mesma norma jurídica não pode ser nula referente a uma pessoa ou algumas pessoas e para o resto, porém, eficaz.[12] Pela declaração de nulidade principal, a lei também é eliminada formalmente. O controle normativo incidental realiza-se, ao contrário, no quadro de um conflito jurídico que tem um outro objeto (por exemplo, a juridicidade de uma notificação de imposto), mas em cuja decisão a constitucionalidade e vinculatividade de uma norma relevante para a decisão (por exemplo, a lei tributária que está na base da notificação de imposto) deve ser esclarecida e decidida como questão prejudicial. A comprovação incidental da anticonstitucionalidade e nulidade de uma lei conduz somente à não-aplicação no caso concreto, uma declaração de nulidade de vinculatividade geral, que ultrapassa isso, não está com isso unida.[13] É, sem mais, possível que outros tribunais, em casos comparáveis, decidam de outra forma e certifiquem incidentalmente a constitucionalidade da lei. O legislador é afetado menos pelo controle normativo incidental, uma vez que a lei, por ele promulgada, primeiro somente em um caso é rejeitada, não, porém, geralmente.

2.2.2 Controle normativo abstrato e concreto

Esse par conceitual direciona para o motivo do controle normativo. O controle normativo concreto realiza-se por motivo de um conflito jurídico concreto, quando e porque se torna atual a questão, se a lei, relevante para a decisão, é compatível com a Constituição. Ele

12. De outra forma é somente no caso da declaração de nulidade parcial que – condicionada materialmente – também pode ter repercussões pessoais diferentes.

13. O direito processual pode, todavia, determinar que a nulidade comprovada incidentalmente seja manifestada no dispositivo. Nesse caso, não só é decidido o conflito jurídico concreto, mas também a norma jurídica afetada é declarada nula com vinculatividade geral. Como exemplo remete-se ao § 95, III, da Lei sobre o Tribunal Constitucional Federal (comparar o item 5.3 infra).

apresenta, por isso – em todo o caso inicialmente –, um controle normativo incidental, mas pode continuar até o controle normativo principal, como mostra o exemplo do controle normativo concreto, segundo o art. 100, alínea 1, da Lei Fundamental. O controle normativo abstrato, ao contrário, não está em uma conexão com um conflito jurídico concreto. Ele serve antes ao esclarecimento, independente do caso e, com isso, geral, da constitucionalidade da lei e é, por isso, sempre um controle normativo principal.

2.2.3 Controle normativo concentrado e difuso

Esse par conceitual direciona para os tribunais competentes para a decisão. No caso do controle normativo concentrado, a competência para o exame, ou, pelo menos, a competência para a rejeição, está reservada a *um* tribunal, enquanto no caso do controle normativo difuso todos, ou pelo menos um número maior de tribunais está autorizado ao exame e rejeição. O controle normativo principal é sempre um controle normativo concentrado; ele deve realizar-se pelo Tribunal Supremo ou pelo competente para o território estatal total, uma vez que o âmbito do efeito da declaração de nulidade deve corresponder ao âmbito de validez da lei. Em contrapartida, o controle normativo concentrado também pode estar unido com o controle normativo incidental. É, melhor dito, possível que os juízes processuais, que examinam incidentalmente, tenham de pedir a decisão do Tribunal Supremo, quando eles consideram uma lei, relevante para a decisão, anticonstitucional e nula. Ao contrário, o controle normativo difuso é sempre um controle normativo incidental.

2.2.4 Controle normativo especial e integrado

Essa distinção direciona para isto: se a jurisdição constitucional e, com isso, o controle normativo foram destinados a um Tribunal Constitucional Especial ou a um Tribunal Supremo competente para todos os âmbitos, portanto também ele o é para o direito civil e penal.[14]

14. Comparar para isso o item 1 *supra*: o Tribunal Constitucional Federal é competente *só* para os litígios jurídico-constitucionais, o Supremo Tribunal Federal do Brasil, a Suprema Corte dos Estados Unidos da América e o Tribunal Federal da Suíça também são para litígios jurídico-civis e penais.

3. Aspectos históricos

Em perspectiva histórica, o controle normativo não pertence aos objetos originais da jurisdição constitucional na Alemanha.[15] A questão discutível, se os tribunais do antigo Império Alemão, em especial, o Tribunal Cameral do Império de 1495 e o Conselho Áulico do Império de 1498, estavam autorizados ao controle normativo,[16] pode, aqui, ficar em suspenso, porque eles, aliás, estavam em um outro campo de referência político-constitucional e jurídico-constitucional, ainda que não deva ser ignorado que a idéia de uma decisão, em forma de justiça, de questões litigiosas políticas remonta até a Idade Média. As Constituições estaduais, que nasceram no correr do século XIX, que primeiro enformaram o direito constitucional na Alemanha no sentido do direito estatal constitucional, estabeleceram, sem dúvida, preponderantemente, um Tribunal estatal, mas limitaram a sua competência, no essencial, à decisão de acusações contra ministro e, em parte, também – analogamente – a acusações contra deputados por causa de violação da Constituição. Como as Constituições do século XIX nasciam, de certo modo, como contrato entre o monarca e os estamentos, representantes da burguesia, ou, pelo menos, estavam concebidas nesse sentido, deveriam as "violações contratuais", que, sobretudo, foram temidas do lado do governo monárquico, dessa forma, *ser* sancionadas e, com isso, *impedidas*.

No plano da Federação ou do Império, o desenvolvimento decorreu mais arrastadamente. A intenção original, de criar um Tribunal Federal para a Federação Alemã de 1815, fracassou; um controle normativo, aliás, certamente não teria entrado com consideração, devido ao caráter confederado da Federação alemã. A Constituição do Império de Frankfurt, de 1849, previu, ao contrário, um Tribunal Imperial com um catálogo de competências judicial-constitucional amplo que, entre outras coisas, continha um controle normativo abstrato dos Estados particulares e um recurso constitucional do cida-

15. Comparar para o desenvolvimento da jurisdição constitucional na Alemanha U. Scheuner, *Die Überlieferung der deutschen Staatsgerichtsbarkeit im 19. und 20. Jahrhundert*, in: Ch. Starck (Hg.), *Bundesverfassungsgericht und Grundgesetz*, Bd. I, 1976, S. 1 ff.; R. Hoke, *Verfassungsgerichtsbarkeit in den deutschen Ländern in der Tradition der deutschen Staatsgerichtsbarkeit*, in: Ch. Starck/K. Stern (Hg.), *Landesverfassungsgerichtsbarkeit*, Bd. I, 1983, S. 25 (56 ff.).

16. Comparar para isso Hoke (nota 15), S. 30 ff., com mais indicações.

dão;[17] ela, contudo, como é sabido, não se tornou eficaz juridicamente. A Constituição do Império de 1871 renunciou totalmente a uma jurisdição estatal ou constitucional própria. Mesmo as tarefas, necessárias no Estado Federal, da decisão de litígios entre os Estados-membros não foram transferidas a um tribunal, mas ao Conselho Federal, portanto a um órgão constitucional, todavia composto federativamente, para a "resolução" de tais conflitos.[18] A Constituição do Império de Weimar de 1919 previu, sem dúvida, outra vez, um Tribunal estatal, mas somente para decisões de conflitos jurídicos federativos (litígios entre o Império e os Estados e os Estados um com o outro), de litígios no interior de um Estado e de acusações contra ministros.[19] Um primeiro passo para o controle normativo (abstrato) realizou-se, todavia, pelo art. 13, II, da Constituição do Império de Weimar, segundo o qual o Tribunal Imperial ou o Tribunal da Fazenda Imperial tinham de, por solicitação do governo imperial ou de um governo estadual, decidir sobre a compatibilidade de direito estadual com direito imperial.[20] Conforme o objeto, porém, tratava-se de um litígio federativo ou de um ato do controle imperial. O exame principal ou incidental de leis imperiais no tocante à sua compatibilidade com a Constituição imperial não estava regulado.[21]

A visão de conjunto histórica sobre a competência limitada da jurisdição estatal, contudo, compreende somente um âmbito parcial da problemática total. Ao lado disso, efetivou-se um desenvolvimento, ou seja, que, enfim, ainda conduziu à imposição do controle normativo, sem dúvida, não pela ampliação das competências dos tribunais

17. §§ 125 e ss da Constituição do Império Alemão de 28.3.1849, impresso em E. R. Huber, *Dokumente zur deutschen Verfassungsgeschichte*, Bd. 1, 1961, S. 304 ff.

18. Comparar o art. 76 da Constituição do Império Alemão de 16.4.1871, impresso em E. R. Huber, *Dokumente zur deutschen Verfassungsgeschichte*, Bd. 2, 1964, S. 288 (305).

19. Comparar para isso Hoke, (nota 15), S. 80 ff.; E. R. Huber, Bd. VI, 1981, S. 546 ff.

20. Art. 13, II, da Constituição do Império de Weimar e Lei de Execução de 8.4.1920 (RGBl. S. 510); comparar para isso Hoke (nota 15),S. 92 ff.; Huber (nota 19), S. 562 f.

21. O problema do direito ao exame judicial foi na assembléia nacional dadora da Constituição de 1919, sem mais, visto e discutido pormenorizadamente, mas conscientemente deixado em aberto, uma vez que não se pôde acordar. Comparar as *Verh. der verfassungsgebenden Deutschen Nationalversammlung*, Bd. 336, Aktenstück Nr. 391, *Bericht des Verfassungsausschusses*, 1920, S. 483 ff.

estatais (o que somente pelo legislador teria sido possível), mas pelo controle incidental dos tribunais no quadro de conflitos jurídicos concretos. Já no século XIX, o chamado direito ao exame judicial, isto é, a competência dos tribunais para revisar a lei, relevante para a decisão no caso concreto no tocante à sua constitucionalidade e, no caso de anticonstitucionalidade, para deixá-la inaplicada, foi calorosamente discutido e, muitas vezes, afirmado.[22] Ocasionalmente, naquele tempo, também os tribunais empregaram para si o direito ao exame e não aplicaram uma lei, segundo sua concepção, anticonstitucional, no caso concreto.[23] No tempo de Weimar, depois de 1919, a discussão intensificou-se; o direito ao exame judicial foi, doravante, na literatura afirmado progressivamente, todavia permaneceu sempre debatido.[24] A ruptura decisiva, na prática, realizou-se pela sentença do Tribunal Imperial de 4.11.1925, na qual este declarou-se, inequivocamente, a favor do direito ao exame judicial.[25]

A discussão de quase 100 anos sobre o direito ao exame judicial proporciona um arsenal total de argumentos *pró* e *contra*. Os argumentos dogmático-jurídicos conduziram certamente, em geral, a uma situação de empate ou reciprocamente se anulavam novamente. Assim, por um lado, foi deduzido do princípio da divisão de poderes que o juiz não está sobre a lei, mas abaixo dela e tem de, por conseguinte, aplicá-la, mesmo quando não-examinada. Enquanto, por outro, foi acen-

22. Comparar para isso as indicações em E. R. Huber, *Deutsche Verfassungsgeschichte*, Bd. III, 3. Aufl. 1988, S. 1057; Ch. Gusy, *Richterliches Prüfungsrecht*, 1985, S. 29 ff. Concepções diferentes nasceram também sobre o alcance do direito ao exame judicial (direito ao exame formal mais estreito ou mais amplo, direito ao exame material?). Um direito ao exame amplo foi, sobretudo, aceito por R. v. Mohl, comparar *Staatsrecht, Völkerrecht und Politik*, Bd. I, 1860, S. 81 ff.

23. Conhecidas são, sobretudo, as decisões do Tribunal de Apelação Superior do principado de Hesse durante o litígio constitucional de 1850. Comparar para isso, sobretudo, E. R. Huber, *Deutsche Verfassungsgeschichte*, Bd. II, 3. Aufl. 1988, S. 908 ff. referências a outras decisões em Gusy, (nota 22), S. 25 ff.

24. Comparar para isso Huber (nota 22), S. 564; Ch. Gusy (nota 19), S. 90 ff.; W. Appelt, *Geschichte der Weimarer Verfassung*, 2. Aufl. 1964, S. 291, 300, 358 (muito crítico); H. Maurer, *Das richterliche Prüfungsrecht zur Zeit der Weimarer Verfassung*, DÖV 1963, 683 ff.

25. RGZ 111, 320, 322 f. O Tribunal comprova, primeiro, que a questão do direito ao exame judicial não está nem positiva nem negativamente regulada e o afirmou, a seguir, com a alusão, que o juiz, na contradição entre lei e Constituição, somente pode observar uma norma, essa, porém, deve ser a Constituição, que vincula mais fortemente.

tuado que o juiz somente poderia aplicar uma lei válida; uma lei anticonstitucional, porém, não é válida, e é isso o que o juiz, em primeiro lugar, tem de examinar. Da sanção das leis pelo imperador ou presidente imperial foram igualmente tiradas conseqüências jurídicas diferentes. Progressivamente, contudo, foi reconhecido que o problema não se deixa solucionar somente com realizações da prova jurídico-positivas e que argumentam conceitualmente, mas requer-se uma ponderação de interesses sobre a base das decisões fundamentais jurídico-constitucionais. No segundo plano, estava a questão se as instalações jurídico-constitucionais existentes garantiam proteção suficiente contra violações constitucionais pelo legislador.[26]

O reconhecimento fundamental da revisão judicial da constitucionalidade de leis realizou-se, como mostram as exposições até agora, não por um ato legislativo, mas – de certo modo ao lado da criação de leis – pela jurisprudência judicial superior. Mais do que um controle incidental, contudo, no caminho do aperfeiçoamento do direito, não era realizável. Isso teve, outra vez, como conseqüência, que não só o Tribunal Imperial como Tribunal Supremo, mas todos os tribunais, inclusive os do plano inferior, estavam autorizados e obrigados ao controle normativo incidental. De uma parte da literatura, por conseguinte, foi temido não só o prejuízo da autoridade do legislador, mas também, e sobretudo, o perigo à unidade jurídica e à certeza jurídica por decisões contraditórias. Genericamente foi sustentada a concepção de que a competência para a rejeição deveria ser concentrada no Tribunal estatal.

Doravante produziram-se também iniciativas legislativas. O governo imperial apresentou, em 11.12.1926, ao Parlamento Imperial, um projeto de uma lei sobre o exame da constitucionalidade de prescrições do direito imperial.[27] Tal projeto afirmava, primeiro, o direito

26. Assim a colocação da questão de R. Thoma em sua comunicação no Primeiro Congresso da Associação dos Professores de Direito do Estado de 1922, impresso em AÖR Bd. 43 (1922) S. 267 ff., afirmava essa questão. Outros professores de direito do Estado a negavam, assim, por exemplo, Morstein Marx, *Variationen über die richterliche Zuständigkeit zur Prüfung der Rechtsmäßigkeit des Gesetzes*, 1927, S. 73 ff.; E. v. Hippel, *Das richterliche Prüfungsrecht*, in: Anschütz/Thoma, *Handbuch des Deutschen Staatsrecht*, Bd. II, 1932, S. 546 (556).

27. *Verh. des Reichstags*, III. Wahlperiode, Drs. Nr. 2855. Comparar para isso W. Külz (Ministro do Interior Imperial e autor da lei), *Die Prüfung der Ver-*

ao exame judicial geral, mas deslocou a competência para a rejeição ao Tribunal estatal; introduziu, segundo, um controle normativo abstrato neste Tribunal por solicitação do governo imperial ou por cada um terço do Parlamento Imperial ou do Conselho Imperial; e determinou, terceiro, que o Tribunal estatal, por solicitação do Presidente Imperial ou do governo imperial, tinha de fazer um parecer sobre a constitucionalidade de votações de leis do Parlamento Imperial. O projeto, contudo, não ultrapassou os inícios do debate parlamentar. O mesmo destino sofreu um projeto de lei correspondente, que foi apresentado no período da legislatura seguinte.[28] Somente depois de 1945, essas idéias legislativas foram novamente retomadas. As Constituições estaduais, que em 1946/1947 foram promulgadas nos Estados das zonas de ocupação americana e francesa daquele tempo, previam geralmente o direito ao exame judicial com o dever de apresentação no Tribunal Estatal e o controle normativo abstrato. A Lei Fundamental associou-se a esse desenvolvimento e o trouxe à conclusão.

4. Os fundamentos do controle normativo judicial-constitucional

4.1 Princípio do Estado de Direito

A decisão da Lei Fundamental para o controle normativo judicial-constitucional conclui o desenvolvimento histórico e consuma o Estado de Direito em perspectiva jurídico-constitucional. O princípio do Estado de Direito pede não só a vinculação do legislador à Constituição como ordem fundamental do Estado, mas também um controle correspondente por uma instância politicamente independente, isto é, por um tribunal. Em perspectiva estatal-jurídica, seria, ademais, insuportável se o juiz, exclusivamente obrigado ao direito, devesse aplicar uma lei que ele considera anticonstitucional. Ele deve, pelo menos, estar em condições de produzir um esclarecimento no âmbito da jurisdição. Pelo monopólio de rejeição judicial-constitucional é, em contrapartida, no interesse da certeza jurídica, garantido que não cada tri-

fassungsmäßigkeit von Vorschriften des Reichsrechts, DJZ 1926, 837 ff.; crítico R. Grau, *zum Gesetzentwurf über die Prüfung der Verfassungsmäßigkeit von Reichsgesetzen und Reichsverordnungen*, AÖR Bd. 11 (1926) S. 287; ademais, Huber (nota 24), Bd. VI S. 563 f.; *Maurer*, DÖV 1963, 686 f.

28. *Verh. des Reichstags*, IV. Wahlperiode, Drs. Nr. 382.

bunal particular, mas somente o Tribunal Constitucional, que mesmo é órgão constitucional, oponha-se ao parlamento legislador.

4.2 Princípio da divisão de poderes

A favor dessa decisão fala também o princípio da divisão de poderes, que, aliás, na literatura é considerado parte e desembocadura do princípio do Estado de Direito. Nessa relação de balanceamento, cabe à jurisdição constitucional um significado específico. Ela tem de decidir, no caso litigioso, sobre as vinculações e limites jurídico-constitucionais dos outros poderes estatais, mas não deve, por causa de sua própria vinculação à Constituição, tornar-se politicamente ativa. Claro que litígios jurídico-constitucionais têm, em geral, um fundo político com a conseqüência que as próprias sentenças judicial-constitucionais são um processo, acontecimento, objeto ou outra coisa de significado político e, muitas vezes, causam conseqüências políticas extensas. Mas isso nada modifica visto que o próprio tribunal constitucional não tem de decidir segundo considerações de conformidade com a finalidade políticas, mas exclusivamente segundo critérios jurídico-constitucionais.

4.3 Princípio democrático

Não pode ser posto em dúvida que o Tribunal Constitucional Federal é legitimado democraticamente pela ancoração na Constituição democrática, pela eleição democrática dos juízes constitucionais e pela vinculação da jurisprudência do Tribunal Constitucional Federal à Constituição. Em perspectiva democrática, contudo, existe uma relação de tensão entre a jurisdição constitucional e a criação de leis. As leis são promulgadas pelo Parlamento imediatamente legitimado democraticamente e representante imediato do povo. É sustentável que as leis, que pelo parlamento são aprovadas pela maioria, possivelmente até uniformemente, podem ser rejeitadas pelo Tribunal Constitucional Federal como anticonstitucionais? E isso mesmo sendo a questão da anticonstitucionalidade muitas vezes duvidosa e discutível? Essas questões sugestivas, contudo, vão na direção falsa. O princípio democrático pode, sem dúvida – conforme a proximidade da base democrática –, fundamentar uma legitimidade graduada. Mas disso, ainda, não resulta nenhuma ordem hierárquica dos órgãos constitucionais e nenhum desnível de competências entre os órgãos constitucionais. A Lei Fundamental antes distribuiu, em conformidade com o princípio da divisão de poderes, as competências aos órgãos constitucionais distintos e conferiu ao Tribunal Constitucional Federal a competência para o asseguramento da constitucionalidade das leis no quadro de um procedimento judicial. O princípio democrático, aliás, não vale absolutamente, mas deve ser visto em conexão com os outros princípios constitucionais, pelos quais ele é complementado, intensificado, mas também relativizado e limitado.

4.4 Partidos políticos

A jurisdição constitucional também desempenha no quadro da estatalidade partidária, que é expressamente reconhecida pelo art. 21, I, da Lei Fundamental,[29] um papel considerável. Quando se trata do Parlamento legislador deve imediatamente ser acrescentado, em pensamento, que os partidos representados no parlamento – seja um com o outro, seja um contra o outro – tomam as decisões legislativas determinantes. Isso significa que com o controle normativo não só a própria lei, mas também os projetos políticos sustentadores dos partidos são revisados jurídico-constitucionalmente e, dado o caso, rejeitados. O Tribunal Constitucional Federal opõe-se, com isso, não só aos outros órgãos constitucionais, mas também aos partidos políticos. Isso se torna atual, sobretudo quando a lei foi votada pela maioria do governo, a oposição vencida politicamente, contudo, descobre defeitos jurídico-constitucionais e, por conseguinte, chama o Tribunal Constitucional Federal. O Tribunal Constitucional Federal é então, de certo modo, o juiz arbitral entre os partidos políticos. Como na atualidade todos os órgãos constitucionais políticos são ocupados mais ou menos pelos partidos, somente resta, ainda, o Tribunal Constitucional Federal como contrapeso. Segundo as regulações jurídico-constitucionais, o procedimento de produção de leis transcorre em cinco graus (iniciativa legislativa, tomada de decisão do Parlamento Federal, cooperação do Conselho Federal, sanção pelo Presidente Federal e publi-

29. O art. 21, I, da Lei Fundamental diz: "Os partidos cooperam na formação da vontade política do povo".

cação no *Diário Oficial* da Federação).[30] Com a publicação da lei no diário oficial da federação, pode a lei, em si, entrar em vigor. Como, porém, leis politicamente debatidas, em geral, ainda são apresentadas ao Tribunal Constitucional Federal para exame (pela oposição no parlamento federal, por um ou alguns Estados federados), pode-se – um pouco exageradamente – dizer que a lei, primeiro, então, torna-se eficaz juridicamente, quando o Tribunal Constitucional Federal, no procedimento de controle normativo subseqüente, certificou a constitucionalidade da lei.

5. Os procedimentos de controle normativo particulares

5.1 O controle normativo abstrato

O controle normativo abstrato, segundo o art. 93, I, n. 2, da Lei Fundamental, por assim dizer, constitui a forma pura da revisão judicial-constitucional de normas jurídicas na Constituição. Objeto do exame são, em primeiro lugar, leis formais (leis do Parlamento); mais além, porém, também entram em consideração outras normas jurídicas, em especial, regulamentos jurídicos e estatutos, ainda que isso, por causa da subsidiariedade da jurisdição constitucional, só raramente será o caso. Mesmo contratos estatais entre os Estados federados e contratos de direito internacional público podem ser revisados; eles, sem dúvida, não são imediatamente objeto do controle normativo, mas a lei de aprovação, que lhes deve proporcionar validez, pode ser impugnada com a fundamentação de que ela é anticonstitucional, porque ela diz respeito a um contrato anticonstitucional.[31] Análogo vale para o plano orçamentário e a lei orçamentária.[32]

A limitação determinante realiza-se pelo círculo restrito dos órgãos constitucionais facultados à solicitação. Somente o governo federal, um governo estadual ou um terço dos membros do Parlamento Federal podem apresentar uma solicitação e, com isso, promover o controle normativo abstrato. A violação de direitos subjetivos do solicitador não é necessária. O controle normativo abstrato não é um pro-

30. Comparar para isso o art. 76 e ss. da Lei Fundamental.
31. *BVerfGE* 4, 157, 161 ff.; 36, 1, 13.
32. Comparar *BVerfGE* 20, 56, 89 ff.; 79, 311, 326.

cedimento de proteção jurídica subjetivo, mas um procedimento objetivo de objeção. O Tribunal Constitucional Federal pede, simplesmente, um interesse de esclarecimento que, porém, em regra, já está dado com a dúvida ou divergências de opiniões sobre a constitucionalidade da lei. Conseqüentemente, também não existe, no procedimento do controle normativo abstrato, nenhum oponente. Mas o Tribunal Constitucional Federal pode dar aos órgãos constitucionais da Federação e dos Estados oportunidade para tomada de posição, também no procedimento oral, de modo que as concepções jurídicas diferentes, dessa forma, podem expressar-se.

O Tribunal Constitucional Federal examina, no caso do controle normativo abstrato, exclusivamente – em primeiro lugar – a compatibilidade da lei com a Constituição. Na decisão do controle normativo definitiva é comprovado que a lei é compatível com a Lei Fundamental ou não. Essa comprovação é – do mesmo modo como a lei afetada – de vinculatividade geral.

Na prática, o controle normativo abstrato ocorre de modo relativamente raro, mas concerne, em geral, nesses raros casos, a litígios de peso político considerável. Ele dá, sobretudo à oposição, a possibilidade de – diretamente no Parlamento Federal (na medida em que ela compreenda, pelo menos, um terço dos membros desse Parlamento) ou por um governo estadual político-partidariamente unido a ela – derrubar uma lei, cuja aprovação ela não pôde impedir no Parlamento Federal, ainda diante do Tribunal Constitucional Federal. Ademais, litígios estaduaisl-federais, que dizem respeito a uma lei federal ou a uma lei estadual, podem ser dirimidos dessa forma. Assim pode, por exemplo, um governo estadual demandar com a fundamentação de que uma lei federal intervém nas competências dos Estados determinadas jurídico-constitucionalmente.

5.2 O controle normativo concreto

O controle normativo concreto, segundo o art. 100, I, da Lei Fundamental, concerne ao caso de que a questão da constitucionalidade de uma lei se torna atual – incidentalmente – no quadro de um conflito jurídico concreto. A Lei Fundamental assume o direito ao exame judicial tradicional, que se formou na época de Weimar, mas o modifica simultaneamente, ao reservar a ela a competência de rejeição ao Tribunal Constitucional Federal.[33]

a) Segundo o art. 100, I, da Lei Fundamental, os tribunais têm, à medida que resultam dúvidas, ou objeções correspondentes são expostas por uma das partes, de examinar a constitucionalidade das leis a serem por eles aplicadas e de tomar uma decisão sobre isso. Se o tribunal afirma a constitucionalidade, então ele tem de aplicar a lei e de decidir o caso concreto respectivamente. Se ele nega a constitucionalidade, então ele tem de suspender o procedimento e de pedir a decisão do Tribunal Constitucional Federal. O Tribunal Constitucional Federal decide com base na apresentação, mas somente sobre a constitucionalidade da lei, não sobre o conflito jurídico concreto. Sua decisão é definitiva e de vinculatividade geral. O tribunal que apresenta tem de, sob a observância da decisão do Tribunal Constitucional Federal, continuar o seu procedimento.

A apresentação judicial é, a rigor, uma solicitação de realização de um controle normativo principal. O conflito jurídico concreto é somente motivo da apresentação. O objeto do procedimento judicial-constitucional é exclusivamente a questão da constitucionalidade da lei. Trata-se, por isso, da perspectiva do processo concreto, de um procedimento intermediário independente, conforme o objeto, de um controle normativo principal.

b) Finalidade do monopólio da rejeição é a proteção do legislador parlamentar. Deve ser impedido que cada tribunal particular passe por alto da vontade do legislador e recuse a aplicação a uma lei no caso concreto por causa de anticonstitucionalidade e nulidade pretendidas.[34] Ao lado disso, desempenham um papel fundamental os pontos de vista da certeza jurídica e da unidade jurídica, que podem ser alcançados pelo monopólio de rejeição do Tribunal Constitucional Federal.[35] Da idéia da proteção ao Parlamento resultam duas limitações essenciais: o monopólio da rejeição se restringe, por um lado, a leis formais[36] e, por

33. Comparar para isso item 3 *supra*.

34. Assim já *BVerfGE* 1, 184, 197 f.; jurisprudência constante, comparar, por exemplo, *BVerfGE* 86, 71, 77.

35. Comparar *BVerfGE* 68, 337, 344 f.; 97, 117, 122; ademais, Schlaich/Korioth (nota 5), S. 98 f., que direcionam exclusivamente para esses pontos de vista.

36. *BVerfGE* 1, 184, 189 ff.

outro, também sob esse aspecto, somente a leis pós-constitucionais, isto é, àquelas leis que foram promulgadas após a entrada em vigor da Lei Fundamental ou de sua modificação decisiva.[37] O efeito de proteção do art. 100, I, da Lei Fundamental não tem lugar, ao contrário, em regulamentos jurídicos e estatutos que são promulgados pelo Executivo ou uma entidade com auto-administração e em leis pré-constitucionais, cuja anticonstitucionalidade é condicionada pela modificação da Constituição e, por isso, não pode ser dada a culpa ao legislador.[38]

c) A apresentação judicial é dependente de determinados pressupostos, mas deve, quando esses pressupostos existem, também realizar-se efetivamente.

aa) Como resulta das exposições do item b), a apresentação judicial entra em consideração somente em leis pós-constitucionais formais; é, portanto, sob esse aspecto, mais estreita que o controle normativo abstrato. Sobre a constitucionalidade e a juridicidade de regulamentos jurídicos e estatutos, o próprio tribunal ordinário tem de, no quadro do conflito jurídico concreto, decidir e, para esse, decisivamente.

bb) A apresentação judicial pressupõe, ademais, que a lei duvidosa é, segundo a concepção do tribunal que apresenta, anticonstitucional. Mera dúvida ou objeções não bastam. O tribunal ordinário deve, pelo contrário, antes de apresentar ao Tribunal Constitucional Federal, tomar uma decisão sobre a anticonstitucionalidade da lei e fundamentar pormenorizadamente essa decisão, sob a consideração da literatura e jurisprudência.[39]

cc) Por fim, a apresentação judicial somente é admissível, quando a anticonstitucionalidade da lei é relevante para a decisão.[40] Isso,

37. *BVerfGE* 2, 124, 128 ff.

38. A restrição a leis pós-constitucionais sempre de novo se torna problemática, quando uma lei pré-constitucional só parcialmente é modificada por uma lei pós-constitucional. Claro que as partes modificadas são pós-constitucionais, mas como fica com as partes da lei não modificadas expressamente? O Tribunal Constitucional Federal direciona para isto, se o dador de leis "acolheu em sua vontade e, com isso, certificou" essas partes; a "vontade de certificação" deve ser averiguada do conteúdo da lei e da conexão, comparar, por exemplo, *BVerfGE* 6, 55, 64 ff.; 64, 217, 220 f.

39. *BVerfGE* 1, 184, 189; jurisprudência constante, comparar, por exemplo, *BVerfGE* 80, 59, 65.

40. Comparar *BVerfGE* 7, 171, 173; jurisprudência constante, comparar, por exemplo, *BVerfGE* 89, 329, 337; 105, 61, 67. O Tribunal Constitucional Federal

somente então, deve ser aceito quando o tribunal tiver de decidir de outra forma o conflito jurídico concreto em invalidade da lei do que em sua validade. Se, por exemplo, um acusado já deve ser absolvido, porque os pressupostos do tipo da lei penal correspondente não estão dados, não se trata da anticonstitucionalidade da lei penal, porque – de uma maneira ou de outra – uma absolvição deveria realizar-se. O tribunal deve, portanto, primeiro fazer todas as averiguações fáticas e esclarecer todas (as outras) questões jurídicas e somente pode, quando também então ainda se *trata* da anticonstitucionalidade da norma determinante, apresentar a matéria ao Tribunal Constitucional Federal. Isso pode conduzir a averiguações amplas, também a diligências de provas dispendiosas, que então parecem desnecessárias, quando posteriormente é comprovado que a lei determinante era anticonstitucional e nula e – *já* por esses fundamentos – a demanda deveria ser acolhida. Fundamentos econômico-processuais podem, por isso, falar em favor de uma apresentação anterior. O Tribunal Constitucional Federal persevera, não obstante, fundamentalmente nos requisitos da relevância da decisão e admite, todavia, também exceções.[41]

d) Os pressupostos mencionados limitam conscientemente a apresentação judicial. A restrição a leis formais serve, como já foi exposto, à proteção do legislador parlamentar. Ambos os outros pressupostos servem, por um lado, ao alívio do Tribunal Constitucional Federal, que deve ser preservado de apresentações judiciais precipitadas e não asseguradas suficientemente. Por outro, eles devem garantir que os aspectos específico-técnicos da norma duvidosa e suas repercussões, jurídicas e práticas, sejam pré-esclarecidos pelos tribunais especializados.

5.3 O recurso constitucional

a) O recurso constitucional, com o qual o cidadão pode fazer valer a violação de seus direitos fundamentais,[42] pode conduzir tanto a

coloca exigências altas na "convicção" e na "relevância da decisão" e, por esses fundamentos, sempre de novo negou a admissibilidade da apresentação judicial.

41. Comparar *BVerfGE* 47, 146, 157 ff., onde os pressupostos do § 90, II, 2, da Lei sobre o Tribunal Constitucional Federal são invocados analogamente.

42. A base jurídica forma o art. 93 I, n. 4a, da Lei Fundamental, §§ 90 e ss., da Lei sobre o Tribunal Constitucional Federal.

um controle normativo principal como a um controle normativo incidental. No primeiro caso, ele se dirige imediatamente contra uma lei (recurso constitucional de lei); no segundo caso, ele se dirige contra uma sentença judicial com a fundamentação que ela é antijurídica, porque ela se baseia em uma lei anticonstitucional (recurso constitucional de sentença). O recurso constitucional dirigido imediatamente contra uma lei forma a exceção. Ele somente é admissível quando o promovente do recurso é violado mesmo, atual e imediatamente pela lei em seus direitos fundamentais e a via jurídica está esgotada.[43]

b) O recurso constitucional tem uma função dupla. Ele serve, por um lado, à proteção dos direitos fundamentais do cidadão e, por outro, à salvaguarda e à continuação do desenvolvimento do direito constitucional objetivo.[44] A primeira alternativa está no primeiro plano. Com o recurso constitucional o sistema de proteção jurídica alcança, na Alemanha, a conclusão que o coroa. O cidadão pode, em violação de seus direitos fundamentais, chamar o tribunal mais alto. Ele deve, sem dúvida, se acredita estar violado em seus direitos pelo Poder Público, primeiro chamar o tribunal administrativo ou o tribunal competente costumeiramente, mas pode, então, quando sua demanda e os recursos jurídicos subseqüentes ficarem sem resultado, promover, enfim, no Tribunal Constitucional Federal, recurso constitucional. Em conformidade com isso, o procedimento é formado como de proteção jurídica subjetiva.

c) Os pressupostos do recurso constitucional consistem no que segue:

aa) O recurso constitucional pode ser promovido por *qualquer um*. Ao contrário dos outros procedimentos judicial-constitucionais, não são os órgãos constitucionais que se apresentam como solicitador, mas pessoas privadas. Trata-se de uma demanda do cidadão.

bb) Objeto do procedimento podem ser todos os atos do poder estatal: leis, regulamentos jurídicos e estatutos, ademais, atos de governo, atos administrativos e outras medidas administrativas, enfim, também decisões judiciais de todos os tipos e graus. As decisões judiciais estão até no primeiro plano, porque, como ainda deve ser mos-

43. Comparar para isso circunstanciado infra.
44. Comparar para isso *BVerfGE* 85, 109, 113.

trado, o recurso constitucional é admissível, primeiro, depois do esgotamento da via jurídica.

cc) Com o recurso constitucional, a violação de direitos fundamentais e de alguns outros direitos iguais aos direitos fundamentais, mencionados no art. 93, I, n. 4a, da Lei Fundamental,[45] pode ser objetada. A violação de direitos subjetivos, que só legalmente são fundamentados, ao contrário, não podem ser feitos valer no quadro do recurso constitucional.

dd) O promovente do recurso deve estar afetado mesmo, atual e imediatamente em seus direitos fundamentais pelo ato estatal que lhe prejudica. *Mesmo* diz respeito à pessoa do promovente do recurso (ele, não uma outra pessoa); *atual* diz respeito à data (agora, não depois em um momento qualquer, uma vez); e *imediatamente* ao efeito do ato que prejudica (sem intercalação possível de um outro ato jurídico). O terceiro pressuposto desempenha, na prática, exatamente em leis, um papel considerável. A imediatidade falta, quando a lei pode, ou até deve, ser efetivada. O afetado deve, antes, aguardar os atos de efetivação ou outros atos de aplicação e demandar contra esses. O tribunal competente irá, no caminho do controle incidental, examinar a constitucionalidade da lei que está na base do ato de efetivação. Se ele nega a constitucionalidade, então ele deve, segundo o art. 100, I, da Lei Fundamental, apresentá-la ao Tribunal Constitucional Federal. Se ele a afirma, então ele tem de decidir o fundo do assunto sob aplicação da lei. O demandante, contudo, não precisa aceitar essa decisão, mas pode promover recursos jurídicos contra ela e, quando também estes ficarem sem resultado, chamar o Tribunal Constitucional Federal no caminho do recurso constitucional contra a sentença de última instância. O recorrente deve esgotar todos os recursos jurídicos antes de ele promover o recurso constitucional.[46] Este é considerado como *ultima ratio*. O princípio da subsidiariedade, que nisso se expressa, deve – como no controle normativo concreto – aliviar o Tribunal Constitucional Federal, proporcionar ao Tribunal Constitucio-

45. Art. 33 (direitos cívicos iguais), art. 38 (direito eleitoral), art. 101 (juiz legal), art. 103 (audiência judicial, direitos jurídico-penais determinados), e art. 104 da Lei Fundamental (privação da liberdade).

46. Comparar para isso também o § 90, II, 1, da Lei sobre o Tribunal Constitucional Federal.

nal Federal a concepção dos tribunais especializados em perspectiva fática e jurídica e garantir a competência dos tribunais especializados.

d) Se o recurso constitucional contra uma sentença de última instância é exitoso, porque a lei que está na base da sentença se mostra anticonstitucional, o Tribunal Constitucional Federal deve anular a sentença impugnada e, dado o caso, remeter a matéria ao tribunal competente.[47] Ademais, deve o Tribunal Constitucional Federal declarar expressamente nula a lei, cuja anticonstitucionalidade ele comprovou incidentalmente.[48] Isso significa que o recurso constitucional de sentença conduz não somente à comprovação incidental da nulidade da lei, mas também à declaração de nulidade de vinculatividade geral da lei.

e) O número dos recursos constitucionais que entraram no Tribunal Constitucional Federal no decorrer do tempo cresceu consideravelmente. Ele se situa, atualmente, em aproximadamente 5.000 recursos constitucionais por ano. As conseqüências são a carga crescente do tribunal, o número ascendente dos casos não-resolvidos e o perigo, disso resultante, para a aptidão funcional do tribunal. Isso vale tanto mais que um grande número das novas entradas poderiam ser classificadas, de antemão, como inadmissíveis ou infundadas. Foram, por isso, sempre de novo, feitas tentativas para limitação do recurso constitucional ou para a separação de recursos constitucionais inadmissíveis ou insignificantes. Também o legislador tentou, muitas vezes, por regulações correspondentes, reagir contra essa afluência. Segundo as regulações atualmente determinantes, o recurso constitucional carece "da aceitação para a decisão".[49] Ele deve ser aceito, quando lhe cabe significado jurídico-constitucional fundamental ou quando parece conveniente para a imposição dos direitos fundamentais do recorrente, o que, em regra, é então o caso, quando para este, pela recusa da decisão sobre o fundamento do assunto, nasce uma desvantagem especialmente grave. Sobre a aceitação. decide primeiro uma câmara, composta por três juízes constitucionais federais, e, então, o Senado. As câmaras podem, sob determinados pressupostos, decidir o fundo do assunto. Fala-se, nesses casos, de decisões da câmara, em oposição às decisões do Senado.

47. § 95, II, da Lei sobre o Tribunal Constitucional Federal.
48. § 95, III, da Lei sobre o Tribunal Constitucional Federal.
49. Comparar os §§ 93a-d da Lei sobre o Tribunal Constitucional Federal.

5.4 Procedimento litigioso entre órgãos

O procedimento litigioso entre órgãos é um procedimento contraditório autêntico entre dois órgãos constitucionais (por exemplo, governo federal contra Parlamento Federal) ou dentro de um órgão constitucional (por exemplo, deputados contra Presidente do Parlamento Federal) sobre direitos e deveres fundamentados jurídico-constitucionalmente (art. 93, I, n. 1, da Lei Fundamental).[50] Objeto do procedimento litigioso entre órgãos podem ser todas as medidas, relevantes juridicamente, do oponente, pelas quais o solicitador é violado em seus direitos – também a promulgação de uma lei, mais exatamente, da votação da Lei do Parlamento Federal e do Ato de Cooperação do Conselho Federal no procedimento de formação das leis.[51] O solicitante, nesse caso, sem dúvida, não alcança uma decisão de controle normativo de vinculatividade geral, mas a comprovação do vínculo judicial-constitucional, que a promulgação da lei foi anticonstitucional. Mas se a promulgação da lei é anticonstitucional, então também o produto do procedimento de formação das leis, ou seja, a própria lei, é anticonstitucional. A anticonstitucionalidade das votações das leis indicia a anticonstitucionalidade da lei. Dessa forma, o solicitador alcança, no procedimento litigioso entre órgãos, o mesmo objetivo como no controle normativo abstrato. Isso também é praticamente significativo, porque o círculo dos facultados à solicitação do controle normativo abstrato, segundo o art. 93, I, n. 2, da Lei Fundamental, é limitado. Pelo procedimento litigioso entre órgãos, também deputados individualmente e frações do Parlamento Federal, assim como partidos políticos[52] podem impor um controle normativo, por

50. O texto do art. 93, I, n. 1, da Lei Fundamental, indica, sem dúvida, antes uma interpretação normativa abstrata por motivo de um litígio entre dois órgãos constitucionais. Ele é, contudo, pelos §§ 63 e ss. da Lei sobre o Tribunal Constitucional Federal, concretizado no sentido de um procedimento litigioso contraditório. Para isso, comparar *BVerfGE* 2, 143, 155 ff.; Schlaich/Korioth (nota 5), S. 56 ff.

51. Comparar *BVerfGE* 1, 208, 220; jurisprudência constante, comparar *BVerfGE* 82, 322, 335.

52. Eles têm, segundo jurisprudência constante do Tribunal Constitucional Federal, no direito processual constitucional, a posição de órgãos constitucionais, à medida que eles fazem valer o seu *status* jurídico-constitucional, segundo o art. 21, I, da Lei Fundamental, comparar *BVerfGE* 1, 208, 223 ff.; 4, 27, 30 f.; 20, 119, 128 ff.; 82, 322, 335 f. A doutrina preponderante recusa essa concepção e remete os partidos políticos ao recurso constitucional, mas ignora nisso, que o art. 21 da Lei Fun-

assim dizer, disfarçado. O procedimento litigioso entre órgãos, todavia, não é um procedimento objetivo de objeção, mas um procedimento de proteção jurídica subjetivo. Por isso, esse *controle normativo* pressupõe que o demandante, pela promulgação da norma, é violado em seus direitos fundamentados jurídico-constitucionalmente.

5.5 Controles normativos limitados objetivamente

Um controle normativo limitado objetivamente deve então ser aceito, quando o critério de exame ou o objeto de exame se limita materialmente a um determinado âmbito. Isso vale para o recurso constitucional comunal e o exame da Lei Eleitoral no quadro do procedimento de exame de eleição.

a) Com o chamado recurso constitucional comunal, segundo o art. 93, I, n. 4b, da Lei Fundamental, podem os municípios e uniões de municípios fazer valer a violação da auto-administração do art. 28, II, da Lei Fundamental por uma lei. Como critério de exame, somente entra em consideração a garantia deste dispositivo. Objeto do controle podem ser, ao contrário, todas as leis.[53] A questão, se se trata de um procedimento objetivo de objeção ou de um procedimento de proteção jurídica subjetivo, depende disto, se o art. 28, II, da Lei Fundamental contém somente uma garantia objetiva ou (também) um direito subjetivo dos municípios.[54] Conseqüências práticas não resultam disso, uma vez que estes, em todo o caso, somente então, podem demandar quando eles mesmos, atual e imediatamente são afetados pela lei objetada.[55]

b) O exame de eleições, segundo o art. 41 da Lei Fundamental, diz respeito à validade da eleição para o Parlamento Federal. Sobre objeções de eleitores e candidatos decide primeiro o próprio Parla-

damental não está mencionado no art. 93, I, n. 4a, da Lei Fundamental, e, por isso, também não é armado com recurso constitucional. Comparar para a literatura que recusa a jurisprudência, por exemplo, Henke, *Bonner Kommentar*, Art. 21 (1991) Rn. 254; Kunig, *Die Parteien*, in: Isensee/Kirchhof, *Handbuch des Staatsrechts*, Bd. II, 1987, S. 103 (145); Schlaich/Korioth (nota 5), S. 64 ff.

53. Ademais, regulamentos jurídicos e outras normas jurídicas, que desenvolvem efeito externo diante de uma comuna, comparar *BVerfGE* 76, 107, 114.

54. Comparar para isso H. Maurer, *Verfassungsrechtliche Grundlagen der Kommunalen Selbsverwaltung*, DVBl. 1995, 1037, 1041 f.

55. Assim, *BVerfGE* 71, 25, 36; 76, 107, 112 f.

mento Federal. Contra essa decisão pode, a seguir, sob determinados pressupostos, ser promovido recurso no Tribunal Constitucional Federal. Enquanto o Parlamento Federal somente decide sobre isto, se a Lei Eleitoral foi observada e aplicada acertadamente,[56] a decisão daquele Tribunal se estende também à compatibilidade da lei eleitoral, que está na base da eleição, com a Lei Fundamental, em especial, com os princípios eleitorais do art. 38, I, 2, da Lei Fundamental.[57] O exame de eleições pode, com isso, conduzir a um controle normativo incidental. É imaginável que o Tribunal Constitucional Federal declare inválida uma eleição para o Parlamento Federal, porque a Lei Eleitoral determinante é anticonstitucional.[58]

6. A decisão no procedimento de controle normativo

6.1 Declaração de nulidade

Leis anticonstitucionais são fundamentalmente nulas.[59] Isso não é, sem dúvida, totalmente indiscutível,[60] mas resulta da tradição constitucional alemã, da regulação do art. 100, I, da Lei Fundamental sobre a

56. Comparar para isso W. Hoppe, *Die Wahlprüfung durch den Bundestag (Art. 41 Abs. 1 S. 1 GG)*, DVBl. 1996, 344 ff.

57. Assim, *BVerfGE* 16, 130, 135 f.; 59, 119, 124; 79, 160, 165.

58. Isso pode conduzir a dificuldades jurídico-constitucionais e políticas consideráveis, comparar para isso H. Maurer, *Die ungültige Bundestagswahl*, 1969. O Tribunal Constitucional Federal, em sua decisão de 22.5.1963 (*BVerfGE* 16, 130), comprovou que a Lei Eleitoral (a divisão em seções de uma circunscrição eleitoral), na última eleição do Parlamento Federal, não mais correspondeu ao princípio da igualdade por causa da flutuação populacional, mas, não obstante, não foi anticonstitucional; porém somente deveria ser modificada durante o período da legislatura corrente para a próxima eleição do Parlamento. Relevante para a decisão foi que a infração contra o princípio da igualdade se produziu pela modificação das circunstâncias e, segundo a concepção do Tribunal Constitucional Federal, primeiro se torna relevante, quando ela é notória. Sem dúvida, também as conseqüências problemáticas da anulação da eleição do Parlamento desempenharam um papel.

59. Assim o Tribunal Constitucional Federal em jurisprudência constante. Comparar *BVerfGE* 1, 14, 37; 68, 384, 390; 101, 397, 409; 104, 126, 149; ademais, a doutrina dominante, comparar, por exemplo, J. Ipsen, *Rechtsfolgen der Verfassungswidrigkeit von Norm und Einzelakt*, 1980, S. 24 ff.; Schlaich/Korioth (nota 5), S. 261 ff.; H. Maurer, *Staatsrecht*, § 20 Rn. 84 ff.

60. A opinião contrária é, baseando-se no monopólio da rejeição do Tribunal Constitucional Federal, segundo o art. 100, I, da Lei Fundamental, da concepção, que

apresentação judicial, de algumas prescrições da Lei sobre o Tribunal Constitucional Federal,[61] da primazia da Constituição e da sistemática do controle normativo. Pela decisão do controle normativo será, por isso, comprovada a nulidade que resulta da anticonstitucionalidade. Essa comprovação é, em si, somente declaratória, contudo tem um efeito constitutivo, à medida que ela esclarece, determinante e vinculativamente, a situação jurídica. A declaração de nulidade atua – como a nulidade em si – *ex tunc*, isto é, a partir da data da promulgação da lei ou, quando a anticonstitucionalidade se produziu primeiro, depois, por modificação da situação fática ou jurídica, a partir desta data.

A declaração de nulidade tem efeito diferente, conforme ela se realiza no quadro do controle normativo principal ou incidental.

a) No procedimento de controle normativo principal, a própria questão da constitucionalidade da lei é objeto do procedimento e da decisão. A nulidade da lei é, por isso, explicitamente manifestada no dispositivo da decisão do controle normativo. A declaração de nulidade atua, por conseguinte, universalmente e é de vinculatividade geral. A lei anticonstitucional é, por assim dizer, separada formalmente do efetivo das normas.

b) No controle normativo incidental trata-se somente da questão se a lei, que deve ser aplicada no conflito jurídico concreto, está de acordo com a Constituição ou não. Se a constitucionalidade é negada, então a lei, como nula, não é aplicada. A decisão do controle normativo incidental vale, com isso, somente para o conflito jurídico concreto. É, sem mais, possível, sim, até provável, que outros tribunais, em procedimentos paralelos, afirmem a constitucionalidade e apliquem a lei em conformidade com isso. A decisão judicial superior irá trazer um esclarecimento definitivo em virtude de seu efeito de prejulgamento.

6.2 Alternativas para a declaração de nulidade

A nulidade de leis anticonstitucionais e, com isso, a declaração de nulidade valem só fundamentalmente, não sem exceção. Elas têm

leis anticonstitucionais são somente nulificáveis, isto é, eficazes juridicamente até quando elas, por uma decisão do Tribunal Constitucional Federal, com efeito *ex tunc*, são declaradas nulas. Assim, recentemente, outra vez, D. Heckmann, *Geltungskraft und Geltungsverlust von Rechtsnormen*, 1997, S. 53 ff.

61. §§ 78, 82, I, 95, III, da Lei sobre o Tribunal Constitucional Federal.

a finalidade de eliminar a infração à Constituição, ao recusarem à lei anticonstitucional a validez. A declaração de nulidade atua, sob esse aspecto, negativa, em forma de cassação. Existem, contudo, sempre de novo, casos nos quais a declaração de nulidade e, com isso, a própria cassação lei anticonstitucional não compreendem a verdadeira anticonstitucionalidade ou até a aprofundam mais.[62] Isso vale, sobretudo então, quando uma lei, que proporciona prestações estatais, por exemplo, concede subvenções ou vencimentos de pensão, infringe o princípio da igualdade, porque um grupo de pessoas é beneficiado e um outro grupo de pessoas, antiisonomicamente, não é incluído no benefício. Nesses casos, a rigor, nem o benefício de um grupo nem o prejuízo do outro grupo, mas somente o tratamento diferente de ambos os grupos é anticonstitucional. A declaração de nulidade – seja de toda a lei, seja do benefício ou seja do prejuízo – não iria compreender a infração à Constituição, prescindindo totalmente disto, que o prejuízo somente poderia ser declarado nulo se ele é expressamente manifestado no texto da lei, porém, não, quando ele resulta só mediatamente da delimitação do grupo dos beneficiados. A infração contra o princípio da igualdade também pode ser liquidada em formas diferentes: por eliminação do benefício, por inclusão do grupo de pessoas até agora não beneficiado ou por uma regulação completamente nova, correspondente ao princípio da igualdade. O Tribunal Constitucional Federal limita-se, por conseguinte, nesses casos, à comprovação da anticonstitucionalidade da lei. Ela obriga ao legislador a, dentro de um prazo conveniente ou determinado pelo Tribunal Constitucional Federal, adotar uma regulação compatível com o princípio da igualdade. A norma não mais deve, na medida em que ela é anticonstitucional e incompatível com a Lei Fundamental, ser aplicada; antes, procedimentos correntes devem ser suspensos até a regulação nova e, então, sobre esse fundamento, decidir novamente. Nos últimos tempos tais decisões cresceram consideravelmente.[63]

62. Comparar Schlaich/Korioth (aaO. nota 5), S. 269 ff.; Maurer, *Staatsrecht*, § 20 Rn. 90 ff. com mais indicações.

63. Comparar, por exemplo, *BVerfGE* 82, 126, 154 f.; 93, 386, 402; 99, 280, 298; 102, 68, 98 f.; 104, 126, 149; 105, 73, 133. Comparar, de tempo mais antigo, as indicações em H. Maurer, *Zur Verfassungswidrigerklärung von Gesetzen, Festschrift für W. Weber*, 1974, S. 345 ff.

Mas também isso vale somente em regra. Em casos posteriores, o Tribunal Constitucional Federal até ordenou a validade provisória de uma lei não compatível com a Lei Fundamental, porque a sua não-aplicação instantânea teria intensificado a anticonstitucionalidade e prejudicado ainda mais o cidadão. Assim, por exemplo, o Tribunal Constitucional Federal declarou anticonstitucional, só parcialmente, a regulação sobre a ocupação dos postos de verificação federal para escritos que põe em perigo a juventude, mas, não obstante, afirmou a sua vigência temporária, porque a comprovação da anticonstitucionalidade ou até da nulidade dessa norma faria com que nenhum posto de verificação continuasse a existir e, com isso, nenhum procedimento de exame poderia ter sido realizado.[64]

Com a limitação à comprovação da anticonstitucionalidade, o Tribunal Constitucional Federal deixa a cargo do legislador a liquidação definitiva da infração à Constituição. Ela ocorre, sobretudo então, quando, para isso, estão à disposição ao legislador possibilidades distintas; assim, em regra, com relação à violação do princípio da igualdade. A ordenação da continuação da validez temporária de uma lei anticonstitucional baseia-se na reflexão de que em determinadas situações uma norma, ainda que anticonstitucional, sempre é melhor que nenhuma lei, pressupondo-se, todavia, que a infração à Constituição não é grave.

64. Comparar *BVerfGE* 83, 130, 154.

A FACE NÃO-VINCULANTE DA EFICÁCIA VINCULANTE DAS DECLARAÇÕES DE CONSTITUCIONALIDADE

Uma análise da eficácia vinculante e o controle concreto de constitucionalidade no Brasil[1]

ANA PAULA OLIVEIRA ÁVILA

1. Introdução

Falar sobre a eficácia vinculante é falar sobre eficácia que, desde o seu surgimento, vem dividindo a doutrina entre os que defendem e os que repugnam a sua adoção. Não faltam, no Brasil, obras de qualidade que tratam desta eficácia e apresentam seus prós e contras em face do modelo de sistema jurídico e dos princípios constitucionais adotados em nosso país. O debate é acalorado, especialmente no que se refere ao projeto de lei que tramita no Congresso Nacional visando atribuir eficácia vinculante às súmulas dos tribunais superiores. A

1. Sobre questão prática correlata ao tema, v. Ana Paula Oliveira Ávila, "Razoabilidade, proteção do direito fundamental à saúde e antecipação de tutela contra a Fazenda Pública", *Revista AJURIS* 86(II)/361-374 (jurisprudência comentada).

proposta que aqui se encaminha não procura estabelecer prós e contras da eficácia vinculante, nem defender ou atacar sua adoção. Objetiva apenas compreender a eficácia vinculante vigente, já prevista no plano constitucional e infraconstitucional em nosso ordenamento jurídico e, sobretudo, tentar estabelecer o alcance da referida eficácia, quando em questão a análise de casos concretos que suscitam o controle difuso de constitucionalidade. E, quem sabe, demonstrar que a preocupação de muitos juristas em relação à eficácia vinculante equivale, na verdade, à preocupação com um fantasma.

Assim, o que se pretende analisar é se (a) os juízes e tribunais das instâncias inferiores estão efetivamente obrigados a aplicar as normas declaradas constitucionais, com eficácia vinculante, pelo STF no controle abstrato de constitucionalidade, e (b), em decorrência disso, se o controle difuso de constitucionalidade fica prejudicado pela eficácia vinculante das decisões em controle abstrato. Por fim busca-se estabelecer qual é, então, o alcance das decisões declaratórias de constitucionalidade com eficácia vinculante. Esta análise incluirá o estudo da interpretação das normas jurídicas, do princípio constitucional da razoabilidade e de alguns elementos relacionados ao sistema de controle de constitucionalidade adotados no Brasil, ao que passaremos depois de esclarecidas algumas questões em torno da eficácia vinculante.

2. *A previsão da eficácia vinculante na jurisdição constitucional brasileira*

A Constituição, no art. 102, § 2º (para as Ações Diretas de Constitucionalidade – ADCs), e igualmente a Lei n. 9.868/1999, no art. 28, parágrafo único (para Ações Diretas de Inconstitucionalidade – ADIs – e ADCs), contêm a previsão das eficácias *erga omnes* e vinculante para as decisões definitivas de mérito do STF. Em decorrência da eficácia *erga omnes*, a decisão proferida no controle abstrato alcança a todos os possíveis destinatários da norma. Trata-se de alcance subjetivo e abrange, naturalmente, também os órgãos do Poder Executivo e do Poder Judiciário. Já a eficácia vinculante traduz-se, basicamente, pela obrigatoriedade de acatamento, pelos órgãos do Poder Judiciário e do Poder Executivo, do entendimento do Supremo quanto à norma objeto da decisão. Noutras palavras: estão obrigados a aplicar a norma.

Assim vem entendendo a doutrina desde que a eficácia vinculante foi prevista no âmbito da jurisdição constitucional pela EC n. 3/1993. Muitos autores se manifestaram quando do surgimento de referida eficácia, alguns inclusive impugnando sua constitucionalidade. Marco Aurélio Greco, por exemplo, declarou que a eficácia vinculante "extermina a função jurisdicional enquanto tal. Assim é, pois implica retirar de todos os demais órgãos do Poder Judiciário a aptidão para formar um convencimento diverso daquele contido na decisão de mérito proferida na ação declaratória ou direta. Ou seja, nenhum juiz ou tribunal poderá decidir contrariamente ao que decorrer do processo concentrado de interpretação e declaração de constitucionalidade".[2] Na mesma linha, Ives Gandra Martins afirmou que o efeito vinculante da decisão declaratória de constitucionalidade "retira, dos demais órgãos do Judiciário e do próprio Supremo Tribunal Federal, a legitimidade ativa para deflagrar novo julgamento a respeito, impedindo que questões individuais sejam suscitadas ou subam à superior instância, pois estarão sumariamente decididas, sem o exaurimento do devido processo legal e sem o exercício da ampla defesa e do contraditório".[3] Registra Lenio Streck que o próprio Ministro Marco Aurélio Mello, do STF, ao apreciar a constitucionalidade da EC n. 3/1993, entendeu que "com a ação declaratória e o efeito vinculante, as lides em andamento são apanhadas e aí os desfechos respectivos decorrerão de simples e obrigatória observância do que decidido em processo diverso, sem dele terem participado os verdadeiramente interessados".[4] Tais observações incorrem em exagero no que diz respeito ao extermínio da função jurisdicional e ao impedimento de que as questões individuais sejam suscitadas, eis que sumariamente decididas pelo Supremo. A desmistificação dessas conseqüências da eficácia vinculante, ou seja, descobrir a face não-vinculante desta eficácia, é precisamente o propósito deste trabalho.

2. Marco Aurélio Greco, *Boletim Informativo do Instituto dos Advogados de São Paulo*, ano III, n. 8, p. 7, *apud* Ives Gandra da Silva Martins e Fátima Fernandes de Souza Garcia, "Ação Declaratória de Constitucionalidade", in Ives Gandra da Silva Martins e Gilmar Ferreira Mendes (org.), *Ação Declaratória de Constitucionalidade*, p. 131.

3. Idem, p. 128. Também citado em Lenio Luiz Streck, *Súmulas no direito brasileiro: eficácia, poder e função*.

4. Lenio Luiz Streck, *Súmulas no direito brasileiro* ..., cit., p. 142.

Antes de mais, adverte-se que a previsão da eficácia vinculante no sistema pátrio de controle abstrato nem precisaria ser considerada grande novidade. O Ministro Moreira Alves, em voto proferido na ADC 1, lembrou que "a eficácia contra todos ou *erga omnes* já significa que todos os juízes e tribunais, inclusive o Supremo Tribunal Federal, estão vinculados ao pronunciamento judicial".[5] Como a eficácia *erga omnes* das decisões em controle abstrato é pacificamente aceita na doutrina, o argumento é relevante na medida em que minimiza o impacto causado pela introdução da eficácia vinculante na EC n. 3/1993 e na Lei n. 9.868/1999. Nesta linha, aceitando a eficácia vinculante a suas implicações, Teori Zavascki pondera ser paradoxal imaginar-se "uma sentença com eficácia *erga omnes* que não seja de observância obrigatória por todos e notadamente pelos órgãos jurisdicionais e autoridades administrativas encarregadas de aplicar a lei. Seria decisão sem autoridade alguma, e a própria ação direta não passaria de mera consulta ao Supremo, que atuaria em domínio meramente formal. (...) Assim, a não ser que se queira transformar o controle concentrado em função jurisdicional inconseqüente e inútil na prática, é forçoso reconhecer que a força vinculante da decisão é institucional e se impõe pela razão bastante de se tratar de sentença com ilimitada eficácia subjetiva proferida pela mais alta Corte do País".[6]

Para os fins a que se propõe o presente trabalho, importa consignar, desde já, que se deve analisar a eficácia vinculante em duas situações diversas: na declaração de inconstitucionalidade e na declaração de constitucionalidade.

2.1. Eficácia vinculante da declaração de inconstitucionalidade

Quanto à declaração de inconstitucionalidade, o efeito vinculante subsiste pelos próprios fundamentos supramencionados por Zavascki. É que a declaração de inconstitucionalidade de uma norma importa a sua exclusão do ordenamento jurídico. Não há mais norma válida ou vigente, a norma é tornada um "nada" (*vernichten*) ou, como dizem alguns, é expulsa do ordenamento. Em face dessa exclusão, é

5. ADC 1, rel. Min. Moreira Alves, *RTJ* 157/377.

6. Teori Albino Zavascki, *Eficácia das sentenças na jurisdição constitucional*, p. 53.

lógico que os juízos inferiores sejam obrigados ao acatamento da decisão do Supremo, pois não poderiam aplicar algo que nem mais vige, sob qualquer pretexto ou circunstância.

Nessas condições, desafiar a decisão do Supremo significa aplicar uma "não-lei", e portanto, na declaração de inconstitucionalidade, a eficácia vinculante impõe-se em termos absolutos: nada mais há para ser discutido a respeito da norma, pois não há mais norma enquanto tal. Nesse diapasão, Lenio Streck assevera que "a força obrigatória geral da declaração de inconstitucionalidade é uma conseqüência do objeto da declaração: a norma contém uma regulamentação geral e abstrata e, por isso, a conseqüente declaração de inconstitucionalidade deve atingir as mesmas situações e pessoas abrangidas pela norma em causa".[7]

2.2 *Efeito vinculante da declaração de constitucionalidade*

Na segunda situação, da declaração de constitucionalidade, o tratamento do efeito vinculante deve ser temperado *cum grano salis*. Se a norma foi declarada constitucional pelo STF no controle abstrato (e isso ocorrerá tanto na procedência das ADCs quanto na improcedência das ADIs, a teor do art. 24 da Lei n. 9.868/1999), ficarão os órgãos judiciais "vinculados", em face da eficácia vinculante, e terão de aplicar obrigatoriamente o dispositivo declarado constitucional.

Como se pretende demonstrar, nem sempre isso ocorre. Aqui não se trata da exclusão, mas sim da permanência de uma norma no ordenamento jurídico. E uma permanência qualificada por uma presunção reforçada – mas nem assim absoluta, como veremos – de constitucionalidade. Como, nesta situação, a norma continua vigente, a análise dos casos concretos sempre ensejará a interpretação da norma a ser aplicada. Se ela foi declarada constitucional pelo STF, a eficácia vinculante da declaração poderá ser afastada dependendo das possibilidades fáticas e do contexto em que ocorre a incidência desta norma. Esse afastamento é possível pelos fundamentos propostos nos tópicos seguintes, em que se pretende demonstrar que o controle concreto de constitucionalidade não está prejudicado pela eficácia vinculante das

7. Lenio Streck, *Jurisdição constitucional e hermenêutica*, p. 611, nesta passagem citando Norbert Wischermann, Detlef Merten e Hermann Kerbusch.

decisões proferidas em controle abstrato pelo Supremo. Desde já se permite afirmar que, devido às variáveis interpretativas no momento da concretização, não existe certeza *a priori* de que os juízos inferiores estão obrigados a aplicar a norma declarada constitucional. O que ocorre, com certeza, é que a eficácia vinculante justificará a interposição do recurso de reclamação no caso de apreciação diversa para o que ficou decidido pelo Supremo.

3. A interpretação das normas e o controle abstrato: possibilidade de outras interpretações no controle concreto

A reflexão que aqui se intenta realizar exige o entrecruzamento de alguns dados a respeito do controle abstrato de constitucionalidade e outros que concernem à teoria da interpretação das normas que, entre nós, vem sendo adotada por muitos autores. O controle abstrato é realizado sobre a *norma em tese* ou, como preferem alguns, sobre a norma abstratamente considerada. Trata-se, basicamente, da análise do significado preliminar da fonte infraconstitucional em confronto com o sentido preliminar dos dispositivos constitucionais. Tradicionalmente, no controle abstrato não se faz considerações sobre casos concretos, e sequer as partes são consideradas "partes" no sentido processual, ante a ausência de interesse próprio que venha a ser satisfeito pela decisão.[8] Tanto assim, que o Supremo pacificou sua jurisprudência no sentido da impossibilidade de conhecer-se da ADI que exija o exame de questões de fato.[9]

Segundo a metodologia de concretização das normas constitucionais que na Alemanha foi difundida, especialmente, por Friedrich Müller e Konrad Hesse,[10] o *texto* da norma constitucional não pode

8. Nesse sentido, fala-se nas ações constitucionais de controle como "processos objetivos".

9. Nesse sentido: ADI 1.486-DF, rel. Min. Moreira Alves, j. 16.9.1996, *Informativo do STF* 49; ADI 1.672-DF, rel. Min. José Néri da Silveira, j. 26.2.1998, *Informativo do STF* 100; ADI 1.419-DF, *Informativo do STF* 28; e ADI 1.292-MT, *DJ* 15.9.1995. Note-se que este entendimento deverá ser revisto em face do previsto no art. 9º, § 1º, da Lei n. 9.868/1999.

10. Em Portugal, a concepção foi plenamente recepcionada e vem sendo difundida por J. J. Gomes Canotilho, *Direito constitucional e teoria da Constituição*, pp. 1.140 e ss.

ser compreendido fora do seu *contexto*. Inicialmente, cindiu-se a *norma* do *texto*, considerando-se o texto apenas o "primeiro elemento do processo de interpretação-concretização", não significando que o texto ou a letra da lei já contenha a decisão do problema a ser resolvido pela aplicação da norma.[11] Deve-se admitir, pois, que a interpretação de uma norma é um processo complexo que inclui: (a) a análise do conteúdo semântico do texto, ponto necessário de partida; (b) o reconhecimento de que a norma não se identifica com o texto ("o texto da norma é o 'sinal lingüístico'; a norma é o que se 'revela' ou 'designa'");[12] e (c) a delimitação do *âmbito normativo*, com atenção aos elementos relacionados com o problema a ser decidido.

Importante estabelecer os conceitos de "programa normativo" e "âmbito normativo", muito empregados por Canotilho, baseado na obra de Müller. Programa normativo "é o resultado de um processo parcial (inserido, por conseguinte, num processo global de concretização) assente fundamentalmente na *interpretação do texto* normativo. Daí que se tenha considerado o enunciado lingüístico na norma como ponto de partida do processo de concretização (dados lingüísticos)". Já o âmbito normativo "é o resultado de um segundo processo parcial de concretização assente sobretudo na análise dos elementos empíricos (dados reais, ou seja, dados da realidade recortados pela norma). Desta forma a norma jurídico-constitucional é um *modelo de ordenação orientado para uma concretização material*, constituído por uma medida de ordenação, expressa através de enunciados lingüísticos, e por um 'campo' de dados reais (factos jurídicos, factos materiais)".[13] De se destacar, ainda, o papel fundamental exercido no processo de decisão dos casos concretos pelo intérprete da norma, a quem Canotilho chama de "sujeito concretizante". Isso "porque são eles que, no fim do processo, colocam a norma em contato com a realidade. No específico plano da concretização normativo-constitucional, a mediação metódica da normatividade pelos su-

11. Idem, ibidem, p. 1.141. Ressalte-se que o autor refere-se sempre a este método como aplicável na concretização das normas constitucionais, mas não vemos óbice algum a que o método seja exigido por qualquer tipo de norma jurídica, especialmente aquelas de textura aberta.

12. Idem, p. 1.143

13. Idem, pp. 1.141-1.142. V. à propósito: Friedrich Müller, *Discours de la méthode juridique*, pp. 106, 145, 168 e ss.

jeitos concretizadores assume uma das suas manifestações mais relevantes".[14]

Bem, para o propósito aqui estabelecido, parte-se do pressuposto de que este entendimento está correto. Há que averiguar, portanto, a extensão da interpretação de que se fala quando, no controle abstrato de constitucionalidade, analisa-se uma norma. Sabe-se que aqui, necessariamente, elementos da realidade e dos casos concretos não interessam. Logo, o processo descrito por Canotilho é realizado apenas em parte. A outra parte ficará ao encargo do juiz da causa (controlador difuso) que receber um caso concreto sobre o qual incide a norma, no momento de sua decisão.

4. Razoabilidade e controle concreto: a análise do problema faz parte da interpretação da norma

Está mesmo o juiz da causa vinculado ao entendimento do STF quanto à constitucionalidade da norma e obrigado a aplicá-la necessariamente? Parece-nos que não. Em variadas situações, uma norma, declarada constitucional pelo STF, poderá ter sua aplicação totalmente inadequada diante das circunstâncias específicas do caso concreto. Veja-se um exemplo bem ilustrativo dessa situação: o art. 1º da Lei n. 9.494/1997 que, combinado com outros dispositivos (arts. 273 e 461 do CPC, arts 5º, parágrafo único, e 7º, da Lei n. 4.348/1964, art. 1º, § 4º, da Lei n. 5.021/1966 e arts. 1º, 3º e 4º da Lei n. 8.437/1992), veda a concessão de antecipação de tutela contra a Fazenda Pública e foi declarado constitucional pelo STF. Se sua aplicação fosse obrigatória para a generalidade dos casos, entraria em colisão com direitos e princípios fundamentais da Constituição Federal de 1988 a decisão judicial que denegasse a antecipação de tutela para o fornecimento de medicamentos pelo Estado à pessoa, portadora de doença grave, que necessitasse de tratamento em caráter urgente. Esta hipótese de aplicação inconstitucional de norma declarada constitucional foi bem identificada no AI 598.398.600, da 4ª Câmara Cível do TJRS, publicado em 25.11.1998 (rel. Des. Araken de Assis),[15] que houve por bem

14. J. J. Gomes Canotilho, ob. cit., p. 1.147.

15. Ementa da decisão do AI: "É vedado antecipar os efeitos do pedido perante a Fazenda Pública, consoante o art. 1º da Lei n. 9.494/97, proclamado constitucio-

afastar a aplicação do dispositivo no caso concreto, apesar da eficácia vinculante da decisão da ADC 4 (rel. Min. Sydney Sanches, j. 11.2.1998).[16]

Essa decisão em agravo – que, por sinal, confirma provimento anterior –, ainda que desafiando a orientação do STF, fez vingar postulados fundamentais, nem sempre lembrados, como a supremacia, a força normativa e a máxima efetividade da Constituição.[17] Tem-se, bem se vê, uma situação em que as razões para a não-aplicação de uma norma (a salvaguarda do direito à saúde, cujo não-atendimento dar-se-ia em prejuízo da vida humana) são mais importantes do que as razões que justificariam a sua aplicação (não permitir a saída de recursos em caráter antecipado, ainda que possivelmente irreversível, do erário público).

Nessas condições, cabe a referência ao *postulado da razoabilidade*. Entre as diversas acepções atribuídas à razoabilidade, cumpre destacar a diretriz para que as condições pessoais e individuais dos sujeitos envolvidos sejam consideradas na decisão.[18] A apreciação dessas condições tanto indicam ao intérprete a perspectiva sob a qual a norma deve ser aplicada, quanto em quais hipóteses o caso individual, em virtude de suas especificidades, deixa de se enquadrar na norma

nal pelo STF e, portanto, de aplicação obrigatória pelos órgãos judiciários. No entanto, a contraposição entre o direito à vida e o direito patrimonial da Fazenda Pública, tutelado naquela norma, se resolve em favor daquele, nos termos do art. 196 da CF/88, através da aplicação do princípio da proporcionalidade, pois se trata de valor supremo, absoluto e universal. Irrelevância da irreversibilidade da medida. Existência de norma local assegurando semelhante prestação (art. 1º da Lei n. 9.908/93). Eventual sacrifício da vida, em nome de interesses pecuniários da Fazenda Pública, conduziria o órgão judiciário a contrariar o direito e praticar aqueles mesmos erros, pelos quais os juristas alemães foram universalmente condenados".

16. *RTJ* 169/383.

17. Para uma análise desses e outros cânones hermenêuticos quanto às normas constitucionais, bem como da metodologia jurídica referida neste trabalho, v. Luís Roberto Barroso, *Interpretação e aplicação da Constituição*; Konrad Hesse, *Escritos de derecho constitucional*, Madrid; Friedrich Müller, *Discours de la méthode juridique*; e J. J. Gomes Canotilho, ob. cit.

18. Humberto Bergmann Ávila, "A distinção entre princípios e regras e a redefinição do dever de proporcionalidade", *RDA* 215/151-179, especialmente p. 174. Para o autor, a razoabilidade se distingue do postulado da proporcionalidade, apesar de o STF utilizá-los indistintamente, situando-se a análise de cada qual em planos diversos (concreto e abstrato, respectivamente).

geral.[19] Ora, isso somente se faz possível no controle concreto de constitucionalidade, em face do caso examinado.

Além disso, cumpre distinguir *incidência* de *aplicabilidade*. "Nem toda norma incidente é aplicável. É preciso diferenciar a aplicabilidade de uma regra da satisfação das condições previstas em sua hipótese. Uma regra não é aplicável somente porque as condições previstas na sua hipótese são satisfeitas. Uma regra é aplicável a um caso se, e somente se, suas condições são satisfeitas e sua aplicação não é excluída pela razão motivadora da própria regra ou pela existência de um princípio que institua uma razão contrária. Nessas hipóteses, as condições de aplicação da regra são satisfeitas, mas a regra, mesmo assim, não é aplicada."[20] No caso visto no exemplo, tem-se por proibida a antecipação de tutela contra a Fazenda Pública em uma regra (art. 1º da lei n. 9.494/1997). Contudo a existência de outros princípios (dignidade da pessoa, direito fundamental à proteção da saúde, máxima efetividade dos direitos fundamentais), outras regras (art. 1º da Lei Estadual n. 9.908/1993, que tutela o direito ao fornecimento gratuito de medicamentos no Estado do Rio Grande do Sul) e, ainda, a urgência na satisfação do bem tutelado por esses princípios e regras (a demora implicaria prejuízo da vida humana) fornecem razões contrárias à regra de proibição da antecipação de tutela. Todas essas razões, se ponderadas à luz dos dispositivos da própria Constituição e ainda das normas implicadas pela adoção de um sistema constitucional – supremacia, unidade, máxima efetividade, normatividade da Constituição etc.–, acenam para a não-aplicação da regra da proibição da antecipação de tutela contra a Fazenda Pública *no caso concreto e individual*, o que não significa negar-lhe vigência para outros casos. Isso é possível mediante uma análise à luz do princípio da razoabilidade: a aplicação (obrigatória) do dispositivo dar-se-ia ao arrepio deste princípio constitucional.[21]

19. Humberto Ávila, *Teoria dos princípios: da definição à aplicação dos princípios jurídicos*, p. 107.

20. Idem, ibidem, pp. 97-98.

21. Atente-se para a circunstância de que os mesmos fundamentos afastariam o disposto no art. 273, § 2º, do CPC, que, diante do caso concreto, também teria sua aplicação inconstitucional. Não há como negar que também o Código de Processo Civil deve ser interpretado à luz da Constituição Federal. Está em confronto a irreversibilidade da tutela antecipadamente concedida (o numerário despendido dificil-

O que se observa, pelo presente exemplo, não é outra coisa senão o que se faz no controle concreto de constitucionalidade, cuja realização é deferida a qualquer órgão judicial. Trata-se de negar a uma norma a aplicação que resultaria inconstitucional *em face do caso individual e concreto*, sem tornar a norma inválida.[22] Se entender cons-

mente voltará aos cofres públicos caso o Estado vença a ação) e a irreversibilidade do dano à saúde (a doença que afeta a autora é de natureza degenerativa e progressiva, depende do tratamento para ser contida). Conforme bem lembrou o Professor Araken de Assis, no AI 598.398.600, a inadmissibilidade do provimento satisfatório na hipótese de irreversibilidade "constitui lastimável retrocesso aos requisitos positivos para a concessão da medida". Ora, o prejuízo irreversível pode ser causado tanto para a parte em detrimento de quem o provimento antecipatório tenha sido concedido, quanto para a parte requerente a quem tenha sido denegado. Parece, portanto, que a lógica está em admitir-se o sacrifício, ainda que irreversível, do direito menos relevante em benefício do direito mais relevante. E esta relevância deve ser apurada com recurso aos bens jurídicos e valores tutelados na Lei Maior que, no caso concreto, acenam para a preponderância dos direitos relativos à proteção da pessoa sobre as normas protetivas do patrimônio estatal. Embora não se deseje direcionar o tema para o campo processual, é interessante observar que, mesmo antes da redação dada ao art. 273 do CPC pela Lei n. 8.952/1994, o sistema vigente já tolerava a antecipação dos efeitos da decisão de mérito e sem encontrar óbice no fator "irreversibilidade". Exemplos de tais hipóteses são os interditos possessórios, as liminares de alimentos provisionais, as liminares em ações constitucionais (mandado de segurança, *habeas corpus*, *habeas data*, ação popular etc.), a medida liminar concedida em ação civil pública (Lei n. 7.853/1989, art. 12), e ainda algumas medidas provisionais do art. 888 do CPC, entre outras hipóteses. A propósito do tema aqui tratado, deve-se destacar respeitável proposta de solução por Lenio Streck (*Súmulas no direito brasileiro ...*, cit., pp. 143 e ss.): "De qualquer sorte, resta aos operadores do Direito – uma vez que, formalmente, em face da ADC n. 4, está vedada a concessão de tutela antecipatória contra o poder público – buscarem soluções no campo da hermenêutica jurídica. Desse modo, em face de um pedido de fornecimento de remédios para uma pessoa doente, com fulcro no art. 196 da Constituição Federal, poderá o juiz deferir o pedido, utilizando *seu poder cautelar*, que, *stricto sensu*, não se encontra abarcado pela proibição do art. 1º da Lei n. 9.494 e o conseqüente efeito vinculante da ADC n. 4". Esta solução, ainda que possível de ser sustentada, parece deixar margem para longas discussões processuais sobre a natureza das tutelas cautelar e antecipatória, discussões em que, muitas vezes, se perde o direito material pleiteado pela parte. E se afasta da solução, buscada também no campo da hermenêutica, proposta neste trabalho.

22. É comum observar-se a queixa de que o constituinte não privilegiou o cidadão com a legitimidade para a propositura das ações diretas de inconstitucionalidade, diversamente do sistema alemão, no qual o cidadão conta com a possibilidade de utilizar a *Verfassungsbeschwerde*. Esta queixa, *data venia*, não leva em conta que qualquer cidadão, por meio de ação comum, pode suscitar o controle concreto nas situações em que seus interesses sejam prejudicados pela incidência de norma supos-

titucional, o juiz decide o caso aplicando a norma. Se inconstitucional, o juiz afasta sua aplicação e julga o caso segundo outras normas disponíveis e cabíveis ao caso concreto, com efeitos somente para as partes. Aquele prejudicado pela decisão poderá recorrer ao STF mediante recurso extraordinário (art. 102, III, da CF/1988), quando então a discussão será julgada e enterrada com pá de cal, com eficácias *inter partes* e *ex tunc*. Interessante notar que, embora o juiz afaste a aplicação da norma ao caso concreto, por entendê-la inconstitucional, a norma, no seu âmbito geral, em nada fica afetada, continua a viger e pode ser aplicada, inclusive pelo mesmo juiz, a outros casos concretos, quando em jogo outros interesses.

Isso posto, é lícito afirmar que a declaração de constitucionalidade de uma norma pelo STF, não obstante as eficácias *erga omnes* e vinculante, em nada prejudica a apreciação, pelos órgãos inferiores, desta mesma norma no controle concreto. Tais eficácias, num primeiro momento, parecem *dificultar* a possibilidade de controle concreto sobre a norma que tenha sido declarada constitucional mediante ADC. Mas a razoabilidade surge aqui como o meio adequado para o afastamento de uma norma cuja aplicação leve a um resultado não coerente e tampouco desejado do ponto de vista dos princípios, bens jurídicos e valores consagrados na Constituição.

A razoabilidade, já suficientemente reconhecida como norma constitucional na jurisprudência do STF, facilita em boa medida a permanência do controle difuso pelo juiz da causa. No exemplo tratado, a razoabilidade permitiu identificar a violação, pela aplicação de norma infraconstitucional, a um bem jurídico tutelado em preceito constitucional.[23] E, o mais importante, permitiu a declaração inci-

tamente inconstitucional. Bastará, para tanto, que utilize essa incompatibilidade em face da Constituição como argumento de defesa do direito alegado. O juiz, para conceder ou negar o bem jurídico pedido pela parte, terá de analisar se a norma tem ou não aplicabilidade constitucional.

23. A razoabilidade também auxilia nos casos em que se verifica uma tensão entre normas de igual hierarquia, por exemplo, entre dois bens tutelados na própria Constituição, circunstância em que seria utilizado o critério da *ponderação*, a ser exercida tendo na máxima conta o postulado da unidade da Constituição. O processo em tela passa pela "identificação do princípio maior que rege o tema apreciado, descendo do mais genérico ao mais específico, até chegar à formulação da regra concreta que vai reger a espécie" (Luís Roberto Barroso, "Fundamentos teóricos e filosóficos do novo Direito Constitucional Brasileiro", *RDA* 225/25). Deve-se observar

dental de inconstitucionalidade de norma abstratamente declarada constitucional, apesar da eficácia vinculante.

5. *A face não-vinculante do efeito vinculante: a declaração de constitucionalidade*

Percebe-se que a obrigatoriedade decorrente do efeito vinculante pode ser legal e legitimamente contornada porque, a partir dos elementos de um determinado caso concreto, a norma que foi abstratamente declarada constitucional teria sua aplicação concreta inconstitucional.

É de se afirmar que a declaração de constitucionalidade equivale, apenas, a um atestado de que a norma está apta a *incidir;* porém, se ela deve ser *aplicada* ou não, caberá ao juiz da causa determinar. Não há falar, neste caso, em efeito vinculante no sentido de obrigatoriedade da aplicação da norma, pois os elementos necessários para a sua adequada interpretação somente são integrados a partir da junção entre a norma e a realidade. O que certamente entrará em evidência é o dever de fundamentação desta decisão, que deverá apresentar-se inequivocamente lastreada no sistema jurídico e, sobretudo, intersubjetivamente sindicável. O reforço ao dever de fundamentação é, portanto, a única *dificuldade* causada pelo efeito vinculante ao controle difuso.

Se a Fazenda Pública, irresignada com a decisão que, de fato, nessas condições, deixou de aplicar norma declarada constitucional pelo Supremo, decide interpor a reclamação perante o Supremo, a matéria poderá e deverá ser reapreciada, sob novos fundamentos, já que as circunstâncias daquele caso não foram analisadas no controle abstrato. Sobre o tema, posicionou-se Gilmar Mendes: "em verdade, há muito vem parte da dogmática apontando para a inevitabilidade da apreciação de dados da realidade no processo de interpretação e de aplicação da lei como elemento trivial à própria metodologia jurídica. É verdade que, às vezes, uma leitura do modelo hermenêutico

também que, "como não existe um critério abstrato que imponha a supremacia de um sobre o outro, deve-se, à vista do caso concreto, fazer concessões recíprocas, de modo a produzir um resultado socialmente desejável, sacrificando o mínimo de cada um dos princípios ou direitos fundamentais em oposição" (idem, ibidem).

clássico manifesta-se de forma radical, sugerindo que o controle de normas há de se fazer com o simples contraste entre a norma questionada e a norma constitucional superior. (...) Restou demonstrado então (na Alemanha) que até mesmo no chamado controle abstrato de normas não se procede a um simples contraste entre disposição do direito ordinário e os princípios constitucionais. Ao revés, também aqui fica evidente que se aprecia a relação entre a lei e o problema que se lhe apresenta em face do parâmetro constitucional".[24]

A matéria não é nova. Discute-se se pode o Supremo reapreciar questão anteriormente decidida em sede de controle concentrado. O art. 26 da Lei n. 9.868/1999 determina que a decisão que declara a constitucionalidade ou a inconstitucionalidade de norma é irrecorrível – ressalvada a interposição de embargos declaratórios – e tampouco está sujeita à ação rescisória. No entanto, já se entende cabível a hipótese de revisão em face da alteração das circunstâncias de fato (muda o âmbito normativo) ou de direito (reforma da própria Constituição). Sobre esta questão, Mendes concluiu pela inadmissibilidade de reapreciação de norma anteriormente declarada constitucional, desde que "ressalvadas as hipóteses de significativa mudança das circunstâncias fáticas ou de relevante alteração das concepções jurídicas dominantes. Também entre nós se reconhece, tal como ensinado por Liebman com arrimo em Savigny, que as sentenças contêm implicitamente a cláusula *rebus sic stantibus*, de modo que as alterações posteriores que modifiquem a situação normativa, bem como eventual mudança da orientação jurídica sobre a matéria, podem tornar inconstitucional norma anteriormente considerada legítima (inconstitucionalidade superveniente). Daí parecer-nos plenamente legítimo que se argua, perante o Supremo Tribunal Federal, a inconstitucionalidade de norma anteriormente declarada constitucional em ação direta de constitucionalidade".[25]

O mesmo entendimento é compartilhado por Zavascki, que também admite o desaparecimento do efeito vinculante por ocasião de mudança no estado de direito (por exemplo, pela alteração do texto constitucional após norma infraconstitucional ter sido declarada cons-

24. Gilmar Ferreira Mendes, *Direitos fundamentais e controle de constitucionalidade*, pp. 465-467.

25. Gilmar Ferreira Mendes, *Jurisdição constitucional*.

titucional em face do texto anterior) ou de fato (inconstitucionalidade superveniente), independentemente de pronunciamento específico do Supremo sobre o desfazimento do referido efeito: "a alteração do *statu quo* tem, em regra, efeitos imediatos e automáticos".[26] Segundo o autor, "a sentença declaratória de constitucionalidade deixa de ter efeito vinculante a partir do momento em que, por evento superveniente, a norma declarada constitucional mostrar-se incompatível com a Constituição. (...) As eventuais controvérsias a respeito da subsistência ou não da força vinculante da sentença declaratória de constitucionalidade deverão ser dirimidas, caso a caso, pelos modos normais de fiscalização de cumprimento dessa espécie de julgados, no âmbito do controle difuso. Ademais, a abusiva invocação da perda de eficácia da sentença poderá também ser corrigida, se for o caso, por via de reclamação, perante o próprio Supremo Tribunal Federal".

No entanto, essa temática só remotamente nos interessa, pois o que se pretende aqui é demonstrar que parece possível avançar ainda um pouco para, levando em conta a necessidade hermenêutica de apreciação do caso concreto, considerar que o efeito vinculante nas declarações de constitucionalidade atenta contra a própria natureza das nomas jurídicas. O precedente dessa natureza no controle abstrato sequer deveria vincular o próprio Supremo que, por meio de recurso extraordinário ou reclamação poderá apreciar a matéria em face de caso concreto e específico, tomando em consideração novos fundamentos. E desta feita poderá apreciar a questão por completo, interpretando a norma de modo a permitir que sua normatividade se comunique com a faticidade em questão.

Lenio Streck, analisando em profundidade esta mesma questão (quanto à interpretação conforme a Constituição e a inconstitucionalidade parcial sem redução de texto) e com sólida fundamentação no direito comparado, já acenou para essa possibilidade. Entende que a interpretação conforme a Constituição não pode ter efeito vinculante, já que "é um modo hermenêutico de resolução do problema exsurgente da plurivocidade de sígnica dos textos normativos. Aceitar o efeito vinculante da interpretação conforme é aceitar que, em face de várias interpretações, o Tribunal possa impor ao sistema aquela

26. Ob. cit., p. 116.

(única) que considera correta. (...) Estabelecendo um sentido conforme a Constituição ou determinando o Tribunal Constitucional que certo texto normativo é constitucional, fatalmente estará incorrendo na entificação dos sentidos (possíveis) que esse texto tem (...) e estará definindo, previamente, os limites do sentido do texto, bem como o sentido desses limites, obstaculizando o necessário devir interpretativo".[27]

Posta a discussão nestes termos, parece fora de dúvida que a decisão que declara a constitucionalidade de uma norma não se pode impor obrigatoriamente aos juízos futuros em que venha a ser suscitada. É de se acatar, neste ponto, o entendimento de Streck e considerar a própria incompatibilidade entre o efeito vinculante e a decisão declaratória de constitucionalidade, porque esta "petrifica o processo hermenêutico para o futuro".[28] Assevera Streck que "a não-declaração de inconstitucionalidade (em seus mais variados tipos) não gera efeitos, sendo perfeitamente admissível uma nova ação/discussão, tanto no controle concentrado como no controle difuso".[29]

Não nos parece que seja o caso de aceitar-se nova ação direta ou declaratória sobre o mesmo tema, salvo nos casos anteriormente invocados por Mendes e Zavascki (alteração no estado de fato ou de direito). Todavia, em se tratando de controle difuso, quanto às instâncias inferiores de jurisdição, a eficácia vinculante da declaração de constitucionalidade em abstrato deve ser relativizada. Isso porque se observa que, no controle abstrato, o processo de interpretação da norma dá-se apenas pela metade. A integralidade do sentido da norma só poderá ser aferida nas situações concretas, de modo que ao juiz da causa, *controlador difuso*, deve ser possível finalizar o processo de interpretação, tendo em conta os elementos presentes no caso concreto e a possibilidade de cotejá-lo com todos os princípios, bens e valores disponíveis no sistema constitucional. Parece ser esta a solução mais acertada e coerente com o disposto no art. 5º, XXXV e LV, da Constituição Federal, bem como uma forma de assegurar, de forma incondicional, a sua supremacia.

27. Lenio Streck, *Jurisdição Constitucional e Hermenêutica*, cit., pp. 486-487.

28. Idem, ibidem, p. 491.

29. Idem, p. 615.

6. Conclusão

O controle concreto ou difuso de constitucionalidade, elemento fundamental de nossa tradição republicana, não foi suprimido e sequer inibido pela introdução do efeito vinculante para as decisões declaratórias de constitucionalidade proferidas pelo STF.

O significado da declaração de constitucionalidade é apenas o de que a norma integra validamente o ordenamento jurídico e está apta a incidir. A este reconhecimento é que estão as instâncias inferiores obrigadas. Contudo, incidência não se confunde com aplicação. É que, conforme se pretendeu demonstrar, obrigatoriedade de reconhecimento de validade não se identifica com obrigação de aplicação ao caso concreto. E a aplicação das normas aos casos concretos possibilita, sempre, o controle judicial difuso e o exame da razoabilidade.

Como visto, os casos concretos não foram decididos em sede de controle abstrato. E, pressupondo que esses casos desempenham um papel na determinação do sentido da norma, o juízo que deles toma conhecimento é o órgão adequado para decidir sobre a constitucionalidade de sua aplicação.

Na verdade, o que se deseja fazer mediante este estudo é, antes de mais, uma provocação: a maior conclusão é a de que há, ainda, muito para ser esclarecido no que diz respeito aos efeitos das decisões no controle abstrato de constitucionalidade. Outra coisa a fazer, que seria retroceder nos incontestáveis avanços que as teorias hermenêuticas têm possibilitado ao mundo jurídico, não parece o caminho mais adequado diante da necessidade de preservação e efetivação dos direitos fundamentais.

7. Bibliografia

ÁVILA, Ana Paula Oliveira. "Razoabilidade, proteção do direito fundamental à saúde e antecipação de tutela contra a Fazenda Pública". *Revista AJURIS*, n. 86, t. II, jurisprudência comentada, pp. 361-374.

ÁVILA, Humberto Bergmann. "A distinção entre princípios e regras e a redefinição do dever de proporcionalidade". *RDA* 215/151-179, jan./mar. 1999.

__________. *Teoria dos princípios: da definição à aplicação dos princípios jurídicos*. 4ª ed., 2ª tir. São Paulo, Malheiros Editores, 2005.

BARROSO, Luís Roberto. Fundamentos teóricos e filosóficos do novo direito constitucional brasileiro". *RDA* 225/5-37.

__________. *Interpretação e aplicação da Constituição.* 4ª ed. São Paulo, Saraiva, 2001.

CANOTILHO, J. J. Gomes. *Direito constitucional e teoria da Constituição.* 3ª ed., Coimbra, Almedina, 1999.

HESSE, Konrad. *Escritos de derecho constitucional.* Madrid, Centro de Estudios Constitucionales, 1992.

MARTINS, Ives Gandra da Silva e MENDES, Gilmar Ferreira (org.). *Ação declaratória de Constitucionalidade.* 1ª ed., 2ª tir. São Paulo, Saraiva, 1995.

MENDES, Gilmar Ferreira. *Direitos fundamentais e controle de constitucionalidade.* São Paulo, Celso Bastos, 1998.

__________. *Jurisdição constitucional.* 3ª ed., São Paulo, Saraiva, 1999.

MÜLLER, Friedrich. *Discours de la méthode juridique.* Tradução do alemão de Olivier Jouanjan. Paris, PUF, 1993.

STRECK, Lenio Luiz. *Jurisdição constitucional e hermenêutica.* Porto Alegre, Livraria do Advogado, 2002.

__________. *Súmulas no direito brasileiro: eficácia, poder e função.* 2ª ed., Porto Alegre, Livraria do Advogado, 1998.

ZAVASCKI, Teori Albino. *Eficácia das sentenças na jurisdição constitucional.* São Paulo, Ed. RT, 2001.

4. Direito Administrativo

A FUNÇÃO ADMINISTRATIVA NO CONTROLE DOS ATOS DE CONCENTRAÇÃO

Carlos Ari Sundfeld

1. Introdução. 2. O CADE como órgão de intervenção administrativa na vida privada. 3. Vinculação do CADE a suas decisões anteriores. 4. A precaução no controle dos atos de concentração

1. Introdução

O objetivo deste estudo[1] é analisar os limites jurídico-administrativos da atuação do Conselho Administrativo de Defesa Econômica – CADE no controle da concentração econômica. Mais do que a interpretação da legislação específica aplicável (Lei n. 8.884/1994), isso demanda a consideração de importantes princípios do direito público e a verificação de sua possível incidência no campo antitruste.

Para conferir mais concretude ao estudo, parto de indagação quanto à viabilidade ou não de exercício, pelo CADE, de competência discricionária para, em nome da concorrência, impor condições à aprovação de atos de concentração. O problema, em suma, é saber o que lhe cabe fazer, ao examinar tais atos: *a)* simplesmente coibir a ocorrência de infração atual ou potencial à ordem econômica, consistente na constrição estrutural da concorrência pela inovação provocada pelo ato; ou *b)* modelar a estrutura daquele mercado segundo sua própria visão quanto à melhor situação para a concorrência. Afinal, há poder discricionário para o CADE fazer esse trabalho de modelagem?

1. Na elaboração deste estudo contei com a colaboração dos Profs. Jacintho Arruda Câmara e Rodrigo Pagani de Souza, a quem agradeço.

Em seguida, trato do tema do comprometimento, porventura existente, da autoridade antitruste com decisões anteriores, tomadas por ela própria. Por fim, verei se ao CADE é possível impor condições para aprovação de atos de concentração como mecanismo para melhorar a própria estrutura de mercado anterior a eles ou se o poder de apreciação e ordenação da autoridade antitruste é limitado apenas às inovações trazidas pela operação sob seu exame.

2. *O CADE como órgão de intervenção administrativa na vida privada*

Este primeiro tópico do estudo indaga quanto à correta classificação jurídica da atividade desenvolvida pelo CADE, traçando os limites de sua atuação por meio da identificação dos condicionamentos incidentes sobre seus poderes.

Minha conclusão preliminar é a de que ele não tem poder discricionário para impor condições à aprovação de atos de concentração. Sua competência é apenas a de verificar se a concentração é ou não uma *infração atual ou potencial contra a ordem econômica*. Assim, a imposição de condições só se justifica legalmente se necessária – e na estrita medida em que o seja – para eliminar aspectos ou efeitos infracionais da operação. Fora disso, haverá choque com o princípio da proporcionalidade e, portanto, violação da lei.

O CADE exerce uma *função pública*. Isso se traduz na titularidade de *competências* (poderes), cujo emprego necessariamente se vincula a *finalidades públicas* objetivas. Tratando-se de organização estatal, não só sua estrutura como também sua função dependem de definição legal. A lei é a única fonte possível das competências do CADE; as finalidades previstas na lei são as únicas que por ele podem ser buscadas. Em síntese: o CADE se submete plenamente ao princípio da *legalidade administrativa*.

Essa afirmação – quanto ao caráter administrativo da função do CADE e, conseqüentemente, à sua vinculação à *legalidade no sentido administrativo* – não é tão simples quanto parece. É metodologicamente útil demonstrar-lhe a validade e o alcance.

Diz a Lei n. 8.884/1994 que o CADE é um "órgão judicante" (art. 3º). Tal definição, que invoca imagens como as de *juiz*, *julga-*

mento, *Judiciário* e *jurisdição*, pode em tese ser lida em muitos sentidos, paralelos, cada um com efeitos bastante diversos.

Um sentido a ser desde logo afastado é o de *órgão substituto do Judiciário*. A lei, ao chamar o CADE de órgão judicante, nem quis, nem podia querer, afastar a intervenção judicial na proteção de direitos, conferindo imutabilidade às suas decisões. É que a Constituição, no art. 5º, XXXV, consagrou o *princípio da universalidade da jurisdição*, segundo o qual nenhuma lesão ou ameaça a direito será excluída da apreciação do Poder Judiciário.[2] Também não poderia a lei – nem o fez – dar ao CADE poder para impor a privação da propriedade ou da liberdade, porquanto o art. 5º, LIV, da CF introduziu a respeito um *princípio de reserva de jurisdição*.

A leitura mais plausível da expressão "órgão judicante" é a que a vincula a um certo *método de trabalho*. Nesse sentido, judica quem se submete à condição subjetiva de *juiz* – atuando com independência, imparcialidade e impessoalidade – e profere decisões (julga) *por meio de processos* – isto é, segundo um modelo, construído pelo Direito, inspirado na idéia de contraditório, de participação.[3] Assim,

2. Francisco Campos, analisando o problema da atuação da Administração Pública como juiz, escreveu: "A discriminação formal dos poderes pode não coincidir com a discriminação material das funções; o que importa, porém, é que funções da mesma natureza confiadas a poderes diversos se exerçam diferentemente ou com efeitos diversos. Assim, funções judiciais atribuídas à Administração não conferem às decisões tomadas em virtude delas o mesmo caráter, valimento e força das decisões proferidas pelo Poder Judiciário. Materialmente judiciais, ou judiciais por natureza, se exercidas pela Administração, continuam a ser formalmente administrativas, e, portanto, revestidas da mesma autoridade própria aos demais atos administrativos.

"Este, o alcance jurídico do princípio da separação dos poderes.

"Ora, com a separação constitucional entre a Justiça e a Administração é inconciliável a justiça administrativa. Isto não significa, evidentemente, que se recuse à Administração o direito de decidir: o que se lhe nega não é a possibilidade de exercer funções materialmente judiciais ou judiciais por natureza, mas a de, pelo fato de ser de índole judicial a função por ela exercida, revestir-se a sua decisão da forma e da força próprias às decisões judiciárias" ("Exercício, pela Administração, de Funções de Natureza Judicial", in *Direito administrativo*, vol. I, Rio de Janeiro, Imprensa Nacional, 1943, p. 13).

3. "Em seu segundo significado e segundo a dogmática jurídica, *processo é um método de trabalho* referente ao exercício da *jurisdição* pelo juiz e dos poderes inerentes à *ação* e à *defesa*, pelos sujeitos envolvidos no conflito. Esse método é definido pelos princípios e pelo direito positivo (ou seja, pelo direito processual civil), dos quais resulta um *modelo* imposto aos litigantes – de modo que, em cada caso

o ser o CADE um órgão judicante significa que o exercício de suas competências é condicionado por *princípios e regras processuais*, de origem tanto constitucional como legal.[4]

Se o CADE se aproxima do Judiciário quanto ao *método* que utiliza, dele se afasta quanto à *abrangência, objetivo, conteúdo e efeitos* da atuação. A ação do Judiciário tem âmbito universal: atinge quaisquer sujeitos, envolve toda e qualquer regra de Direito, independentemente do tema, e se materializa por quase todas as formas concebíveis de provimento.[5] Sua finalidade genérica é a normalização das

concreto de conflito, as diretrizes exigidas pela Constituição e definidas pela lei devem necessariamente estar presentes e observadas" (Cândido Rangel Dinamarco, *Instituições de direito processual civil*, vol. II, São Paulo, Malheiros Editores, 5ª ed., 2005, p. 24).

4. Tem-se discutido no CADE a respeito da natureza, *judicante* ou *administrativa*, de sua função. Tomando-se o caso Sherbrooke (Recurso Administrativo 08700.001961-1/3) como exemplo e síntese desse debate, chama atenção que tanto a Procuradoria como alguns Conselheiros (Roberto Pfeiffer e Celso Campilongo, especialmente) manifestam convicção quanto ao caráter administrativo do CADE, enquanto o Conselheiro Ronaldo Porto Macedo Jr. acentua mais o caráter jurisdicional da função por ele exercida. Para compreender a divergência, porém, é preciso fugir da hipnose das palavras ("função", "judicante" e "administrativa") e atentar para o sentido prático do debate. Estava em questão a *revogabilidade*, a pedido e em favor do particular, das decisões sobre atos de concentração: segundo os defensores, elas seriam revogáveis por serem administrativas; para o crítico, seriam irrevogáveis por serem judicantes. A verdade é que os defensores queriam aplicar o art. 53 da Lei Federal de Processo Administrativo – LPA (e então invocavam a "natureza administrativa"), enquanto o crítico queria a incidência do art. 485 do Código de Processo Civil (daí argumentar com a "natureza judicante"). A polêmica, como se vê, era restrita à determinação da norma processual aplicável. E, a meu ver, a alusão à natureza da função serviu mais para confundir do que para esclarecer.

Ora, ainda que, segundo me parece, a decisão do CADE seja um ato administrativo, nem por isso é revogável a seu critério. A revogabilidade não é uma característica dos atos administrativos em geral (como, aliás, reconhecem a jurisprudência, a doutrina e o próprio art. 53 da LPA), mas somente de alguns deles. Portanto, não é preciso negar o caráter administrativo do ato para afirmar que sua edição gera preclusão, relativa ou absoluta. Demais disso, não basta chamar o ato de judicante para defender a tese da preclusão, pois as sentenças nos processos de jurisdição voluntária são atos judicantes, mas não geram coisa julgada material (CPC, art. 1.111).

5. Deveras, ao menos no âmbito do processo civil, a lei não limita as possibilidades de provimentos judiciais com base em um *princípio de tipicidade*, não havendo um *numerus clausus* a respeito, donde a viabilidade da adoção de infinitas formas de ordens judiciais. Apenas no âmbito sancionatório, próprio do direito e do processo penal, a tipicidade existe, pois a lei prevê rigidamente o conteúdo das penas possíveis.

relações interpessoais ameaçadas por crises jurídicas (crises de certeza ou crises de adimplemento). Suas decisões finais são dotadas de imutabilidade (efeito de coisa julgada).

Outra, e infinitamente mais angusta, é a função do CADE; trata-se apenas de um *órgão de intervenção administrativa na vida privada*. Cabe-lhe, por um lado, aplicar *sanções administrativas* (vale dizer: nem criminais, nem civis) *por condutas anticoncorrenciais*; por outro lado, *proceder, com objetivos concorrenciais, à limitação administrativa de direitos* (isto é: limitação que nem vem do Legislativo, nem do Judiciário), por meio de veto a atos de concentração realizados pelos agentes no exercício de sua liberdade de empreender, bem como de ordens para a paralisação preventiva ou a desconstituição de situações criadas por condutas anticoncorrenciais. São apenas esses os tipos de provimentos à disposição do CADE.

É preciso deixar especialmente destacado neste momento que o sentido da intervenção do CADE nos atos de concentração em nada se assemelha ao objetivo típico da jurisdição contenciosa cível: a pacificação social. O controle de atos de concentração é uma *técnica de limitação administrativa de direitos*, não um meio de solução de conflitos. O CADE atua, aqui, como órgão de intervenção administrativa na vida privada.

Se empregarmos a palavra *jurisdição* para designar a função do Judiciário e com isso marcar suas peculiaridades relativas a abrangência, conteúdo, escopo e efeitos, teremos de reconhecer que o CADE não exerce jurisdição no sentido próprio, pois sua atuação, bastante circunscrita, muito longe está da universalidade, da atipicidade comum aos provimentos judiciais civis e dos outros caracteres da atuação judicial.

Isso impõe uma conclusão – em verdade uma precisão terminológica – fundamental para a boa aplicação da lei: embora seja um *órgão judicante*, o CADE não exerce *função judicante* (no sentido amplo de função jurisdicional). Judicante é seu método de ação, não sua função, pois esta é pura e simplesmente *administrativa*, traduzindo o objetivo de intervenção administrativa na vida privada, para limitar e fiscalizar o exercício de direitos.

De todo modo, independentemente da discussão relativa à natureza de sua função, vê-se, pelo ângulo do arranjo estrutural do Estado, que o CADE, embora gozando de autonomia, inequivocamente situa-se na esfera do Poder Executivo em sentido amplo (Lei n. 8.884/1994, art. 3º). Trata-se, então, de Administração Pública não só no sentido funcional, mas também orgânico.

Só isso seria bastante para vinculá-lo ao princípio da *legalidade administrativa*, por força do art. 37, *caput*, da Constituição (segundo o qual "a Administração Pública (...) observará os princípios de (...) legalidade (...)"). Mas isso não é tudo. A tarefa do CADE – proceder à limitação administrativa de direitos e aplicar sanções –, sendo de *ordenação da vida privada*, sofre a incidência do art. 5º, II, da Constituição: "ninguém será obrigado a fazer ou deixar de fazer alguma coisa senão em virtude de lei". Destarte, por um fundamento ou outro, a legalidade no sentido administrativo é princípio vital a ser observado em cada decisão do CADE.

O que distingue a *legalidade administrativa* da *legalidade judicial* que vincula o juiz no contencioso cível (isto é, não-criminal) é seu grau de formalismo. É a legalidade em sentido forte, a administrativa, contrastada com a legalidade em sentido mínimo, a judicial. O juiz do contencioso cível é o agente da solução de conflitos postos. A atuação judicial pressupõe a existência de *crises jurídicas*, cuja eliminação é um dos fins do Estado. Embora por certo o juiz esteja vinculado pela lei, as fontes normativas com que trabalha, na solução de conflitos entre pessoas privadas, vão muito além dela, pois se admite a existência de lacuna normativa, autorizando o recurso "à analogia, aos costumes e aos princípios gerais do direito" (Lei de Introdução ao Código Civil, art. 4º; Código de Processo Civil, art. 126). Há, assim, uma importante cláusula de abertura na versão judicial da legalidade.

Já a autoridade administrativa – como o CADE – é agente de intervenção de ofício na vida privada. A cada vez que se move, comprime o espaço possível de liberdade dos sujeitos atingidos. Daí sua vinculação à *legalidade em sentido forte*, como explicam García de Enterría e Fernandez: "O Direito não é, pois, para a Administração, uma fronteira externa, que defina exteriormente uma zona de proibição, em cujo interior ela se possa mover de acordo com sua simples liberdade e arbítrio. Ao contrário, o Direito condiciona e determina, de modo positivo, a ação administrativa, a qual não é válida se não responder a uma previsão normativa". E mais adiante: "Toda ação administrativa surge-nos assim como exercício de um poder atribuído previamente pela Lei e por ela delimitado e construído".[6] Santamaría Pastor é ainda mais explícito, aludindo à necessidade de, na ordenação das atividades privadas, observar-se um *princípio de especificação*: "as previsões legislativas de poderes de intervenção devem ser expressas e singularizadas, com relação a categorias de hipóteses de fato claramente individualizadas".[7]

Sendo o CADE órgão de intervenção administrativa na vida privada, é preciso verificar como a lei, ao criá-lo, demarcou suas competências e assinalou a finalidade de sua ação. Com isso, pode-se identificar com clareza o gênero e tamanho da constrição que opera sobre a liberdade empresarial.

A Lei n. 8.884/1994 valeu-se de um conceito fundamental ("infrações à ordem econômica") em solução normativa que talvez não venha sendo suficientemente valorizada. O art. 1º, *caput*, é claro ao circunscrever a ação do CADE: toca-lhe somente prevenir e reprimir "infrações à ordem econômica". Confira-se: "Art. 1.º Esta lei dispõe sobre a prevenção e a repressão às infrações contra a ordem econômica, orientada pelos ditames constitucionais de liberdade de iniciativa, livre concorrência, função social da propriedade, defesa dos consumidores e repressão ao abuso do poder econômico".

Segundo uma terminologia largamente aceita, a ação antitruste tem duas facetas: o *controle de condutas*, por meio de medidas preventivas, ordens de cessação e imposição de sanções, e o *controle de estruturas*, pelo exame de atos de concentração.[8] Quanto a esse últi-

6. *Curso de Derecho Administrativo*, vol. I, 8ª ed., Madri, Civitas, 1997, pp. 432-433.

7. *Principios de Derecho Administrativo*, vol. II, 2ª ed., Madri, CEURA, p. 261.

8. O art. 54 da Lei n. 8.884/1994 estabelece os critérios para apresentação de atos de concentração ao CADE: "Art. 54. Os atos, sob qualquer forma manifestados, que possam limitar ou de qualquer forma prejudicar a livre concorrência, ou resultar na dominação de mercados relevantes de bens ou serviços, deverão ser submetidos à apreciação do CADE. (...) § 3º. Incluem-se nos atos de que trata o *caput* aqueles que visem a qualquer forma de concentração econômica, seja através de fusão ou incorporação de empresas, constituição de sociedades para exercer o controle de empresas ou qualquer forma de agrupamento societário, que implique participação de empresa ou grupo de empresas resultante em 20% (vinte por cento) de um mercado relevante, ou em que qualquer dos participantes tenha registrado faturamento bruto anual no último balanço equivalente a R$ 400.000.000,00 (quatrocentos milhões de reais)."

mo, não se pode contudo esquecer a finalidade que, pelo sistema legal, o condiciona e limita: sua finalidade é *prevenir e reprimir infrações contra a ordem econômica*; não há qualquer diferença de escopo entre controle de condutas e controle de estruturas.[9]

Nisso se distinguem nitidamente as competências da autoridade antitruste e dos órgãos reguladores. Estes últimos freqüentemente recebem da lei a tarefa de examinar operações societárias das empresas reguladas (como a transferência de controle). A função desses órgãos é *reguladora*, incluindo poderes para planejar – definir abstratamente a estrutura desejada para o mercado – e de aplicar o plano. Assim, ao examinar atos societários, o regulador exerce um amplo poder de modelagem da estrutura do mercado. Já o papel da autoridade antitruste é outro: apenas o de *impedir infrações contra a ordem econômica*. Assim, os poderes que tem, para aprovar ou não atos de concentração e estipular condições para tanto, estão ligados apenas a essa finalidade. O uso deles para outros fins – como o de modelar o mercado segundo seus próprios conceitos – importaria em *desvio de poder*, isto é, em vício do ato por atingir finalidade não comportada na regra de competência.

Ao instituir o controle de estruturas, a lei trouxe para o campo econômico algo corriqueiro ao direito administrativo, a *técnica autorizatória*. Trata-se de um mecanismo específico de disciplina da vida privada, consistente em condicionar o exercício da atividade de particulares ao prévio consentimento de órgão estatal, por meio da edição de um ato administrativo (a *autorização* em sentido amplo). Para introdução desse mecanismo, foram identificadas operações em tese passíveis de constituírem infrações contra a ordem econômica, segundo um cálculo legal de probabilidade e risco (são as operações definidas no art. 54, § 3º). O que o legislador quis, então, foi diminuir

9. Pelo fato de as competências para controle de condutas e de estruturas estarem indicadas em versículos distintos do art. 7º da Lei n. 8.884/1994 (basicamente os incs. II e XII), muitas vezes se esquece que este último não passa de prevenção e repressão a infrações contra a ordem econômica. Isso pelo péssimo hábito de ler partes da lei, esquecendo do conjunto. Ora, o art. 1º da lei é o grande marco de definição das competências do CADE, sendo este artigo o dispositivo único de um capítulo cuja denominação é justamente a seguinte: "Da Finalidade". Isto quer dizer que a finalidade do órgão, também quando examina atos de concentração, é prevenir e reprimir infrações contra a ordem econômica.

o risco de concretizarem-se essas infrações, pois o CADE pode impedir sua consumação, com a simples negativa de autorização para que a operação se realize. A lógica do mecanismo é simples: o órgão examina a operação e, verificando que ela constitui uma "infração maléfica", opõe-lhe veto; concluindo que a operação não é por si mesma uma infração ou que é uma "infração benéfica", autoriza-a ("aprova o ato de concentração").[10]

O poder de aprovar ou não atos de concentração é uma competência administrativa, que se exerce por meio da expedição de atos administrativos.[11] Quanto a seu efeito na esfera jurídica do particular, os atos que acolhem os pedidos são *atos ampliativos de direito*, pois tornam juridicamente viáveis atuações privadas proibidas sem eles. São, como disse, aquilo que a tradição doutrinária européia denomina como *autorização* em sentido amplo.[12] Santamaría Pastor a expli-

10. A lei, considerando insuficiente, para o sistema de controle que estava estabelecendo, a chave tradicional da licitude/ilicitude, criou um mecanismo mitigador dessa oposição, obtendo como que uma flexibilização do conceito de "infração contra a ordem econômica" que ela própria havia cunhado no art. 1º. De modo que terminou por usar uma tríade: licitude, ilicitude benéfica e ilicitude maléfica. Pelo art. 54, § 1º, a lei conferiu ao CADE competência discricionária para aprovar atos de concentração que, de uma ótica puramente objetiva, seriam ilícitos (portanto, infrações contra a ordem econômica); e o fez considerando o possível caráter economicamente vantajoso da operação. Mas isso não contraria a lógica do que eu vinha expondo, isto é, que o exame dos atos de concentração é um controle prévio de atos potencialmente infracionais. Simplesmente se deve introduzir o esclarecimento de que o veto do CADE pode ocorrer: *a)* ou em função da característica anticoncorrencial da estrutura criada; *b)* ou por conta da incapacidade de essa estrutura produzir efeitos reflexos benéficos de outra ordem.

11. A afirmação do caráter administrativo do ato não importa em uma tomada de partido em qualquer das polêmicas já havidas quanto à aplicabilidade ou não, para a solução de dúvidas relativas a problemas processuais, da Lei Federal de Processo Administrativo. E isso por uma singela razão: o fato de o ato ser administrativo não significa que o processo para sua produção não possa seguir, total ou parcialmente, procedimentos previstos no Código de Processo Civil. Não há incompatibilidade entre uma coisa e outra. Deixo, contudo, de aprofundar o tema neste momento.

12. Uma precisão conceitual a respeito do termo *autorização* é, aqui, indispensável. Em seu sentido amplo, usado internacionalmente, autorização é o ato administrativo de liberação de comportamentos privados, comportando inúmeras modalidades. No Brasil, porém, por influência de certa legislação municipal, vários autores tenderam a usar a palavra para fim muito específico: designar atos administrativos discricionários ampliativos de direito dotados de instabilidade e, por isso, revogáveis a qualquer tempo, sem indenização (p. ex.: a autorização para uso de terreno públi-

ca: "o mecanismo da autorização é sempre o mesmo: a norma jurídica qualifica determinadas atividades como potencialmente lesivas (ou dotadas de uma capacidade de incidência relevante) para o interesse público; por isso, subordina o exercício de ditas atividades a um ato da Administração no qual se comprova e declara que a modalidade de exercício concreto pretendida pelo particular não produz dita lesão, ou se estabelecem as condições específicas sob as quais pode ser desenvolvida para evitá-la".[13]

Segundo a lei confira ou não alguma margem de liberdade à Administração, as *autorizações* se classificam em vinculadas e discricionárias. *Autorizações vinculadas* são aquelas cuja expedição envolve apreciação puramente objetiva, ainda que complexa, enquanto as *discricionárias* comportam algum grau de subjetividade (de vontade) do agente.

No sistema construído pela Lei n. 8.884/1994, a autorização é vinculada quando o processo comprovar que a operação de concentração não constitui infração atual ou potencial contra a ordem econômica; nesse caso, o interessado tem inquestionável direito subjetivo a ela, sendo o CADE obrigado a expedi-la, sob pena de ilegalidade, passível de correção judicial. Mas há caso, previsto no art. 54, §§ 1.º e 2º, em que a autorização é discricionária: quando a operação caracterizar-se como "infração benéfica", o CADE verificará a conveniência e oportunidade na sua aprovação, podendo autorizá-la ou não, segundo seu critério subjetivo.[14]

co). Isso explica por que é tão comum ler e ouvir a afirmação de que as autorizações são sempre discricionárias e revogáveis. Mas é óbvio que tal afirmativa não se aplica ao *gênero autorização*, tal qual mencionado na formulação teórica internacional e também na legislação brasileira. Por isso, é preciso descartar desde logo conclusões baseadas em palavras. Vale dizer, é absurdo ler as palavras *autorização* ou *autorizar* no texto legal (como, p. ex., no art. 54, § 1º, da Lei da Concorrência) e ir buscar seu sentido em fragmentos de livros de direito administrativo brasileiro. O que se deve fazer, como é óbvio, é consultar a lei, para saber qual é o regime do ato por ela mencionado.

13. Ob. cit., p. 270.

14. Veja-se que a discricionariedade não está na *(a) identificação da natureza infracional da operação*, pois esta é feita objetivamente a partir do exame do grau e caráter da concentração, em comparação com as proibições do art. 20; tampouco na *(b) verificação de seu efeito* benéfico ou não, pois esta também é objetiva, segundo os parâmetros do art. 54, § 1º, I a IV, e § 2º. É certo que os dispositivos da lei se valem de *conceitos jurídicos indeterminados*, cuja concretização exige um sofistica-

Há casos em que a autorização deve ser expedida de *forma condicional*, isto é, com a imposição de condições a serem observadas pelos interessados para a concretização lícita da operação. Mas a imposição dessas condições não decorre do exercício de qualquer discricionariedade, que inexiste no caso.[15] A operação deverá ser aprovada pura e simplesmente se, na forma em que concebida pelos interessados, não configurar infração e não produzir efeitos reflexos com características infracionais; sujeitá-la a condições seria limitar a liberdade privada sem base em lei alguma. Já se os interessados, ao conceberem o negócio, não tomaram a iniciativa de adotar providências indispensáveis à eliminação dos efeitos anticoncorrenciais reflexos da operação, o CADE deve identificar as medidas estritamente necessárias para neutralizá-los, impondo-as como condição da aprovação.

A imposição de condições à aprovação resulta de um processo de valoração objetiva da estrutura da operação e de identificação, também objetiva, de seus efeitos. As características ou efeitos que se comprovarem ilícitos, por importarem na caracterização de infração atual ou potencial contra a ordem econômica, devem ser neutralizados, na forma que menor gravame provoque à liberdade empresarial.

Incidem aqui os princípios de caráter material que emolduram as técnicas de ordenação administrativa da vida privada: proporcionalidade e *favor libertatis*. Invoco mais uma vez as palavras precisas de Santamaría Pastor:

"Mas a criação e o posterior emprego das técnicas de ordenação encontram-se submetidas também a dois princípios de caráter material (...):

"*a)* Em primeiro lugar, o *princípio de proporcionalidade*, que contém uma exigência de adequação quantitativa entre a finalidade que deve ser per-

do juízo, mas isso não torna discricionária a decisão. A discricionariedade, no caso das concentrações que se caracterizem como "infrações benéficas", resulta expressamente da dicção legal. Veja-se que o § 1º do art. 54 diz que "o CADE *poderá* autorizar os atos" nas condições que especifica, em redação que se repete no § 2º. O verbo *poder* tem, nesses preceitos, um claro sentido de outorga de discricionariedade.

15. Só se pode logicamente falar em discricionariedade na fixação de condições na hipótese de aprovação dos atos de concentração que constituam "infrações benéficas". Se, como demonstrei acima, o CADE tem discricionariedade para aprová-los ou não, é evidente que pode aprová-lo com condições, por simples aplicação da regra, inegavelmente cabível na espécie, segundo a qual quem pode o mais pode o menos. Tendo liberdade para optar entre um extremo (a aprovação) ou outro (a rejeição), o órgão tem a faculdade de escolher uma solução intermediária.

seguida pela técnica de ordenação estabelecida e o desenho concreto das faculdades que a integrem; um princípio que veta a atribuição de poderes materialmente desnecessários para lograr os fins concretos perseguidos pela intervenção imposta;

"*b)* E, em segundo lugar, o *princípio pro libertate* ou *favor libertatis*, segundo o qual, quando a norma que estabelece a potestade de intervenção pode razoavelmente optar entre várias medidas alternativas para conseguir sua finalidade ordenadora, deve necessariamente escolher a que resulte menos restritiva da liberdade individual dos sujeitos sobre os quais vá ser empregada".[16]

A liberdade de configuração dos negócios privados – e, portanto, de celebrar atos de concentração – é uma decorrência da proteção constitucional da livre iniciativa. A Lei da Concorrência, em cumprimento ao art. 173, § 4º, da Constituição, estabeleceu limitações a essa liberdade, ao definir as infrações contra a ordem econômica e proibir sua prática. As competências conferidas pela lei ao CADE são limitadoras da liberdade privada e têm de ser empregadas estritamente. A legitimidade dos atos delas emanados depende da existência de relação lógica entre a espécie e a intensidade da constrição sobre a liberdade e a necessidade de impedir infrações contra a ordem econômica.

3. Vinculação do CADE a suas decisões anteriores

Isso me conduz ao segundo tema: o da *estabilidade da situação jurídica* decorrente da autorização de um ato de concentração e, conseqüentemente, da retratabilidade ou não do ato.

Além de ser vinculada (não discricionária), a autorização criada pelo art. 54 da Lei n. 8.884/1994 tem outra característica importante: trata-se do que se denomina em doutrina como *autorização simples*,[17] isto é, a que libera a prática de um *comportamento privado perfeitamente determinado*, cuja prática submete-se a controle prévio. A finalidade desse controle, no caso da Lei da Concorrência, é verificar se o ato constitui ou não uma "infração maléfica".

16. Ob. cit., p. 262.

17. Santamaría Pastor utiliza a expressão (ob. cit., p. 274), que Enterría e Fernandez preferem substituir por outra: *autorização operativa* (*Curso de Derecho Administrativo*, vol. II, 4ª ed., Madri, Civitas, 1993, pp. 141-142).

Segundo destacam García de Enterría e Fernández, a importância da distinção entre a *autorização simples* e seu oposto, a *autorização de funcionamento*, corre por conta da diversa natureza das relações que elas estabelecem entre a Administração e o sujeito autorizado. Na hipótese da autorização simples "essa relação é episódica e não cria nenhum vínculo estável entre as partes", pois "os efeitos da autorização outorgada se esgotam e a relação estabelecida pelo ato de outorga se extingue pura e simplesmente". Já a autorização de funcionamento (como a de instituições financeiras), "faz surgir uma relação permanente entre a Administração e o sujeito autorizado, com o fim de proteger em qualquer caso o interesse público frente às vicissitudes e circunstâncias que ao largo do tempo possam surgir, para além do horizonte limitado que é possível vislumbrar no momento da outorga".[18]

Uma vez concedida a autorização para o ato de concentração, exaure-se a competência administrativa do CADE para prover *sobre a situação examinada*, pois essa espécie de intervenção na vida privada é necessariamente pontual. Tal competência não se exerce continuamente; ao ser utilizada, se esgota. Não há *sujeição permanente* do ato de concentração ao controle do CADE; a sujeição é pontual.[19]

Evidentemente, isso não significa que as autoridades antitruste não tenham competências de monitoramento (e, se for o caso, sancionamento) sobre empresas envolvidas em operação de concentração já aprovada e consumada. Essa competência existe, mas seu fundamento é o "poder de polícia antitruste genérico" previsto na Lei n. 8.884/1994 (controle de condutas), o qual se exerce sobre todos os agentes econômicos, não pelo fato de algum dia as empresas haverem submetido um ato de concentração ao CADE.

18. Idem, ibidem.

19. A demonstração mais simples disso é a que se extrai da parte final do art. 54, § 7º, segundo a qual a não apreciação do ato pelo Conselho em 60 dias importará na sua *aprovação automática*. Essa norma obviamente não faria sentido se se entendesse que o CADE tem um poder permanente de reconsideração, pois seu simples exercício desfaria a aprovação, de modo que a proteção dada às empresas seria nenhuma. A norma seria um *non sense*, pois o único efeito possível da aprovação automática é impedir que, após o prazo, sobrevenha uma rejeição. Se após a aprovação, pudesse haver reconsideração – e eventual rejeição – "aprovação automática" seria sinônimo de "coisa nenhuma".

Em princípio, portanto, ao final do processo administrativo, as aprovações de atos de concentração se tornam insuscetíveis de retratação por iniciativa da própria autoridade antitruste.[20] Mas, como pode ocorrer com qualquer regra, esta também tem suas exceções, expressamente previstas em lei: as autorizações podem ser retiradas para *restauração* ou para *preservação* da legalidade, no primeiro caso por meio da *invalidação*, no segundo, da *cassação*.[21]

Ambas – a *invalidação* e a *cassação* – estão previstas na Lei n. 8.884/1994, que a elas se refere como hipóteses de "revisão". Confira-se o art. 55: "Art. 55. A aprovação de que trata o artigo anterior poderá ser revista pelo CADE, de ofício ou mediante provocação da SDE, se a decisão for baseada em informações falsas ou enganosas prestadas pelo interessado, se ocorrer o descumprimento de quaisquer das obrigações assumidas ou não forem alcançados os benefícios visados".

Segundo esse preceito, a revisão da aprovação de atos de concentração pelo CADE pode ocorrer por aferição de falsidade ou engano-

20. Não interessa analisar neste momento o problema da revisibilidade da decisão *a pedido de interessado*, que o CADE tem enfrentado recentemente, ao discutir se a decisão originária do Plenário esgota a instância ou se há no processo uma "fase revisional", suscitada pelo exercício do direito a *embargos de declaração* (o que o CADE admite), pelo exercício do direito de *recurso* (o que o CADE não admite), pelo exercício do direito à "*rescisória administrativa*" (tese do Conselheiro Ronaldo Porto Macedo Jr. no caso Sherbrooke, cit.) ou ainda em função do uso, pelo CADE, de uma *competência anulatória ou revogatória* (tese do Conselheiro Roberto Pfeiffer no caso Sherbrooke, cit.). Cumpre destacar, somente, serem dois problemas distintos: o da *revisão a pedido da parte*, que envolve o tema das garantias individuais de natureza processual, e o da *revisão de ofício*, ligado ao direito substantivo à liberdade econômica (e tratado especificamente no art. 55 da Lei n. 8.884/1994).

21. Sobre o significado de cada qual, confira-se a lição de Celso Antônio Bandeira de Mello, *Curso de Direito Administrativo*, 19ª ed., Malheiros Editores, 2005, pp. 414-416:

"Um ato eficaz (...) extingue-se por: (...)

"III – *retirada do ato*. Sucede quando o Poder Público emite um ato concreto com efeito extintivo sobre o anterior. Várias são as hipóteses: (...)

"b*) retirada porque o ato fora praticado em desconformidade com a ordem jurídica. É a 'invalidação'*. Exemplo: retirada de uma autorização para porte de arma porque, contra a lei, fora deferida a um menor de idade;

"c) *retirada porque o destinatário do ato descumpriu condições que deveriam permanecer atendidas a fim de poder continuar desfrutando da situação jurídica. É a 'cassação'*. Exemplo: retirada da licença para funcionamento de hotel por haver se convertido em casa de tolerância; (...)" (grifei).

sidade nas informações que embasaram a decisão; por descumprimento de obrigações assumidas pelo interessado; ou por não atingimento dos benefícios visados com a aprovação da operação.

O primeiro – *falsidade ou enganosidade de informações* – consiste em típica situação de invalidade, dando ensejo à *anulação*. Trata-se de hipótese em que os motivos que serviram de base ao ato – vale dizer, os fatos apurados e levados ao exame do órgão julgador – vêm a revelar-se inexistentes, razão pela qual o ato administrativo é inválido, por vício quanto ao motivo, sempre que tais fatos tenham sido decisivos para a formulação do juízo do CADE.

Já os outros dois – *descumprimento de obrigações assumidas* e *não atingimento dos benefícios visados* – são, inequivocamente, casos de *cassação* da aprovação. Ambos têm íntima conexão com o chamado Compromisso de Desempenho, assumido pelo interessado sempre que sua operação de concentração tenha sido aprovada pelo Conselho *sob condições*. O Compromisso de Desempenho é o instrumento em que essas condições são fixadas. Trata-se, em essência, de obrigações que devem ser assumidas como contrapartida da aprovação do ato de concentração. Caso o compromisso não seja cumprido, o ato poderá ser cassado pelo CADE.

São estas – e só estas – as hipóteses de retirada da aprovação de atos de concentração por iniciativa da autoridade antitruste: uma de anulação e as outras de cassação. Fora disso, as decisões são irretratáveis.

Não há, portanto, possibilidade de *revogação*,[22] por razões de conveniência e oportunidade,[23] do ato administrativo de aprovação. Esse

22. O art. 58, § 3º, da Lei da Concorrência diz que "o descumprimento injustificado do compromisso de desempenho implicará a *revogação* da aprovação do CADE (...)". Apesar do uso impróprio da palavra *revogação*, o preceito está, por óbvio, se referindo a uma das hipóteses de retirada já aludidas no art. 55: a *cassação*, isto é, a retirada do ato administrativo por descumprimento de condição que deveria permanecer atendida. Que não se trata de *revogação* em sentido técnico (retirada por decisão discricionária, baseada em razões de conveniência e oportunidade) é algo evidente, diante do próprio texto do art. 58, § 3º.

23. Mais uma vez se deve advertir que essa conclusão é totalmente neutra em relação à polêmica havida no CADE quanto à "revogabilidade" da aprovação do ato de concentração, *por provocação do interessado*, como meio de reparar falhas da decisão. Quando o Conselho entendeu que poderia "revogar" seu ato, usou a expressão em sentido diverso do tradicional no direito administrativo, pois sua conclusão

poder não foi atribuído ao CADE pela Lei n. 8.884/1994, nem se pode extrair do art. 53 da LPA (Lei n. 9.784, de 29.01.99[24]). *Autorizações simples*, por serem constitutivas de direito, são irrevogáveis.[25] Sua expedição exaure a competência para prover a respeito, gerando ao favo-

não se baseou na crença de que existe competência discricionária a respeito, envolvendo o exame de conveniência e oportunidade.

24. Diz essa norma: "Art. 53. A Administração deve anular seus próprios atos, quando eivados de vício de legalidade, e *pode revogá-los* por motivo de conveniência ou oportunidade, *respeitados os direitos adquiridos*". A primeira observação, extraída da própria literalidade do preceito da lei, é a de que esta proíbe a revogação de atos que gerem direitos adquiridos. A segunda observação é de que este dispositivo não tornou revogáveis atos que, segundo sua lei específica de regência, não o são. Isso porque a Lei federal do Processo Administrativo aplica-se apenas subsidiariamente aos processos administrativos com regulação legal específica (art. 69). Ora, a Lei da Concorrência tem disposição expressa, o art. 55, disciplinando e limitando a retirada da autorização de ato de concentração, donde a inaplicabilidade, no particular, da Lei federal do Processo Administrativo.

25. Trata-se de conclusão consolidada, a respeito de questão já clássica no direito administrativo. Veja-se, a esse respeito, a exposição de Francisco Campos:

"Ainda os autores que tendem para a opinião radical de que, em princípio, os atos administrativos são suscetíveis de revogação pela autoridade que os editou, estabelecem a esta regra geral uma exceção peremptória: são imutáveis, por atos contrários da Administração, os atos administrativos que constituem, declaram ou reconhecem direitos. (...)

"A irrevogabilidade dos atos administrativos que declaram, reconhecem ou geram direitos se funda, na minha opinião, em várias razões, cada qual mais poderosa que a outra.

"1º) É indubitável que em um sistema jurídico que veda a retroatividade da lei, ou a aplicação da lei posterior a um ato consumado sob o regime anterior, será inadmissível o privilégio que se pretende conferir à autoridade administrativa de poder, livremente, anular, mediante ato revocatório, os efeitos já produzidos por um ato administrativo anterior. (...)

"2º) No caso em que o ato administrativo se limita à aplicação da lei, a atividade administrativa é obviamente de natureza jurisdicional. É perfeitamente legítimo, portanto, nessa hipótese, atribuir ao ato administrativo a força ou eficácia material atribuída às decisões dos órgãos jurisdicionais, no sentido de a relação jurídica fixada no ato administrativo não poder ser mais alterada ou mudada pela autoridade que editou o ato, senão nos casos expressamente admitidos em lei. (...) Walter Jellinek, que julga inadequado atribuir-se ao ato administrativo a eficácia material da *res judicata*, admite, entretanto, que tal força deva ser atribuída aos atos administrativos quando têm por conteúdo uma decisão, ou a aplicação da lei ao caso concreto, particularmente quando a decisão é tomada mediante processo, ou com a audiência e a contradição da outra parte. (...)

"3º) A irretratabilidade dos atos administrativos que decidem sobre a situação individual é, ainda, um imperativo da segurança jurídica. (...)" ("Ato administrativo. Quando pode ser revogado pela Administração", in *Direito administrativo*, vol. II, Rio de Janeiro, Freitas Bastos, 1958, pp. 93-101).

recido *direito adquirido* protegido pelo art. 5º, XXXVI, da Constituição Federal.[26]

Sob a ordem econômica instituída pela Constituição de 1988, os agentes privados gozam, em princípio, da liberdade de empreender.[27] Mas essa liberdade, para ser exercida, está sujeita a condicionamentos legais, que visam a garanti-la e conformá-la aos demais valores constitucionais. Um deles é exatamente a autorização, outorgada pelo CADE, para a realização de operação de concentração econômica. Concedida a autorização, está cumprida a condição preestabelecida para o exercício do direito de empreender. Surge, assim, um *direito adquirido à fruição da situação jurídica aprovada*.[28]

Não houvesse respeito a estes direitos adquiridos, a revisão constante das decisões do CADE causaria insegurança e traria sérios prejuízos aos agentes econômicos, contrariando a exigência de firmeza e estabilidade dos atos administrativos.

Ademais, caso o CADE exercesse um poder de examinar e reexaminar determinada operação de concentração *ad eternum*, reformando suas decisões sempre que entendesse necessário, acabaria exorbitando seu papel de repressão ao abuso do poder econômico. Passaria, na realidade, a exercer uma espécie de gestão ou regulação das estruturas de mercado – o que, definitivamente, não lhe cabe.[29] Seu papel

26. "Art. 5º. (...). XXXVI – a lei não prejudicará o direito adquirido, o ato jurídico perfeito e a coisa julgada."

27. A par de figurar como fundamento da ordem econômica (CF, art. 170, *caput*), a livre iniciativa é fundamento da própria República (CF, art. 1º, IV). Isso significa que as pessoas são livres, em princípio, para exercer qualquer tipo de atividade econômica (CF, art. 170, parágrafo único). Mais do que isso, não devem obediência ao planejamento econômico estatal, posto que este, embora determinante para o setor público, é meramente indicativo para o setor privado (CF, art. 174).

28. Nos termos do art. 6º, § 2º, da Lei de Introdução ao Código Civil – que, em verdade, serve a todo o sistema jurídico –, o implemento da condição preestabelecida para o exercício do direito transforma-o em *direito adquirido*. Confira-se: "Art. 6º. (...) § 2º. Consideram-se adquiridos assim os direitos que o seu titular, ou alguém por ele, possa exercer, como aqueles cujo começo do exercício tenha termo pré-fixo, *ou condição preestabelecida inalterável*, a arbítrio de outrem".

29. É mister mencionar o rico debate instaurado no próprio CADE, a respeito da complementaridade entre as funções do CADE e do Banco Central do Brasil (BACEN), por ocasião do julgamento do chamado "caso FINASA" (AC 08012.006762/2000-09). Na ocasião, ficou reconhecido que o CADE não exerce um papel de regulação ou de gestão da atividade econômica.

é de ingerência meramente pontual nas estruturas de mercado, prevenindo e reprimindo infrações contra a ordem econômica. Este é o fundamento constitucional de sua atuação: a repressão ao abuso do poder econômico que vise à dominação dos mercados, à eliminação da concorrência e ao aumento arbitrário dos lucros (CF, art. 173, § 4º).

Em síntese, as razões de fundo que justificam sejam restritas as possibilidades de revisão da aprovação de atos de concentração pelo CADE são, de um lado, a proteção dos direitos adquiridos dos agentes econômicos, com vistas ao exercício da liberdade de iniciativa que lhes é dada pela Constituição; e, de outro, o papel exercido pelo Conselho, que é de repressão ao abuso do poder econômico e não de regulação da atividade econômica, o que demanda sua atuação apenas pontual.

Contudo, mesmo que a lei conferisse ao CADE um poder de revogação das autorizações do art. 54 – o que não é o caso –, isso não lhe permitiria desfazer seus atos por mera mudança de opinião. A revogação só é viável ante a presença de uma *nova situação fática*, capaz, por si, de justificar um novo provimento, em sentido diverso do anterior.[30]

Como a aprovação do ato de concentração gera uma situação estável, coberta pelo direito adquirido, o CADE é obrigado a respeitá-la, quando do exame de operações futuras. Os novos atos de concentração devem ser analisados *apenas quanto à inovação que eles especificamente contenham*, não se podendo aproveitar a oportunida-

30. Já sustentei, em sede doutrinária, a inviabilidade do uso do poder de revogar, na ausência de fatos novos que o justifiquem: "Segue-se que a decisão tomada pela autoridade no exercício de apreciação discricionária e que tenha se atido a seus justos limites, é recebida pelo Direito como a solução que melhor atende concretamente à vontade da lei. Por isso é irretratável, enquanto mantida a situação fática que a criou. Este é o entendimento que, além de lógico, melhor se coaduna com o princípio da segurança e estabilidade das relações jurídicas. Pois, a se permitir que o agente mantenha a competência para prover em matéria e em situação já providas, haveríamos de aceitar como possível que, em dias subseqüentes este entendesse conveniente um ato, depois inconveniente, em seguida conveniente, e inconveniente... de modo que pudesse para sempre praticar e revogar sucessivamente um mesmo ato, sem que nada, absolutamente nada, se houvesse alterado naquela situação fática a que o ato responde. Seria supor que o agente pudesse desquerer o que quis, idéia tão justamente rejeitada por Alessi" ("Discricionariedade e revogação do ato administrativo", em publicação do *Instituto Brasileiro de Direito Administrativo*, pp. 10-12).

de para reapreciar aspectos anteriormente considerados e decididos, pois relativamente a esses a competência do órgão já se terá exaurido com o provimento passado.

4. A precaução no controle dos atos de concentração

Neste último tópico, examino a dúvida quanto à viabilidade de rejeição de ato de concentração como medida de mera precaução contra um efeito concorrencial negativo possível, *mas não certo*.

Segundo penso, referido objetivo extrapola por completo as competências estabelecidas pela Lei n. 8.884/1994 em matéria de controle de estruturas. A concentração de empresas pode deixar de ser aprovada pelo CADE se, e somente se, a operação constituir uma infração atual ou potencial contra a ordem econômica. Admitir o inverso, ou seja, que a *precaução* venha a ser tida como suficiente para justificar tamanha intervenção estatal na liberdade das empresas, seria o mesmo que dotar o CADE de uma espécie de instrumento para o dirigismo ou planejamento empresarial.

A intenção legislativa não foi e não poderia ter sido esta. A própria Constituição Federal estabelece limites intransponíveis à atuação estatal em matéria de controle e fiscalização da atividade privada. Neste ponto, ao mesmo tempo em que reconhece a possibilidade de o Estado reprimir "o abuso do poder econômico que vise à dominação dos mercados, à eliminação da concorrência e ao aumento arbitrário dos lucros" (art. 173, § 4º), veda a atuação planificadora estatal, de caráter cogente, para o setor privado (art. 174, *caput*, *in fine*).

Essas grandes diretrizes constitucionais fornecem a adequada compreensão das competências atribuídas ao CADE pela Lei n. 8.884/1994. Deveras, enquadra-se no conceito de repressão ao abuso do poder econômico apenas e tão-somente a adoção de medidas contra situações que, de fato, representem ofensa a tais princípios da ordem econômica, por caracterizarem infrações contra a ordem econômica. Carece de base legal, porém, a imposição de restrições à liberdade empresarial para além do estritamente necessário para coibir tais infrações.

Rejeitar um dado modelo de organização empresarial, impondo-lhe um substituto, por mera prevenção a *hipotéticos* e *incertos* ilícitos concorrenciais é muito diferente de reprimir o abuso do poder econômico. Na verdade, consiste na própria imposição de um modelo estrutural. Em vez de se reprimir o ilícito, impõe-se um padrão organizativo tido como ideal. Trata-se de atividade planificadora da vida empresarial privada, em absoluta contradição com os limites impostos constitucionalmente.

A atuação dos órgãos de defesa da concorrência, em especial no que toca ao controle de estruturas, não pode avançar de modo a substituir o livre movimento dos agentes de mercado pelo planejamento estatal, mesmo que seja este individualizado num caso de concentração empresarial e tenha como justificativa a precaução contra incertos danos à ordem econômica. Para que seja válida a intervenção dos órgãos de proteção da concorrência no controle de estruturas, sua atuação deve visar à repressão de um ato que isoladamente – isto é, independentemente de outros de ocorrência incerta – mostre-se ilícito. Neste caso será respeitado o preceito constitucional que autoriza a intervenção estatal na iniciativa privada para reprimir o abuso do poder econômico. A imposição de restrições à livre organização de empresas, coibindo atuações empresariais em si lícitas, como mecanismo de precaução contra condutas futuras e hipotéticas, representaria verdadeiro dirigismo estatal na iniciativa privada e, por tal razão, seria inválido.[31]

Portanto, diante de situações tais, em que não há elementos para caracterizar o ato de concentração considerado isoladamente como le-

31. Neste sentido, leciona Calixto Salomão Filho, a respeito da convivência do controle de estruturas – relacionado à desconcentração empresarial – com o princípio da livre iniciativa: "Na matéria que aqui nos interessa a solução encontra-se no art. 174, *caput*. Ali fixam-se claramente os limites da influência do Estado na ordem privada e, conseqüentemente, os limites da livre iniciativa. Torna-se, então, claro que o Estado pode regulamentar a atividade privada até o ponto em que essa regulamentação não chegue a caracterizar planejamento econômico. Ora, planejamento econômico é exatamente a ordenação pelo Estado dos fins da atividade econômica e dos meios mais aptos a obtê-los. Ao determinar a desconcentração o Estado está, sem dúvida, definindo o modelo que quer para aquele setor (formado por empresas de uma dimensão determinada) e fixando os meios para que isso possa ocorrer. Trata-se de uma medida de organização industrial compulsória que se encaixa no conceito de planejamento econômico. Não pode, portanto, ser imposta ao setor privado. Essa interpretação ganha suporte em um outro dispositivo constitucional. Trata-se do art. 174, § 4º, que prevê a repressão pela lei do abuso do poder econômico. Tendo o legislador se referido a abuso, pode-se inferir, ao contrário, que a pura e simples existência do poder econômico não pode ser objeto de sanção" (*Regulação da Atividade Econômica – Princípios e Fundamentos Jurídicos*, São Paulo, Malheiros Editores, 2001, pp. 94-95).

sivo à concorrência, mas em que a autoridade teme que a nova situação das empresas envolvidas não seja capaz de coibir a prática de certas condutas anticoncorrenciais, não se mostra cabível a rejeição ou imposição de medidas restritivas à operação. A mera perspectiva – incerta – de lesividade a partir do ato de concentração não constitui fundamento suficiente para a aplicação de sanções estruturais.

Nestes casos, a precaução que pode vir a ser tomada pelo CADE só pode envolver o controle das *condutas futuras* das empresas envolvidas no ato de concentração. E assim tem sido feito, por intermédio da celebração de compromissos de desempenho,[32] nos quais as partes envolvidas se comprometem a não agir de determinada forma (considerada prejudicial à concorrência no mercado relevante afetado) ou mesmo a cumprir determinados deveres instrumentais, que sejam úteis para o acompanhamento e controle do setor.

O mero temor de que determinado ato de concentração, lícito quando considerado em sua individualidade, possa (embora isso seja incerto) criar situação de mercado em que ocorram práticas anticoncorrenciais não é suficiente para fundamentar a imposição de sanções de natureza estrutural. Admitir tal comportamento interventivo dos órgãos de proteção da concorrência seria violar o princípio da mínima intervenção na vida privada (corolário do princípio da livre iniciativa) e a vedação da planificação estatal do setor privado (art. 173, § 4º, c/c o art. 174, *caput*, da Constituição Federal).

32. Percebe-se, nesta aplicação, um emprego mais abrangente do instrumento "compromisso de desempenho". Deveras, por tal expressão a Lei n. 8.884/1994 designa o pacto celebrado em função de compromissos de desempenho econômico, assumidos em virtude da liberação de determinados atos de concentração que, em princípio, se mostrariam lesivos à competição, mas que, por representarem determinadas vantagens econômicas e sociais, tornaram-se merecedores de aprovação. Trata-se da formalização do compromisso derivado da aprovação condicionada, que pode ser obtida com base no art. 54, § 1º, da lei. Este é o estrito sentido do termo *compromisso de desempenho* tal qual mencionado no art. 58.

Outra coisa, bem distinta, é o compromisso que não envolva o cumprimento das condições estabelecidas no § 1º do art. 54, mas uma espécie de listagem prévia de condutas que não devem ser praticadas, sob pena de caracterização de ilícito concorrencial, além da assunção de deveres de natureza instrumental, destinados a propiciar um acompanhamento mais efetivo das condutas da empresa após a concentração.

OS LIMITES DA DISCRICIONARIEDADE TÉCNICA E AS PROVAS OBJETIVAS NOS CONCURSOS PÚBLICOS DE INGRESSO NAS CARREIRAS JURÍDICAS

FÁBIO MEDINA OSÓRIO

1. Introdução ao problema: noções iniciais sobre o papel dos juristas na construção do direito. 2. O equívoco jurisprudencial: da discricionariedade à arbitrariedade das bancas examinadoras. 3. A crítica à jurisprudência e os limites teóricos da discricionariedade técnica. 4. O concurso público como processo administrativo. 5. Hipóteses de atos administrativos nulos das bancas examinadoras; 5.1 Eleição de uma alternativa incorreta como correta: 5.1.1 A banca anuncia uma única hipótese correta, quando na questão aparecem pelo menos duas corretas; 5.1.2 A banca formula questões/respostas intoleravelmente ambíguas que ensejam fundadas e razoáveis perplexidades e dúvidas no espírito do candidato 6. Critérios para avaliar a correção da(s) resposta(s) em provas objetivas nos concursos jurídicos. 7. Conclusões.

1. Introdução ao problema: noções iniciais sobre o papel dos juristas na construção do direito

A doutrina jurídica deve ocupar-se, cada vez mais, de problemas atuais e concretos, apontando soluções e críticas construtivas às decisões equivocadas, partam elas dos legisladores, dos juristas ou dos operadores jurídicos. Debates sobre questões inúteis ou de pouca relevância prática não deveriam ocupar o tempo dos juristas, embora não raro isso ocorra no meio acadêmico, em processos judiciais e no interior da Administração Pública.[1]

1. Não se pode ignorar, infelizmente, que certos operadores jurídicos têm imenso apego por discussões puramente formais, sem qualquer preocupação com o

Há discussões teóricas que se revelam adequadas, é certo, porém um olhar mais atento revelará, por igual, que essas mesmas discussões acabam esgotando-se no plano estritamente teórico, sem uma abordagem realmente transformadora e progressista.[2]

Um debate que pretendemos resgatar do plano teórico ao prático diz respeito aos limites da chamada discricionariedade administrativa. É importante efetuar distinções e apontar limites teóricos à discricionariedade dos administradores públicos, até porque se trata de assunto fascinante. Não podemos, no entanto, ficar presos a um debate puramente teórico e distante da realidade dos Tribunais e da Administração Pública. Necessário, em realidade, aprofundar o exame da questão por ângulos distintos, percorrendo o direito dos juristas, não apenas as boas fontes doutrinárias, mas também as decisões dos Tribunais, verificando e observando a aplicabilidade prática dos limites teóricos à discricionariedade administrativa.

Cabe dizer, num momento inicial, que a distinção entre atos vinculados e discricionários costuma ocupar a atenção dos juristas, pois se trata de tema de alta relevância. É voz corrente dizer que "nenhum ato é totalmente discricionário, dado que, conforme afirma a doutrina prevalente, será sempre vinculado com relação ao fim e à competência, pelo menos. Com efeito, a lei sempre indica, de modo objetivo, quem é competente com relação à prática do ato – e aí haveria inevitavelmente vinculação. Do mesmo modo, a finalidade do ato é sempre obrigatoriamente um interesse público, donde afir-

direito material. Essas discussões, embora se apresentem inúteis do ponto de vista da adequada distribuição da justiça e aplicação do direito material, e mesmo ante a perspectiva da utilidade e relevância das formas à matéria, não raro vingam com força, ocupando estudos doutrinários e fundamentando orientações jurisprudenciais. Lamentavelmente, tais debates podem gozar de prestígio junto a alguns pensadores e cientistas do Direito, *v.g.*, que se dedicam a construir elaborações teóricas que terminam por inviabilizar o conhecimento de certos assuntos de fundo.

2. É impressionante a quantidade de abordagens doutrinárias que não analisam casos paradigmáticos ou que não enfrentam, pura e simplesmente, o problema do descumprimento escancarado de seus postulados ou conclusões na praxe dos Tribunais. Aqui, teríamos o fenômeno da doutrina distante da realidade. Não são raros os doutrinadores que, na abordagem de assuntos de inegável interesse prático, simplesmente não citam uma única decisão jurisprudencial. A essa situação colaboram decisões jurisprudenciais precariamente fundamentadas, desmoralizadas enquanto fontes do Direito. Porém, a doutrina, para fazer a crítica à jurisprudência, deve, antes de tudo, conhecê-la.

marem os doutrinadores que existe vinculação também com relação a este aspecto".[3]

De qualquer sorte, seguindo as lições de Celso Antônio Bandeira de Mello, é pacífico dizer que:

"Discricionariedade é liberdade dentro da lei, nos limites da norma legal, e pode ser definida como: 'A margem de liberdade conferida pela lei ao administrador a fim de que este cumpra o dever de integrar com sua vontade ou juízo a norma jurídica diante do caso concreto, segundo critérios subjetivos próprios, a fim de dar satisfação aos objetivos consagrados no sistema legal'.

"Não se confundem discricionariedade e arbitrariedade. Ao agir arbitrariamente, o agente estará agredindo a ordem jurídica, pois terá se comportado fora do que lhe permite a lei. Seu ato, em conseqüência, é ilícito e por isso mesmo corrigível judicialmente (...).

"Em rigor, não há, realmente, ato algum que possa ser designado, com propriedade, como ato discricionário, pois nunca o administrador desfruta de liberdade total. O que há é exercício de juízo discricionário quanto à ocorrência ou não de certas situações que justificam ou não certos comportamentos e opções discricionárias quanto ao comportamento mais indicado para dar cumprimento ao interesse público *in concreto*, dentro dos limites em que a lei faculta a emissão deste juízo ou desta opção."[4]

Problema que merece a atenção da doutrina diz respeito aos limites dos administradores responsáveis pela elaboração de provas objetivas nos concursos públicos.[5] Sabemos que a tendência do Poder

3. Eis o que afirma Celso Antônio Bandeira de Mello, *Curso de Direito Administrativo*, 18ª ed., São Paulo, Malheiros Editores, 2005, p. 399. O autor entende que também com relação ao fim pode haver "certa discricionariedade", embora faça a ressalva de que seu parecer, nesse aspecto, estaria "contrariando a opinião que prevalece pacificamente na jurisprudência e na doutrina brasileiras e majoritariamente fora do Brasil".

4. Idem, ibidem, p. 401.

5. Especialmente sobre os limites dos administradores nas provas orais, recordamos da obra intitulada *Palestras: cursos de atualização para Magistrados*, vol. I, n. 1, AJURIS/Escola Superior da Magistratura-RS/TJRS/Corregedoria-Geral da Justiça-RS, 2000, na qual publicamos trabalho com o título "O princípio constitucional da motivação dos atos administrativos", pp. 457-474. Trata-se de palestra que proferimos em novembro de 2000, no auditório da Escola Superior da Magistratura gaúcha, em curso de atualização para Magistrados. Na ocasião, tivemos oportunidade de aduzir que, lamentavelmente, na etapa das provas orais, "os candidatos ficam, em boa

Judiciário é reconhecer campos largos de imunidade aos administradores que elaboram provas de ingresso às carreiras jurídicas, talvez até mesmo porque o próprio Judiciário – e, diga-se de passagem, também o Ministério Público, instituição fiscalizadora por excelência – realiza numerosos concursos públicos, não se revelando interessante propiciar abertura aos Juízes de primeiro grau no sentido de que pudessem efetuar controles mais rigorosos, fiscalizando atos de uma Banca Examinadora composta por autoridades superiores no plano administrativo.[6] Desta forma, os Tribunais teriam uma forte motivação psicológica e institucional para construir uma jurisprudência de imunidade em favor de seus próprios atos administrativos.

Sem embargo, necessário refletir sobre a correção desse comportamento jurisdicional restritivo, porque uma das funções da doutrina é, precisamente, a crítica à jurisprudência, de tal modo que se possam corrigir os rumos equivocados, construindo-se novos paradigmas jurídicos. A crítica científica é fonte de evolução do Direito construído pelos Tribunais e Legisladores.

Diga-se, ademais, que os Tribunais – não apenas os Legisladores e Administradores Públicos – têm a oportunidade de corrigir seus próprios equívocos, mesmo porque há motivações que, em realidade,

medida, na dependência do humor dos examinadores", ante as infinitas possibilidades de arbitrariedades incontroláveis. Disse, por isso, que as provas orais em concursos públicos deveriam ser "efetivamente públicas e documentadas, preferentemente por instrumentos audiovisuais. O diálogo entre Banca Examinadora e candidato há de ser público e motivado. A Banca deve anotar os critérios que a conduzem à atribuição do grau X ou Y, apreciando as respostas dos candidatos à luz de pautas objetivamente perceptíveis". Nessa ocasião, referimos, ainda, o seguinte: "Ouso dizer que todos os argumentos que se opõem à realização de provas orais públicas e documentadas têm, como pano de fundo, a idéia de que as Instituições (autoridades) querem imunidade aos seus poderes. Essas imunidades não se justificam em um Estado Democrático de Direito. É possível realizar concursos públicos com provas orais abertas e transparentes. A sociedade tem o direito de observar o preparo técnico dos examinadores. Integrar uma Banca Examinadora exige preparo técnico e conhecimento profundos" (idem, p. 473). Pensamos que também as provas objetivas, geralmente preliminares, que envolvem o ato de assinalar a alternativa correta, exigem limites técnicos à discricionariedade dos examinadores, mais até do que ocorre nas provas orais. Se essa etapa – a oral – exige maiores controles, como sustentamos perante um auditório de Juízes e Desembargadores, mais ainda se exigirá da etapa preliminar, em que as questões são puramente objetivas.

6. Adiante explicitaremos algumas decisões judiciais nesse sentido.

são inconscientes, ou então não se revelam, pura e simplesmente, respaldadas na ordem jurídica, de tal sorte que restam ilegítimas. De um modo ou de outro, os equívocos sempre podem ser corrigidos, com boa vontade e boas intenções, com espírito de lealdade institucional e de cumprimento dos comandos normativos emanados da Constituição Federal de 1988 (CF), em especial os princípios que presidem a Administração Pública brasileira (art. 37, *caput*, CF).

Delimitemos um pouco mais nosso trabalho.

Do ponto de vista teórico, não se pode desprezar as imensas diferenças que separam os numerosos tipos de concursos públicos que existem. Resulta evidente que o concurso para uma livre-docência universitária não se compara, em termos de abertura à discricionariedade administrativa, com um concurso de ingresso às carreiras jurídicas, em sua fase preambular objetiva.

Não se pode equiparar coisas distintas. Os concursos de ingresso aos quadros de magistério superior guardam peculiaridades deveras sofisticadas, com altas doses de subjetivismo aos intérpretes. E isso se dá não apenas em razão do tipo de provas, mas da abrangência da avaliação.

De igual modo, provas orais não se equiparam às provas escritas, sendo que estas tampouco ficam no mesmo nível das provas objetivas. Neste trabalho, nosso foco é mais restrito: buscaremos examinar especialmente as provas objetivas de ingresso às carreiras jurídicas.

Nesse contexto, o Prof. Almiro do Couto e Silva, por sua visão diferenciada e de longo alcance, por sua inquietude diante do que resulta como produto acabado e inquestionável da jurisprudência, certamente avalizará a escolha do tema aqui abordado, independentemente dos acertos ou eventuais equívocos cometidos. Sentindo-nos autorizados, portanto, ao enfrentamento deste assunto, nesta justa homenagem ao grande administrativista gaúcho, ousamos trazer aqui considerações já expendidas alhures,[7] porém ainda perfeitamente atuais.

7. O trabalho foi originariamente publicado, com o mesmo título, na *Revista Diálogo Jurídico*, Salvador, CAJ – Centro de Atualização Jurídica, n. 13, abril-maio, 2002. Disponível em: http://www.direitopublico.com.br.

2. *O equívoco jurisprudencial: da discricionariedade à arbitrariedade das bancas examinadoras*

Quando se examinam de perto as decisões judiciais que têm tratado do assunto ora em foco, observa-se que os Tribunais têm consagrado um caminho perigoso e temerário aos administradores públicos, outorgando-lhes um passaporte que vai da discricionariedade à arbitrariedade administrativa. Esse trajeto – da discricionariedade à arbitrariedade – tem permanecido, na maior parte das vezes, imune aos controles, facilitando-se as flagrantes injustiças e distorções, com perspectivas, inclusive, de responsabilidade patrimonial do Estado por injustiças e erros manifestos.

Confiram-se, a título de exemplo, os seguintes julgados com orientação restritiva em matéria de controle da discricionariedade das Bancas Examinadoras nos concursos públicos:

"Administrativo – Concurso público – Critério de correção de prova – Alteração pelo Poder Judiciário – Ilegalidade – 1. É defeso ao judiciário alterar os critérios estabelecidos por Comissão Examinadora de Concurso Público para correção de provas. 2. Apenas ilegalidade praticada pela Comissão Examinadora enseja revisão do ato pelo Judiciário. 3. Sentença denegatória mantida. 4. Apelação improvida" (TRF-1ª Região – MAS 199401231915-DF – 2ª Turma – rela. Juíza convocada Solange Salgado – *DJU* 11.6.2001, p. 111).

"Concurso para provimento de cargo público – Critério de correção de provas – Reexame – Impossibilidade – Mandado de segurança contra ato do Desembargador Corregedor-Geral da Justiça – Mandado de segurança. Concurso público. Alegação de equívoco de banca examinadora na adoção de critérios corretivos. Preliminar de falta de interesse de agir que se repele, quando os pontos, cuja atribuição é pelo impetrante pretendida, embora não lhe pudessem garantir classificação, dentro do número de vagas oferecidas, seriam nada obstante, suficientes para lhe assegurar aprovação no certame. Descabimento da impetração que busca a reapreciação, pelo Poder Judiciário, dos critérios, adotados pela banca, para a correção de provas, com desconsideração do princípio constitucional da isonomia que assegura a todos tratamento igualitário. Segurança denegada" (MGS) (TJRJ – MS 487/97 – Reg. 070498 – Cód. 97.004.00487 – Órgão Especial – rela. Juíza Áurea Pimentel Pereira – j. 9.2.1998).

"Concurso para provimento de cargo público – Critério de correção de provas – Reexame – Impossibilidade – Concurso público. Critério de correção da prova. Reexame pelo Judiciário. Impossibilidade. São reservados à banca examinadora do concurso os critérios de correção da prova, que os aplica uniformemente a todos os concorrentes, vedado ao Judiciário substituir-se aos examinadores para atribuir nota a este ou aquele candidato. Também aqui a atuação da Justiça se limita ao aspecto da legalidade formal e material do concurso, não lhe sendo lícito arvorar-se em examinador dos examinadores. Desprovimento do recurso" (TJRJ – AC 1701/97 – Reg. 120897 – Cód. 97.001.01701 – 2ª Câmara Cível – rel. Des. Sérgio Cavallieri Filho – j. 27.5.1997).

"Concurso para provimento de cargo público – Critério de correção de provas – Reexame da prova – Impossibilidade – Concurso público. Reexame de questões de prova. Inadmissibilidade. Ao Judiciário somente é permissível a apreciação da legalidade ou ilegalidade do ato administrativo. Inadmissível, por indevido, o exame subjetivo do acerto ou não da formulação das questões pela banca examinadora, com suas respectivas respostas dadas como corretas. Apelo improvido" (TJRJ – ApCiv 1908/97 – Reg. 191297 – Cód. 97.001.01908 – 9ª Câmara Cível – rel. Des. Ruy Monteiro de Carvalho – j. 6.8.1997).

"Concurso para provimento de cargo público – Concurso de provas e títulos – Critério de correção de provas – Administrativo. Concurso público. Não cabe ao Magistrado interferir no critério de correção de provas e atribuição de nota estipulado por banca examinadora. Desprovimento do apelo" (TJRJ – ApCiv 6618/95 – Reg. 230896 – Cód. 95.001.06618 – 8ª Câmara Cível – rel. Des. Perlingeiro Lovisi – j. 21.5.1996).

Também o Egrégio STJ tem precedente no sentido de que, embora exista *discricionariedade técnica* da Bancas Examinadoras, nos concursos públicos, ao Judiciário seria defeso substituir os critérios das autoridades administrativas quanto "aos objetivos, fontes e bases das avaliações das questões", devendo ficar adstrito ao exame da legalidade.[8]

8. Confira-se, nesse sentido, REsp 11211-PE, Processo 1991.00.10022-6, 1ª Turma, rel. Min. Milton Luiz Pereira, j. 31.8.1994, Documento TJ000072637, *DJ* 26.9.1994, p. 25.599, disponível em: www.stj.gov.br. Negaram provimento ao recurso. O problema reside em definir os limites da própria legalidade administrativa, nessa espécie de situação. Caso se entendesse a legalidade por um prisma substancial, abarcando exigências de eficiência e de correção jurídica das alternativas e respostas, seria possível efetuar amplos e profundos controles desses atos no âmbito judicial, ao abrigo do princípio da legalidade administrativa. É óbvio que concepções estreitas e limi-

3. *A crítica à jurisprudência e os limites teóricos da discricionariedade técnica*

Em realidade, é possível reverter essa orientação jurisprudencial restritiva e conservadora,[9] equivocada em suas bases teóricas, reconhecendo limites técnicos a esses administradores que elaboram e corrigem provas em concursos públicos, em homenagem à Ciência Jurídica e às fontes formais do Direito, bem assim aos princípios constitucionais que governam a Administração Pública brasileira (art. 37 da CF/1988).

É que, precisamente, a Ciência Jurídica e as fontes formais do Direito constituem os limites técnicos à discricionariedade da Banca

tadas ao sentido puramente formal de legalidade poderiam conduzir ao esvaziamento desse importante princípio jurídico, gerando argumentos formalistas de imunidade da Administração aos controles jurisdicionais, situação verdadeiramente inadmissível e contrária ao sentido da ordem constitucional. Além disso, parece-nos que o colendo Tribunal Superior não entendeu, de modo adequado, o significado da expressão "discricionariedade técnica", o que há de ser esclarecido. Essa expressão traduz limites estreitos ao administrador público, de modo que resta incompatível com o teor e principalmente as conclusões da decisão judicial em comento.

9. Fazendo crítica análoga, a propósito da timidez dos Tribunais norte-americanos no controle de certos tipos de discricionariedade técnica das Agências Independentes, veja-se a obra de Christopher Edley Jr., *Derecho Administrativo: reconcebir el control judicial de la Administración Pública*, trad. de Angel Manuel Moreno, Madrid, MAP/Instituto Nacional de Administración Pública, 1994, p. 81, quando pondera que a evolução de determinadas técnicas de controle judicial da Administração Pública, tais como as doutrinas do *hard look* ou *adequate consideration*, com alto grau de revisão das razões e explicações das Agências, demonstra que os métodos de revisão judicial podem auxiliar na construção de uma "ciência razoável". O autor entende que é possível reverter a tendência de restringir a supervisão judicial da ciência e das competências técnicas. Sem embargo, diz ele que admite que "en nada favorece la situación el censurar, como hago, la reticencia de los Tribunales en examinar las decisiones de la Agencia en busca de política pública de baja calidad si el Tribunal no puede identificarla cuando la ve". Os Tribunais devem ser capazes de identificar os limites da Ciência às posturas administrativas. A analogia que se busca entre o Direito Norte-americano e o Brasileiro é, naturalmente, relativa, embora tenha como ponto comum a questão da discricionariedade técnica. Parece evidente que, nos concursos públicos, não se trata de reconhecer às Bancas a possibilidade de formular políticas públicas, mas sim de elaborar questões que se revelem adequadas do ponto de vista científico e das fontes formais do Direito, em se tratando de concursos jurídicos. Não há espaços à formulação de políticas públicas altamente discricionárias. Parece-nos evidente, aqui, a necessidade de os Tribunais supervisionarem e controlarem os paradigmas técnicos fundamentais, sob pena de darem respaldo ao arbítrio e à ilegalidade administrativa.

Examinadora na elaboração e correção das provas objetivas em concursos públicos. Se existem limites técnicos, esses limites podem e devem ser controlados e fiscalizados pelo Judiciário. Por isso, quando a jurisprudência menciona a expressão "discricionariedade técnica", há que se considerar a inarredável presença dos limites técnicos às liberdades de escolhas, pena de esvaziar-se o sentido lógico dessa espécie de discricionariedade, que é mais limitada do que outras modalidades. Essa discricionariedade não é pura, mas sim técnica, o que revela sua maior limitação frente à Ciência e aos paradigmas técnicos de controle e qualidade.

As Bancas Examinadoras, nos concursos públicos, gozam de discricionariedade técnica, é dizer, aquela liberdade de escolha balizada pela Ciência e pela técnica, sobretudo pelas fontes formais do Direito. Devem os examinadores, portanto, formular questões e alternativas corretas, juridicamente razoáveis, de tal sorte que os candidatos possam, em condições isonômicas e dentro da lei, competir livremente, culminando na escolha dos melhores. Esse é o objetivo dos concursos, os quais se desenvolvem balizados pela obediência às normas constitucionais aplicáveis, sempre interditada a arbitrariedade de quem quer que seja.

A discricionariedade é técnica, insista-se, porque demarcada pela Ciência e pelas fontes formais do Direito. No caso dos concursos jurídicos, é a Ciência Jurídica que deveria dar os limites da discricionariedade administrativa, juntamente com as fontes de produção do Direito. É isso que se solicita dos candidatos: conhecimento científico e conhecimento das fontes.

A Banca, no eleger as questões e, via de conseqüência, a(s) alternativa(s) correta(s), não pode, evidentemente, atuar com arbitrariedade, nem com desprezo pelas normas técnicas pertinentes e reconhecidamente aplicáveis ao assunto objeto da decisão administrativa. O princípio constitucional de interdição à arbitrariedade dos Poderes Públicos está embutido e deriva do devido processo legal substancial, estando acolhido na Constituição Brasileira de 1988.[10] Por esse princípio, que se interpreta à luz da razoabilidade, uma Banca Examinadora não poderia, num concurso público dominado pela legalidade,

10. Sobre o tema, veja-se nosso *Direito Administrativo sancionador*, São Paulo, Ed. RT, 2000, quando analisamos o devido processo legal substancial e a interdição à arbitrariedade dos Poderes Públicos.

igualdade, eficiência e impessoalidade administrativas, adotar qualquer dos seguintes procedimentos ilícitos:

(a) eleger como correta uma alternativa incorreta à luz da doutrina e jurisprudência dominantes;

(b) exigir que se assinale a alternativa correta, quando não existem alternativas corretas e não há uma alternativa indicando que todas as demais estão incorretas;

(c) exigir que se assinale a única alternativa correta, quando, em realidade, existem pelo menos duas, gerando, com essa espécie de comportamento administrativo, perplexidade nos candidatos;

(d) propor uma questão/resposta ambígua, que deixe no espírito do candidato fundadas e razoáveis dúvidas quanto ao seu alcance e precisão, gerando perplexidade que dificulte a eleição da alternativa correta, ante a possibilidade razoável de que não esteja correta a alternativa ou que haja outra alternativa igualmente correta na mesma questão.

O concurso público envolve direito fundamental do candidato no sentido de que a Banca atenda e respeite os princípios que presidem a Administração Pública, é dizer, legalidade, moralidade, impessoalidade, publicidade e eficiência administrativas (art. 37, *caput*, CF/1988), base normativa do Estado Democrático de Direito. Esses princípios constitucionais dominam todo e qualquer ato administrativo, sobretudo no campo dos concursos públicos, os quais são processos que dizem respeito ao princípio isonômico e ao bom funcionamento das instituições públicas.

É bastante óbvio, portanto, que uma Banca Examinadora não possa adotar posturas arbitrárias ou equivocadas. Os poderes da Banca são jurídicos e, mais precisamente, discricionários, movimentando-se entre alternativas igualmente válidas, porém sempre entre limites ou marcos conceituais mínimos. Não se trata, a toda evidência, de poderes ilimitados, eis que, fosse assim, teríamos Bancas dotadas de poderes ajurídicos, incontroláveis, situação impensável num Estado Democrático de Direito. A existência de limites, por si só, é indicativa de que existem marcos conceituais básicos que devem ser respeitados pelas Bancas Examinadoras, ainda que se diga que o Judiciário não possa adentrar o mérito do ato administrativo.[11]

11. É óbvio que o Judiciário não pode substituir a discricionariedade da Banca pela sua. Tanto isso é verdade que basta constatarmos a impossibilidade de o Judi-

A base constitucional já examinada encontra plena ressonância no campo infraconstitucional. O concurso público é um processo administrativo e, como tal, deve ser avaliado e interpretado. Isso implica trazer à tona uma série de normas legais e constitucionais. Se os administradores enxergarem o concurso público como processo, não temos dúvida de que outra será a postura adotada no campo das provas objetivas, com mais cautela e eficiência.

Vejamos mais de perto as razões pelas quais o concurso é um processo administrativo.

4. O concurso público como processo administrativo

No plano normativo federal, o concurso público é um processo administrativo, subordinado, quanto às normas gerais, ao disposto na Lei Federal n. 9.784/1999, Lei do Processo Administrativo (LPA), que estabelece os princípios jurídicos que hão de nortear a gestão pública processualizada nesse terreno, considerando o chamado dever de decidir, *in verbis*: "Art. 48. A Administração tem o dever de explicitamente emitir decisão nos processos administrativos e sobre solicitações ou reclamações, em matéria de sua competência".

Ostentando o dever de decidir uma pretensão de ingresso no setor público, que se ampara em direito constitucional à isonomia de

ciário efetuar certas valorações, *v.g.*, se um determinado questionamento era ou não oportuno, ou se deveria ser efetuado o questionamento X em detrimento do Y num concurso de ingresso a uma carreira jurídica. Não obstante, é possível constatar, nesse terreno, distorções nos concursos públicos, distorções verdadeiramente incontroláveis. Se um examinador pede aos candidatos conhecimento em torno de questões de pouca incidência na praxe forense, de relevância prática duvidosa, *v.g.*, sobre enfiteuse ou sobre o crime de adultério previsto no Código Penal, ou que não demandem atuação freqüente da instituição para a qual se realiza concurso de ingresso, não nos parece possível, em tais hipóteses, que o Judiciário venha a censurar opções da Banca Examinadora, ao abrigo do princípio da eficiência. Pensamos, ao contrário, que as opções eleitas pela Banca, no universo do edital, traduzem exercício de competências discricionárias, e não vinculadas. Porém, essa discricionariedade, num momento posterior, se reduz consideravelmente. A Banca não terá a mesma liberdade para dizer se a hipótese X ou Y está correta ou equivocada à luz da Ciência Jurídica e das fontes formais do Direito. Haverá uma liberdade bem mais reduzida nesse momento posterior e a redução se dá diante da hierarquia das fontes, sobretudo diante da jurisprudência dos Tribunais Superiores e da orientação doutrinária mais abalizada e prestigiada, é dizer, em suma, pela técnica.

acesso, o órgão competente há de orientar-se por determinados princípios jurídicos, nos moldes da Lei Federal n. 9.784/1999, sob pena de incorrer em ilicitude comportamental.

Dentre os princípios que hão de reger a atividade administrativa consubstanciada no concurso público – porque se trata, repita-se, de típico processo administrativo –, afora aqueles obviamente já enunciados no art. 37, *caput*, da CF/1988, destacamos, da Lei Federal n. 9.784/1999, os deveres de legalidade, finalidade, motivação, razoabilidade, proporcionalidade, segurança jurídica, interesse público e eficiência, todos não raro vulnerados em conjunto nas hipóteses de arbitrária condução dessa espécie de processo administrativo.

Confiram-se os dispositivos legais mencionados, porque não raro cita-se muita doutrina em detrimento do texto legal:

"Art. 2º. A Administração Pública obedecerá, dentre outros, aos princípios da legalidade, finalidade, motivação, razoabilidade, proporcionalidade, moralidade, ampla defesa, contraditório, segurança jurídica, interesse público e eficiência.

"Parágrafo único. Nos processos administrativos serão observados, entre outros, os critérios de:

"I – atuação conforme a lei e o Direito;

"II – atendimento a fins de interesse geral, vedada a renúncia total ou parcial de poderes ou competências, salvo autorização em lei;

"III – objetividade no atendimento do interesse público, vedada a promoção pessoal de agentes ou autoridades;

"IV – atuação segundo padrões éticos de probidade, decoro e boa-fé;

"V – divulgação oficial dos atos administrativos, ressalvadas as hipóteses de sigilo previstas na Constituição; (...)

"VII – indicação dos pressupostos de fato e de direito que determinarem a decisão; (...)

"VIII – observância das formalidades essenciais à garantia dos direitos dos administrados;

"IX – adoção de formas simples, suficientes para propiciar adequado grau de certeza, segurança e respeito aos direitos dos administrados; (...)

"XII – impulsão, de ofício, do processo administrativo, sem prejuízo da atuação dos interessados;

"XIII – interpretação da norma administrativa da forma que melhor garanta o atendimento do fim público a que se dirige, vedada aplicação retroativa de nova interpretação."

Especialmente sobre o dever de fundamentação ou motivação dos atos administrativos, essa Lei do Processo Administrativo (LPA) disciplina o que segue:

"Art. 50. Os atos administrativos deverão ser motivados, com indicação dos fatos e dos fundamentos jurídicos, quando:

"I – neguem, limitem ou afetem direitos ou interesses (...)".

O mesmo art. 50, §§ 1º, 2º e 3º, da LPA prevê com detalhes o dever de motivação administrativa, lamentavelmente ignorado ou desprezado, com enorme freqüência, por alguns gestores públicos:

"Art. 50. (...) § 1º. A motivação deve ser explícita, clara e congruente, podendo consistir em declaração de concordância com fundamentos de anteriores pareceres, informações, decisões ou propostas, que, neste caso, serão parte integrante do ato.

"§ 2º. Na solução de vários assuntos da mesma natureza, pode ser utilizado meio mecânico que reproduz os fundamentos das decisões, desde que não prejudique direito ou garantia dos interessados.

"§ 3º. A motivação das decisões de órgãos colegiados e comissões ou de decisões orais constará da respectiva ata ou de termo escrito."

Um processo de condução e decisão de concurso público, envolvendo atividade administrativa tipicamente regulada no art. 37, *caput*, da CF, é dizer, traduzindo gestão pública condicionada pela processualidade, nos termos da Lei Federal n. 9.784/99, é aplicável aos Estados e Municípios. Trata-se de atividade que potencialmente pode negar, limitar ou afetar direitos ou interesses, nos moldes do art. 50, I, da LPA.

É preciso visualizar os concursos públicos como autênticos processos administrativos. Eles evidenciam relações jurídicas processualizadas entre Administração e administrados. Segue-se a pertinência de exigir, dos administradores, maiores doses de motivação e coerência com os princípios constitucionais do art. 37, *caput*, da CF.

Examinemos mais de perto os limites da discricionariedade das Bancas Examinadoras nos concursos públicos, especialmente nas provas objetivas de ingresso nas carreiras jurídicas.

5. *Hipóteses de atos administrativos nulos das bancas examinadoras*

Não poderíamos pretender arrolar exaustivamente as hipóteses de abusos das Bancas Examinadoras. Porém, o que podemos e queremos trazer à discussão são algumas situações bastante comuns, de modo a evidenciar a urgência de uma reflexão mais crítica sobre o assunto.

5.1 Eleição de uma alternativa incorreta como correta

A Banca elege uma alternativa errônea como correta[12] e o candidato pode comprovar tal assertiva com recurso às fontes formais do Direito. Ora, haveria, em tal proceder, evidente arbitrariedade, ainda que por equívoco, prejudicando a isonomia dos candidatos e a legalidade do concurso, além de produzir abalo à eficiência e à moralidade administrativas. Um candidato venceria o certame em detrimento de outro, sem razão alguma, porquanto sua alternativa – eleita como certa pela Banca – em realidade estaria incorreta. Teríamos uma Instituição menos eficiente, que captaria no mercado não os melhores – que, supõe-se, devem eleger respostas corretas –, mas sim os que tivessem assinalado alternativas equivocadas. A idéia do concurso é a disputa e a legalidade do próprio edital indica que devam ser assinaladas respostas corretas, não incorretas.[13]

12. Adiante explicitaremos em que medida a idéia de "correção" ou "incorreção" jurídicas pode ser formatada em torno aos critérios encampados por uma Banca Examinadora. Adiantamos, no entanto, que resulta bastante evidente a necessidade de limites. Basta imaginar hipóteses de critérios absurdos ou aberrantes para que fique clara a importância dos limites. Porém, não apenas situações flagrantemente patológicas podem ser controladas. Há critérios personalíssimos, fruto de caprichos ou opções totalmente infundadas e isoladas dos examinadores, que não podem merecer guarida no Poder Judiciário. Veremos quais os fatores básicos que devem presidir a escolha dos critérios de correção de provas em concursos de ingresso às carreiras jurídicas.

13. Resulta evidente que a Banca não dispõe de discricionariedade para inventar hipóteses ou sustentar que determinadas afirmações são verdadeiras, quando manifestamente falsas ou polêmicas. Assim, numa prova de Direito Administrativo, não se poderia sustentar como verdadeira a tese de que o "Poder Judiciário não pode controlar, em medida alguma, atos administrativos discricionários" ou que "a Administração não pode controlar a legalidade de seus próprios atos". Tampouco seria

A solução para esse tipo de problema é dar como correta a alternativa que verdadeiramente assim se apresentar. Se a alternativa da Banca não está correta, e se outra existe, na questão, que se revele adequada, por óbvio que apenas aqueles que tiverem assinalado a alternativa verdadeiramente correta se beneficiarão e verão seu acerto confirmado.

Quando a Banca assinala uma alternativa incorreta como correta, havendo outra, na mesma questão, a merecer o respaldo da correção jurídica, trata-se de mera retificação do gabarito que está em jogo, medida administrativa que pode ser adotada até mesmo unilateralmente. Nesse caso, diga-se que o prazo recursal para aqueles que tivessem acertado a questão – à luz do gabarito anterior (equivocado) – haveria de ser reaberto (exclusivamente para essa questão), em homenagem à ampla defesa e ao direito de recurso.

Aqui se inclui o problema da inexistência de alternativas corretas na questão. Se inexistem alternativas corretas, o único caminho viável seria existir uma alternativa enunciando que todas as demais estariam incorretas. Na inexistência dessa hipótese, a questão será nula, visto que seu suporte estará errôneo.

Não se argumente que a intervenção judicial abalaria o princípio da igualdade, sob o pretexto de que não seria exclusivamente a Banca que estaria a corrigir provas, quebrando a uniformidade de critérios com a introdução dos parâmetros e valorações do Judiciário em detrimento daqueles consagrados pelas autoridades administrativas.[14] A

possível considerar correta a tese de que o "princípio da legalidade administrativa esgota-se em seu conteúdo formal" ou, ainda, que "ao Judiciário é defeso controlar juridicamente o princípio da eficiência administrativa". Trata-se de afirmações notoriamente incorretas, de modo que descaberia considerá-las como certas, não ostentando a Banca nenhuma discricionariedade nesse sentido. Aqui, a discricionariedade existe no momento de escolher, num imenso universo, quais as alternativas que serão disponibilizadas aos candidatos. Num momento posterior, se reduz a discricionariedade, a tal ponto que a Banca, uma vez eleitas as hipóteses, já não dispõe de liberdade para valorar a seu bel-prazer a alternativa submetida ao crivo dos candidatos, num concurso público. Tais ponderações deveriam merecer maior atenção dos administradores públicos, que insistem na tese da incontrolabilidade de seus atos, como se isso fosse possível num Estado Democrático de Direito.

14. Essa linha argumentativa – repita-se – parte da premissa equivocada de que a exclusividade da Administração na prática dos atos de correção das provas asseguraria uniformidade de critérios. Ora, quem garante essa uniformidade? Quem pode

Banca tem o poder primário de elaborar e corrigir as provas, estipulando, discricionariamente, seus critérios. Cremos que ninguém ousaria discutir essa assertiva. O que não se admite é a possibilidade de a Banca efetuar qualquer espécie de correção, inclusive arbitrária, ao abrigo da idéia absolutista e ultrapassada da imunidade aos controles externos, da mesma forma como seria intolerável que a Banca formulasse perguntas sobre matérias não previstas no edital do concurso. Inexistem imunidades às Bancas examinadoras, porque, como toda e qualquer outra autoridade administrativa, a Banca está submetida ao império da lei e do Direito, é dizer, seus atos traduzem decisões jurídicas, não de pura força bruta. Autoridade não se confunde com autoritarismo.

Ademais, a uniformidade de critérios é pura ficção ante a inexistência de possibilidade de controle jurisdicional desses critérios. O que se verifica, portanto, é exatamente a necessidade de o Judiciário poder interferir e corrigir distorções, de tal modo que se preserve a isonomia dos candidatos no certame, com critérios uniformes ou ao menos coerentes. Se não houver possibilidade de controles, como assegurar a correção ou a coerência básica dos critérios da Banca? A perspectiva do controle judicial desses atos é que lhes exige coerência de critérios. A ausência dessa possibilidade recomenda impunidade e descomprometimento com observância de critérios coerentes e isonômicos.

De outro lado, se a parte ajuíza uma ação para rever critérios equivocados ou distorcidos, é óbvio que sua pretensão será individualizada, inexistindo base para alegar quebra da isonomia perante ou-

garantir que haverá coerência administrativa na correção das provas? A premissa, portanto, é falsa, eis que desgarrada de qualquer embasamento sólido, mostrando-se insustentável na realidade administrativa. De outro lado, há outro equívoco primário nesse raciocínio, qual seja, o de que a igualdade seria suporte para incontrolabilidade dos atos administrativos. Essa é outra premissa errônea, falsa, incompatível com significados básicos da isonomia. Sempre que um administrado busca resguardar seus direitos perante o Judiciário, e outro administrado não o faz, é possível que uma decisão judicial alcance e modifique atos administrativos praticados em detrimento de alguns administrados, deixando ao desabrigo os direitos idênticos de outros, ante a inércia na provocação jurisdicional. Assim, vale a máxima, aqui, de que a igualdade consiste em aquinhoar desigualmente os desiguais, na medida de suas desigualdades. São desiguais as pessoas que optam pelo ajuizamento de ação e as que optam pela inércia. E óbvio que essa desigualdade pode ensejar tratamentos desiguais.

tros candidatos avaliados pela Banca, não pelo Judiciário. Nada impede que outros concursandos ingressem com idênticas demandas, buscando o abrigo da tutela jurisdicional. A isonomia está garantida no direito de ação e de petição aos órgãos públicos, não sendo viável tratar igualmente sujeitos cujas posturas são distintas. Quem busca a tutela do Judiciário assume determinados encargos, mas também pode beneficiar-se de decisões favoráveis. Quem fica inerte não pode pleitear a inércia dos demais em homenagem à isonomia, parece lógica essa linha argumentativa.

Finalmente, cumpre sublinhar que o argumento ora em exame – incontrolabilidade dos critérios de correção das provas em face do princípio da igualdade – é vazio, puramente formal, sem qualquer amparo para dar respaldo a uma doutrina de incontrolabilidade judicial dos atos administrativos.

Sabe-se que, fosse verdadeira ou procedente a tese da isonomia como barreira ao controle jurisdicional dos atos administrativos, teríamos que aplicá-la a todos os segmentos da Administração Pública, que sempre deve tratar os administrados de modo igualitário. Assim, nenhum ato administrativo que envolvesse atingimento de direitos individuais homogêneos ou coletivos, em regime de tutela jurisdicional individual, poderia ser controlado pelo Judiciário, sob pena de afronta ao princípio da igualdade, eis que a vitória de uns representaria quebra da igualdade com outros que tivessem ficado inertes ou que viessem a ser derrotados nos Tribunais.

A tese em exame, que busca impedir a anulação de questões de provas em concursos públicos, sob o pretexto de preservação da igualdade dos candidatos no certame, além de esbarrar na ordem constitucional vigente, não é aceita pelos Tribunais, que têm controlado, com insistência e força crescentes, atos administrativos de variadas espécies, embora ainda persistam posicionamentos restritivos especificamente na área dos concursos. De qualquer sorte, cumpre referir que não se poderia ampliar ou universalizar essa doutrina da igualdade como fundamento para impedir controle jurisdicional de atos administrativos. Simplesmente inviável semelhante hipótese. Essa extensão resultaria incompatível com a moderna evolução do Direito Administrativo.

Não há, portanto, respaldo algum a essa alegação de suposta isonomia entre os candidatos e, em decorrência disso, impossibilidade de interferências do Judiciário nos concursos públicos, tese esta que, de resto, parece mesmo absurda. A prevalecer tal entendimento, teríamos a igualdade funcionando às avessas, com um sentido funcional negativo, impedindo que os cidadãos buscassem seus direitos no Judiciário, ante a inércia de outros submetidos a violações e/ou agressões idênticas ou similares. Essa hipótese traduz absurdo jurídico, argumento suficiente para espancá-la.

5.1.1 A Banca anuncia uma única hipótese correta, quando na questão aparecem pelo menos duas corretas

Não se trata de hipótese incomum. A Banca anuncia que existe apenas uma alternativa correta, mas a questão permite o reconhecimento de pelo menos duas igualmente corretas. Observamos um problema de legalidade. A Administração não pode confundir os candidatos com afirmações e premissas equivocadas. Se o administrador diz que há uma única alternativa correta e, em realidade, ao menos duas existem, a questão é nula, como um todo. A legalidade assim o impõe. O enunciado da questão, em sua origem, resulta equivocado, pois não há uma única alternativa correta. Esse equívoco gera perplexidade no candidato, confundindo-o, ensejando maiores espaços aos equívocos, em franca vulneração ao princípio da moralidade administrativa, que abarca exigências de boa-fé objetiva da Administração Pública.

Cabe aduzir, nesse terreno, que não se poderia admitir que a Banca aceitasse as duas assertivas, ou qualquer delas, como correta, mantendo a validade da questão, porque o enunciado – o motivo do ato – estaria incorreto, falso. Assim, se a Banca enuncia que existe uma só alternativa correta, não se tolera a existência de duas ou mais. Acaso existam outras, além daquela anunciada, nula será a questão – o ato administrativo –, devendo o Judiciário pronunciar-se nesse sentido, até mesmo em decorrência da teoria dos motivos determinantes.[15]

15. Sobre a teoria dos motivos determinantes, ver Celso Antônio Bandeira de Mello, *Curso...*, cit, p. 374, quando afirma que "os motivos que determinaram a vontade do agente, isto é, os fatos que serviram de suporte à sua decisão, integram a validade do ato. Sendo assim, a invocação de 'motivos de fato' falsos, inexistentes ou incorretamente qualificados vicia o ato mesmo quando, conforme já se disse, a lei não haja estabelecido, antecipadamente, os motivos que ensejariam a prática do ato. Uma vez enunciados pelo agente, os motivos em que se calçou,

5.1.2 A Banca formula questões/respostas intoleravelmente ambíguas que ensejam fundadas e razoáveis perplexidades e dúvidas no espírito do candidato

Pode ocorrer que a Banca venha a formular questões/respostas confusas, intoleravelmente ambíguas, recheadas de expressões ambivalentes, equívocas, duvidosas, seja pelo contexto em que inseridas, seja por desacertos semânticos. Aqui, o problema é de interpretação da questão/pergunta, mas não se pode olvidar do fato de que tanto os questionamentos quanto as respostas propostas devem revestir-se de suficientes clareza e precisão, sem deixar margens intoleráveis a dúbias interpretações ou razoáveis perplexidades e incertezas quanto ao alcance e sentido que lhes caracterizam.

A técnica das questões/respostas envolve o bom conhecimento da gramática e do idioma pátrios. Não é possível inserir palavras/expressões que conduzam a fundadas dúvidas quanto ao alcance e verdadeiro sentido das proposições. A Banca deve valer-se de uma linguagem escorreita, clara, precisa, sem espaço às controvérsias semânticas e contextuais. Veja-se que uma questão mal-formulada, com uma pontuação errônea, pode suscitar no candidato expectativas irreais, *v.g.*, como se a Banca estivesse a propor uma espécie de *armadilha* aos desatentos ou desavisados.

6. Critérios para avaliar a correção da(s) resposta(s) em provas objetivas nos concursos jurídicos

O Administrador encarregado de elaborar provas objetivas em concursos públicos deve estar ciente de que sua tarefa é, sobretudo,

ainda quando a lei não haja expressamente imposto a obrigação de enunciá-los, o ato só será válido se estes realmente ocorreram e o justificavam". Veja-se, ainda, o ensinamento do professor Diogo de Figueiredo Moreira Neto, *Curso de Direito Administrativo*, 12ª ed., Rio de Janeiro, Forense, 2001, p. 195, quando fala na nulidade do ato administrativo por "defeito de motivo", porque, "embora discricionários, os motivos não poderão ser falsos, insuficientes ou inadequados. Uma vez comprovados esses vícios, o ato administrativo também deverá ser declarado nulo". No caso, sendo falso o enunciado da questão – eis que o administrador induzia o candidato a pensar que apenas uma alternativa estaria correta, quando, em realidade, ao menos duas estavam acertadas – é nulo o ato administrativo correspondente.

técnica.[16] Daí por que recomendável que os técnicos e especialistas, em cada matéria, sejam escolhidos para composição de uma Banca Examinadora.[17]

É certo que existem margens imensas de liberdade na eleição dos temas dentro do amplo universo do edital.[18] É certo, também, que dentro de cada tema é possível formatar numerosas perguntas, aí incidindo, desde logo, a subjetividade do Administrador Público, seus valores e convicções íntimos, suas preferências e seus desejos, sendo viável realizar escolhas extremamente elásticas e flexíveis.

Esse subjetivismo não é, todavia, absoluto, nem incontrolável em todos seus aspectos, porque não se confunde com arbitrariedade.

A discricionariedade envolve decisões administrativas e, portanto, jurídicas,[19] sujeitas ao império dos princípios constitucionais que presidem a Administração Pública, *v.g.*, legalidade, eficiência, impessoalidade, publicidade e moralidade administrativas (art. 37, *caput*, CF/1988), além de submeter-se aos princípios constitucionais da igualdade, devido processo legal, razoabilidade, direitos de defesa das posições jurídicas, motivação administrativa e interdição à arbitrarie-

16. A Ciência Jurídica tem espaço às controvérsias, mas também possui técnicas unanimemente reconhecidas como válidas. Há muitos problemas já solucionados, questões básicas já resolvidas na doutrina e jurisprudência. Essas questões devem aparecer, a *priori*, nos concursos públicos, na fase das provas objetivas.

17. Lamentavelmente, não raras vezes predominam os critérios puramente políticos para eleição de membros de Bancas Examinadoras de concurso para ingresso em carreiras jurídicas. Violenta-se, com relativa facilidade, normas técnicas de conhecimento jurídico, porque o examinador não é especialista, não tem suficiente e razoável conhecimento sobre a matéria. Trata-se de grave distorção, até porque tampouco são impossíveis as hipóteses em que os candidatos se vêem na constrangedora situação de possuir mais títulos que os membros de uma Banca Examinadora.

18. Parece-nos recomendável, salvo melhor juízo, que os editais contenham ao menos a bibliografia a ser estudada pelos candidatos, considerando-se exigências de conhecimentos profundos e de elevada preparação técnica. A jurisprudência, desde logo, como fonte formal do Direito (consideraremos com esse *status* as decisões judiciais que formam jurisprudência), pode ser questionada aos candidatos. Mas a doutrina deveria ser recomendada no edital.

19. O grande administrativista contemporâneo, Eduardo García de Enterría, *Democracia, jueces y control de la Administración*, 4ª ed., Madrid, Civitas, 1998, pp. 143 e ss., disse que não há discricionariedade à margem das leis. Como qualquer outro produto administrativo, o ato discricionário está submetido à lei e ao direito.

dade dos Poderes Públicos, garantias dos administrados vazadas em normas constitucionais.[20-21]

Os limites jurídicos da discricionariedade administrativa constituem inevitável decorrência do Estado Democrático de Direito, eis que nessa espécie de ordem normativa não há poderes absolutos ou incontroláveis. Não se vê em que medida a Administração Pública poderia escapar da submissão às normas constitucionais, tampouco se percebe como lhe seria possível construir, com base em atos administrativos, em proveito próprio, campos de indevida imunidade à incidência da Constituição de 1988.

Assim, cumpre dizer que respostas polêmicas na doutrina ou eventualmente sujeitas a dissídio jurisprudencial ainda não resolvido pelo STJ deveriam ficar de fora dos questionamentos em provas objetivas. Controvérsias em torno a determinados dispositivos constitucionais ainda não resolvidas pelo STF, pendentes de exame em ações diretas de inconstitucionalidade, também não deveriam constar dos questionamentos em provas de caráter objetivo. Hipóteses controvertidas não deveriam merecer acolhida em provas nas quais o candidato não tem a possibilidade de fundamentar suas respostas.

A doutrina, sabe-se, não é fonte formal do Direito. E a jurisprudência, a seu turno, por vezes oscila, é vacilante, não é firme, nem pacífica, de tal sorte que não pode ser considerada, nesses casos, enquanto fonte de normas gerais e abstratas, mas sim de normas individuais dos casos concretos. Nesse passo, não é razoável exigir dos candidatos que se filiem a uma específica corrente doutrinária, justamente aquela do agrado do examinador, tampouco parece razoável e lícito exigir-lhes que assinalem como correto um posicionamento jurisprudencial isolado ou pendente de confirmação pelos Tribunais Superiores.

20. Sobre todos esses princípios, reporto-me ao trabalho que tive oportunidade de publicar na *RT* 774/11-63, ano 89, abril de 2000, intitulado "O princípio constitucional da motivação dos atos administrativos: exame de sua aplicabilidade prática nos casos de promoção e remoção por merecimento de membros do Ministério Público e Magistratura nas respectivas carreiras".

21. O STJ assinalou que a discricionariedade há de ser usada com parcimônia, em homenagem aos princípios da razoabilidade, moralidade pública e proporcionalidade, "sob pena de desvirtuamento". Disse, mais, que o ato administrativo é, em alguma medida, sempre vinculado (STJ, REsp 79761/DF, 6ª T, rel. Min. Anselmo Santiago, j. 29.4.1997, unânime). Resta aplicar a doutrina desta decisão a outras hipóteses, nomeadamente aos problemas de controle dos concursos públicos.

Exigências relacionadas a posicionamentos doutrinários e/ou jurisprudenciais controvertidos são indevidas, vulnerando o princípio da legalidade administrativa, porque a Administração Pública estaria a exigir respostas desarrazoadas e fora dos parâmetros técnicos da Ciência Jurídica, distanciando-se das fontes formais do Direito, ferindo, assim, também os princípios da impessoalidade, eficiência, moralidade administrativas, além da igualdade dos competidores no certame.

Veja-se que o ingresso nas carreiras jurídicas não pode depender do humor ou de posições personalíssimas dos examinadores, que são figuras passageiras, não os principais protagonistas de um concurso público. Hoje é um examinador, amanhã será outro a atuar numa Banca de concurso. Os concursandos serão os agentes das Instituições, se aprovados, sendo-lhes reservado o direito de competir dentro da lei, em condições isonômicas, à luz de critérios técnicos de eficiência e nos limites da Ciência do Direito.

O que importa, especialmente nas provas de natureza objetiva, é avaliar os conhecimentos básicos dos candidatos, enunciando problemas enfrentados expressamente pelo legislador, sem margem às dúvidas, ou já pacificados na doutrina e/ou jurisprudência, especialmente dos Tribunais Superiores. Não merecem acolhida as questões polêmicas ou controversas, os problemas pendentes de soluções nos Tribunais Superiores, porque a resposta hoje considerada correta poderá amanhecer incorreta. Como ficaria, em casos tais, o princípio da segurança jurídica, em seus contornos básicos?

Há critérios possíveis e recomendáveis, em termos básicos.

A jurisprudência, quando dominante ou pacífica, é, sem dúvida, equivalente a uma fonte formal do Direito, devendo ser considerada como parâmetro. O posicionamento dos Tribunais Superiores pode ser questionado aos candidatos. Posicionamentos doutrinários pacíficos, praticamente unânimes, também podem ser cobrados dos concursandos.

Alerte-se, nesse passo, para o fato de que, na maior parte dos concursos públicos, não há, nos editais, referências à bibliografia que será utilizada. Desta forma, resulta fundamental delimitar os questionamentos aos posicionamentos doutrinários praticamente incontroversos, porque o contrário poderia representar, inclusive, fonte de distorções, com quebra da impessoalidade através da menção informal à bibliografia a ser utilizada na prova. Ora, esse tipo de distorção não pode ser descartada, nem desprezada como dado da realidade possível. Deve-se desenvolver mecanismos inibitórios, nomeadamente no âmbito das provas objetivas, porque nesse tipo de provas não há espaço à motivação do candidato, o qual se limita a eleger a alternativa correta. Nas provas dissertativas, ao revés, ocorre que o candidato tem espaço para desenvolver suas idéias de forma fundamentada e crítica, abrindo-se outro leque de possibilidades argumentativas, com maior campo cognitivo e também de discricionariedade técnica do administrador na correção das provas.[22]

7. Conclusões

Em suma, nas provas objetivas de ingresso às carreiras jurídicas, não deve haver espaço às questões controvertidas na doutrina, pendentes ainda de exame na jurisprudência, porque a discricionariedade administrativa dos examinadores é tecnicamente limitada. O administrador deve atuar com impessoalidade, imparcialidade e objetividade. Não pode eleger alternativas como corretas, em detrimento de outras igualmente defensáveis, simplesmente porque essa é sua vontade soberana. O administrador tem sua liberdade limitada pela Ciência do Direito e pela jurisprudência, ademais de submeter-se à lei e à Constituição Federal.

Os administradores públicos, na elaboração de provas objetivas, devem ater-se aos questionamentos pacificados na doutrina e/ou jurisprudência, bem assim aos inequívocos posicionamentos do legislador, sob pena de vulneração aos princípios da legalidade, moralidade, impessoalidade e eficiência administrativas, além de agressão aos princípios constitucionais da isonomia, devido processo legal, interdição à arbitrariedade dos Poderes Públicos.

Necessário que o Poder Judiciário, pelos juízes naturais, ponha limites aos administradores dos concursos públicos, ainda que se trate da administração de Instituições como o Ministério Público ou o pró-

22. Diga-se que seria necessário um trabalho autônomo para enunciar e dissecar critérios gerais de correção de provas dissertativas ou orais. É um tema independente, que reclamaria, por certo, outros tópicos e distintas abordagens, dado que as doses de subjetivismo do examinador aumentam em larga medida.

prio Judiciário, cujos membros, quando no exercício dessas funções, praticam verdadeiros atos administrativos. É possível que o Judiciário venha, pois, a corrigir questões errôneas, figurando na posição de examinador dos examinadores, observado o devido processo legal. Essa posição – examinar os examinadores – está balizada pelo princípio da fundamentação dos atos jurisdicionais, razoabilidade dos controles da discricionariedade técnica e controlabilidade judicial dos atos administrativos. Não se trata, destarte, de substituir um arbítrio por outro, mas sim de exigir do Judiciário um controle substancial e formal dessas espécies de atos administrativos, visto como democraticamente legitimado a tanto. Espera-se, nesse passo, que a jurisprudência evolua e alcance patamares científicos acertados na análise e correção das distorções das provas objetivas de ingresso nas carreiras jurídicas.

FUNÇÃO ADMINISTRATIVA E FUNÇÃO DE GOVERNO: o "giro do carteiro" e a condução política do Estado

MAREN GUIMARÃES TABORDA*

1. Considerações introdutórias

"Função" é vocábulo da língua portuguesa originado do latim *functione* ou *functio*. Palavra derivada da forma verbal *fungi*, que significa "cumprir", "realizar", em oposição a "fazer" no sentido passivo, *functio* indica desobrigar-se, saldar dívida e pagamento de taxa,[1] ou, mais especificamente, cumprimento de um dever, tarefa, encargo ou obrigação.[2] Função designa, igualmente, "ação própria ou natural

* Agradeço ao Prof. Almiro do Couto e Silva, por tudo o que ensinou e tem ensinado a toda uma geração de publicistas gaúchos e, fundamentalmente, pelo exemplo de vida, já que ele é a prova de que rigor intelectual, retidão moral e alegria de viver podem andar juntos.

1. Cf. A. Ernout e A. Meillet, *Dictionnaire Étymologique de la Langue Latine (Histoire des Mots)*, 4ª ed., Paris, Éditions Klincksieck, 1985, p. 262.

2. Franco Modugno, in *Enciclopedia del Diritto*, vol. XVII, Milão, Giuffrè, 1964, p. 301, verbete "Funzione", *verbis:* "Derivato dal latino *functio*, sta ad indicare, in primo luogo, l'adempimento di un compito, di una mansione, di un obbligo".

dum órgão, aparelho ou máquina (...), utilidade, uso ou serventia".[3] Em linguagem filosófica, função pode ser operação (correspondendo à palavra grega *ergon*, usada por Platão para dizer que a função da alma no seu conjunto é a de comandar e dirigir) própria de cada coisa, "no sentido que é o que cada coisa faz melhor que outras coisas",[4] com um caráter finalístico e realizador (operação ou ação dirigida a um fim e capaz de realizá-lo) ou ainda, relação, conforme a concepção matemática, segundo a qual função é regra que une as variações de dois grupos de quantidades ou a operação mesma de aplicar tal regra.

Quando a expressão latina *functio*, usada na forma verbal *fungi*, vinha acompanhada dos vocábulos *munus*[5] e *officium*,[6] denotava equiparação, distinção, além de um simples dever, obrigação ou encargo e, ainda, a autoridade, dignidade, serviço ou ofício, passando a significar o cumprimento ou o exercício de incumbências relativamente permanentes. O sentido originário de função é, pois, necessariamente coligado a ofício (serviço), isto é, à abstrata prefiguração de competência para o desenvolvimento de determinada atividade.[7] Advém daí que não importa, nessa definição, só o sujeito – pessoa física ou jurídica – titular do serviço que desenvolve a atividade, mas a ligação de tal atividade com o serviço, independentemente de quem seja o titular deste último (Caio, Tício, ou Sempronio). Esta possibilidade de se substituírem, indiferentemente, os sujeitos ou os objetos, tendo em

3. Aurélio Buarque de Holanda Ferreira, *Dicionário Aurélio da Língua Portuguesa*, 2ª ed., 35ª reimp., São Paulo, Nova Fronteira, 1996, verbete "Função".

4. Nicola Abbagnano, *Dicionário de Filosofia*, São Paulo, Ed. Mestre Jou, pp. 450-451. Tradução brasileira por Alfredo Bosi.

5. *Munus* era a forma viva de *munia* (*-ium*), indicando funções oficiais, deveres, encargos de um magistrado. Dos múltiplos significados de *munus*, os mais destacados são: cargo, ofício, emprego, dever, cuidado, graça, favor, o que é obrigado, que está na obrigação de (cf. Meillet, ob. cit., p. 422, e F. R. Santos Saraiva, *Novíssimo Dicionário Latino-Português*, 10ª ed., Rio de Janeiro, Livraria Garnier, 1993, p. 761, verbete "Munus").

6. Dever, obrigação moral, o que se deve fazer por obrigação, sentimento de dever. O primeiro sentido foi de execução de uma tarefa, tarefa a executar. A hipótese é que deriva da forma *op(i) – fici – om: opifex*, sendo *op* a raiz indo-européia. É provável que a origem do vocábulo seja grega, tendo penetrado na linguagem do direito público para designar encargo, tarefas de um magistrado, os magistrados mesmos. Na linguagem filosófica, traduz "o dever" e está relacionada a *ops*, *opis* – o serviço feito. Cf. Sêneca, indica função de um órgão e, na linguagem da Igreja, o que é atestado sempre: o ofício divino. Cf. Meillet, ob cit., p. 459, e Santos Saraiva, ob. cit., p. 814.

7. Modugno, ob. cit., p. 301.

vista uma determinada destinação também se encontrava na definição, por exemplo, das coisas fungíveis como *res quae functionem recipiunt*: o que importava então, era a destinação da coisa, o verdadeiro fim que esta destinava satisfazer. De forma análoga, quando considerada a atividade do sujeito titular de um serviço decorrente da finalidade da mesma, o termo função passava a ter o significado de delegação para um fim (*deputatio ad finem*).[8]

Considerando ainda a utilização do termo para referir os elementos determinantes dos encargos de um serviço (referência ao conteúdo ou objeto da atividade), tem-se que do significado originário de função, enquanto atividade de um serviço – função-serviço –, resultaram outros dois, a saber: função-tarefa (dever) e função-finalidade.[9] O uso freqüente e indistinto destas duas últimas acepções não se justifica por um motivo lógico, segundo o qual o conteúdo e o objeto de uma atividade unitariamente considerada determinam a finalidade, mas, sim, pelo fato de que é função a atividade relevante como tal, em sua continuidade e globalidade e não em suas particulares manifestações ou determinações. A noção de relevância contínua ou global se decompõe nas particulares noções de relevância de conteúdo, de objeto, de finalidade e de serviço, para fins de caracterização de uma atividade como função, conforme seja função-serviço, função-finalidade ou função-tarefa.[10]

Modugno[11] aponta ainda um outro significado próprio de função, o que chama função-poder, pois "o poder é o conjunto de órgãos que exercem institucionalmente uma função com a correlativa autoridade" e finaliza, afirmando ser "o significado próprio e mais compreensivo do termo função o que consiste na indicação de uma atividade globalmente relevante: e que significa atividade atribuída a um *munus*, a um *officium*, a um ente, público ou privado, prefigurada no conteúdo e na finalidade, implicando um certo efeito, ainda que livremente escolhida, à qual aceda uma autoridade (potência ou força)".[12]

8. Modugno, ob. cit., p. 301.

9. Cf. Modugno, ob. cit., pp. 301-302.

10. Cf. Modugno, ob. cit., p. 302

11. Modugno, ob. cit., p. 303. ("... il potere 'come insieme di organi che esercitano istituzionalmente una funzione con le correlative potestà'").

12. Modugno, ob. cit., p. 303, *verbis*: "Il significato proprio e più comprensivo del termine funzione consiste dunque nell'indicazione di un'attività globalmente

Como concretização do poder político, a expressão "função do Estado"[13] desdobra-se em dois sentidos possíveis, relacionados ambos com o sentido originário da expressão "função": como tarefa ou incumbência em que o elemento finalístico se manifesta diretamente ou como atividade na qual a finalidade se manifesta indiretamente. Na primeira acepção, é tarefa ou incumbência (encargo) correspondente a certa necessidade coletiva, uma finalidade do Estado que se concretiza em certa época histórica, traduzindo um determinado vínculo entre a sociedade e o Estado, e "um princípio (ou uma tentativa) de legitimação do exercício do poder".[14] Alargando-se o espectro das necessidades humanas coletivas, as funções-tarefas assumidas pelo Estado são cada vez mais complexas: vão desde a garantia da segurança e da paz civil até a promoção do bem-estar e da justiça social.[15]

As chamadas "funções-atividades" do Estado, a seu turno, constituem meios para atingir aquelas "funções-finalidades" previamente determinadas; são conhecidas através da análise da obra do Estado, de seus órgãos, agentes e serviços e dependem das normas constitucionais concernentes à organização do poder político, principalmente as normas de fixação e repartição de competência dos órgãos estatais. Ainda nesse caso, deve-se distinguir entre um significado impróprio do termo que define o conteúdo ou a espécie de uma atividade (função política, de controle, consultiva) e um próprio, mas parcial, que se refere à formalização da atividade mesma (função administrativa,

rilevante: il che significa attività attribuita ad un *munus*, ad un *officium*, ad un ente, pubblico o privato, prefigurata nel contenuto e nello scopo, vertente su un certo effetto, anche se liberamente prescelta, alla quale acceda una potestà".

13. "Estado" será sempre usado neste trabalho como sinônimo de organização política da sociedade, embora se tenham em mente os argumentos contra e a favor do uso contínuo dessa expressão, amplamente difundida e aceita no início da Idade Moderna, em conseqüência do prestígio de que gozou a obra de Maquiavel, como pormenorizadamente discutido por Norberto Bobbio, in *Estado, Governo e Sociedade – Para uma teoria geral da política*, 4ª ed., São Paulo, Paz e Terra, 1992, pp. 65 e ss. Tradução brasileira de *Stato, Governo, Società. Per una teoria generale della politica*, por Marco Aurélio Nogueira.

14. Jorge Miranda, *Funções, Órgãos e Actos do Estado. (Apontamento de lições)*, Lisboa, Faculdade de Direito da Universidade de Lisboa, 1990, p. 4.

15. Ainda conforme Miranda, ob. cit., p. 5, esta crescente complexidade das funções assumidas pelo Estado "decorre do alagarmento das necessidades humanas, das pretensões de intervenção dos governantes e dos meios de que se pode dotar; (...)".

legislativa e jurisdicional). Generalizando, pode-se dizer, com Jorge Miranda,[16] que função estatal no sentido de "atividade", pode ser definida "como um conjunto de actos (independentes ou aparentemente independentes uns em relação aos outros), destinados à prossecução de um fim comum, por forma própria". Assim, cada função ou atividade estatal é específica pelos seus resultados (elementos materiais), formalidades que exige e órgãos[17] de que emana (elementos formais), bem como contínua e duradoura porque se desdobra em atos localizados no tempo, "que envolvem pessoas e situações diversas".[18]

Dentre as três funções estatais formalizadas na construção da idéia de Estado de Direito, a função administrativa, entendida materialmente (como execução), é a mais compreensiva de todas: não existe organização política – Estado – sem Administração, "porque é a única função absolutamente ineliminável pela existência do ente político".[19] Do ponto de vista histórico, a Administração precedeu a todas as outras manifestações do poder estatal: um Estado pode existir sem leis ou juízes, mas não sem administração.[20] No direito romano, na época imperial, ocorreu a primeira especialização material do que se entende, modernamente, por "funções estatais", através do processo extraordinário – *cognitio extra ordinem*; a legislação foi a segunda e última especialização, só possível com o Estado Moderno e as Revoluções Liberais, com sua nova concepção de lei. Com base nessas premissas, este estudo procura distinguir entre o significado

16. Miranda, ob. cit., p. 8.

17. "Órgão", em sentido anatômico ou fisiológico, é parte do corpo dos seres vivos, que goza de certa autonomia e desempenha uma ou mais funções especiais. Do ponto de vista jurídico, em uma primeira acepção, os órgãos desempenham funções atribuídas às pessoas privadas ou públicas. A publicização da noção de pessoa jurídica – base da construção da Teoria do "Estado de Direito" – se deu através do conceito de órgão e, assim, chegou-se à idéia de que órgãos são centros de competência instituídos pela Constituição ou pela ordem jurídica, para o desempenho das funções estatais, em uma segunda acepção jurídica do termo "órgão". Na "Teoria Geral do Estado", de Georg Jellineck, é onde aparece sistematizada a noção segundo a qual o órgão é o centro de unificação "da vontade de uma associação", isto é, seu instrumento (in *Teoría General del Estado*, Buenos Aires, Editorial Albatros, 1970, pp. 409 e ss. Tradução argentina de *Allgemeine Staatslehere*, por Fernando de Los Rios).

18. Miranda, ob. cit., p. 8.

19. Modugno, ob. cit., p. 210.

20. Cf. Michel Stassinopoulos, *Traité des Actes Administratifs*, Atenas, Collection de L'Institut Français d'Athènes, 1954, p. 2.

próprio e parcial de "função-atividade executiva" (função administrativa) e um dos seus conteúdos e espécies, a "função de governo", aqui compreendida como "função-atividade" executiva em sentido impróprio. Para alcançar tal objetivo, far-se-á, preliminarmente, uma fixação do que se entende por "função de governo" (1). A seguir, é necessário comparar, na perspectiva histórica, diversas teorias sobre a referida distinção, surgidas no âmbito do direito francês (2), do direito alemão (3) e do direito brasileiro (4), verificando-se divergências e pontos de contato.

2. A função executiva e suas tarefas

Na medida em que a função executiva é "capaz de tornar-se ativa por iniciativa própria",[21] ela compreende o exercício de tarefas em si muito diferentes. De acordo com isso, a Constituição é o elemento fixo, permanente, da vida do Estado; a Administração, a sua atividade, que se manifesta através do governo (*Regierung*).[22]

O governo, enquanto elemento essencial da ordem democrática, só foi realçado como *função* em época recente, principalmente na Alemanha, para indicar tarefas de decisão criadora, de iniciativas políticas, de direção sintética da ordem estatal e controle, dirigentes das atividades políticas.[23] O Poder Executivo, segundo isso, exerce função de governo unido ao Parlamento, porque a realização dos objetivos do governo dependem, em grande parte, da criação de leis, de modo que o "governo" só é possível com o apoio da maioria.[24]

Tradicionalmente a doutrina alemã entendeu que a atividade do Estado se manifesta em diversas direções e pode ser distinguida em funções particulares de editar o direito (*Rechtsetzung*), dizer o direito (*Rechtsprechung*) e administrar em sentido estrito (*Verwaltung*) e, por isso, outros autores como Malberg (no âmbito da doutrina

21. Cf. Konrad Hesse, *Elementos de Direito Constitucional da República Federal da Alemanha*, Porto Alegre, Fabris, 1998, pp. 37 e 43. Tradução da 20ª ed. alemã de *Grundzüge des Verfassungsrechts der Bundesrepublik Deutschland*, por Luís Afonso Heck, p. 397.

22. Cf. Fritz Fleiner, *Les Principes Généraux du Droit Administratif Allemand*, Paris, Delagrave, 1933, p. 9.

23. Cf. Hesse, ob. cit., p. 398.

24. Cf. Hesse, ob. cit., p. 400.

francesa) afirmaram haver uma parte muito importante da função administrativa que não se caracteriza por subordinação à lei,[25] porquanto em todo Estado se pode encontrar a oposição entre atividade livre e atividade regrada. O maior campo de aplicação da atividade livre é a legislação, mas para a Administração, tal liberdade não é menos importante: é a atividade de governo que decide a guerra (política exterior), preside as relações entre o Governo e o Parlamento implicando a nomeação de ministros, de funcionários, o mando supremo das Forças Armadas, o direito de indulto e de conceder honras políticas.[26]

O problema do reconhecimento, pela doutrina, de uma função política ou governamental ao lado das três funções formalizadas na construção do Estado de Direito está "íntima e necessariamente ligado à consagração legal de um controlo jurisdicional mais ou menos desenvolvido da actividade da Administração",[27] porque, sem esse controle, não há por que indagar-se sobre o cabimento de uma atividade política ao lado da atividade administrativa. É a respeito da maior ou menor parte da atividade do Executivo, isenta de controle pela Justiça Administrativa ou pela Justiça encarregada do contencioso administrativo, que se pode falar em uma atividade especificamente política ou de governo.

Historicamente, no âmbito do direito alemão, a expressão "governo" antecedeu à de "administração",[28] uma vez que esta última serve para designar toda a atividade do Executivo sob o regime do Estado de Direito, ou "tudo o que o Estado faz".[29] Originariamente,

25. Cf. R. Carré de Malberg, *Contribution à la Théorie générale de l'État*, Paris, Sirey, 1922, p. T.I, p. 523.

26. Cf. G. Jellineck, *Teoría General del Estado*, Buenos Aires, Albatros, 1970, p. 467. Tradução argentina de *Allgemeine Staatslehere* por Fernando de Los Rios.

27. Afonso Rodrigues Queiró, *Teoria dos Actos de Governo*, Coimbra, Coimbra, s/d, p. 28.

28. Cf. Stassinopoulos, ob. cit., p. 22.

29. Paul Laband, *Le Droit Public de L'Empire Allemand*, trad. francesa da 1ª ed. por C. Gandilhon, Parism, V. Giard & E. Brière, 1901, p. 513. No texto, o autor afirma que, da mesma forma que a palavra *Handlung* (ação) denota a força física do homem que se manifesta por sua mão (*Hand*), em oposição à sua atividade intelectual, há uma estreita conexão objetiva e filológica entre *Verwaltung* (administração) e *Gewalt* (poder), de forma que o *Walte* do Estado (querer, administrar) é a realização de seu vigor físico.

compreendeu-se sob *Regierung* a atividade inteira do Estado: legislação, justiça e Administração. A justiça, isto é, o domínio dos tribunais ordinários, foi a primeira atividade que se tornou independente, distinguindo-se os negócios de governo dos negócios da justiça. Com o advento do *Reschsstaat*, a legislação, fruto da colaboração da representação nacional, aparece como oposta ao restante das atividades estatais. "Para toda a atividade que não é nem justiça nem legislação, a palavra administração foi introduzida"[30] designando uma nova atividade que também se destacou do governo e que está posta ao lado da justiça, mas a ela se opõe.

A questão da controlabilidade da atuação do Estado se coloca não só com relação à Administração ou ao Executivo, mas igualmente em relação ao Legislativo. Ali onde a defesa da Constituição esteja confiada aos tribunais (gerais ou especiais), há controle dos atos políticos do Legislativo, mas isso não significa que exista, necessariamente, fiscalização da atividade política do Executivo. Exemplo disso é o sistema norte-americano, cuja técnica de controle de constitucionalidade exclui da apreciação da *Supreme Court* as chamadas *political questions*, isto é, as questões relativas à atividade governamental do Executivo.[31] É no domínio das questões políticas que o Executivo reivindica a isenção de controle judicial, em face da envergadura dos interesses públicos nelas envolvidos, que, para seu equacionamento requerem "o primado da acção, porventura da acção momentânea e vitoriosa, da decisão sobre a norma".[32] Se o Governo estiver completamente sujeito à fiscalização judicial, não poderá exercer adequadamente sua competência política de direção ou, como assevera Jellineck, "será politicamente impossível".[33] Na tentativa de distinguir atos políticos de atos administrativos, a doutrina francesa construiu a Teoria dos Atos de Governo e a doutrina alemã, a Teoria da Discricionariedade. A doutrina brasileira, desde o séc. XIX, faz a distinção entre "governo" e "Administração", com a tendência a identificar alguns atos políticos como não sindicáveis. É o que se verá a seguir.

30. Otto Mayer, *Le Droit Administratif Allemand*, Paris, V. Giard & E. Brière, 1903, p. 3. Tradução francesa feita pelo autor.
31. Queiró, ob. cit., p. 17.
32. Queiró, ob. cit., p. 21.
33. Cf. Queiró, ob. cit., p. 23.

3. A Teoria dos Atos de governo no direito francês

A Teoria dos Atos de governo surgiu no âmbito do direito administrativo francês indicando, ao lado da "Teoria das Circunstâncias Excepcionais", uma inflexão ou limite ao princípio da legalidade administrativa, uma vez que, lá, há um vínculo "forjado pela história" entre "a idéia substancial de legalidade e os mecanismos processuais de seu controlo".[34] Essa teoria de uma atividade política contraposta à atividade administrativa do Executivo, criada jurisprudencialmente e sancionada pelo legislador em 24 de maio de 1872, é o resultado da progressiva jurisdicionalização do controle da Administração, isto é, da institucionalização do Conselho de Estado como tribunal especial independente, com jurisdição própria.

3.1 Evolução doutrinária

Assim, não sendo mais o Conselho de Estado um órgão de *justice déléguée* e sim de *justice retenue*, era necessário criar uma barreira diante da jurisdição administrativa, de modo que certos atos do Executivo restassem livres de apreciação judicial.[35] No primeiro estágio da doutrina, marcado pela jurisprudência do Conselho de Estado durante o Segundo Império, foram considerados "atos de governo" aquelas providências inspiradas por um "móbil político", de modo que, em 1822, o Conselho rejeitou uma reclamação alegando estar diante de uma "questão política" cuja decisão pertencia exclusivamente ao Governo.[36] Já em 1867, o mesmo órgão afirmou serem os atos políticos aqueles que, por sua natureza, não podem ser atacados pela via contenciosa.[37]

Essa doutrina, "particularmente perigosa" foi abandonada pelo Conselho em 1875, ao entender que tais atos estão naturalmente limi-

34. José Manuel Sérvulo Correia, *Legalidade e Autonomia Contratual nos Contratos Administrativos*, Coimbra, Almedina, 1987, p. 67.

35. Cf. Queiró, ob. cit., pp. 45-46; Charles Debbasch e Jean-Claude Ricci, *Contentieux Administratif*, 5ª ed., Paris, Dalloz, 1990, p. 75, e Sérvulo Correia, ob. cit., p. 67.

36. Decisão Lafitte, de 1.5.1822, cf. Debasch, ob. cit., p. 77.

37. Debbasch, ob. cit., p. 77.

tados aos objetos em que a lei julgou necessário conceder ao Governo poderes gerais discricionários e que, por isso mesmo, estão subtraídos a qualquer controle. Com efeito, a decisão *Prince Napoléon*, de 19.2.1875, marca o abandono da teoria do "móbil político", mas não o abandono completo da "Teoria dos Atos de Governo": apenas reduziu fortemente o seu campo de aplicação.[38] A doutrina, principalmente Laferrière, bem que se esforçou para construir um conceito de função governamental autônomo daquele de função administrativa, mas, ante a ausência de resultados suficientes, a jurisprudência chegou a uma solução empírica do ato de governo ou "Teoria da Enumeração", cuja lista vem diminuindo cada vez mais. Dessa forma, a doutrina procurou encontrar critérios materiais de fundo que presidissem à enumeração jurisprudencial, para concluir que atividade governamental é aquela de execução de preceitos constitucionais, ao contrário dos atos administrativos puros, que seriam, "execução de uma disposição legal ordinária".[39]

Uma parte considerável da doutrina francesa (Devolve-Vedel, seguidos por Rivero) impugna a idéia de ato de governo como uma espécie irrecorrível de ato administrativo, uma vez que "a razão da irrecorribilidade daqueles que habitualmente são agrupados sob essa rubrica se extrai do jogo normal das regras do contencioso".[40] Vedel,[41] aliás, reputa "falsa" a distinção jurídica entre "governo" e "administração", asseverando ter a mesma somente um "valor político". Do ponto de vista jurídico, ainda que seja verdadeiro que o Poder Executivo tenha outras atividades que não são execução de leis em sentido estrito (relações constitucionais entre o Parlamento e o Governo, apresentação de projetos de lei à Assembléia Nacional, condução das relações exteriores com outros Estados ou coletividades internacionais), o regime jurídico de tais atos é o mesmo dos atos administrativos *stricto sensu* (puramente executivos), e isso se manifesta claramente pelo fato de que diversos ramos da Administração têm por chefes os ministros, membros do Governo.

38. Cf. *Analyse des grands arrêts du Conseil d'État et du Tribunal des Conflits. Arrêt Prince Napoléon. 19 février 1875*. Disponível em: http://www.conseil-etat.fr (*site* do Conselho de Estado Francês).

39. Queiró, ob. cit., p. 58.

40. Sérvulo Correia, ob. cit., p. 68.

41. Georges Vedel, *Droit Administratif*, t. I, Paris, PUF, 1958, p. 18.

3.2 Configuração atual do problema

Assim, uma fiscalização da competência, forma, fundo e fim dos atos do Executivo substitui, sem grandes inconvenientes, a "tradicional insindicabilidade absoluta dos actos de governo",[42] de modo que restam incontroláveis apenas os atos que traduzem a discricionariedade facultada aos agentes políticos pelo legislador, de forma residual. Tais atos se apresentam em duas categorias: atos relativos às relações do Poder Executivo com o Poder Legislativo e atos que põem em causa a condução das relações exteriores da França.

Na primeira categoria se encontram atos como a decisão do Primeiro Ministro de depositar um projeto de lei, de recusar o depósito de um projeto de lei (CE, 29 de novembro de 1968) ou, ainda, de retirar tal projeto; a recusa do Primeiro Ministro em propor ao Presidente da República que vete uma revisão da Constituição pelo Parlamento (CE, 26 de fevereiro de 1992); o decreto de promulgação de uma lei (CE, 3 de novembro de 1933); o decreto submetendo um projeto de lei a referendo (CE, 19 de outubro de 1962); o decreto de dissolução da Assembléia Nacional (CE, 20 de fevereiro de 1989); a decisão de recorrer aos poderes excepcionais previstos no art. 16 da Constituição (CE, 02 de março de 1962). Tratando da segunda categoria de atos, a jurisprudência entende como ato de governo aqueles que são relativos à condução das relações exteriores da França, tais como os que envolvem a elaboração, a assinatura e a ratificação (CE, 23 de julho de 1961) ou a suspensão (CE, 18 de dezembro de 1992) de tratados e acordos internacionais, ou, ainda a decisão de suspender provisoriamente testes nucleares (CE, 29 de setembro de 1995). Da mesma forma, são atos de condução de relações exteriores a decisão de votar em tal ou qual sentido nas diferentes instâncias internacionais (CE, 23 de novembro de 1984) ou a suspensão de qualquer cooperação científica e técnica com o Iraque durante a Guerra do Golfo (CE, 23 de setembro de 1992). Enfim, constituem igualmente atos de governo: a recusa de submeter um litígio à Corte Internacional de Justiça (CE, 9 de junho de 1962); a proteção de pessoas e bens franceses no estrangeiro (CE, 02 de março de 1966); a criação de uma zona de segurança nas águas internacionais para os testes nu-

42. Queiró, ob. cit., p. 70.

cleares (CE, 11 de julho de 1975); e a decisão segundo a qual o Ministro dos Assuntos Estrangeiros recusa a uma jurisdição estrangeira o direito de demorar-se na França na qualidade de membro de uma missão diplomática (CE, 16 de novembro de 1998).[43] Constata-se, assim, que o Conselho de Estado foi elaborando, casuisticamente, uma "lista" de atos de governo que compreendem atos dos órgãos de soberania, como os do Presidente, quando submete um projeto de lei a referendo, quando decreta anistia ou decide a dissolução da Assembléia Nacional.[44] Da mesma forma, o Conselho de Estado qualifica como atos de governo as decisões relativas às relações do Governo com o Parlamento ou do Governo com outros Estados ou organismos internacionais.[45]

4. Teoria da Discricionariedade Administrativa no direito alemão

Se o modelo francês de legalidade constitui o que Carl Schmitt chamou de "Estado de Direito de tipo judicialista" (*Jurisdiktionsstaat*), cujo centro de atividade está colocado na Jurisdição como eixo principal de defesa dos cidadãos contra o arbítrio administrativo, o modelo alemão é exemplo de "Estado legislador" (*Gesetzgebungstaat*), segundo essa mesma terminologia, porque, lá, a atividade da Administração pressupõe normalmente uma lei formal.[46] Com isso, está presente, no direito alemão, a idéia de que ou a vinculação da Administração à lei é rigorosa – há dever de atuação conforme a prescrição legal – ou essa vinculação é mais *afrouxada* – as autoridades administrativas obtêm certos espaços de atuação e decisão –, o que as deixa em condição de escolher entre conseqüências jurídicas diferentes.[47]

43. Cf. *Analyse*, cit..
44. Cf. Debbasch, ob. cit., p. 80.
45. Cf. Debbasch, ob. cit., p. 81; Vedel, ob. cit., pp. 170-172; Jean Rivero, *Direito Administrativo*, Coimbra, Almedina, 1981, pp. 93-102; René Chapus, *Droit Administratif Général*, 7ª ed., t. I, Paris; Montchrestien, 1993, pp. 841-846; Queiró, ob. cit., p. 70; e Sérvulo Correia, ob. cit., pp. 75-76.
46. Cf. Queiró, ob. cit., p. 67; e Sérvulo Correia, ob. cit., p. 77.
47. Cf. Harmut Maurer, *Elementos de Direito Administrativo Alemão*, Porto Alegre, Fabris, 2000, pp. 46-47. Tradução das conferências realizadas em Porto Alegre, em abril de 2000, por Luís Afonso Heck.

4.1 Precedentes históricos

A concepção de que existem certos espaços livres para a atuação da Administração decorre do fato de, no direito público germânico do séc. XIX, no que tange ao contencioso administrativo de anulação, a competência dos tribunais ter sido fixada pelos legisladores em um sistema de enumeração, também conhecido por "sistema prussiano", ou em um sistema de cláusula geral ou "sistema sud-alemão", de modo que não se apresentou, para a jurisprudência, nenhuma necessidade de se recorrer, em favor do Executivo, a uma teoria especial de atos do governo.[48] Em ambos os casos, o legislador concedeu ao Executivo uma ampla esfera de liberdade, fora de qualquer fiscalização jurisdicional, desde que não se atingissem os direitos subjetivos dos particulares, para cuja proteção o contencioso administrativo havia sido instituído. De acordo com Queiró "Uma jurisprudência dos 'actos de governo' foi obstaculizada pela jurisprudência da discricionariedade".[49]

A doutrina alemã oitocentista, de modo geral, fazia oposição entre Governo e Administração, ficando o Governo fora do conceito geral de Administração, porquanto tal atividade não está contida nos limites da lei e não está, segundo essa concepção, submetida ao regime do direito. A crítica a esta posição se faz no sentido de que o poder governamental sempre age sob a condição e nos limites das habilitações constitucionais.[50]

A "liberdade de ação" de que goza o Governo, entretanto, não se confunde com aquela esfera livre de que se beneficia a Administração nos limites de seu poder discricionário: margem de livre apreciação da oportunidade e conveniência de atos ou medidas administrativas, porque, além de serem "juridicamente coisas distintas (...) têm âmbito, alcance e significados diferentes".[51] O legislador tem em vis-

48. Cf. Queiró, ob. cit., p. 86. Sobre o sistema da enumeração, ou *Enumerationsprinzip*, *Enumerationsmethode* ou, ainda *Zuständigkeitskatalogssystem*, bem como o de cláusula geral ou *Generalklauselsystem*, ver Alfonso Masucci, "La legge tedesca sul processo amministrativo", in *Quaderni di Diritto processuale amministrativo*, Milão, Giuffrè, 1991, pp. 3-8.

49. Queiró, ob. cit., p. 87.

50. Malberg, ob. cit., t. I, p. 523.

51. Queiró, ob. cit., p. 24; ver, também, Maurer, ob. cit., pp. 48-49, e Fritz Fleiner, *Les Principes Généraux du Droit Administratif Allemand*, Paris, Delagrave, 1933, p. 93.

ta o poder discricionário quando se remete à experiência técnica dos agentes administrativos, convidando-os a tomar, em certos casos, as medidas necessárias para a manutenção da ordem pública, ou a concretizar o comando legal.

A legislação e a teoria do direito falam de poder discricionário quando o direito objetivo deixa ao órgão que determine, ele mesmo, sua ação, isto é, quando a lei ou o direito atribuem a decisão última sobre o "justo", o "correto", o "apropriado", no caso concreto, a alguém que tem a responsabilidade de decidir segundo sua convicção pessoal (valoração). Assevera Engish[52] que isso é assim porque "se considera ser a melhor solução aquela em que, dentro de determinados limites, alguém olhado como pessoa consciente da sua responsabilidade, faça valer o seu próprio 'ponto de vista'", de modo que a discricionariedade no direito não apenas é inevitável, mas também algo de bom: o princípio do Estado de Direito conforma a discricionariedade no sentido de que a convicção pessoal "de quem quer que seja chamado a decidir, é elemento decisivo para determinar qual das várias alternativas que se oferecem como possíveis dentro de certo 'espaço de jogo' será havida como sendo a melhor e a 'justa'",[53] principalmente no domínio da Administração e da Jurisdição.

O motivo para a concessão da liberdade de decisão para a Administração não é só, assim como para concessão de poder discricionário ao juiz, a necessidade de ter em conta singularidades (concretizações), pois, em certos casos, só a autoridade administrativa é tecnicamente competente para editar algumas medidas que concernem ao interesse público. Isso é assim porque o legislador, "muitas vezes, não está capacitado para colher a multiplicidade da vida e adotar uma regulação que satisfaça todas as possibilidades e alternativas da prática", diz Maurer,[54] e, por isso, a autoridade deve, em virtude do poder de autodeterminação que lhe confere o legislador, escolher dentre as diferentes soluções possíveis, aquela que, na espécie, responde melhor às instruções da lei. Em princípio, não existe um poder discricio-

52. Karl Engish, *Introdução ao Pensamento Jurídico*, 6ª ed., Lisboa, Fundação Calouste Gulbenkian, 1988, p. 222. Tradução portuguesa do original alemão intitulado *Einführung in das Juristische Denken*, por J. Baptista Machado.
53. Engish, ob. cit., p. 227.
54. Maurer, ob. cit., p. 49.

nário livre, mas somente um juridicamente vinculado: quando a autoridade atua em desconformidade com a finalidade da autorização e extrapola os limites legais do poder discricionário,[55] ela atua antijuridicamente e, nesse caso, os tribunais "estão obrigados a revisar a observância das vinculações do poder discricionário e a revogar uma decisão de exercício de poder discricionário vicioso por causa da antijuridicidade".[56] Assim, os limites exteriores são os vícios de poder discricionário, que constituem uma ilegalidade, pois a Administração está proibida de agir arbitrariamente na esfera de liberdade que lhe é deixada. Daí que, se a autoridade não faz uso do poder discricionário que lhe compete, excede o quadro determinado legalmente (escolhendo uma conseqüência não prevista), abusa do poder discricionário, não se deixando dirigir exclusivamente pela finalidade da autorização e, ainda, viola direitos fundamentais e princípios administrativos gerais e pode ser obrigada, pelos tribunais, a revisar e a revogar sua atuação.[57]

4.2 Discricionariedade e reserva de lei

Na Alemanha, o problema da discricionariedade está ligado aos possíveis âmbitos da reserva de lei, de forma que a questão de saber se a administração está rigorosamente vinculada ou tem espaço livre de atuação se determina de acordo com as regulações legais respectivas.[58] É o legislador quem delimita este espaço de atuação, usando, para tanto, expressões como "pode", "tem a permissão de", "tem o direito de", em vez de palavras como "deve" e "está obrigado a", e a

55. Cf. Maurer, ob. cit., p. 50. No texto, o autor cita o § 40 da Lei de Procedimento Administrativo (*VwVfG*): "Se uma autoridade está autorizada a atuar segundo seu poder discricionário, ela tem de exercer o seu poder discricionário em conformidade da autorização e de observar os limites legais do poder discricionário", e o § 114 da Lei de Organização dos Tribunais Administrativos (*VwGO*): "Enquanto a autoridade administrativa está autorizada a atuar segundo seu poder discricionário, o tribunal também examina se o ato administrativo ou a recusa ou omissão do ato administrativo é antijurídico, porque os limites legais do poder discricionário estão excedidos ou foi feito uso do poder discricionário em uma forma não correspondente à finalidade da autorização."

56. Maurer, ob. cit., p. 50.

57. Cf. Maurer, ob. cit., pp. 50-52.

58. Cf. Maurer, ob. cit., p. 49, e *Droit Administrafif Allemand*, Paris, LGDJ, 1994, p. 26. Trad. francesa de *Allgemeines Verwaltungsrecht* por Michel Fromont, pp. 111-113.

autoridade administrativa disso não pode desviar-se.[59] Quando, no entanto, falta essa determinação, e a Administração resta "mais livre ainda", ela estará vinculada "no máximo, aos princípios gerais de direito administrativo e à Constituição, particularmente aos direitos fundamentais que, todavia, em regra, não oferecem diretivas para a solução de casos particulares".[60] É justamente nesses casos que se coloca a questão da reserva de lei, pois, ao contrário da primazia da lei, que vincula a Administração às leis existentes, mas não proíbe uma atuação sem lei, a reserva de lei "exige para a atividade administrativa no caso concreto, uma autorização legal".[61]

A reserva de lei, cujo alcance não é determinado, é um dos problemas clássicos do direito público alemão, de modo que, na literatura jurídica, aparecem distinguidas quatro posições:[62] a) a dos que entendem que se mantém o âmbito tradicional;[63] b) os que consideram extinta a reserva geral e só existentes as reservas especiais próprias de certos direitos fundamentais;[64] c) a dos que sustentam que a reserva é total, abrangendo todos os setores e planos da atividade administrativa;[65] e d) a dos que defendem o alargamento do âmbito tradicional, sem que isso signifique reserva total.[66] Esta última posição é a majoritária e se impôs, a partir de 1949, através de inúmeras decisões do Tribunal Constitucional Federal e do Tribunal Adminis-

59. Cf. Maurer, ob. cit., pp. 49-50.

60. Maurer, ob. cit., p. 62.

61. Maurer, ob. cit., p. 62.

62. Cf. Sérvulo Correia, ob. cit., p. 84.

63. Posição de Bachof/Wolff e Peters, segundo a qual a função da reserva de lei "consiste em garantir a liberdade de actuação e a propriedade das pessoas físicas e colectivas, de modo que a esfera individual só possa ser atingida por actos ablativos mediante uma autorização legal", de forma que, quando a intervenção ablativa incida sobre direitos fundamentais, a norma habilitadora seja dotada de generalidade e abstração (cf. Sérvulo Correia, ob. cit., pp. 84-85).

64. Tese sustentada por Vogel, Papier e Krebs, no sentido de que se a *Grundgesetz* não contém a proclamação explícita da reserva de lei e se ali constam reservas especiais, principalmente as relativas aos direitos fundamentais, a figura desapareceu no direito germânico (cf. Sérvulo Correia, ob. cit., pp. 38-39).

65. Posição de Jesch, parcialmente aceita pelo Tribunal Constitucional Federal e pelo Tribunal Administrativo Federal, no sentido de que toda a atuação da Administração está coberta pela reserva de lei, uma vez que, na presente estrutura constitucional, "a reserva de lei é ditada pela primazia orgânica do parlamento" (cf. Sérvulo Correia ob. cit., pp. 40 e 90, respectivamente).

66. Cf. Maurer, ob. cit., pp. 62 e ss., e Sérvulo Correia, ob. cit., p. 40.

trativo Federal. O entendimento dos tribunais é o de que o legislador está obrigado "jurídico-constitucionalmente – desatado da característica de intervenção – a tomar mesmo todas as decisões essenciais, sobretudo no âmbito do exercício dos direitos fundamentais".[67] Advém daí que, mantida a reserva de lei, seu âmbito deve ser definido de acordo com o critério da essencialidade do ato (*Wesenlichtkeitstheorie)*, avaliada em função do significado, do peso, da fundamentalidade e da radicalidade da intensidade do comando jurídico para o cidadão e para a comunidade. Dessa forma, de acordo com a teoria da essencialidade, é o Parlamento quem define os parâmetros jurídicos das questões essenciais à vida da comunidade, de modo que o Executivo possui competência normativa originária sobre todos os aspectos não 'essenciais' da função administrativa".[68]

O incremento da atividade estatal trouxe para o primeiro plano a Administração prestadora (*Leistungsverwaltung)*, em detrimento da Administração ablativa (*Eingriffsverwaltung*) e, na medida em que a Lei Fundamental afirmou o princípio do Estado Social, este recebe o poder-dever de conformação social, dirigido ao legislador e à Administração. Para este último, o princípio vale como critério orientador da discricionariedade.[69] Daí que, no direito alemão, é controvertida a demarcação das áreas da legalidade e da oportunidade na atuação administrativa em face dos casos concretos, pois essa depende do entendimento que se extraia da Lei Fundamental sobre o caráter meramente executivo e parcialmente autônomo do poder administrativo. Mesmo quando a Administração executa direta ou indiretamente as leis, depende, na área da discricionariedade e dos conceitos jurídicos indeterminados, daquilo que se considere ser aplicação de comandos normativos ou exercício de livre apreciação.[70] Assim, quando a Administração executa a lei, os atos são sindicáveis, pois o controle é de legalidade; quando o ato pertence à esfera da discricionariedade, o juiz administrativo pode controlar o juízo de oportunidade quando desenvolve a aplicação de princípios gerais como o da proporcionalidade e da igualdade.[71]

67. Maurer, ob. cit., pp. 63-64.
68. Sérvulo Correia, ob. cit., p. 759.
69. Cf. Sérvulo Correia, ob. cit., pp. 89-90.
70. Cf. Sérvulo Correia, ob. cit., p. 107.
71. Cf. Maurer, ob. cit., pp. 51-52.

4.3 Discricionariedade e proporcionalidade

No equacionamento dos institutos da discricionariedade e dos conceitos jurídicos indeterminados, a doutrina alemã faz uma distinção entre previsão (*Tatbestand*) e estatuição (*Rechtsfolge*) das normas, de modo que, em certas circunstâncias, o legislador, em vez de estabelecer vinculativamente os efeitos de direito que deverão corresponder à previsão, deixa ao órgão da Administração a liberdade de configurar esses efeitos (*Rechsfolge*), fazendo com que a discricionariedade seja de decisão (adotar ou não certa conduta) ou de escolha (escolher uma entre várias condutas possíveis). Dado que a discricionariedade sempre se localiza na parte da norma constituída pela estatuição e não na especificação dos pressupostos, quando isso ocorre, a relativização da vinculação da Administração à lei é resultado da utilização de conceitos jurídicos indeterminados. Daí que, se o poder discricionário aparece no plano da conseqüência jurídica e o conceito jurídico indeterminado está localizado no tipo da regulação legal, a Administração obtém, pelo emprego de tais conceitos, um espaço de atuação que só pode ser apreciado judicialmente com limitações.[72]

Os conceitos jurídicos indeterminados, ao contrário da discricionariedade, "não suscitam uma liberdade de escolha por parte da Administração. (...) O emprego de um conceito indeterminado na parte da norma correspondente à estatuição significa tão só que o legislador não completou a descrição da conduta a adoptar, deixando assim em aberto a liberdade de escolha por parte da Administração".[73]

Observa Almiro do Couto e Silva[74] que, embora a visão da doutrina alemã seja "positivista e excessivamente mecanicista (...) como se existisse uma nítida linha divisória entre o plano jurídico e o plano dos fatos e como se o direito não resultasse de um processo interintegrativo ou de uma tensão dialética entre norma e fato", é forçoso reconhecer-se o acerto da teoria alemã, principalmente no que tange à distinção entre poder discricionário e conceitos jurídicos indeterminados. Conquanto os conceitos jurídicos indeterminados – "empíricos" ou "de valor" – sejam vagos e imprecisos, podendo ser preen-

72. Cf. Maurer, ob. cit., p. 54.
73. Sérvulo Correia, ob. cit., pp. 109-110.
74. Almiro Couto e Silva, "Poder Discricionário do Direito Administrativo Brasileiro", *RDA* 179/56, jan./jun. 1990.

chidos por conteúdos diversos, há uma impossibilidade relativa de controle judicial, mas isso não os transforma em fonte de poder discricionário. A diferença entre poder discricionário e conceitos jurídicos indeterminados está em que, quanto ao controle jurisdicional, o primeiro se restringe a aspectos formais, externos, não entrando na apreciação do juízo o mérito (juízo de conveniência e oportunidade); já no que diz respeito à aplicação dos conceitos jurídicos indeterminados, o controle jurisdicional é, a princípio, total, "só esbarrando na fronteira da impossibilidade cognitiva de declarar que a aplicação foi correta ou equivocada". Enfim, o exame dos atos administrativos que resultam da aplicação de conceitos jurídicos indeterminados "não está sujeito a um limite *a priori* estabelecido na lei". Ao contrário, o exame de atos administrativos "que envolvem exercício de poder discricionário está, *a priori*, limitado pela lei", que fixa as linhas dentro das quais a autoridade administrativa poderá tomar suas decisões.

Relativamente ao preceito da proporcionalidade, este é um conceito com muitos significados. De acordo com Robert Alexy,[75] existe uma conexão muito estreita entre a teoria dos princípios e a máxima da proporcionalidade e suas três máximas parciais de adequação (alcançar o resultado esperado), necessidade (aplicação do meio mais benigno) e proporcionalidade em sentido estrito (juízo sobre o equilíbrio do meio em relação ao fim), porque: a) os princípios são mandados de otimização com respeito a possibilidades fáticas e jurídicas, de modo que a ponderação (proporcionalidade em sentido estrito) é obrigatória quando uma norma fundamental com caráter de princípio entra em colisão com o princípio oposto, isto é, quando a possibilidade jurídica de realização da norma depende do princípio oposto; b) "os princípios são normas que ordenam que algo seja realizado na maior medida possível, dentro das possibilidades jurídicas e reais existentes"[76] e daí a sua otimização dever contribuir para alcançar o objetivo perseguido,[77] e c) a otimização fática deve visar sempre ao meio

75. Robert Alexy, *Teoría de los Derechos Fundamentales*, Madrid, Centro de Estudios Constitucionales, 1997, pp. 111 e ss. Tradução espanhola de *Theorie der Grundrechte* por Ernesto Garzón Valdés.

76. Alexy, ob. cit., p. 86.

77. Robert Alexy assim exemplifica a máxima da necessidade: "A norma N é promulgada pelo legislador, tendo em vista aumentar a segurança do Estado (P1), mas atinge a liberdade de expressão (P2). Se a norma N não é adequada para promo-

mais benigno, quer dizer, sempre deve ser considerado se não estão à disposição outros meios convenientes que prejudiquem menos os afetados e a comunidade, segundo a máxima de Pareto.[78]

Sendo assim, o controle da proporcionalidade abrange quatro planos: a) a determinação do fim a perseguir; b) o juízo sobre a aptidão ou adequação do meio adotado; c) o juízo sobre a indispensabilidade do meio adotado; e d) o *Proportionalität* (ou proporcionalidade em sentido estrito). Humberto Ávila[79] assegura ser o dever de proporcionalidade não um "princípio normativo" ou uma "norma-princípio", porque não é "espécie de norma jurídica que prescreve conteúdos direta ou indiretamente relacionados à conduta humana", "não entra em conflito com outras normas-princípios, não é concretizado em vários graus ou aplicado mediante regras de prevalência", mas tão-somente "estabelece uma estrutura formal de aplicação dos princípios envolvidos: o meio escolhido deve ser adequado, necessário e não excessivo", consistindo em uma regra geral que assegura a realização dos fins estabelecidos pelos princípios. Por essa razão, para o autor, o dever de proporcionalidade "consiste num postulado normativo aplicativo", isto é, em uma condição de possibilidade de aplicação devida de todo o Direito, já que "instituição simultânea de direitos e garantias individuais e de finalidades públicas e normas de competência, como faz a Constituição de 1988, implica o dever de ponderação, cuja medida só é obtida mediante a obediência à proporcionalidade". De resto, tem o dever de proporcionalidade a função de estabelecer limites à atividade estatal e "de garantir ao máximo a liberdade dos cidadãos", de modo que não resulta de um texto específico, mas da estrutura mesma dos princípios, que sempre requerem uma pondera-

ver P1 e acarreta perdas para P2, então existe, neste caso, a possibilidade fática de realizar ambos os princípios na maior medida possível, declarando inválida a norma N" ("Derechos, razionamiento jurídico y discurso racional", *Derecho y Razón Pratica*, México, Fontamara, 1993, p. 32, tradução por Ernesto Garzón Valdés).

78. Pelo critério de otimização de Vilfredo Pareto, uma situação social será considerada ótima se não for possível transferi-la para outra situação na qual, no mínimo, um indivíduo experimenta uma melhora e nenhum dos participantes piora (Cf. Alexy, ob. cit., p. 164). Sobre as três máximas da proporcionalidade, ver, também Maurer, ob. cit., p. 52, e Elias Grossmann, *Os Princípios Jurídicos em Robert Alexy*, UNISINOS, Dissertação de Mestrado, 200, inédita, *passim*.

79. Humberto Bergmann Ávila, "A distinção entre princípios e regras e a redefinição do dever de proporcionalidade", *RDA* 215/157-179, jan./mar. 1999.

ção para sua aplicação. O que a proporcionalidade determina é que "um meio deva ser adequado, necessário – isto é, dentre todos os meios adequados aquele menos restritivo – e não deva ficar sem relação de proporcionalidade relativamente ao fim instituído pela norma".

5. Governo e Administração no Brasil

Em 1862, em meio a um debate sobre liberdade e centralização política e administrativa,[80] o Visconde do Uruguai, Governador da Província do Rio de Janeiro, escreveu que, embora não se possam separar as

80. José Murilo de Carvalho informa que, após a abdicação de Pedro I, em 1831, iniciou-se uma reforma tendente a eliminar os resíduos absolutistas da Constituição e a reforçar os aspectos federativos nela presentes. A Câmara, em 1831, aprovou um projeto de reforma que criava uma monarquia federal e constitucional, mas, não tendo o mesmo sido aceito pelo Senado, em 1834 foi aprovado um Ato Adicional, que representou uma solução de compromisso, ao se adotarem elementos federais como as assembléias provinciais, a divisão de rendas e a extinção do Conselho de Estado. A reação veio em 1837, com a renúncia de Feijó (liberal) e com a redução do poder das assembléias e dos juízes de paz e com a criação de uma justiça e uma polícia controladas pelo governo central. Em 1841, foi restabelecido o Conselho de Estado. Por volta de 1850, o Império atingiu seu ponto de equilíbrio com um governo conservador e uma centralização política e administrativa: no plano político, manifestava-se o centralismo no Poder Moderador do imperador, que podia nomear livremente seus ministros, no senado vitalício e na nomeação dos presidentes de província pelo governo central. No plano administrativo, a justiça foi centralizada nas mãos do ministro da Justiça, assim como a ele cabia nomear todos os comandantes e oficiais da Guarda Nacional. A partir da década de 1960, liberais e conservadores envolveram-se em grandes debates sobre o governo representativo e, logo em seguida, por influência das idéias norte-americanas consubstanciadas no *Federalista*, o ataque à centralização administrativa. A posição tradicional dos liberais, desde 1830, era aquela de que a "liberdade exige a descentralização", e o político mais representativo desta posição foi Tavares Bastos. Quanto aos conservadores puros, o problema da liberdade não se colocava, pois esta não era um valor que pudesse superar o da ordem e da unidade nacional. Para os conservadores liberais, como o Visconde do Uruguai, político e teórico do Partido Conservador, "a liberdade era ameaçada não só pelo Estado como também pelos particulares". Nestas condições, Uruguai advogou que o Estado também podia ser fator de garantia da liberdade contra o arbítrio. Para ele, o poder distante era menos despótico que o próximo e podia ser um elemento de civilização, de garantia de direitos graças a uma justiça independente dos poderes locais e "graças ao arbitramento pacífico das lutas políticas locais. Nas circunstâncias brasileiras, enfim, e em todas as que a ela se assemelhavam, o Estado podia ser um pedagogo da liberdade e não um assassino da liberdade como queriam os liberais" (" Federalismo e Centralização no Império Brasileiro: História e Argumento", *Pontos e Bordados. Escritos de história e política*, Belo Horizonte, UFMG, 1999, pp. 155 e ss.).

formas e ação administrativas das formas e ação dos poderes políticos, há uma diferença notável entre Governo e Administração: "como govêrno, o Poder Executivo aplica por si só e diretamente as leis de ordem política",[81] promulga e executa as leis, é o encarregado e "depositário do pensamento político", dirige moralmente a Nação e suas relações com as demais nações; "como administrador, o Poder Executivo não aplica, nem lhe é possível aplicar, por si só e diretamente, as leis da ordem administrativa", é poder secundário e subordinado ao poder político. O "governo" deve ser livre, seu poder é mais ou menos discricionário, "sujeito somente às leis (em cuja confecção intervém), à opinião e à representação nacional",[82] e, finalmente, a "administração é (...) a ação vital do poder político e o seu indispensável complemento. O poder político é a cabeça, a administração o braço".[83] A partir disso, ele acaba por afirmar que uma "vigorosa e bem combinada organização administrativa" pode, com algumas modificações, servir a qualquer governo e dá o exemplo da França, onde a administração monárquica sobreviveu.[84] Embora o Visconde de Uruguai admita a posição daqueles que negam a utilidade de uma distinção entre Administração e Governo, afirma que tal diferença, ainda que não expressa em leis, resulta "da natureza das cousas, e do complexo jôgo da legislação"[85] e é mais prática do que teórica. A partir deste marco teórico, alguns importantes administrativistas brasileiros passaram a esboçar a distinção entre função administrativa e função de governo, ressaltando, na maioria dos casos, o aspecto da insindicabilidade dos denominados *atos de governo*.

5.1 Função de governo como espécie de função administrativa

Da segunda geração de administrativistas brasileiros, ressalta a obra de Ruy Cirne Lima, em que o autor não traça fronteira precisa

81. Paulino José Soares de Souza, Visconde de Uruguai, *Ensaio sobre o Direito Administrativo*, Brasília, Ministério da Justiça, 1997, p. 25.

82. Souza, ob. cit., p. 25.

83. Souza, ob. cit., p. 26.

84. Souza, ob. cit., p. 27. "Quando uma nação tem instituições administrativas conformes aos bons princípios, úteis, protetoras, arraigadas nos hábitos da população, os novos governos, dada uma mudança política, servem-se delas; apenas modificam uma ou outra base, um ou outro princípio, mas não as destroem, nem podem destruir".

85. Souza, ob. cit., p. 30.

entre "Governo" e "Administração". Ele, aliás, sustenta que "Administração" é o governo ou a "gestão dos negócios de alguém" e que por "Administração Pública" se entende tanto "a pessoa de direito público ou o órgão político, normalmente competente para exercitar atividade administrativa dentro do Estado", quanto "a atividade administrativa em si mesma".[86] Atividade impessoal vinculada pela finalidade, "administração" é conceito antagônico ao de propriedade porque "sob administração, o bem se não entende vinculado à vontade ou personalidade do administrador, porém, à finalidade impessoal que essa vontade deve servir". Nestes termos, a finalidade é fixada em lei, e, às vezes, poderá ficar a critério do próprio administrador sua determinação, de acordo com as circunstâncias. O Poder Executivo, no entanto, acerca dos negócios públicos, não possui atribuições irrestritas e sim "atribuições de administração",[87] como segue: "incumbe ao próprio Poder Executivo, as mais das vêzes, a determinação dessa finalidade mesma, tendo em vista, aquêle, a utilidade pública, como o tutor a utilidade particular do menor. Feita a determinação, contudo, tôda a atividade dêle lhe fica vinculada. Preside, destarte, ao desenvolvimento da atividade administrativa do Poder Executivo – não o arbítrio que se funda da fôrça –, mas a necessidade que decorre da racional persecução de um fim".

Themístocles Brandão Cavalcanti,[88] partindo da definição residual da função administrativa – administração é toda atividade que não se compreende dentro da legislação e da justiça – assevera que esta, "outrora compreendida na expressão genérica de *govêrno*, foi-se aos poucos diferenciando até assumir a posição que hoje ocupa no complexo das funções do Estado". Por isso, há uma esfera de atividades que, embora sejam atribuíveis exclusivamente ao Poder Executivo, com a administração propriamente dita não se confundem: é a esfera do Governo ou da "função política".[89] Por "governo", compreende-se um conjunto de atividades políticas ou "uma certa maneira de agir" em uma esfera em que o interesse e a conveniência preponde-

86. Ruy Cirne Lima, *Princípios de Direito Administrativo*, 6ª ed., São Paulo, Ed. RT, 1987, p. 19.

87. Cirne Lima, ob. cit., p. 21.

88. Themístocles Brandão Cavalcanti, *Tratado de Direito Administrativo*, vol. I, Rio de Janeiro, Freitas Bastos, 1955, p. 48.

89. Cavalcanti, ob. cit., p. 49.

ram. Ainda que a Administração possa agir discricionariamente, isto é apenas um modo de proceder, uma técnica, um processo para atingir determinado fim e, assim, não se confunde "o ato político com o administrativo, mesmo quando é considerado em sua feição discricionária".[90] O ato político, então, de acordo com Brandão Cavalcanti, tem uma causa mais geral e está menos sujeito a circunstâncias que disciplinam o seu exercício e se distingue do ato administrativo pelo conteúdo e pela finalidade.

Nos *Comentários à Constituição*, Pontes de Miranda adverte que, nos regimes presidencialistas, o Presidente da República "deve ter o poder de ordenação política da Nação, não exclusivo, mas em sistema que não exclua a ordenação política da função integrativa da Justiça Constitucional, nem a vigilância da Assembléia quanto à lei fundamental".[91] O Chefe do Estado (ou Chefe do Estado e o Governo, nos regimes parlamentares), também precisa ter o poder de intervenção nas coletividades interiores e da ação emergencial, e isto é diferente de administrar ou executar *stricto sensu*, o que o autor denomina "função de decidir controvérsias", isto é, deliberar "sobre matérias cuja cognição lhe seja permitida" e decidir, "administrativamente, em casos de controvérsias entre o Estado e outras pessoas, privadas ou de direito público, *se a lei lhes atribuiu tal competência*" (grifos no original).[92]

A doutrina administrativista mais recente oscila na matéria.[93] Hely Lopes Meirelles,[94] por exemplo, assegura haver diferença essencial entre "governo" e "Administração": governo é o comando, a iniciativa, a fixação de objetivos do Estado e "a manutenção da ordem jurídica vigente", atuando mediante atos de soberania ou de autonomia política na condução dos negócios públicos. "Administração", em sentido formal, é o conjunto de órgãos que executam os objetivos do "Governo"; em sentido material, o conjunto das funções necessárias

90. Cavalcanti, ob. cit., p. 49.

91. Francisco Cavalcanti Pontes de Miranda, *Comentários à Constituição de 1967, com a Emenda n. 1, de 1969*, t. II, São Paulo, Ed. RT, 1970, p. 267.

92. Pontes de Miranda, ob. cit., t. III, p. 269.

93. Cf. Odete Medauar, *O Direito Administrativo em Evolução*, São Paulo, Ed. RT, 1992, p. 140.

94. Hely Lopes Meirelles, *Direito Administrativo Brasileiro*, 30ª ed., São Paulo, Malheiros Editores, 2005, p. 64.

ao serviço público e, em sentido operacional, é "atividade técnica subordinada". Desse modo, de acordo com o autor, a Administração "não pratica *atos de governo*; pratica, tão-somente, *atos de execução*, com maior ou menor autonomia funcional, segundo a competência do órgão e de seus agentes".[95] Em resumo, assevera Hely Lopes Meirelles, "governo" é atividade política e discricionária; "Administração", atividade "neutra", vinculada à lei ou "à norma técnica". No que diz respeito à hierarquia, a conduta do Governo é independente, a da Administração hierarquizada. Quanto à responsabilidade, o Governo tem responsabilidade constitucional e política, mas não tem "responsabilidade profissional pela execução"; a Administração, ao contrário, só tem responsabilidade técnica e legal pela execução.[96] Se a Administração é o instrumental de que dispõe o Estado para pôr em prática as opções políticas do Governo, isto significa que o seu poder de decisão incide tão-somente na área de suas atribuições "e nos limites legais de sua competência executiva, só podendo opinar e decidir sobre assuntos jurídicos, técnicos, financeiros ou de conveniência e oportunidade administrativas, sem qualquer faculdade de opção política sobre a matéria".[97]

José Cretella Júnior,[98] a seu turno, embora admita a dificuldade de demarcar rigorosamente a fronteira entre "ato administrativo" e "ato de governo", assevera ser "ato de governo" ou "ato político" aquela manifestação de vontade do Poder Público que "escapa à revisão do Poder Judiciário" sem que constitua "decisão arbitrária" ou ato contrário ao princípio da legalidade. Para o autor, tais atos são indispensáveis em todos os sistemas jurídicos, porquanto são os únicos capazes "de descer a aspectos que só o poder governamental tem meios de apurar",[99] isto é, são aqueles atos que tendem a defender o Estado e a sociedade de perturbações e ataques dos inimigos externos e internos, quando tais investidas possam abalar as instituições vigentes em seus fundamentos. Mais particularmente, "atos de governo" são atos que concernem às relações constitucionais do Estado e, sobretudo, à

95. Meirelles, ob. cit., p. 65.
96. Meirelles, ob. cit., p. 65.
97. Meirelles, ob. cit., p. 65.
98. José Cretella Júnior, "Teoria do ato de governo", *Revista de Informação Legislativa*, n. 95, jul./set. 1987, pp. 73-75.
99. Crettela Júnior, ob. cit., p. 75.

ordem pública do país, e que podem apresentar duas dimensões: material e formal. No aspecto material, são "atos políticos" ou "atos de governo", aquelas decisões do Poder Executivo e do Poder Legislativo, no exercício de atribuições próprias, ditadas em defesa da segurança do Estado e da Constituição, e que só têm como limites as liberdades públicas e os direitos subjetivos individuais;[100] no aspecto formal, são "atos políticos", os que emanam do Congresso e só eventualmente, do Poder Executivo. Ainda, "neste último caso, integram-se os atos políticos com a intervenção de uma Câmara Legislativa, geralmente o Senado, como, por exemplo, os atos relativos à ordem internacional e à nomeação dos membros do Poder Judiciário".[101]

Em face dessas considerações, Cretella Júnior acaba por afirmar que a diferença, então, entre ato administrativo e ato de governo reside em que estes últimos são "espécie" do gênero "ato administrativo" e não são suscetíveis de recursos, gerando apenas responsabilidade política ou moral. Além disso, para o autor, "a discricionariedade do ato político é maior do que a discricionariedade do ato administrativo",[102] mas ambos têm como limites as prerrogativas individuais, as liberdades públicas e os direitos subjetivos públicos. Embora o ato político se aproxime, em certos aspectos, dos atos administrativos discricionários, com eles não se confunde, na medida em que a discricionariedade política "está desvinculada de fórmulas apriorísticas, que, existentes, destituiriam a ação governamental da benéfica plasticidade que lhe é inerente".[103]

Com posição contrária, Fernando Andrade de Oliveira[104] assevera haver mais pontos de afinidade do que de divergências entre a função administrativa e a função governamental, uma vez que "em ambos os casos o desempenho da função pública se opera em uma área de relativa liberdade, conscientemente outorgada pelo legislador" e pelo fato de a autoridade administrativa (como a autoridade governamental) não estar "confinada ao cumprimento mecânico da norma superior".

100. Crettela Júnior, ob. cit., *passim*.
101. Cf. Cretella Júnior, ob. cit., p. 78.
102. Cretella Júnior, ob. cit., p. 79.
103. Cretella Júnior, ob. cit., p. 80.
104. Fernando Andrade de Oliveira, "Conceituação do Direito Administrativo", *RDA* 120/45, abr./jun. 1975.

Para Odete Medauar,[105] embora se possa perceber, em alguns casos, uma fronteira nítida entre os atos administrativos e os atos governamentais, *v.g.*, na opção por determinada política econômica ou tomada de posição em questão internacional, tal distinção não é absoluta, porque, nos Estados contemporâneos, a vida da Administração é produto de várias exigências da sociedade, tais como "exigência de quadro organizacional resultante da Administração e governo, capaz de produzir atividades com o empenho e presteza que a realidade atual exige dos poderes públicos", bem como a exigência de que a Administração se submeta à lei e ao Direito.

5.2 Localização das funções de governo na Constituição Federal e posição do STF

Reconhecendo a existência de "atos de governo" diferentes, pela finalidade e conteúdo, dos atos administrativos (não "políticos"), a tradição constitucional brasileira determinou o campo de ação do Governo, "determinando que ao Poder Judiciário fosse vedado conhecer de questões exclusivamente políticas",[106] a não ser que a ação governamental, no exercício de suas competências constitucionais, ameace ou venha a lesar direitos individuais. Os "atos de governo", muitas vezes, concretizam-se em "fatos políticos" ou "fatos administrativos", como a suspensão de fato da liberdade de reunião e de associação e a busca e apreensão em domicílio, em caso de decretação de estado de sítio (CF, art. 137, I a VII). Daí que, "quaisquer dessas medidas, derivadas da auto-executoriedade do *ato político* ou *ato de governo*, são legais, insuscetíveis, portanto, de revisão pelo Poder Judiciário".[107]

Exemplos típicos de atos de governo estão elencados na Constituição Federal, tais como os contidos no art. 49 da CF, cuja competência exclusiva de edição é do Congresso Nacional: a resolução definitiva sobre tratados, acordos e atos internacionais; a autorização para que o Presidente da República declare a guerra e celebre a paz e permita o trânsito de forças estrangeiras no País; a autorização para

105. Medauar, ob. cit., p. 141.
106. Cretella Júnior, ob. cit., p. 80.
107. Cretella Júnior, ob. cit., p. 82.

que o Presidente e o Vice-Presidente da República se ausentem do País; a aprovação do estado de defesa e da intervenção federal; a autorização de decretação de estado de sítio; a sustação de atos normativos do Poder Executivo que exorbitem do poder regulamentar ou dos limites de delegação legislativa; a apreciação dos atos de concessão e renovação de concessão de emissoras de rádio e televisão, entre outros.

Pelo art. 50 da CF, às Casas do Congresso Nacional e a suas Comissões é conferida competência para convocar Ministro de Estado ou quaisquer titulares de órgãos diretamente subordinados à Presidência da República para prestarem, pessoalmente, informações sobre assunto previamente determinado, importando em crime de responsabilidade a ausência injustificada. Já pelo art. 51, I e II, compete privativamente à Câmara dos Deputados praticar atos de governo como autorizar, por dois terços de seus membros, a instauração de processo contra o Presidente e o Vice-Presidente da República e Ministros de Estado, bem como proceder à tomada de contas do Presidente da República, quando estas não forem apresentadas ao Congresso Nacional no prazo para tal instituído. Ao Senado Federal compete privativamente processar e julgar o Presidente e o Vice-Presidente da República nos crimes de responsabilidade e os Ministros de Estados nos crimes de mesma natureza e com aqueles conexos; processar e julgar os Ministros do Supremo Tribunal, o Procurador-Geral da República e o Advogado-Geral da União nos crimes de responsabilidade, além de aprovar, previamente, por voto secreto, após argüição pública, a escolha de determinadas autoridades internas (Ministros do TCU indicados pelo Presidente, Procurador-Geral da República, presidente e diretores do Banco Central, Governadores de Territórios, por exemplo) e externas (chefes de missão diplomática de caráter permanente), conforme art. 52, incisos I a IV da CF.

Finalmente, ao Presidente da República, enquanto Chefe do Estado e do Governo, cabe, privativamente, pelo art. 84 da CF, nomear e exonerar Ministros de Estado (inc. I), iniciar processo legislativo, na forma e nos casos previstos na Constituição (inc. III), sancionar, promulgar e fazer publicar as leis, bem como expedir decretos e regulamentos para sua fiel execução (inc. IV) e vetar projetos de lei, total ou parcialmente. A ele também compete, privativamente, todos os atos elencados nos incisos VII a XXIV do mesmo artigo, que incluem, entre outros, relacionar-se com Estados estrangeiros, celebrar tratados, convenções e atos internacionais, sujeitos a referendo do Congresso Nacional, decretar o estado de defesa e o estado de sítio, decretar e executar a intervenção federal, declarar guerra quando autorizado pelo Congresso Nacional ou por ele referendado quando a ocorrência se der em intervalos das sessões legislativas, celebrar a paz, autorizado ou com referendo do Congresso.

A seu turno, o STF se posiciona entendendo haver uma esfera de ação das autoridades políticas não suscetível de controle judicial, nos seguintes termos:

"HC 72726-3 – rel. Min. Ilmar Galvão Ementa: *Habeas corpus*. Expulsão fundada na nocividade da permanência do estrangeiro no país. Pedido de revogação. Filho brasileiro, Lei n. 6.815/80, art. 75, § 1º. O fundamento ensejador do decreto de expulsão do paciente foi a nocividade de sua permanência no território nacional. A revogação desse ato circunscreve-se ao juízo de conveniência do Presidente da República. Havendo o paciente demonstrado que tem filho brasileiro, cujo reconhecimento de paternidade, todavia, foi superveniente ao fato que motivou a expulsão, não há impedimento legal à efetivação desta. Precedentes da Corte. *Habeas corpus* indeferido (*Informativo STF* n. 40)".[108]

"HC 72082-0 – rel. Min. Francisco Resek. Ementa: Expulsão. Decreto presidencial. Mandado de segurança. Conversão em *habeas corpus*. Ato expulsório. Discricionariedade mitigada. Possibilidade de recurso administrativo e judiciário. Causa excludente da expulsabilidade: filho brasileiro dependente da economia paterna, não demonstrada. Pedido indeferido. (...). II – A expulsão é ato discricionário do Poder Executivo. Não se admite, no entanto, ofensa à lei e falta de fundamentação. Contra o ato expulsório são possíveis recurso administrativo – pedido de reconsideração – e apelo ao Poder Judiciário. Quanto a este, o escopo da intervenção, muito estreito. Cuida o judiciário apenas do exame de conformidade do ato com a legislação vigente. Não examina a conveniência e a oportunidade da medida, circunscrevendo ser na matéria de direito: observância dos precedentes constitucionais e legais (HC 58.926, *RTJ* 98/1045, e HC 61.738, *RTJ* 110/6550, entre outros)".[109]

108. Cf. Osório Silva Barbosa Sobrinho, *Constituição Federal vista pelo STF*, São Paulo, Juarez Oliveira, 2000, p. 229.

109. Cf. Barbosa Sobrinho, ob. cit., p. 530.

6. *Conclusão*

Em síntese, a respeito da existência ou não de uma função política ou de governo ao lado, ou diferente, da função administrativa, pode-se afirmar que a atividade de governo é uma espécie de atividade administrativa e que a esfera de ação do Governo não se confunde com o poder discricionário, até porque esta se localiza sempre no plano da estatuição.

A competência do Governo é conferida diretamente pela Constituição, e os atos praticados nesta condição são livres, não podendo ser atacados por via jurisdicional.[110] Tais medidas não se opõem ao conceito geral de atos da Administração e subsumem-se em execução todos esses poderes. Daí que execução, em sentido material, subdivide-se em Governo e Administração,[111] e por atos de governo se entendem os atos do poder político, distintos da Administração, e que estariam fora da ordem jurídica (não regulamentados pelo direito e não sujeitos a controle judicial): relações diplomáticas, a declaração de guerra, o tratado de paz etc.

O que caracteriza o ato de governo é a liberdade no que tange às necessidades de habilitações legislativas e à livre iniciativa. O governo exerce um poder que lhe é próprio, uma atividade independente da lei, pois como acentuou Rivero,[112] "governar é tomar decisões essenciais que empenham o futuro nacional"; administrar, "é uma tarefa quotidiana que desce até aos actos mais humildes: o giro do carteiro, o gesto do sinaleiro que regula o trânsito", isto é, atividade que se exerce "sobre coisas momentâneas", como afirmou Montesquieu.

Finalmente, a função de governo é "um elemento essencial da ordem democrática"[113] por ser a condução política do Estado – direção responsável da política externa e interna – que inclui "o comando do processo econômico". Embora a função de governo seja jurídico-constitucionalmente vinculada, possui uma liberdade política conformadora cujos limites são traçados pela participação e controle parlamentar, pela necessidade de cooperação entre os Poderes Públicos e

110. Malberg, ob. cit., t. I, p. 525.
111. Jellineck, ob. cit., p. 468.
112. Rivero, ob. cit., p. 17.
113. Hesse, ob. cit., p. 398.

"pelo controle por meio da opinião pública".[114] Na configuração das relações exteriores, entretanto, o governo está sujeito a menores restrições, e assim uma dimensão especial da função de governo se manifesta na função de chefia do Estado: aquela em que predomina o elemento da preservação da unidade estatal.

114. Hesse, ob. cit., p. 399.

EM TORNO DO PRAZO DECADENCIAL DE INVALIDAÇÃO DE ATOS ADMINISTRATIVOS NO EXERCÍCIO DA AUTOTUTELA ADMINISTRATIVA

RAFAEL DA CÁS MAFFINI

1. Introdução. 2. Legalidade administrativa como postulado interpretativo. 3. Autotutela administrativa. 4. Art. 54 da Lei n. 9.784/1999 – Boa-fé como valor a ser ponderado com a legalidade na concretização da segurança jurídica. 5. Conclusões.

1. Introdução

O art. 54 da Lei n. 9.784/1999[1] (Lei federal do Processo Administrativo) prevê um prazo decadencial de cinco anos para o exercício do direito[2] para que a Administração Pública invalide seus atos eivados de vícios de legalidade quando concederem efeitos favoráveis[3] aos seus destinatários e estiverem os mesmos de boa-fé. Tal regra tem sua aplicabilidade projetada para toda a atividade administrativa de cunho

1. Lei n. 9.784/99, Art. 54. O direito da Administração de anular os atos administrativos de que decorram efeitos favoráveis para os destinatários decai em 5 (cinco) anos, contados da data em que foram praticados, salvo comprovada má-fé.

2. Dever-poder, como será analisado posteriormente.

3. Atos que conferem benefícios aos destinatários são denominados "atos ampliativos", os quais, segundo José Manuel Sérvulo Correia, são aqueles que "constituam direitos na esfera jurídica do destinatário, eliminem restrições ao exercício de direitos pré-existentes, eliminem ou restrinjam obrigações, ou, ainda, que constituam na esfera jurídica do particular situações jurídicas activas diferentes dos direitos subjectivos, designadamente simples poderes ou faculdades" (*Legalidade e autonomia contratual nos Contratos Administrativos*, Coimbra, Almedina, 1987, p. 290). No texto em comento, utilizou-se a expressão "atos de que decorram efeitos favoráveis para os destinatários".

decisório[4] da Administração Pública federal, não ficando adstritos tão-somente os atos administrativos internos a um processo administrativo, como poderia sugerir a ementa[5] do diploma legal referido.

Trata-se, pois, de uma verdadeira limitação à autotutela administrativa, porquanto tal regra presta-se a obstaculizar o poder-dever invalidatório da Administração Pública desde que implementadas as seguintes condições: a) ser o ato administrativo ampliativo; b) terem os destinatários dos atos obrado com boa-fé; c) o decurso de um lapso temporal superior a cinco anos, contados da prática do ato inválido ou, no caso de efeitos patrimoniais contínuos, da percepção do primeiro pagamento, consoante enunciado no art. 54, § 1º, da Lei n. 9.784/1999.

Demais disso, o prazo decadencial em questão traz sobrejacente a relação necessária entre a legalidade administrativa (elemento formal do Estado de Direito e fundamento material da autotutela da Administração Pública) e a boa-fé ou proteção à confiança (também elemento formal do Estado de Direito), com vistas a um dos fins do Estado moderno, qual seja, a segurança jurídica (com a qual a boa-fé encontra tênue vinculação). Positivou-se, pois, na lei federal em comento, idéias desde há muito tratadas por Almiro do Couto e Silva,[6] que, aliás, teve participação direta na elaboração do anteprojeto que resultou na Lei n. 9.784/1999, sobretudo no que se referiu ao seu Capítulo XIV, pertinente à "anulação, revogação e convalidação" dos atos administrativos.[7]

4. "Uma lei geral de processo administrativo não regula apenas os chamados processos administrativos em sentido estrito, mas toda a atividade decisória da Administração, sem exceções, independentemente do modo como ela se expressa" (Carlos Ari Sundfeld, "Processo e procedimento administrativo no Brasil", in Carlos Ari Sundfeld e Guillermo Andrés Muñoz (Orgs.), *As leis de processo administrativo. Lei Federal 9.784/99 e Lei Paulista 10.177/98*, São Paulo, Malheiros Editores, 2000, p. 19).

5. "Regula o processo administrativo no âmbito da Administração Pública Federal".

6. Dois são os trabalhos do Prof. Almiro do Couto e Silva que deram base ao conteúdo da norma jurídica contida no art. 54, da Lei n. 9.784/1999: "Princípios da legalidade da Administração Pública e da segurança jurídica no Estado de Direito Contemporâneo", *RDP* 84/46, e "Prescrição qüinqüenária da pretensão anulatória da Administração Pública com relação a seus atos administrativos", *RDA* 4/21.

7. A Lei n. 9.784/1999 resultou do Projeto de Lei n. 2.464/1996, do Poder Executivo, para cuja elaboração foi constituída comissão composta por Caio Tácito,

Não é fortuito, nem se pode considerar coincidência que, em ensaio publicado ainda no início de 1996, tivesse o ínclito e visionário autor asseverado que "o prazo de cinco anos, que é o prazo prescricional previsto na Lei da Ação Popular, seria, (...), razoável e adequado para que se operasse a sanação da invalidade e, por conseqüência, a preclusão ou decadência do direito e da pretensão de invalidar, salvo nos casos de má-fé dos interessados", considerando, ao depois, que "dadas, porém, as resistências que, nesse particular, existem no nosso Direito (...) a matéria seria *de lege ferenda*. É tempo, na verdade, de editar-se norma legal instituindo prazo preclusivo do direito da Administração Pública a invalidar seus próprios atos administrativos, a fim de que se reforce, no nosso país, o princípio da segurança jurídica, que tem aqui um relevo modesto e desproporcionado, se posto em cotejo com o princípio da legalidade".[8]

Passou-se, portanto, com o advento do preceito legal objeto do presente estudo, do estado *de lege ferenda* para uma realidade *de lege lata*. Curiosamente, todavia, demonstra-se o fato de que o princípio da legalidade ainda merece, por parte de alguns, aplicação totalizante e absoluta, numa verdadeira "falácia da legalidade", em que a mesma é utilizada exatamente contra a sua principal finalidade, qual seja, a garantia de um Estado de Direito dotado de segurança jurídica.[9] Surpreende ou ao menos deveria surpreender que as resistências apontadas acima por Almiro do Couto e Silva,[10] verdadeiras refrações à aplicação do princípio da boa-fé no Direito Administrativo persis-

Odete Medauar, Inocêncio Mártires Coelho, Diogo de Figueiredo Moreira Neto, José Carlos Barbosa Moreira, Almiro do Couto e Silva e Maria Sylvia Zanela Di Pietro, designados através da Portaria n. 1.404, de 17.10.1995, do Ministério da Justiça, os quais receberam o reforço de Adilson de Abreu Dallari, José Joaquim Calmon de Passos, Carmen Lúcia Antunes Rocha e Paulo Eduardo Garrido Modesto, através da Portaria Conjunta n. 47, de 31.01.1996, dos Ministérios de Estado da Justiça e da Administração Federal e Reforma do Estado.

8. "Prescrição qüinqüenária...", cit. p. 31.

9. Para uma crítica à perspectiva totalizante e absoluta do princípio da legalidade, contrária, pois, ao seu próprio mister axiológico, vide Leonel Ohlweiler, *Direito Administrativo em perspectiva*, Porto Alegre, Livraria do Advogado, 2000, *passim*.

10. Almiro do Couto e Silva ensina, ainda, que: "A Administração Pública brasileira, na quase totalidade dos casos, aplica o princípio da legalidade, esquecendo-se completamente do princípio da segurança jurídica. A doutrina e a jurisprudência nacionais, com as ressalvas apontadas, têm sido muito tímidas na afirmação do princípio da segurança jurídica" ("Princípios da legalidade...", cit., p. 62).

tem mesmo diante da clareza da regra jurídica contida no art. 54 da Lei n. 9.784/1999.

Por certo, não se pode mais cogitar de uma hermenêutica jurídica pautada pela parêmia *in claris cessat interpretatio*. Interpretar não é sinônimo de ler. Aproxima-se muito mais da idéia de construir ou, mais precisamente, reconstruir.[11] Todavia, o extremo oposto também deve ser refutado. O texto literal do art. 54 da Lei n. 9.784/1999 traz consigo regra jurídica dotada de uma clareza indiscutível, além de ser uma norma plenamente coadunada com o atual estágio dos princípios do Direito Administrativo, de forma que não mais se sustentam as interpretações que buscam restringir o seu significado normativo.

Considerar, à guisa de exemplo, que tal regra diz respeito tão-somente aos atos administrativos anuláveis, sendo inaplicável aos atos administrativo nulos, ou sustentar que tal regra valeria exclusivamente para atos administrativos viciados praticados após a vigência da lei implica, em verdade, negar ao art. 54 da Lei n. 9.784/1999 seu real significado.

Por essa razão, o presente ensaio visa à análise do tema – prazo decadencial para a invalidação administrativa de atos viciados – com vistas ao enfrentamento de alguns tópicos que lhe são pertinentes, reconhecendo-se, por óbvio, a inesgotabilidade do tema, bem assim a recentidade do tratamento jurisprudencial e doutrinário sobre ele. Diante disso, dois assuntos não serão tratados: a existência de um prazo decadencial de invalidação judicial dos atos administrativos e a análise das espécies de invalidade e a sua projeção no que tange à decadência em tela. Não se trata de temas de rarefeita importância. Ao contrário, são assuntos deveras relevantes, que, justamente por isso, demandam um estudo específico que transbordaria dos limites desse ensaio, já referidos acima.

2. Legalidade administrativa como postulado interpretativo

Costuma-se traduzir a legalidade administrativa, de importância inquestionável ao Direito Administrativo,[12] através de uma parêmia

11. Humberto Ávila, *Teoria dos princípios: a definição à aplicação dos princípios jurídicos*, 4ª ed., 2ª tir., São Paulo, Malheiros Editores, 2005, p. 25.

12. Nesse sentido, "o Direito Administrativo é determinado por toda uma série de princípios. O mais importante é, seguramente, o princípio da legalidade da admi-

celebrizada por Hely Lopes Meirelles segundo a qual "enquanto na administração particular é lícito fazer tudo que a lei não proíbe, na Administração Pública só é permitido fazer o que a lei autoriza".[13] Essa frase, em princípio, pode ser utilizada para se expressar didaticamente o significado da legalidade administrativa. Todavia, numa perspectiva em que se pretenda vislumbrar o verdadeiro significado jurídico da legalidade administrativa, há de se considerar que essa se desdobra em várias espécies normativas.

Com efeito, consoante ensina Humberto Ávila, não havendo correspondência biunívoca entre texto e norma,[14] é possível depreender de um único dispositivo várias normas jurídicas.[15] Ou seja, uma determinada passagem do texto constitucional pode traduzir-se em uma ou mais regras jurídicas, em um ou mais princípios jurídicos ou em um postulado normativo aplicativo, espécie normativa que será posteriormente mais bem analisada e que tem direta relação com o presente ensaio.

Quanto à legalidade administrativa, é possível encontrar vários preceitos constitucionais que lhe conferem supedâneo, dentre os quais se permite colocar em destaque o art. 5º, II, pelo qual "ninguém será

nistração pública" (Hartmut Maurer, *Elementos de Direito Administrativo Alemão*, Porto Alegre, Fabris, 2001, p. 45, tradução por Luís Afonso Heck).

13. Hely Lopes Meirelles, *Direito Administrativo brasileiro*, 30ª ed., São Paulo, Malheiros Editores, 2005, p. 87. Importante salientar que tal frase, com pequenas variações, já era encontrada em obra de João Barbalho Uchôa Cavalcanti, datada de 1903. Dizia-se, naquela oportunidade, que "ao individuo é reconhecido o direito de fazer tudo quanto a lei não tem prohibido, e não póde elle ser obrigado sinão ao que elle lhe impõe. (...) Com a autoridade, porém, com os funccionarios públicos, dá-se justamente o contrario – só podem fazer, nessa qualidade, o que a lei autorisa, como n'outra parte já expozemos" (João Barbalho Uchôa Cavalcanti, *Constituição Federal Brasileira (1891)*, Brasília, Senado Federal, 2002, p. 302).

14. Ob. cit., p. 23.

15. Segundo o referido professor, "a proposta aqui defendida diferencia-se das demais porque admite a coexistência das espécies normativas em razão de um mesmo dispositivo. Um ou mais dispositivos podem funcionar como ponto de referência para construção de regras, princípios ou postulados. Ao invés de alternativas exclusivas entre as espécies normativas, de modo que a existência de uma espécie excluiria a existências das demais, propõe-se uma classificação que alberga alternativas inclusivas, no sentido de que os dispositivos podem gerar, simultaneamente, mais de uma espécie normativa. Um ou vários dispositivos, ou mesmo a implicação lógica deles decorrentes, pode experimentar uma dimensão imediatamente comportamental (regra), finalística (princípio) e/ou metódica (postulado)" (idem, p. 60).

obrigado a fazer ou deixar de fazer alguma coisa senão em virtude de lei", bem como o próprio art. 37, *caput*, que indica a legalidade como importante vetor jurídico da função estatal de Administração Pública.[16]

De tais dispositivos, todavia, não se pode pretender extrair um único significado normativo. Isso porque existem várias espécies de normas, cada uma das quais, dotadas de características normativo-estruturais diversas, bem como de misteres diversos na tarefa de orientação ao fenômeno da interpretação e aplicação do Direito. O tema da classificação das espécies de normas jurídicas revela-se central nas hodiernas discussões acerca da hermenêutica jurídica. Não há, do mesmo modo, trabalhos científicos sobre o Direito Público que não tratem de tal assunto, mesmo que não o façam de forma deliberada.

No presente trabalho, utilizam-se novamente os ensinamentos de Humberto Ávila para a classificação das espécies de normas jurídicas, lembrando-se que são alternativas inclusivas e coexistentes, ou seja, uma mesma norma pode se traduzir em regra, princípio ou postulado.

Na esteira do referido autor, as regras "são normas imediatamente retrospectivas e com pretensão de decidibilidade e abrangência, para cuja aplicação se exige a avaliação da correspondência, sempre centrada na finalidade que lhes dá suporte e nos princípios que lhe são axiologicamente sobrejacentes, entre a construção conceitual da descrição normativa e a construção conceitual dos fatos", enquanto os princípios seriam "normas imediatamente finalística, primariamente prospectivas e com pretensão de complementaridade e de parcialidade, para cuja aplicação demandam uma avaliação da correlação entre o estado de coisas a ser promovido e os efeitos decorrentes da conduta havida como necessária à sua promoção".[17]

Humberto Ávila acresce às categorias normativas acima referidas, cuja existência é amplamente reconhecida, uma outra espécie de norma, original em relação aos estudos que o precederam, qual seja, os postulados normativos aplicativos, que seriam "normas imediatamente metódicas, que estruturam a interpretação e aplicação de prin-

16. Sem a pretensão de exaustão, podem ser citados como preceitos que dão fundamento à legalidade administrativa, além dos dispositivos já referidos dispositivos, o art. 48, *caput*, o art. 49, V e XI, o art. 84, VI, todos do texto da Constituição Federal, bem como o art. 25, I, do Ato das Disposições Constitucionais Transitórias.

17. Ob. cit., p. 119.

cípios e regras mediante a exigência, mais ou menos específica, de relações entre elementos com base em critérios".[18]

A legalidade administrativa consiste, em verdade, ora em uma regra, ora em princípio e ora em um postulado, muito embora normalmente seja considerada norma da espécie "princípio", o que se faz, na maior parte das ocasiões, de forma descuidada do ponto de vista terminológico.

Por vezes se denomina legalidade administrativa a norma tipicamente comportamental, endereçada ao Poder Público ou a quem lhe faça às vezes, pela qual a Administração Pública somente poderia agir se houvesse permissivo legal que precedesse e estabelecesse os meios de atuação. Tal reserva legal[19] – *Vorbehalt des Gesetzes* –, mitigada, sobretudo em relação à edição de atos normativos, com a promulgação da EC n. 32/2001, corresponderia à legalidade administrativa como "regra jurídica".

Numa segunda acepção normativa, é possível utilizar-se da legalidade administrativa enquanto instrumento a ser empregado na finalidade de promoção do controle do Poder Estatal, num verdadeiro fato sociológico, prestando-se como princípio regulador da conduta dos órgãos de mando.[20] No que tange a direitos e garantias fundamentais, o princípio da legalidade administrativa tem por principal desiderato dimensionar com significativa previsibilidade quais os meios de atuação estatal que, nas mais variadas formas, podem restringir liberdades outorgadas aos cidadãos e, *a contrario sensu*, aquelas outras em que a ingerência estatal seria vedada. Nesse sentido, intimamente coligado à noção de segurança jurídica, encontra-se a legalidade administrativa enquanto princípio.

Por fim, a legalidade administrativa pode ser considerada como uma norma da espécie "postulado". Nesse sentido, costuma-se apontar como um dos significados da legalidadea denominada "primazia

18. Idem, p. 120.

19. Costuma-se atribuir tal expressão a Otto Mayer, *Derecho Administrativo Alemán*, t. I, trad. de Horacio H. Heredia e Ernesto Krotoschin, Buenos Aires, Depalma, 1949, p. 95. Tal obra é a tradução da edição francesa de 1903 (*Le droit administratif allemand*). Todavia, as idéias nela contidas já se apresentavam na edição alemã de 1895 (*Deutsches Verwaltundsrecht*).

20. "A legalidade é, desde logo, um facto sociológico: qualquer que seja o modelo de sua estruturação política, toda a sociedade controla em certo grau o poder

da lei", expressão essa também cunhada por Otto Mayer – *Vorrang des Gesetzes* – segundo o qual "cuando la voluntad del Estado tiene ese origen [a lei e, como se verá, o Direito como um todo], no puede ser validamente anulada modificada o privada de sus efectos por ninguna otra vía; por otro lado, ella anula todos los actos ya emitidos en nombre del Estado, que le sean contrarios".[21]

Tal significado, originalmente coligado à estrita legalidade, ampliou-se para submeter, sob pena de ser invalidado, a atividade de Administração Pública à lei e ao Direito, consoante determinado pelo próprio art. 2º, parágrafo único, I, da Lei n. 9.784/1999. Ou seja, tal significado, verdadeiro vetor hermenêutico, impõe seja considerada inválida e se oriente à sua desconstituição toda e qualquer forma de atuação administrativa do Estado que se desgarre da lei que lhe embasa e do Direito como um todo, sobretudo em relação aos demais princípios que lhe sejam norteadores, tais como moralidade, impessoalidade, razoabilidade etc. Com esse significado mais amplo de legalidade administrativa,[22] tem-se que os atos não devem ser praticados somente em conformidade com as regras jurídicas que lhe sejam aplicáveis. Devem, ao mesmo tempo, ser praticados de forma compatibilizada com as demais normas (princípios e postulados) de Direito Administrativo. Nesse sentido, inegável que a "afirmación y desarrollo de esta jurisprudencia de principios domina avasalladoramente el momento actual de la ciencia jurídica".[23]

Trata-se de um imperativo que impõe seja a Administração Pública colocada em face da lei e do Direito através daquilo que José Car-

estadual, isto é, gera e tende a institucionalizar factores sócio-éticos de pressão sobre as autoridades. Nos Estados cuja matriz emerge dos ideais e instituições consagradas pela Revolução Francesa, a limitação do poder inspira, como categoria filosófico-jurídica, os poderes constituintes, determinando a afirmação – expressa ou implícita – da legalidade nos textos constitucionais, como princípio regulador da conduta dos órgãos de mando" (José Manuel Sérvulo Correia, ob. cit., p. 17).

21. Otto Mayer, ob. cit., p. 95.

22. Várias são as denominações pelas quais a doutrina tem batizado tal significado: legalidade *lato sensu*, bloco de legalidade e, mais recentemente, e com mais razão, "juridicidade". V., nesse sentido, Adolf Merkl, *Teoría general del derecho administrativo*, México, Nacional, 1980, *passim*. Na doutrina brasileira, v. Cármen Lúcia Antunes Rocha, *Princípios constitucionais da Administração Pública*, Belo Horizonte, Del Rey, 1994, pp. 69-70.

23. Jesús Gonzáles Pérez, *El principio general de la buena fe en el Derecho Administrativo*, 3ª ed., Madri, Civitas, 1999, p. 21.

los Vieira de Andrade denominou de "heteronomia imperfeita", ou seja, "cada acto administrativo está em parte determinado por normas abstractas que tem de respeitar e de executar, em parte corresponden-te a momentos autónomos de 'concretização', de 'desenvolvimento' ou de 'criação' de órgão administrativo".[24] Assim, inobservadas tais normas abstratas – regras e princípios –, padecerá a conduta concreta em questão de um vício de invalidade. Ou seja, havendo tensão entre o que, de um lado, a lei e o Direito prevêem e, de outro, o que realmente se levou a efeito quando da atividade concreta do Estado, ter-se-á que aqueles – lei e Direito – mostram-se primazes em relação a esse – o ato praticado, atribuindo-lhe pois a condição de inválido.

Trata-se de um postulado normativo aplicativo – vetor metodológico de interpretação – "porque vincula a interpretação e a aplicação à lei e ao Direito, preexcluindo a utilização de parâmetros alheios ao ordenamento jurídico".[25] Utilizando-se de uma metáfora já referida em outro sentido por Hans Kelsen, a lei e o Direito delimitam uma espécie de moldura à qual restará limitada toda a atuação administrativa do Estado.

Tal é a legalidade administrativa como postulado normativo aplicativo, significado esse que, por óbvio, apresenta-se intimamente relacionado com os demais significados normativos da legalidade – como princípio e como regra.

3. Autotutela administrativa

Como se pode depreender dos ensinamentos de Mariano Bacigalupo[26] toda *norma de conduta* consiste, simultaneamente, em uma *norma de controle*. Diante disso, faz-se imperiosa a conclusão de que de

24. José Carlos Vieira de Andrade, *O dever da fundamentação expressa de actos administrativos*, Coimbra, Almedina, 1992, p. 15.

25. Humberto Ávila, ob. cit., p. 61.

26. "(...) el mandato constitucional de plena justicialidad de la actividad administrativa significa que allí donde haya uno norma de conducta, dirigida a la Administración, habrá siempre a la vez uno norma de control, dirigida al juez contencioso-administrativo" (Mariano Bacigalupo, *La discrecionalidad administrativa*, Madri, Marcial Pons, 1997, p. 78). Tal passagem, embora faça referência explícita ao controle jurisdicional da Administração Pública, revela-se plenamente aproveitável a todos os modo de controle aos quais está submetida a função estatal administrativa).

nada serviria a adstrição da função administrativa ao ordenamento jurídico, se não houvesse instrumentos de efetivo controle da juridicidade da administração pública.

Em relação ao controle jurisdicional da Administração Pública, a sua viabilidade jurídica e o fundamento constitucional de dito modo de sindicabilidade encontra-se no princípio da inafastabilidade do controle jurisdicional de lesões ou ameaças a direitos, insculpido no art. 5º, XXXV, da CF/1988. Ou seja, havendo a lesão ou ameaça a direitos subjetivos ou interesses legítimos, mesmo que tal lesão seja oriunda da atividade estatal de administração, poderá o Poder Judiciário, sem qualquer risco de comprometer o equilíbrio entre os poderes, promover o controle da Administração Pública.

O controle da Administração Pública promovido pelo Poder Legislativo encontra exemplos dos mais variados, desde as simples solicitações de informações a autoridades administrativas, como previsto no art. 50, § 2º, da Constituição Federal, passando pela necessidade de aprovação da indicação de pessoas para ocupar cargos públicos, como previsto no art. 52, III, também da CF/1988, até culminar num dos mais efetivos modos de sindicabilidade parlamentar da atividade a administrativa orçamentária e paraorçamentária, qual seja, aquele controle promovido pelos Tribunais ou Cortes de Contas, cujos limites de atuação encontram previsão nos arts. 70 e ss. da Carta Política.

O modo de controle que mais interessa ao presente ensaio, todavia, não é o controle jurisdicional nem o legislativo da Administração Pública. O assunto sobre o qual se verte atenção diz com o controle que é promovido pela mesma Administração Pública responsável pela conduta controlada.

Trata-se, pois, do controle que se convencionou denominar de "interno", cujo fundamento constitucional é encontrado, mediatamente, na própria legalidade administrativa e, imediatamente, no art. 74 da CF/1988, pelo qual "os Poderes Legislativo, Executivo e Judiciário manterão, de forma integrada, sistema de controle interno (...)". Tais fundamentos, *grosso modo*, subsumem-se à noção de "autotutela administrativa".

Estando assim a Administração Pública adstrita ao ordenamento jurídico (primado da juridicidade), por certo não se pode cogitar de estar a mesma privada de promover o controle de seus próprios atos. Aliás, foi justamente para garantir tal legitimação de controle interno que se editou, em 1969, a Súmula 473 do Supremo Tribunal Federal, verdadeiro paradigma sobre o assunto, pelo qual a Administração Pública "pode" anular seus próprios atos administrativos. Cumpre salientar que o emprego do verbo "poder", no caso da Súmula 473, que substituiu a Súmula 346, de conteúdo semelhante, não veio responder à indagação acerca de a Administração "poder" ou "dever" invalidar seus próprios atos administrativos viciados. Prestou-se, isso sim, a solucionar a dúvida acerca de "poder" ou "não poder" a Administração Pública invalidar seus próprios atos administrativos eivados de vícios insanáveis.

Seja como for, é perceptível que o tema em lume – autotutela administrativa – evoluiu sobremaneira nas últimas décadas, de sorte que hodiernamente não há dúvidas de que, em princípio, a Administração Pública teria um dever de invalidar seus próprios atos administrativos viciados, o que inclusive, encontra respaldo no art. 53 da Lei n. 9.784/1999, segundo o qual "a Administração deve anular seus próprios atos, quando eivados de vício de legalidade".[27]

Pode ser afirmado, nesse sentido, que os destinatários da função administrativa possuem uma espécie de direito público subjetivo a uma atuação da Administração Pública, que observe os ditames da lei e do Direito. Há, nesse sentido, algumas regras que prevêem o referido direito público subjetivo como, *v.g.*, preceituado no art. 4º, *caput*, da Lei de Licitação.[28] Esse direito subjetivo público à legalidade *lato sensu*, enquanto postulado que transcende aos interesses ou direitos individuais dos administrados, corresponde a um dever de "legalidade objetiva" a que está submetido o Estado, ou seja, "à necessidade da existência e da observância de um quadro normativo da acção ad-

27. Tal preceito refere ainda à prerrogativa da administração de revogação dos atos administrativos, por motivo de conveniência e oportunidade, desde que sejam resguardados os direitos adquiridos oriundos de tal ato. A questão da revogação de atos administrativos exorbita, todavia, o foco de preocupação do presente ensaio. De qualquer sorte, recomenda-se a leitura de Danielle Coutinho Talamini, *Revogação de ato administrativo*, São Paulo, Malheiros Editores, 2002.

28. Lei n. 8.666/1993: "Art. 4º. Todos quantos participem da licitação promovida pelos órgãos ou entidades a que se refere o art. 1º têm direito público subjetivo à fiel observância do pertinente procedimento estabelecido nesta Lei, (...)".

ministrativa por simples razão de interesse público, independentemente, portanto, de saber se as actuações administrativas poderão lesar direitos ou interesses legítimos".[29]

Não se pode negar a existência de tal "direito subjetivo à legalidade objetiva", sob pena de se considerar que a inserção da legalidade administrativa no texto constitucional fora em vão. Ou seja, a nada serviria falar-se em um "estado de legalidade" (em acepção ampla), se não se previsse o dever de a Administração Pública primar pela juridicidade de suas próprias condutas. Do mesmo modo, teratológico seria restringir a possibilidade de anulação das condutas administrativas inválidas ao controle jurisdicional. A Administração Pública tem assim um "dever-poder" de invalidar seus próprios atos administrativos quando constatar que os mesmos foram praticados à revelia da lei aplicável e do Direito como um todo. Isso porque, consoante ensinamentos de Celso Antônio Bandeira de Mello,[30] a prerrogativa de invalidação que se atribui à Administração sujeita-se a uma finalidade voltada, mediatamente, à satisfação de todos os administrados e, imediatamente, ao aprimoramento da atividade pública e à garantia de que o Poder Público não estará imiscuindo-se indevidamente na esfera de direitos de todos quantos forem aqueles que com ela se relacionem.

Ocorre que o dever-poder (direito enquanto prerrogativa pública) de a Administração anular seus próprios atos viciados tem – como não poderia deixar de ter – alguns temperamentos, algumas exceções que, em geral, fundamentam-se na necessidade de se cotejar e se ponderar o princípio da legalidade com outros valores não menos importantes ao Direito Administrativo. Ora, nenhuma norma – seja uma regra, um princípio ou um postulado – possui *status* de absoluta. À guisa de exemplos, se encontram exceções, no próprio texto constitucional, à liberdade, à propriedade e à própria vida.[31] Por que não existirem temperamentos ao princípio da legalidade e à autotutela? Por que tratá-las como normas absolutas?

29. José Manuel Sérvulo Correia, ob. cit. p. 293.

30. Celso Antônio Bandeira de Mello, *Curso de Direito Administrativo*, 18ª ed., São Paulo, Malheiros Editores, 2005, p. 62.

31. Vide a exceção à proibição de aplicação à pena de morte, prevista no art. 5º, XLVII, *a*, da CF/1988.

Dentre os demais valores a serem igualmente protegidos pelo Direito Administrativo pátrio, quando se vislumbram normas como "proteção à confiança", "garantia de legítima expectativa", "boa-fé" e, por todos, "segurança jurídica", tem-se a eclosão de regras como a presente no art. 54 da Lei n. 9.784/1999.

4. Art. 54 da Lei n. 9.784/1999 – Boa-fé como valor a ser ponderado com a legalidade na concretização da segurança jurídica

Almiro do Couto e Silva, em trabalho precursor acerca da ponderação entre a segurança jurídica e a legalidade administrativa,[32] ensina que aquela se encontra juntamente com a justiça, no aspecto material do Estado de Direito, enquanto esta, ao lado da proteção à boa-fé e outros primados jurídicos, perfaria a face formal do Estado de Direito. Inafastável assim que se deva "temperar" a legalidade administrativa, em todas suas facetas normativas, com os sabores de outros cânones não menos relevantes ao Estado de Direito.[33]

Nenhum reparo pode ser feito a tais considerações. Com efeito, a legalidade administrativa, aqui analisada como princípio, visa, *ultima ratio*, à promoção da segurança jurídica, a partir de um pressuposto de justiça que lhe é inerente. Já a boa-fé (ou proteção à confiança), também analisada como princípio, visa, do mesmo modo, à consecução da segurança jurídica. Assim, caso uma determinada circunstância qualificada pela boa-fé mereça uma condição prioritária em relação à legalidade (aqui na perspectiva de postulado, que acompanha quase todo presente ensaio), surgirá de tal ponderação a mitigação da legalidade em relação à boa-fé, desde que isso se preste a garantir o aspecto material do Estado de Direito traduzido na segurança jurídica.

O art. 54 da Lei n. 9.784/1999 consiste em um dos exemplos em que a boa-fé é ponderada com a legalidade e, a partir de critérios

32. "Princípio da legalidade ...", cit., p. 46.

33. O emprego da expressão "temperar a legalidade com outros cânones da estabilidade das relações jurídicas" deve-se a uma remissão a precedentes de lavra do eminente Min. Humberto Gomes de Barros, no Superior Tribunal de Justiça, dos quais se destacam o REsp 6.518/RJ, j. 19.8.1991, e o REsp 45.522/SP, j. 14.9.1994, ambos pela 1ª Turma daquela Egrégia Corte.

objetivos e determinados – natureza do ato e lapso temporal de sua prática –, predominará, com a mantença do ato em face da ocorrência da decadência do direito de a Administração anular seus próprios atos, em que pese tal invalidação fosse imperiosa, segundo a análise totalizada da legalidade e da autotutela.

Trata-se do que Jesús Gonzáles Pérez denomina de princípio *favor acti*, através do qual se determina o "mantenimiento de un acto que, de no operar el principio [*da boa-fé*], debería desaparecer del mundo jurídico".[34] E, indo além, o referido autor espanhol, ao reconhecer a afronta à boa-fé como forma autônoma de invalidade,[35] entende que, se a Administração Pública promovesse a invalidação de um ato administrativo inválido, cuja mantença fosse um primado de boa-fé e de segurança jurídica, então o próprio ato de anulação seria inválido. Propõe o autor, em tal circunstância, a "invalidez del acto – del acto anulatorio de otro anterior – porque el principio de la buena fe imponía la conservación del anulado".[36]

A ponderação entre a legalidade e a boa-fé, no caso do preceito em comento, é perfeitamente cabível, uma vez que dele se extrai, como já afirmado, critérios objetivos e determinados. Servem tais critérios de verdadeiros instrumentais concretos de ponderação que há de se promover entre os valores acima referidos, sempre com vistas à obtenção de um estado de segurança jurídica. Cumpre enfatizar que, se não existissem os referidos critérios como produto da lei ou da jurisprudência, estar-se-ia diante de um temerário risco de recairmos em mero decisionismo, seja judicial, seja administrativo, em que se poderia manejar, de acordo com o puro alvitre do intérprete, tanto a legalidade quanto a boa-fé, como fórmulas vagas, despidas, portanto, de qualquer elemento hermenêutico que as aproximasse de um discurso jurídico racional.

Tais critérios objetivos de ponderação hermenêutica devem ser tratados de forma cuidadosa para que a própria ponderação não cor-

34. Ob. cit., p. 103.

35. A compreensão de a afronta à boa-fé ensejaria uma espécie autônoma de invalidade é plenamente aceitável no ordenamento pátrio. Tal conclusão afigura-se imperiosa a partir do disposto no art. 2º, parágrafo único, IV, da Lei 9.784/1999, pelo qual "nos processos administrativos serão observados, entre outros, os critérios de: (...) atuação segundo padrões éticos de probidade, decoro e boa-fé".

36. Ob. cit., p. 103.

responda a uma ameaça à segurança jurídica. Todavia, antes mesmo de se analisar ditos critérios de ponderação, faz-se conveniente uma breve consideração acerca da natureza decadencial do prazo extintivo subjacente ao art. 54 da Lei n. 9.784/1999.

Por certo, a regra jurídica em questão refere-se a um prazo de natureza decadencial. Assim, ao que parece, não se pode mais discutir se se trata ou não de decadência. Todavia, considerando-se que ainda há vozes no sentido de que seria uma espécie de prescrição,[37] há de se analisar, nesse passo, se a regra jurídica em estudo andou bem em fixar a natureza do prazo extintivo do direito (dever-poder) de a Administração Pública invalidar seus próprios atos administrativos viciados. Não se trata, pois, de se encontrar a natureza jurídica do prazo. Essa já está definida pela lei, mas, sim, de analisar a correção da natureza jurídica determinada pela lei.

Respondendo-se, objetivamente, à indagação quanto à natureza do prazo extintivo estudado, há de se entender que a lei andou bem quando fixou um prazo de natureza decadencial à hipótese. Consabido que o critério verdadeiramente científico para a diferenciação entre prescrição e decadência consiste na natureza do "direito" sobre o qual incidiria, direta ou indiretamente, o prazo extintivo, bem como sobre a natureza das providências pertinentes à sua extinção. Tais são os ensinamentos de Agnelo Amorim Filho,[38] a partir da distinção entre "direitos a uma prestação" e "direitos potestativo" proposta, por seu turno, por Giuseppe Chiovenda.

Diante disso, deveriam ser utilizados os seguintes critérios: (a) se a pretensão protegida consiste em um "direito a uma prestação", ou seja, aquele direito cujo pólo passivo da relação jurídica consiste em uma dever de prestação (dar, fazer ou não-fazer), então o prazo extintivo da respectiva ação – de natureza condenatória – seria de natureza prescricional. De outro lado, (b) se a pretensão dissesse respeito a um "direito potestativo", isto é, aquele que tem no pólo passivo da relação jurídica um dever de sujeição, protegido, via de regra, por uma pretensão constitutiva, positiva ou negativa, nesse caso, se hou-

37. José dos Santos Carvalho Filho, *Processo Administrativo Federal. Comentários à Lei 9.784 de 29/1/99*, Rio de Janeiro, Lumen Juris, 2001, p. 256.

38. Agnelo Amorim Filho, "Critério científico para distinguir a prescrição da decadência e para identificar as ações imprescritíveis", *RT* 300/01, *passim*.

vesse prazo para o seu exercício, este seria decadencial. E, por fim, (c) nos casos de pretensão a uma declaração ou nos casos de direitos potestativos sem qualquer limitação temporal para o exercício, estar-se-ia diante de situações de imprescritibilidade.[39]

Quando se trata da prerrogativa de invalidação de atos administrativos pela Administração, afigura-se insofismável que se está diante de um direito (dever-poder) potestativo, em que o destinatário do ato inválido há de submeter-se, em princípio, à autotutela administrativa. Ocorre que a própria lei prevê um prazo para que tal direito (dever-poder) possa ser exercido, no caso de ser um ato administrativo que traga benefícios aos destinatários. Ou seja, se está diante de um direito potestativo com prazo para o exercício, fora do qual tal prerrogativa não mais poderia ser utilizada. Assim, o prazo previsto no art. 54 da Lei n. 9.784/1999, segundo os ensinamentos de Agnelo Amorim Filho, não poderia ser outro senão o prazo de natureza decadencial.[40]

Feitas tais considerações acerca da natureza jurídica do prazo extintivo em questão, passa-se à análise dos critérios de ponderação entre a legalidade administrativa e a boa-fé, com vistas à obtenção da segurança jurídica. O primeiro critério diz respeito à natureza do ato administrativo. Quanto aos efeitos em relação aos destinatários, podem os atos administrativos ensejar benefícios ou restrições. Aqueles são denominados atos ampliativos,[41] enquanto estes são denominados atos ablativos, em que pese a tais denominações não estejam imunes às mais variadas críticas.

Segundo tal critério, o prazo decadencial previsto no art. 54 da Lei n. 9.784/1999 somente existiria no caso de invalidade de atos administrativos ampliativos, ou seja, atos administrativos dos quais de-

39. Tais idéias resumem o trabalho referido em linha gerais, sendo que tal resumo, quer parecer, é suficiente para as considerações defendidas no texto. Para um aprofundamento sobre o tema da prescrição e decadência, a leitura atenta de tal trabalho – sempre atual – mostra-se imprescindível.

40. Por outras razões, também entendem que o prazo extintivo do direito (dever-poder) de invalidação pela própria Administração Pública é decadencial: Weida Zancaner, *Da convalidação e da invalidação dos atos administrativos*, 2ª ed., 3ª tir., São Paulo, Malheiros Editores, 2001, p. 77, e Clarissa Sampaio Silva, *Limites à invalidação dos atos administrativos*, São Paulo, Max Limonad, 2001, p. 96.

41. Vide nota 3.

corram efeitos favoráveis aos seus destinatários. *A contrario sensu*, se o ato administrativo inválido for ablativo, ou seja, daqueles que impõem restrições, gravames ou sanções aos seus destinatários, não haverá de se cogitar do referido prazo decadencial, podendo ser sua invalidação promovida *ad aeternum*.

Tal critério objetivamente considerado – ser o ato administrativo inválido produtor de efeitos benéficos (ampliativos) ou de efeitos restritivos (ablativos) – não é imune a problemas, segundo informa José Manuel Sérvulo Correia.[42] O primeiro deles diz com aqueles casos em que se conjugam num mesmo ato, em relação a um mesmo destinatário, efeitos benéficos e detrimentosos. Ou seja, um mesmo ato pode ser, a um só tempo e em relação a um mesmo destinatário, ampliativo e ablativo. Imagine-se, a título de exemplo, um ato administrativo negocial em que, ao mesmo tempo, se garanta a possibilidade de desempenho de certas atividades comerciais e se imponham restrições de horários de funcionamento.

Um outro problema que advém do critério pertinente à natureza ampliativa ou ablativa do ato inválido, consiste na hipótese em que um mesmo ato administrativo tem vários destinatários, sendo ampliativo em relação a alguns deles e ablativo em relação aos demais. Pense-se em um ato resultante de qualquer mecanismo de seleção pública – licitação, concurso público etc. – em que há destinatários que gozarão de seus efeitos, enquanto outros serão preteridos pelo ato.

Tais problemas, uma vez diversos, exigem solução também diversa. Quanto ao primeiro dos problemas que decorre do critério "natureza do ato", ou seja, quanto ao fato de que pode haver atos administrativos dos quais decorram, a um só tempo, efeitos benéficos e efeitos prejudiciais aos seus destinatários, a solução deveria consistir em não ser aplicado o prazo decadencial previsto no art. 54 da Lei n. 9.784/1999. Esta conclusão, ao que parece, é um imperativo de interpretação jurídica. Tem-se que, quando se está diante de uma regra dotada de exceções, interpreta-se aquela de modo extensivo e estas de modo restritivo. Trata-se da regra hermenêutica traduzida pela parêmia *odiosa restringenda, favorrabilia amplianda*. No caso da invalidação dos atos administrativos pela própria Administração Pública, não se

42. Ob. cit., p. 93.

pode questionar que a regra é o dever-poder de invalidação, aliás, como determinado pelo art. 53 da Lei n. 9.784/1999. A implementação do prazo decadencial proibindo a invalidação é verdadeiramente uma exceção à regra. Assim, deve-se interpretar tal exceção restritivamente. Ou seja, a decadência somente ocorrerá naquelas hipóteses em que do ato administrativo inválido decorrerem exclusivamente efeitos benéficos ao destinatário, com o que se coexistirem efeitos ampliativos e ablativos, a invalidação poderá ocorrer a qualquer tempo.

O segundo problema que decorre da natureza do ato inválido diz respeito àquelas situações em que o ato traz benefícios a alguns destinatários, impondo restrições a outros. Nessas circunstâncias, ao que parece, a solução dependerá das providências eventualmente tomadas pelos destinatários preteridos ou prejudicados. Como se pode depreender da própria regra em comento, o que se pretende é justamente a estabilização de atos administrativos que, a despeito de terem sido praticados de modo inválido, já produziram seus efeitos jurídicos por largo tempo, sem que as providências invalidatórias houvessem sido tomadas. Assim, se os destinatários preteridos – os principais interessados na invalidação – não utilizarem qualquer meio de impugnação administrativa, não poderá a Administração Pública promover a invalidação do referido ato administrativo, se implementadas as demais condições para a ocorrência da decadência. Aplica-se, analogicamente, o preceituado no art. 54, § 2º, da Lei n. 9.784/1999, regra pela qual "considera-se exercício do direito de anular qualquer medida de autoridade administrativa que importe impugnação à validade do ato". Assim, se os preteridos pelo ato administrativo em questão houverem interposto, por exemplo, o recurso administrativo cabível, enquanto esse tramitar, não haverá o transcurso do prazo de implementação da decadência. Caso os destinatários não se utilizem dos meios que lhe são colocados à disposição para a insurgência administrativa contra o ato e, além disso, se a Administração Pública ficar inerte, ultrapassados os cinco anos previstos para a decadência, não mais poderá ocorrer a invalidação do ato. Cumpre salientar que tais considerações não dizem respeito à invalidação judicial dos atos administrativos. Este tema, como acusa o corte temático inserido nas notas introdutórias a esse trabalho, exorbita do foco de preocupação do presente ensaio.

Quanto ao segundo critério de ponderação entre a boa-fé e a legalidade administrativa, também prevista pelo art. 54 da Lei n.

9.784/1999, corresponde ao prazo qüinqüenário a contar da prática do ato viciado ou, no caso de efeitos patrimoniais contínuos, da percepção do primeiro pagamento. Trata-se de um critério flagrantemente objetivo, cuja aferição faz-se, por isso mesmo, singela. O lapso temporal é, como não poderia deixar de ser, determinante para a implementação do prazo extintivo decadencial.

Assim, se do ato administrativo inválido houver transcorrido um prazo inferior a cinco anos, a Administração Pública não somente terá o direito de invalidá-lo, como, aliás, terá o dever de fazê-lo, mesmo que o destinatário do ato esteja de boa-fé.

De outra banda, se da prática do ato exceder o prazo de cinco anos, a Administração Pública estará proibida de invalidar o ato viciado, dada a concretização da decadência, diante da boa-fé presumida do destinatário do ato benéfico.

A ponderação revela-se cristalina, ou seja, a contar da prática do ato administrativo inválido, até o decurso do prazo de cinco anos, a legalidade administrativa deverá preponderar e, no exercício de autotutela administrativa, a Administração Pública deverá invalidar o ato, desconstituindo retroativamente os seus efeitos, ressalvados os terceiros de boa-fé.[43] Ao contrário, se o prazo de cinco anos houver sido ultrapassado, preponderará a boa-fé – presumida – do destinatário, restando a Administração Pública proibida de invalidar (ou anular, aqui como sinônimos) seus próprios atos administrativos, seja o ato nulo ou anulável.[44]

43. A manutenção dos efeitos de um ato administrativo, mesmo após anulado, em relação aos terceiros de boa-fé corresponde a tema aproximado ao que se trata no presente ensaio, uma vez que versa sobre a ponderação entre a legalidade administrativa e a boa-fé. Cumpre salientar que a anulação com eficácia retroativa *ex tunc* mitigada, em face dos terceiros de boa-fé, já é reconhecida há largo tempo pela doutrina. No Estado de São Paulo, há regra jurídica que determina a não-retroeficácia da invalidação no que tange aos terceiros de boa-fé. Trata-se do art. 61 da Lei Estadual n. 10.177/1998, pelo qual "invalidado o ato ou o contrato, a Administração tomará as providências necessárias para desfazer os efeitos produzidos, salvo quanto a terceiros de boa-fé, determinando a apuração de eventuais responsabilidades". Também se encontra tal temperamento à autotutela administrativa em alguns interessantes arestos jurisprudenciais, dos quais se destaca a ApCiv 70000906503, TJRS, 3ª Câmara Cível, rel. Des. Augusto Otávio Stern, j. 17.8.2000.

44. Embora o tema – espécies de invalidades – não seja objeto do presente ensaio, há de ser afirmado que a regra em comento não traz qualquer restrição aos

O prazo de cinco anos presta-se como uma espécie de marco divisor da concessão de efeitos jurídicos à inércia da Administração Pública quanto ao dever de invalidação dos seus atos administrativos viciados. Por certo, o que se pretende é que a Administração Pública invalide seus próprios atos administrativos quando constatar a invalidade neles presentes como forma, inclusive, de aprimoramento da atividade administrativa, bem assim de garantia à legalidade objetiva, já referida.

Todavia, deixar de se fixar prazo para o exercício de tal prerrogativa invalidatória ensejaria situação de flagrante insegurança jurídica, razão por que o ordenamento jurídico determinou um limite temporal a partir do qual não mais poderia a Administração Pública exercer o seu direito de invalidação dos atos administrativos inválidos. Nesse sentido, pode-se dizer, tal como faz Paulo Otero, que o "tempo desempenha em Direito Administrativo, tal como em qualquer outro sector do ordenamento, um papel de facto gerador do 'esquecimento' de situações jurídicas contrárias ou conformes à legalidade jurídico-positiva, modificando e invertendo o seu sentido ou os seus efeitos".[45]

O critério com relação ao prazo, tal como o que ocorre com o critério que diz com a natureza jurídica do ato viciado, possui, dada sua objetividade e clareza, um único problema, talvez por ser a norma ainda recente. Trata-se da aplicação da regra em questão nas hipóteses em que o ato administrativo viciado é anterior à vigência da lei em análise, ou seja, anterior a 29 de janeiro de 2001.

Quanto ao assunto, há decisões no sentido de que tal prazo decadencial somente existiria para atos administrativos viciados pratica-

atos administrativos nulos, de forma que, sendo a boa-fé um princípio que, tal qual a legalidade, dá supedâneo formal ao Estado de Direito, num mesmo nível de importância, não poderia o intérprete, na aplicação do art. 54 da Lei n. 9.784/1999, reduzi-la em significado. Nesse sentido, ao que parece, não se mostra a melhor decisão restringir a aplicação do art. 54 da Lei n. 9.784/1999 tão-somente aos atos administrativos anuláveis, como se depreende da AMS 2001.71.00.0111459-7/RS, TRF-4ª Região, 3ª Turma, rel. Des. Federal Carlos Eduardo Thompson Flores Lenz. Tal decisão confirma o que dizia em 1996 o Prof. Almiro do Couto e Silva acerca das indevidas resistências à aceitação da boa-fé ou proteção à confiança como instrumentos de ponderação com a legalidade administrativa.

45. Paulo Otero, *Legalidade e Administração Pública. O sentido da vinculação administrativa à juridicidade*, Coimbra, Almedina, 2003, p. 1.069.

dos já na vigência da Lei n. 9.784/1999.[46] Tais decisões fundamentam-se na premissa de que o prazo decadencial somente teria surgido com o advento do supracitado diploma legal. Se essa premissa fosse verdadeira, seriam as decisões referidas igualmente verdadeiras. Essa é a questão. A premissa utilizada para se afirmar que o termo *a quo* do prazo decadencial é a própria lei, nos casos dos atos viciados praticados anteriormente à sua vigência, ou seja, a consideração de que tal prazo somente decorreria da Lei n. 9.784/1999 revela-se equivocada.

O equívoco da referida premissa está justamente no fato de a existência de um prazo decadencial, para a invalidação dos atos administrativos pela própria Administração Pública, não se fundamentar somente no art. 54 da Lei n. 9.784/1999, mas no próprio princípio da boa-fé, com vistas à mantença de situações já consolidadas há largo tempo. Há, também nesse sentido, decisões paradigmáticas.[47]

Ademais, a melhor doutrina já reconheceu que mesmo diante da ausência de regras jurídicas que explicitem a decadência em tela, ainda assim, ela deveria ser observada,[48] justamente no intuito de se evi-

46. Cita-se, por exemplo, decisão exarada na AMS 2001.72.00.004663-1/SC, TRF-4ª Região, na qual se extrai do voto do insigne relator, Juiz Federal João Pedro Gebran Neto, que "embora reconheça a relevância dos argumentos deduzidos, entendo que a matéria merece outros contornos. Penso que, não havendo previsão legal até a vigência do art. 54 da Lei n. 9.784/1999, a Administração podia, a qualquer tempo, rever seus atos administrativos eivados de vício. Com o novel dispositivo legal, passou a viger prazo qüinqüenal, cujo termo *a quo* somente pode ser, para os atos praticados antes da vigência da lei, o início da vigência da nova regra". Do mesmo modo, entendeu, em voto vencido, o então Des. Federal – hoje Ministro do STJ – Teori A. Zavascki, nos autos da AMS 2000.71.10.000543-7/RS, também no TRF da 4ª Região.

47. Embora ainda enfrente algumas resistências, a jurisprudência do Tribunal de Justiça do Estado do Rio Grande do Sul é prodigiosa em decisões no sentido de que o prazo decadencial não decorreria necessariamente de uma regra jurídica, mas de próprio princípio da boa-fé, com vistas à segurança jurídica. O *leading case* consiste em decisão que anulou a invalidação de ato administrativo que havia sido praticado há longa data, concedendo a quem não fazia jus direito de pensão previdenciária (Reexame Necessário 70001676766, TJRS, 2ª Câmara Cível, rel. Des. Maria Isabel de Azevedo Souza, j. 13.12.2000).

48. No sentido de que o prazo em tela é uma imanência do próprio princípio da boa-fé, com vistas à obtenção de um estado de segurança jurídica, inclusive com a sugestão da utilização do prazo de cinco anos, em analogia ao art. 21 da Lei n. 4.717/1965, importante é a leitura dos dois artigos do Prof. Almiro do Couto e Silva mencionados na nota 6. Do mesmo modo, vide Edílson Pereira Nobre Júnior, *O prin-*

tar a perpetuação de uma prerrogativa administrativa dotada de grave potencial de alcance no rol de direitos dos destinatários da função administrativa.

Dessa forma, utilizando-se dos critérios objetivos de ponderação acima referidos – natureza do ato administrativo e decurso de prazo a contar da prática do ato administrativo – deve-se vislumbrar no art. 54 da Lei n. 9.784/1999 um importante instrumento de ponderação entre a legalidade administrativa e a boa-fé, com vistas à obtenção de um estado de segurança jurídica.

5. *Conclusões*

Toda a atividade de interpretação jurídica que tenha como norte uma única norma jurídica traduz-se em uma espécie de contradição em termos, uma vez que construção e reconstrução que devem ocorrer no fenômeno de aplicação concreta do Direito demandam necessariamente uma contextualização de todos os princípios, regras e postulados jurídicos que sejam incidentes naquele momento histórico e naquele determinado local.

Apegos acríticos, verdadeiros preconceitos, não podem ser bemvindos a qualquer área da ciência jurídica. Nesse compasso, há de se considerar a legalidade administrativa como norma multifacetada dotada de grande relevância ao Direito Administrativo. Todavia, afigura-se contrário à própria evolução da ciência jurídica atribuir a qualquer norma – inclusive à legalidade administrativa – feição de absoluta. Afirmações no sentido de que "no Direito Administrativo não se faz justiça, aplica-se a lei" ou de que "se a lei prevê, então que se a aplique" devem ser prontamente refutadas. Do mesmo modo, a frase "o que é nulo não produz efeitos e deve ser necessariamente invalidado" não poder receber a aceitação que por vezes lhe é concedida.

Deve-se cotejar a legalidade administrativa com as demais normas jurídicas que incidem sobre o Direito Administrativo, aí obvia-

cípio da boa-fé e sua aplicação no Direito Administrativo brasileiro, Porto Alegre, Safe, 2002, p. 201. Importante salientar que tal conclusão quanto ao prazo cede diante de regras jurídicas que estipulem prazo decadencial diferenciado. Nesse sentido, poder-se-ia utilizar o exemplo da Lei n. 10.177/1998, do Estado de São Paulo, que, em seu art. 10, I, prevê um prazo de 10 anos.

mente incluída a boa-fé, sempre com vistas à consecução de um estado de segurança jurídica.

O referido cotejo entre a legalidade e a boa-fé tendo a segurança jurídica como norte é concretamente previsto na regra do art. 54 da Lei n. 9.784/1999, cuja dimensão e importância certamente não foram alcançadas no presente ensaio, o qual teve por desiderato uma limitada contribuição ao tema, a partir do enfrentamento de questões que se reputaram relevantes.

5. Direito e Economia

EXTERNALIDADES E CUSTOS DE TRANSAÇÃO: a redistribuição de direitos no Código Civil de 2002

Rachel Sztajn

1. Externalidade, termo largamente empregado pelos economistas, ligado a benefícios ou custos nascidos e presos ao exercício de atividade que não são suportados pelo seu exercente, por quem lhes dá causa, mas recaem sobre terceiros *externos* à sua origem, pessoa, grupos de pessoas ou a sociedade. Externalidades são comuns na vida de relação e, muitas vezes, são desejadas e fomentadas.

Os efeitos, positivos ou negativos, decorrentes da ação de algum agente econômico, particular ou o Estado, podem recair ou afetar pessoas não ligadas a ela, atividade. Externalidade é, portanto, o efeito experimentado por alguém, mas que deriva de ato, fato ou ação de outrem.

Exemplo clássico de externalidade é o benefício que alguém aufere de serviços de vigilância contratada por vizinhos, sem contribuir para seu pagamento. É, no caso, externalidade positiva porque a pessoa tem o imóvel vigiado sem, entretanto, ter de suportar qualquer parcela do preço desse serviço; aufere o benefício sem custo. Nesse sentido são externalidades os serviços de segurança prestados pelo Estado a todos os cidadãos, contribuintes, ou não. Note-se que, quando alguém recebe serviços públicos de concessionárias sem ter de pagar por eles, notadamente quando fruto de decisões judiciais, o prestador acabará por transferir o custo resultante da decisão aos demais consumidores, na medida em que ou aumenta o preço unitário do serviço ou haverá perda de qualidade. Em qualquer hipótese, transfere-se para os demais consumidores o ônus de arcar com essa benesse.

Outro exemplo de externalidade aparece quando se analisa a emissão de poluentes, sobretudo se ligada ao exercício de atividades econômicas. É que o agente emissor de poluentes não tem, ordinariamente, incentivos para promover o tratamento de resíduos uma vez que fazê-lo implica aumento do custo de produção (claro que há casos em que os resíduos, como subprodutos, servem para produzir outras utilidades, hipótese em que seu aproveitamento é efetivo).

Entretanto, quem reside nas proximidades do local em que a atividade é exercida ou em que os poluentes são lançados sofre os efeitos danosos decorrentes do exercício daquela atividade a par de ser onerado pelas despesas impostas por cuidados para evitar os efeitos (sejam eles pessoais ou materiais) causados pela emissão dos poluentes.

Vale dizer, como o benefício (não incorrer em custos com o tratamento) é apropriado pelo exercente da atividade e a coletividade sofre com os eventuais efeitos da poluição, suporta as despesas daí derivadas, tem-se uma externalidade negativa. Por isso que a imposição de normas relacionadas à preservação do meio ambiente, ao tratamento prévio de poluentes, deslocar os estabelecimentos em que a atividade é causa de poluição para outra área, é importante, mais do que desejável.

Os danos ambiental e pessoal são evitados quando o legislador impõe ao exercente da atividade o custo de prevenir danos que recaem sobre terceiros, com o que a externalidade desaparece transformando-se em internalidade.

É essa uma forma de promover a internalização da externalidade, em que se procura causar menos danos a terceiros. Também é lógico que o causador do perigo arque com as despesas necessárias para suprimi-lo ou minorá-lo já que se apropria dos benefícios (lucros) da atividade poluidora.

Se residentes na região em que ocorrem emissões de poluentes sofrem prejuízos em virtude do dano ambiental, arcam com despesas destinadas a minorar os efeitos da poluição sobre si e seus bens, ao agente emissor, quando não tenha de suportar os custos com indenizações, faltarão incentivos para deixar de poluir.

Considerando, para efeito de clareza de pensamento, que as pessoas atingidas negativamente pela emissão de poluentes contribuem, ainda que de forma indireta, para o aumento de benefícios do exercente da atividade, que se apropria inteiramente dos seus resultados, fácil perceber que muitas decisões individuais ou contratos, podem ser causa de efeitos experimentados por terceiros.

Muitas vezes se pensa o tema sob a perspectiva do risco de empresa, impondo-se ao exercente da atividade econômica deveres que aumentam custos ou reduzem lucros, como se próprios da atividade econômica organizada. Forma simplista de lidar com os fatos, mas, há que agir com cautela porque a probabilidade de que tais custos que vão além do que é, em termos estreitos, risco de empresa, acabem por ser repassados aos consumidores das utilidades postas no mercado com o que se leva à dispersão da internalização dos custos que termina por onerar a comunidade.

Externalidades podem resultar de atos de disposição de bens, de exercício de atividades ou de normas. Como, em geral, o operador do direito considera que terceiros não são afetados por esses atos, que lhes são indiferentes, nem sempre é fácil explicar que as conseqüências de muitos deles, atos, sobre terceiros deve ser analisada, pensada, ponderada. Esta é área em que se expressa a solidariedade entre pessoas, porque o desconforto dos terceiros merece ser apreciado.

O emprego do termo externalidade neste estudo é deliberado porque nem só as ações das pessoas, mas, também, normas de direito positivo podem favorecer ou inibir condutas causadoras de externalidades.

Mister, portanto, avaliar em que medida uma norma, de direito positivo ou mesmo alguma norma institucional, pode levar alguém a agir de forma oportunista e beneficiar-se ou impor ônus a terceiros que se paute por aquela conduta facilitada ou não inibida pela norma.

Projetar essa noção em termos jurídicos assemelhar-se-ia ao abandono do princípio da relatividade dos contratos, isto é, à hipótese de que dado contrato, entre duas partes pudesse trazer benefícios ou danos a terceiros a ele não vinculados.

Identificar externalidades (ou possíveis indutores de externalidades) relevantes e encontrar os remédios para conter seus efeitos negativos cabe, também, aos operadores do direito.

Para os economistas muitas externalidades resultam de elevados custos de transação, custos esses que aparecem na organização das operações em mercados e que podem alterar mecanismos de alocação de recursos, aumentar custos sociais. Externalidades são uma das formas de análise de fenômeno mais geral, que entende que cada ato ou ação, mesmo individual, pode ser inserido numa cadeia de causa e efeito e que é difícil determinar quando o ato seja inepto para produzir qualquer repercussão externa ao agente.

Por isso que, diante de externalidades negativas deve-se impor ao agente o custo correspondente ao valor das utilidades ou recursos de terceiros que sejam por ele atingidos ou consumidos. A escolha dos meios de imposição do ônus deve ser determinada mediante critérios específicos de forma a não ampliar custos de transação que se transformem em custos sociais. Oportunidades de ganhos extraordinários em virtude da percepção de externalidades quando não afetam terceiros podem ser aceitas.

2. Custo de transação é expressão que, também esta, vem da ciência econômica e cuja relevância, na tomada de decisões pelos agentes econômicos, demonstra-se crescente. Transação, no jargão dos economistas, é qualquer operação econômica, operação de circulação de riqueza entre agentes econômicos. Custos de transação são aqueles custos em que se incorre, que de alguma forma oneram a operação, mesmo quando não representados por dispêndios financeiros feitos pelos agentes, mas que decorrem do conjunto de medidas tomadas para realizar uma transação.

Incluem-se nessa concepção de custo de transação o esforço com a procura de bens em mercados, a análise comparativa de preço e qualidade do bem desejado, a segurança do cumprimento das obrigações pela outra parte, isto é, do adimplemento certo, seguro e a tempo, passa pelas garantias que o agente venha a requerer para caso de eventual inadimplemento ou adimplemento imperfeito, e abrange, até mesmo, o trabalho com a redação de instrumentos contratuais que reflitam todas essas tratativas, desenhem com clareza os direitos, deveres e obrigações das partes; compreende, enfim, cuidados e o tempo despendido entre o início da busca pelo bem, a decisão de efetuar a operação ou transação, na linguagem dos economistas, e o cumprimento de todas as obrigações pelas partes contratantes.

Pode ser considerado custo de transação qualquer movimento posterior à operação que uma das partes deva fazer para a completa satisfação de seu crédito. Medidas judiciais, quando se as consideram inevitáveis para a satisfação da pretensão, por conta do recurso ao

Judiciário, do tempo e esforços despendidos, entram no cômputo e, portanto, na estratégia de qualquer agente econômico, como fonte de custos de transação.

Claro que incertezas criam, representam, custos de transação. Quanto maiores forem tais incertezas no que diz respeito ao bom resultado da operação (transação) visada pelos agentes maiores serão os custos de transação que as partes a ela, incerteza ou insegurança, imputarão. Daí sua importância na análise de cada operação, de cada contrato, de cada alteração da lei. Ao longo do tempo essa noção de custo de transação que permeia a linguagem coloquial vem ganhando foros de cidadania e se faz presente no jargão jurídico, ao menos naquele utilizado por alguns dos operadores do direito, quando da análise do instrumental que reveste certas operações econômicas, notadamente aquelas empresariais, entre empresas, e naquelas de consumo.

A aplicação dessa visão, da análise das operações sob a óptica dos custos de transação, explica vários fenômenos que vão da organização das empresas até negociações e alocação de riqueza entre particulares. A análise proposta por Ronald H. Coase[1] começa com a discussão dos danos causados a um agricultor pelo gado pertencente a um criador quando ambos exerçam as respectivas atividades em áreas lindeiras.

Se o gado invadir a área plantada, suponha-se que com milho, haverá perda para o agricultor e ganho para o criador que deve indenizar aquele; se essa for a solução, o criador indenizar o agricultor, o cálculo envolverá o preço dos dois bens, a carne (e o ganho da engorda) e o milho (e a perda de parte da colheita). Se o preço da carne for inferior ao valor a ser pago pelo criador ao agricultor, melhor cercar a área para evitar que o gado danifique a lavoura. Igual solução será adotada se o preço do milho superar o da carne.

Essa maneira de enfrentar o problema é a tradicional; está presente nas normas jurídicas quando se diz lucro cessante e dano emergente, por exemplo. Mas, quando o que se ganha é inferior ao valor a ser pago a título de indenização, o resultado é indesejável. Por isso Coase sugere que se procure outra forma de analisar o problema porque, se o exemplo anterior é simples, a questão se põe sob várias e diferentes formas. Muitas decisões judiciais, que garantem indeniza-

1. Ronald H. Coase, "The Problem of Social Cost", in *The Firm, the Market and the Law*, The University of Chicago Press, 1988.

ções, provocam mudanças na alocação de recursos, mudanças essas que não ocorreriam se as operações, realizadas agora em mercados, não impusessem custos de transação. Pior, as indenizações impostas judicialmente, quando possível, passam a integrar o processo produtivo e são transferidas para a sociedade o que é uma externalidade resultante de decisão judicial.

Ainda de acordo com Coase, empresas são uma das formas de reduzir custos de transação, não a única, pois a intervenção do Estado – que ele vê como uma superempresa com características especiais – dá ao legislador meios de obter o mesmo efeito, ou seja, de reduzir custos de transação na medida em que pode impor que certas operações sejam feitas a custos menores do que os resultantes de uma organização privada, e conclui que seria desejável que se tivesse presente essa alternativa no desenho das normas jurídicas.

É preciso abandonar a idéia de que a empresa é coisa física, material, para aceitá-la como conjunto de direitos organizados para exercer atividades econômicas voltadas para mercados. Se o legislador ou o juiz tem noção das implicações econômicas de suas decisões e, quando as levam em consideração, ao lado de outros fatores, o balanceamento entre o dano e o ganho, não individual, mas para a comunidade, ganha realce, porque se tenta reduzir sua transferência do causador do dano para a sociedade.

Partindo de texto clássico de Pigou – *A Economia do Bem-Estar* –, Coase enfrenta a questão da diferença entre ganho líquido social e privado, explicando que a visão daquele economista fora distorcida e equivocada uma vez que a questão da responsabilidade civil estava mal posta. A divergência entre produtos sociais e privados centra a apreciação das alocações num sistema que tende a se auto-alimentar, sobretudo quando baseada em mudanças que podem produzir danos maiores do que as originais,[2] o que se evidencia com a delimitação de direitos e problema econômicos.

2. Ronald H. Coase, "The Problem of Social Cost", in *The Firm, the Market and the Law*, The University of Chicago Press, 1988, pp 95 e ss., em especial p. 153: "(...) diverts attention from those other changes in the system which are inevitably associated with the corrective measure, changes which may well produce more harm than the original deficiency. (...) As Frank H. Knight has so often emphasized, problems of welfare economics must ultimately dissolve into a study of aesthetics and morals".

Continua o economista explicando que muitas das análises são fruto de comparação entre o liberalismo e algum mundo ideal, mas que melhor seria começar a análise de situações reais, concretas, para examinar os efeitos de uma proposta de mudança antes de decidir sobre a novidade que, no final, pode ser positiva, melhor do que a anterior, ou não.

Um sistema jurídico em que todos os direitos fossem absolutos, ilimitados, explica o economista, levaria à constatação de que não há direitos a serem adquiridos. Assimilando fatores da produção a direitos, entendendo que são passíveis de apropriação e transmissão, é fácil compreender que o direito de provocar alguns inconvenientes é parte desses fatores de produção. Na escolha entre diferentes arranjos sociais, em que as pessoas tomam decisões, mudanças do sistema vigente que não levem em conta esses fatores, em vez de gerar aperfeiçoamentos ou ganhos, podem levar a uma piora, explica o economista. Para Coase é preciso considerar os custos envolvidos na operação de vários arranjos sociais bem como aqueles que resultam de se mudar de um para outro sistema. O efeito total é que deve servir de motor para a decisão.

É contra esse pano de fundo que se pretende analisar algumas disposições do Código Civil de 2002 porque sua promulgação e entrada em vigor ensejam indagar sobre a possibilidade de haver normas, naquela lei, que possam produzir esse efeito, isto é, normas que criem situações ou condições para que algumas pessoas, agindo oportunisticamente aproveitem os altos custos de transação e com isso se beneficiem de alguma forma ou, igualmente, se altos custos de transação gerarão externalidades negativas com o que perderá a sociedade. Em que medida elevados custos de transação são causa, ou não, de ônus, vantagens ou benefícios? Para isso pretendo partir do texto de Coase denominado *The Problem of Social Cost* que é conhecido como Teorema de Coase, de 1961.

3. Como o novo Código Civil, segundo palavras do Professor Miguel Reale, coordenador da Comissão encarregada de redigir o anteprojeto pretendeu distanciar-se do Código de 1916, personalista, fruto de visão liberal e individualista, centrado na propriedade (rural, de regra), o atual fundado no princípio da socialidade,[3] centrado na

3. *O Projeto do Novo Código Civil*, 2ª ed., Saraiva, 1999, p. 7: "O 'sentido social' é uma das características mais marcantes do Projeto, em contraste com o sentido

pessoa humana, oportuno pensar em que medida as novas alocações ou atribuições de direitos servem para aperfeiçoar o bem-estar da sociedade porque se afastando daquela concepção individualista que, segundo alguns, privilegia classes ou algumas pessoas, dá realce ao social, ou bem comum.

Antes que seja considerada iconoclasta ou acoimada de tresler o texto legal, fique claro que não duvido de que as intenções dos projetistas e congressistas ao elaborar e aprovar o Código terão sido as melhores. Questiono é se os novos arranjos introduzidos cumprem uma função importante que é aumentar o bem-estar social, ou, ainda, se eventual dispersão ou deslocamento dos custos de transação, cumprem igual ou semelhante função social.

Explica Reale que no Código personagens são o proprietário, o contratante, o empresário, o pai de família e o testador, cujos direitos e deveres foram revistos de forma a situá-los no contexto de uma nova sociedade que, presume-se, seja a socialista, solidária. Tanto é que, apoiando-se no princípio da socialidade, explica que o conceito de posse se transforma, e para isso recorre-se à usucapião de bem imóvel, com redução do prazo para a transferência da propriedade do antigo para o novo titular. Segundo Coase, o legislador faz, nessa situação, diferente alocação da propriedade imobiliária com a qual pretende favorecer o ocupante que trabalhe a área e dela retire seu sustento. Indubitável que há aí redistribuição da riqueza, porém é preciso anotar que, além disso, se dispõe sobre a criação de nova riqueza, a resultante do trabalho de quem ocupa o imóvel.

Os argumentos de Reale quanto à importância da função social da propriedade, quando recorre a exemplos como a morte da natureza por conta de desastres ecológicos provocados pelo uso nocivo da propriedade (desmatamentos, assoreamento de rios, edificação em áreas de mananciais ou outras barbaridades perpetradas, seja a pretexto de ser titular da propriedade, seja porque faltam locais para edificar habitações), demandavam alterações da lei civil.

Cabe um reparo às explicações do Professor Reale, porque quando se pensa em poluição, desmatamento ou outros danos ambientais,

individualista que condiciona o Código Civil ainda em vigor. (...) Se não houve vitória do socialismo, houve o triunfo da 'socialidade', fazendo prevalecer valores coletivos sobre os individuais, sem perda, porém, do valor fundante da pessoa humana".

a visão de Coase é de que há aí elevadíssimos custos de transação que só o Poder Público pode conter, além, por óbvio, de que é necessário pensar em quem suportará os efeitos desses danos no médio e longo prazos – aquelas futuras gerações, ainda não nascidas e que, portanto, não podem negociar.

Nessa linha de argumentação, a usucapião especial relativa à posse-trabalho, ou posse *pro labore*, empregada no Estatuto da Terra, que, se de um lado protege o trabalhador rural (ou o posseiro de boa-fé) que tira da terra o sustento próprio e de familiares, de outro, impõe aos proprietários a obrigação de dar à propriedade uso que a sociedade (leia-se o governo) considera adequado, quando não se lhe impõe suportar o custo de desapropriações. É a socialização do Direito em marcha que, com "perda dos valores particulares dos indivíduos e dos grupos" e com abandono de estrutura normativa fundada em valores formais e abstratos,[4] pode ser fonte de custos de transação.

Considerando que o direito de propriedade resulta da possibilidade de as pessoas se apropriarem de seu trabalho e dos bens produzidos, a definição da propriedade cabe à lei e é preciso que o Estado a faça valer, induza as pessoas a comportamentos que a respeitem. A cautela, nesse campo, é lembrar a aquisição da propriedade, como demonstra Harold Demsetz[5] ao estudar o aparecimento desse direito entre índios norte-americanos e sua diversa evolução entre os habitantes da península do Labrador e aqueles do sudoeste. É que a caça, e o comércio de peles, sem que houvesse definição clara das áreas pertencentes a cada grupo ou tribo, poderia levar à extinção dos animais por força da predação normal, o que inviabilizaria a atividade de todos.

Quanto mais seguro for o direito de propriedade maior será a facilidade para sua regular circulação; inversamente, quanto menos seguro for e quanto mais sujeito à apropriação, menor o incentivo para se esforçar para obtê-lo. Portanto, não basta o título de propriedade, é preciso que as normas garantam sua manutenção.

Assim, há que considerar a propriedade sob dois aspectos: a atribuição e a garantia de conservação. Conviria, talvez, analisar a pro-

4. Reale, *O Projeto* ..., cit., p. 59.

5. "Toward a Theory of Property Rights", in Avery Wiener Katz (org.), *Foundations of the Economic Approach to Law – Interdisciplinary Readers in Law*, New York/Oxford, Oxford University Press, 1998.

priedade como direito e sua função econômica. No plano do direito, a propriedade é compreendida como um feixe de poderes, que vem acompanhado de algumas restrições. Os poderes – usar, gozar e dispor – desenham o que as pessoas podem, ou não, fazer com seus bens (recursos), como usá-los, transformá-los, transferi-los ou excluir outrem de sua propriedade. Regra é que os poderes são imutáveis ao longo de gerações, mas sempre servem para explicar como são estabelecidos, que bens podem ser objeto de apropriação privada, o que os proprietários podem fazer com eles e que remédios existem para casos de violação de um direito de propriedade.

É que a propriedade cria uma área de soberania exercida pelo proprietário que pode exercer sua autonomia sem ter que prestar constas a ninguém do que faça com seus bens. Essa a visão tradicional da doutrina civilista sobre a propriedade. Se o sistema jurídico define, desenha os poderes do titular, ficando ele livre para exercê-los, ou não, cabe-lhe, ainda, garantir a propriedade pelo que se determinam restrições que recaem sobre terceiros que, de alguma forma, possam tentar reduzir o exercício daqueles poderes pelo titular. As garantias e limites que devem ser observados por particulares e pelas autoridades públicas, potenciais transgressores, devem igualmente estar definidos em lei. Assim é que as transformações, melhor dito, as restrições impostas ao titular no exercício do direito de propriedade, são decisões de política legislativa e, parece-me, esse o espaço em que se há de inserir a função econômica da propriedade de forma a atender o interesse da comunidade.

Quanto a essa função parece-me ser necessário compatibilizar a visão tradicional do direito de propriedade com os diferentes graus de responsabilidade das pessoas, como, por exemplo, a solidariedade, a manutenção da oferta de produtos nos mercados, enfim, a cooperação voltada para o aumento de bem-estar.

Nesse sentido é louvável a intenção do legislador de 1988 reproduzida nas normas de 2002, ao facilitar a aquisição de propriedade imobiliária mediante a demonstração de era utilizada para produção agrária ou agrícola. Clara, aqui, a função social da propriedade, de criar utilidades, riquezas.

Essa função social (ou socioeconômica) da propriedade admite limitar-se, restringir o direito de uso do proprietário. Interferindo naquela área da soberania que permitia ao titular escolher produzir, ou não, edificar, ou não, serve, ainda, como instrumento para intervenção do Estado na alocação de bens. Ainda uma vez o ensinamento de Coase pode servir de base para a discussão da eficiência das medidas.

Mas, se há restrições ao poder de usar a propriedade, é importante garantir que isso não se destina a facilitar condutas oportunistas como invasões de áreas agricultáveis a pretexto de que são improdutivas, ou sob o argumento de que alguns têm o que falta a outros e que é preciso redistribuir os bens; aceitar poluição ou represamento de águas, mediante compensação aos prejudicados não produz externalidades negativas?

Se um dos princípios informadores do Código Civil de 2002 é a solidariedade, não seria de esperar que os proprietários das áreas a montante ou adjacentes se preocupassem com a vida e a utilização econômica das demais áreas próximas? Há solidariedade suportada por ato ilícito, imoral, e, por vezes, violência? Igual argumento poderia ser invocado no que tange à invasão de prédios urbanos, eventualmente fora do mercado de locações, sob o argumento da falta de moradias.

As normas jurídicas devem induzir o titular a dar à sua propriedade destinação que facilite a produção de riquezas porque se isso não for feito haverá custos para a sociedade resultantes das tensões criadas entre grupos que demandam direito de propriedade e aqueles que são já titulares e que se sentirão ameaçados com sua perda.

Para tanto o cálculo levará à comparação entre o custo de protegê-la de invasões e o valor produzido pelo bem; aquele não deve ultrapassar este porque se isso ocorrer não se justificará o esforço. Portanto caberá ao Poder Público garantir a propriedade para estimular seu uso produtivo, caso contrário a insegurança provocada pelo desrespeito ao tal feixe de direitos, poderá desestimular a produção de riquezas e, talvez, as pessoas não desejarão ser proprietárias de qualquer bem. Como as coisas comuns são rapidamente consumidas ou superutilizadas perdendo valor, a sociedade em que não haja direito de propriedade garantido tenderá a ser menos cuidadosa no uso dos bens comprometendo a qualidade de vida de gerações futuras.

Os personagens descritos por Reale são agentes econômicos que, se supõe, são seres racionais, e deve-se admitir que agirão racionalmente, quer dizer, tomarão decisões considerando os efeitos – bons ou adversos – a serem por eles, agentes, suportados. Nesse plano é que cabe invocar a lição do economista quanto à propriedade, adequação, justiça das mudanças.

Além do princípio da socialidade (ou será socialismo no sentido de princípio que visa a reformar as relações típicas das sociedades capitalistas diminuindo as desigualdades sociais?) outro que o novo Código adota é o da eticidade, que, fundado na boa-fé e na eqüidade, deverá contribuir para a orientação do comportamento das pessoas, a observância de normas e valores presentes na sociedade. Diz Reale que a idéia é conferir aos juízes poder para resolver, onde e quando previsto, de conformidade com valores éticos se a norma for deficiente ou inajustável ao caso.[6]

Nesse sentido o art. 1.291 do Código de 2002, proibindo que o possuidor do imóvel a montante polua águas indispensáveis às primeiras necessidades da vida dos possuidores dos imóveis a jusante, parece-me imperfeito. Poluir águas compromete não apenas as primeiras necessidades, mas a qualidade de vida de quem as receba, portanto, a regra vai na direção inversa àquela de prescrição de condutas éticas.

Igualmente, à luz do princípio da eticidade, parece-me, o art. 1.292, deveria ser repensado. A construção de barragens, ou qualquer outra obra destinada ao represamento de águas, só deveria ser admitida quando não causasse prejuízos a titulares de áreas adjacentes ou próximas.

Em matéria de águas não se deve esquecer o problema das bacias hidrográficas, que, no plano internacional, vem sendo causa de disputas entre países porque, tanto a construção de barragens a montante diminui quando não impede que a água chegue às demais áreas, quanto desvios de cursos de água afetam pessoas e áreas anteriormente servidas. Creio, pois, que a construção de barragens e o represamento de águas mereceriam estudos mais aprofundados a fim de tornar a alocação ou realocação de direitos ética ao mesmo tempo que produtiva.

Terceiro e último dos novos princípios é o da operabilidade, isto é, de que os efeitos da norma devem ser os convenientes e não aque-

6. Reale, *O Projeto* ..., cit., p. 8.

las que a teoria preconize. A redação de normas abertas, diz Reale, é importante para a operabilidade porque mudanças da atividade social levariam à alteração do conteúdo da norma jurídica.[7] Muito disso é novo para o operador do direito filiado ao sistema positivista, pois essa enunciação o põe diante de esquema similar ao dos sistemas anglo-norte-americano.

Como se discute normas indutoras de condutas, conviria analisar as instituições sociais, estruturas que induzem comportamentos. Sob esse aspecto, dada a reiterada remessa ao Judiciário, que assume o papel de guardião e avaliador de condutas socialmente tipificadas, a dúvida é quanto seus membros serão, ou não, aderentes aos valores e instituições sociais agindo como os juízes dos sistemas de *common law*? Atribuir aos juízes poder para arbitrar relações entre particulares sem regras claras, a possibilidade de interpretações individuais distintas e o lapso temporal necessário para serem uniformizadas, tornará as relações menos seguras do que desejável. Não deve espantar o temor de muitos operadores do direito com as novidades do novo Código, afinal o desconhecido, tal como o escuro, faz medo.

Temor que aumenta em face dos princípios da socialidade e da operatividade informadores do novo Código Civil. É que suas normas aplicam-se tanto a relações individuais, discretas, quanto disciplinam o exercício de atividades econômicas em relações continuadas e, talvez por não terem sido pensadas todas tendo em vista atividades, podem levar ao aumento dos custos de transação e, portanto, a resultados piores para a sociedade do que supunha o legislador, resultados que, eventualmente, prejudicarão as pessoas, particularmente aquelas que, de forma especial, se propôs a tutelar, exatamente porque não terão como prevenir e se defender desses custos.

4. Gigantesca confusão se estabelece no campo dos negócios associativos como se percebe de artigo assinado por Miguel Reale e publicado no jornal *O Estado de S. Paulo*, de 15.02.2003. O título é "Invencionices sobre o Código Civil" em que procura demonstrar que há duas espécies de sociedades, as simples, de que "exemplos corriqueiros são as numerosas sociedades que reúnem os que exercem a mesma profissão, tal como se dá com advogados, engenheiros, médi-

7. Idem, ibidem, p. 11.

cos, etc., à vista do parágrafo único do art. 966, (...)"[8] enquanto as sociedades empresárias não são definidas pelo Código.

Importante doutrina italiana considera antiquada e, portanto, inapropriada a inserção das sociedades entre profissionais liberais no campo da sociedade simples que não se sabe ao certo a que atividades se destinam. Basta ler o parágrafo único citado dispondo que serão empresárias aquelas sociedades cujo exercício da atividade for elemento de empresa,[9] para se indagar o que significa elemento de empresa.

A falta de definição do que seja "elemento de empresa" – organização, economicidade, produção para mercado – leva a equívoco que me parece mais sério: é ter o legislador ignorado que há formas não societárias, conquanto associativas, de exercício da empresa. Essas formas são contratuais e aqui aumenta a aflição do operador do direito em face da regra da função social do contrato. Se os contratos são permitidos no limite e na razão de sua função social, não econômica, então será possível imaginar, como fazem alguns, que cada contrato deva ser analisado isoladamente para se determinar sua função social.

Supondo empresas organizadas sob forma contratual não societária, em que medida pode-se impedir ou ineficacizar contratos se alguém argüir que por poderem alterar a estrutura do mercado descumprem a tal função social?

A prevalecer essa visão, em que medida as atividades econômicas serão afetadas é mistério, sendo indubitável que o serão e, com isso, externalidades negativas, perda de eficiência, recairão sobre toda a sociedade.

Cuidado extraordinário deveria ter sido dedicado a essa matéria que, depois de 1960 anos, tem sido objeto de muitas discussões na Itália cujo ordenamento, em larga medida, está presente no Livro II do Código Civil de 2002 – Do Direito de Empresa. Sobretudo porque

8. Miguel Reale, "Invencionices sobre o Código Civil", in *O Estado de S. Paulo*, de 15.02.2003 p. A.2.

9. "Art. 966. (...) Parágarafo único. Não se considera empresário quem exerce profissão intelectual, de natureza científica, literária ou artística, ainda com o concurso de auxiliares ou colaboradores, *salvo se o exercício da profissão constituir elemento de empresa*" (grifo meu).

a vigência da Lei de Defesa do Consumidor, que incide sobre grande número de relações negociais, leva muitas pessoas verem empresários, à semelhança de patrões, nas relações de emprego, como vilãos.

A frustração do ideário de liberdade, igualdade e fraternidade da Revolução Francesa de 1789 que não se materializou na prática, exige correções na forma de avaliação dos negócios, muitas das quais já foram feitas pela jurisprudência e doutrina ao longo dos mais de 80 anos de vigência do antigo Código Civil.

Supor que a atividade empresarial se funda apenas na especulação,[10] deixando de lado seu importante papel como criadora de riqueza, tende a empurrar os exercentes dessa atividade, ao imputar-lhes condutas desleais, irregulares, prejudiciais, a criarem barreiras, a se utilizarem de mecanismos de defesa que produzem custos de transação.

Esse viés na percepção do papel dos empresários – esquecendo que estes facilitam a circulação de mercadorias ou serviços – levado ao paroxismo, no plano geral, da macroeconomia, prejudica toda a sociedade. Não se imagine que empresários sejam seres angelicais; mas o que não se deve é demonizá-los.

Se a idéia de igualdade entre pessoas, própria do Código Civil, não se concretiza, a desigualdade material encontrada é, muitas vezes, fruto da assimetria de informações. Nesse caso, a correção do desequilíbrio parece simples, impor que as informações sejam divulgadas. É um dos mecanismos adotados pela legislação consumerista e pela do mercado de valores mobiliários.

Ter informação é ter poder, poder esse que dá a quem o detém posição mais confortável, quase privilegiada, em negociações com outras pessoas – e são inúmeros os efeitos da denominada assimetria informacional. A iniqüidade dessa vantagem se elimina ou se reduz com a divulgação de informação. Esta, por sua vez, é um bem jurídico, na medida em que satisfaz necessidades, tem valor e merece tute-

10. Especulador não é aquele que visa a obter lucros excepcionais aproveitando-se da boa-fé de terceiros, mas aquele que visa a ganho atuando em mercados. O termo costuma ser empregado em sua conotação pejorativa, quando se refere a pessoa que age ou negocia de má-fé, enganando outrem ou tirando proveito de sua necessidade. A especulação é própria da atividade empresarial, mas não exclusiva dela. Quem adquire um bem pensando em revendê-lo em data futura também especula e pode não ser empresário.

la. A punição do *insider*, pessoa que negocia valores mobiliários, em relação aos quais detém informações não divulgadas, privilegiadas, é emblemática dessa concepção de equilíbrio entre desiguais. Cabe ao legislador desenhar mecanismos para inibir seu abuso, de forma que não se imponham perdas às pessoas desprovidas de informação que, de boa-fé, se vejam presas a indivíduos astutos, suportando, de modo perverso, os efeitos da assimetria informacional.

5. Essa a especulação nefasta e, por isso, o princípio da eticidade, valor social, que se apóia sobre o respeito aos direitos e à dignidade de cada um no pautar condutas merece destaque. A regra da boa-fé, prevista no art. 422 do Código Civil de 2002, entretanto, merece reparo porque insuficiente para a completa disciplina do tráfico negocial. É que essa boa-fé que deixa de fora do seu âmbito de incidência o período de negociações que antecedem à contratação e aquele posterior à execução do contrato segundo afirmam alguns juristas. A boa-fé deve abranger todo o procedimento negocial, pré e pós-contratação, mesmo depois de adimplidas as prestações das partes.

Se a boa-fé for valor social a ser observado pelas pessoas em todos os momentos, se a ética tiver caráter institucional, eventualmente o remanescente do *pathos* da "lei de Gerson" desapareceria das relações negociais porque a honestidade, comportamento socialmente desejado e valorizado, seria estimulado, recompensado, inibindo ações oportunistas.

A prática do levar vantagem em tudo, mesmo que não desapareça incontinente, será escoimada das negociações e do oportunismo. O comportamento de quem procura sair-se bem aproveitando-se de brechas ou inexperiência, quando a possibilidade existir, sem se preocupar em prejudicar outrem, será penalizado socialmente. Inibir o oportunismo é uma das funções que as normas exercem. Manifesto preocupação em relação às normas abertas encontradas no Código Civil de 2002, que, por permitirem dose de subjetividade, poderão contribuir para gerar condutas oportunistas e, com isso custos de transação.

É claro que a intenção do legislador com as mudanças introduzidas e os novos princípios adotados é a realocação de direitos em vários casos pelo que, pinçando alguns artigos do Código Civil de 2002, pode-se tentar avaliar em que medida essas mudanças na distribuição de direitos alteram, para melhor ou pior, as regras de equilíbrio predispostas anteriormente, criam ou reduzem custos de transação.

No plano do direito das obrigações e contratos, considerando o comportamento padrão das pessoas, imaginar-se-á se condutas oportunistas (*rent seeking)* ou externalidades são estimuladas e se isso gera custos de transação.

6. Para os economistas o contrato é um acordo entre partes que se fazem recíprocas (ou mútuas), promessas quanto aos comportamentos que observarão no futuro visando a coordenar suas ações. Essa concepção de contrato não difere, substancialmente, da que está no art. 1.321 do Código Civil italiano, e à qual recorrem os operadores do direito: contrato é o acordo entre duas ou mais pessoas visando a criar, regrar ou extinguir, entre elas, uma relação jurídica de conteúdo patrimonial. A área do contrato é a dos compromissos econômicos acordados e legalmente vinculantes, área estratégica em cada organização social, notadamente nas sociedades evoluídas.[11-12]

Um dos componentes dessa definição é o acordo entre pessoas. Contrato é negócio consensual resultante da vontade declarada ou de alguma forma manifestada pelos agentes econômicos e que incide sobre um objeto. Qualquer que seja a concepção do instituto contrato, a jurídica, como negócio específico de conteúdo patrimonial, a econômica como troca de promessas que vinculam, o instituto é vital para manter, em economias descentralizadas ou de mercado, o sistema econômico de trocas voluntárias.

A noção de contrato tem profundas ligações com estruturas sociais elementares e serve para reger a coordenação entre pessoas na circulação de bens porque a troca voluntária tem função instrumental na organização das relações privadas. Segundo Farnsworth,[13] estudos antropológicos demonstram que, mesmo em sociedades de base individualista em que a troca tinha papel secundário, ou naquelas primitivas em que a distribuição dos recursos se fazia por divisão mais do que por trocas voluntárias, havia contratos. E que, atualmente, as so-

11. Vincenzo Roppo, "Il Contratto", in *Trattato di Diritto Privato*, Milano, Giuffrè, 2001, p. 3.

12. E. Allan Farnsworth, *Contracts*, Boston, Toronto, Little Brown & Company p. 4, nota 6: "The distinction between exchanges that involve promises and those that involve only present transfers is not as sharp as might appear, since the law often attaches implied obligations of a promissory character to exchanges involving only present transfers (...)".

13. Idem, pp. 6 e ss.

ciedades têm no contrato, ainda que canalizado pelo Estado, o esquema de trocas. Adam Smith, em trabalho de 1776, avança para dizer que as pessoas não podem depender da benevolência umas das outras e por isso trocam bens entre si.

Em economias de mercado, e a brasileira é desse tipo, trocas voluntárias resultantes de processos negociais são a regra. Destas, a mais primitiva é a permuta, a troca de bem por bem entre partes, tipo que evolui para a compra e venda com a introdução da moeda.

Esse esquema negocial pode ser constatado no antigo direito romano em que categorias de negócios eram fundadas em promessas. Assim a *stipulatio*, os contratos reais e os consensuais. Destas a mais flexível, menos formal, é a dos contratos consensuais, com o reconhecimento dos tipos: compra e venda, sociedade e mandato.

Talvez o texto mais importante nessa matéria, seja o de Sir Henry Maine em *Ancient Law*, de 1861, em que afirma: "the movement of the progressive societies has hitherto been a movement *from Status to Contract*".[14] Entretanto, o desenvolvimento da teoria geral do contrato tal qual se o entende hoje foi lento. Até porque o contrato expressa interesse individual e requer uma estrutura de mercado na qual as partes possam negociar. Daí a liberdade de contratar como princípio informador do direito dos contratos.

De uma perspectiva utilitarista, a liberdade de contratar maximiza o bem-estar das partes e, portanto, interessa à toda a sociedade; mais, no que concerne à autodeterminação, essa liberdade significa o reconhecimento de uma esfera de influência dentro na qual as pessoas podem agir livremente. Claro que a liberdade de contratar não é absoluta, que há contratos dirigidos, outros obrigatórios, mas também é certo que não se tolhe inteiramente a liberdade de contratar, isto é, de as pessoas, voluntariamente, assumirem obrigações em face umas de outras. Também é certo que o sistema admite, ao lado dos contratos tipificados os atípicos, cada um deles correspondendo a interesse específico.

Note-se que comerciantes sempre foram, e continuam sendo, criadores de tipos contratuais, o que se explica pelo dinamismo da atividade. Por isso não se estranha a classificação dos contratos em em-

14. Idem, pp. 20 e ss.

presariais e de consumo, por exemplo. Na tradição do direito europeu, a dicotomia entre direito comercial e direito civil ou comum, permitia que, dentro do quadro geral do direito dos contratos, se estabelecessem regras específicas aplicáveis aos contratos mercantis, sobretudo àqueles entre comerciantes ou empresários. E aqui, sublinhe-se, a disciplina dos contratos de longo prazo e execução continuada é fundamental.

Roppo explica que para gerar um contrato não se exige das partes clara e completa representação das obrigações, que legalmente decorrem da relação, e a específica manifestação de aceitá-los, basta a intenção empírica de se saber que haverá efeitos jurídicos resultantes do pôr em marcha mecanismos legais.[15] A doutrina é relevante no que concerne ao Código Civil de 2002, que, para tutelar certas pessoas, pode ter aberto portas para condutas oportunistas.

Um dos contratos importantes é o de sociedade que foi alterado não apenas para estremá-las das associações, mas, sobretudo, creio, para desenhar a matriz do negócio de forma diferente da anterior. E, nesse caso, contra a posição de Reale,[16] parece-me haver nefasta realocação de direitos.

De um lado a unificação da matéria elimina do ordenamento as sociedades civis regidas pelos arts. 1.363 e ss. do Código Civil de 1916 para classificar as sociedades em empresárias e simples (ou seja, empresárias e não-empresárias) e sobre esse aspecto já manifestei minha perplexidade anteriormente.

A sociedade simples, a matriz de todo o sistema de sociedades personificadas, não parece ser aquele contrato de cooperação ou coordenação de interesses diferentes em que as partes têm escopo ou finalidade comum. Ao revés, parece que a idéia de contraposição de interesses é a que predomina na sua disciplina porque as decisões são, em geral, pensadas como resultado da unanimidade dos membros! Isto é, dá-se a qualquer sócio, por menor que seja sua participação na sociedade, poder de veto em boa parte das matérias.

A sociedade simples, compreendida na visão do contrato como operação econômica, unidade operacional e instrumental, no que con-

15. Roppo, ob. cit., p. 11.
16. Reale, "Invencionices ...", cit.

cerne à atividades negociais, apresenta travo de intervenção nas relações privadas na medida em que a flexibilidade que caracterizava a sociedade civil antiga quase desaparece.

Sociedade é contrato de execução continuada e, por isso mesmo, um contrato que os economistas consideram incompleto. A regra da maioria nas deliberações societárias é forma de completamento do contrato. Porém, a disciplina da sociedade simples ignora totalmente o princípio e, no art. 999, requer unanimidade quando modificações do contrato tenham por objeto matérias referidas no art. 997. Como compatibilizar essa organização com o que se prevê no art. 170 da Constituição da República? Liberdade de iniciativa precisa de liberdade de organização, matéria escassa no Código Civil.

Veja-se o art. 997 que especifica as cláusulas obrigatórias dos contratos de sociedade:

"Art. 997. A sociedade constitui-se mediante contrato escrito, particular ou público, que além das cláusulas estipuladas pelas partes mencionará:

"I – nome, nacionalidade, estado civil, profissão e residência dos sócios, se pessoas naturais, e a firma ou a denominação, nacionalidade e sede dos sócios, se jurídicas;

"II – denominação, objeto, sede e prazo da sociedade;

"III – capital da sociedade, expresso em moeda corrente, podendo compreender qualquer espécie de bens, suscetíveis de avaliação pecuniária;

"IV – a quota de cada sócio no capital social, e o modo de realizá-la;

"V – as prestações a que se obriga o sócio, cuja contribuição consista em serviços;

"VI – as pessoas naturais incumbidas da administração da sociedade e seus poderes e atribuições;

"VII – a participação de cada sócio nos lucros e nas perdas;

"VIII – se os sócios respondem, ou não, subsidiariamente, pelas obrigações sociais.

"Parágrafo único. É ineficaz em relação a terceiros qualquer pacto separado, contrário ao disposto no instrumento do contrato."

Trata-se de norma cogente pelo que alterar a atribuição de gerência, (inciso VI) depende de aprovação unânime dos sócios. Se o administrador é responsável pela condução dos negócios sociais, a impossibilidade de alterar a gerência por decisão da maioria dá aos minoritários poder que é de todo incomum em matéria de sociedades.

Outra redistribuição de poder está no art. 1.002 que, igualmente, impede a substituição de sócio que exerça função administrativa sem o consentimento de todos e a conseqüente alteração do contrato social!

E como distribuir lucros ao sócio cuja contribuição seja feita com prestação de serviço? Pode-se estipulá-la ou será fixada segundo a média do valor das quotas dos demais sócios? Imagine-se que a estimação do valor dos serviços corresponda a 5% do capital social; a distribuição de lucros para o sócio obedecerá, ou não, essa proporção? Suponha-se que são três sócios e as duas outras quotas perfazem 95% do capital social. Os lucros a serem atribuídos ao sócio de indústria, para empregar a antiga denominação do Código Comercial, serão calculados pela média do valor das quotas diz a lei. O que significa média do valor das quotas? Toma-se o valor do capital e divide-se pelo número de quotas, com o que se tem a média de seu valor, ou haverá ponderação, isto é, atribui-se peso às quotas? O que se pretende é distribuir desigualmente os resultados privilegiando o sócio que presta serviço? Admite-se a compensação dos lucros com eventuais pagamentos feitos a esse sócio a título de *pro labore?*

Mais curioso é que, embora se imponha, no art. 997, VI, sejam indicadas as pessoas naturais a quem caiba a administração da sociedade, o art. 1.013 prevê que na falta dessa menção, que parecia cogente, todos os sócios serão, separadamente, administradores, caso em que, cada um pode impugnar operação pretendida por outro. Como contratar com uma sociedade sem que se tenha certeza de que não haverá impugnações? A regra do art. 1.015 é de que, nada dispondo o contrato a respeito de atribuições específicas aos administradores, ou a um ou alguns deles, podem praticar todos os atos pertinentes à gestão da sociedade!

Quanto de cautela será requerida na redação e exame de contratos sociais diante de tal disciplina? Dificilmente se imaginaria conjunto de regras que tornasse a realização de negócios uma operação de alto risco. As externalidades criadas por esses dispositivos é enorme, gerando insegurança, pois, se esse tipo de sociedade aparecer (e na Itália, parece que não há sociedades simples), aumentam os custos de transação seja pela necessidade de maior precisão do clausulado contratual, seja pelas dificuldades para alterá-lo posteriormente e, sobretudo, para quem vier a contratar com a sociedade, pela necessidade de se assegurar que não haverá dificuldades no cumprimento do contrato.

7. Custos de transação existem na sociedade em comandita simples quando se impõe que o sócio comanditado seja pessoa natural. Na Alemanha é comum a organização de comanditas em que esse sócio é uma outra sociedade, em geral limitada. O que teria levado o legislador brasileiro a ignorar a prática bem-sucedida naquele país?

Maiores discussões têm na sociedade limitada seu centro nevrálgico. O Código Civil de 2002 alterou profundamente esse tipo societário e não foi na direção da jurisprudência consolidada ao longo dos anos ao apreciar questões na vigência do Decreto n. 3.708/1919. Nesse a limitada aparece como modelo organizacional flexível, que se adapta a diferentes necessidades, em que o benefício da limitação da responsabilidade dos sócios pelas obrigações sociais não é acompanhado do peso burocrático de realização de assembléias e publicações de atas e demonstrações financeiras exigidas das anônimas.

Reale[17] afirma que as formalidades são dispensáveis "quando todos os sócios comparecerem ou declararem por escrito, cientes do local, data e ordem do dia" ou, quando, de acordo com o § 3º do art. 1.072, for a reunião ou assembléia dispensada quando todos os sócios decidirem por escrito sobre a matéria. Unanimidade, declarações de todos, por escrito, não são burocracia? Essa a resposta do coordenador do Código Civil de 2002 a críticas de advogados que, segundo ele, treslendo ou não lendo devidamente o novo diploma, acabam afirmando que seriam criados graves embaraços às sociedades limitadas.

Abandonar a regra da maioria para adotar a unanimidade representa óbvio rearranjo de direitos de forma diversa da anterior, com a agravante de que se transfere poder da maioria para a minoria. Medidas cautelares de proteção às minorias, nas palavras do jus-filósofo, visando à salvaguarda de seus direitos, não deveriam interferir, para quase suprimir, os direitos dos demais sócios, no caso a maioria. A questão não é semântica, mas implica criar espaço para oportunismos e incorrer em custos de transação.

17. Reale, "Invencionices ...", cit.

Dúvida que tem afligido a alguns está no art. 1.053, que remete a disciplina das limitadas, nas omissões do Capítulo IV do Código Civil, supletivamente, à sociedade simples – sociedade empresária regida por normas de sociedade não-empresária? Pior é que há quem afirme que a norma do parágrafo único, que faculta a regência supletiva das limitadas pelas normas das anônimas, só se aplica, havendo previsão contratual, claro, quando não se haja na disciplina da sociedade simples, para preencher eventual lacuna.

Ora, anônima e simples são modelos organizacionais diversos, o que implica conflito que aparentemente é insolúvel se a aplicação supletiva das normas for ademais seqüencial. Aquele entendimento me parece equivocado, mas, se prevalecer, ter-se-á aumento dos custos de transação na organização das limitadas, que já se dá quando, na constituição, é preciso eleger a disciplina, ao menos no que se refere àquela prevista no art. 18 do Decreto n. 3.708/1919.

Aspecto que gera dúvidas tem relação com o art. 1.054 quando dispõe que o contrato mencionará, no que couber, as indicações (não eram cláusulas obrigatórias?) do art. 997. Será permitido, nas limitadas, deixar de mencionar no instrumento de contrato algum requisito ali previsto? Claro que a contribuição para o capital com serviços não é admitida por incompatibilidade com a norma específica, daí ser inaplicável o inc. V daquele artigo. Quanto aos demais, porém, parece-me serem todos compatíveis com o modelo da limitada e, portanto, devem constar do instrumento escrito. Entre eles a nomeação de administradores, ao menos uma pessoa natural.

Profunda mudança em relação ao revogado Decreto n. 3.708/1919, uma vez que não há, na disciplina das *novas* limitadas (art. 1.061), previsão para a delegação do poder de administração. A norma é expressa: designação de não-sócio para exercer a administração da sociedade depende de aprovação unânime dos sócios enquanto não integralizado o capital social e de pelo menos 2/3, depois de integralizado.

Ainda no campo da administração das limitadas, qual será a interpretação do art. 1.060? O art. 997 atribui a administração da sociedade simples, matriz de todos os modelos societários, a pessoas naturais, enquanto o art. 1.060 menciona simplesmente pessoas, sem especificar se naturais ou jurídicas. Aplicado supletivamente, para efeito de completamento do texto, o art. 997, VI, a conclusão será de que administradores serão *pessoas naturais* porque é a elas que se defere o poder de administrar a sociedade simples. Aplicada a lei das companhias, como diretores/administradores também são pessoas naturais, o resultado será igual. Assim, parece que a nomeação de pessoas jurídicas para exercer função administrativa está totalmente descartada até por conta da inexistência de previsão para a delegação da função.

Por que terá sido suprimida a possibilidade de delegação de poderes nas limitadas? Intriga tal decisão que deve ser atribuída à opção de política legislativa, como, ademais a que veda que pessoas jurídicas possam ser sócias de sociedades em nome coletivo. Quanto à delegação, há profunda mudança em relação ao texto do antigo decreto que regia as limitadas. Se a nova regra admite o hetero-organicismo, por que não a delegação? Se visasse a reduzir custos de transação, impedir que qualquer sócio transfira a terceiro a competência para administrar a sociedade sem prévia consulta e aprovação aos demais, levará a resultado oposto. Em relação à sociedade em nome coletivo, o que terá levado o legislador a uma tal opção? Afinal admite a participação de pessoas jurídicas, sujeitos de direito, em outros tipos de sociedades, mas proíbe nesta. Alguém via ilegalidades ou malefícios em qualquer das duas possibilidades?

A designação e a destituição de administradores dependem, pela nova legislação, de aprovação de sócios representando 50% do capital social (art. 1.076, II), regra que conflita com a do art. 1.061 se o administrador for não-sócio. A redução do *quorum*, assim, pode ser aplicada a administradores sócios, considerando-se, então, que o administrador não-sócio, eleito por maioria qualificada, pode ser demitido por outra reduzida. Qual a razão da perda de voz de alguns sócios? Ou a eleição e destituição desses administradores obedecem ao mesmo *quorum* ou é provável que se estipule, em contrato, essa regra o que aumenta custos de transação.

Em todas as hipóteses, o legislador desenha dois esquemas disciplinando o mesmo negócio, a eleição de administradores o que implica maiores custos de transação. Se a dualidade de regimes quanto à indicação de administradores teve por escopo dificultar a nomeação de não-sócios foi bem-sucedida; se visava aperfeiçoar a qualidade da administração, que, na tendência atual, é a de ter administradores profissionais, não-sócios, o resultado é inverso e perverso.

8. Preocupa, ainda, a proibição de contratação de sociedades entre cônjuges quando o regime de bens do casamento for o da comunhão universal ou o da separação obrigatória. Quanto ao regime de comunhão universal a proibição não tem a mais comezinha lógica. Se é certo que o patrimônio do casal é comum, não há modificação substancial do regime de bens se constituírem entre si uma sociedade; o que fazem é separar, do patrimônio geral, uma parcela para o exercício de atividade econômica.[18] Não se vê prejuízo para credores particulares ou da sociedade, salvo eventual benefício de ordem. O problema, entretanto, é saber o que fazer com as sociedades existentes. Devem ser dissolvidas e liquidadas? Deve ser admitido terceiro na sociedade? Pode ser filho ou filha do casal? Como será considerada a questão da preservação da empresa em face de eventualidade de não serem mais admitidas sociedades entre cônjuges existentes?

A proibição tem lógica quando o regime de bens do casamento for o da separação obrigatória. Organizar uma sociedade entre cônjuges sujeitos a esse regime legal de bens equivale a circundar norma legal. Aqui me parece há exceção ao princípio geral de exercício da autonomia privada e liberdade de associação previsto na Constituição de 1988 como direito individual.

9. O viés restritivo da autonomia privada, forma de interferência do Estado nas relações entre particulares que se manifesta na limitação do campo decisório em matéria de sociedades, cerceia a liberdade de iniciativa, em especial o poder de iniciativa econômica.

Sua incidência no plano dos contratos torna a questão mais aguda e delicada porque este instituto jurídico é, por excelência, a estrutura normativa de operações econômicas já que o acordo (a união de von-

18. Há quem considere que a norma está perfeita dado que o Código não admitiu as sociedades unipessoais, como, por exemplo, o *Codice Civile* e o *Code Civil* francês e que, portanto, não se justificaria a separação de parte do patrimônio comum para afetá-lo a qualquer atividade econômica. A posição doutrinária aqui referida considera apenas um dos aspectos do problema: a eventual separação patrimonial obtida mediante a organização de uma sociedade personificada quando a unicidade deveria ser preservada. Mas, levando-se em conta a existência de muitas sociedades entre cônjuges cujo regime de bens é o da comunhão universal, e, sobretudo, após o longo debate doutrinário a respeito do tema, parece-me que é inevitável admitir que há uma a realidade a ser considerada, nada obstante se reconheça certo prejuízo à lógica do sistema jurídico.

tades, dizem alguns) é o estágio ou a etapa final de um programa negocial que, nas mais das vezes, se protrai no tempo em muitas espécies de contratos e o de sociedade é um deles, talvez o mais importante.

Por isso que, aumentar ou criar custos de transação, ainda quando não representem saídas de caixa, por onerarem sócios, credores e terceiros, são repassados a toda a sociedade, boa parte deles via preços dos bens ou serviços ofertados em mercados, e outra parte no retardamento de operações. Portanto a realocação de direitos acima exposta de forma simplificada é, segundo Coase, perversa, danosa para a comunidade.

Avançando em matéria de contratos de longa duração e execução continuada o operador do direito se defronta com a regra do art. 478[19] do Código, que prevê a resolução do contrato por onerosidade excessiva.[20]

10. Há, nos contratos de longo prazo, dificuldade que parece insuperável, e que escapa ao controle da mais diligente das pessoas, é a impossibilidade da previsão de todos e quaisquer eventos que possam atingir as prestações, direitos e deveres das partes ao longo do período de execução do contrato. Refiro-me à questão da incompletude contratual, própria desses negócios e deles inafastável. A parce-

19. "Art. 478. Nos contratos de execução continuada ou diferida, se a prestação de uma das partes se tornar excessivamente onerosa, com extrema vantagem para a outra, em virtude de acontecimentos extraordinários e imprevisíveis, poderá o devedor pedir a resolução do contrato. Os efeitos da sentença que a decretar retroagirão à data da citação. Art. 479. A resolução poderá ser evitada, oferecendo-se o réu a modificar equitativamente as condições do contrato."

20. Barcellona entende que nos contratos de execução continuada ou periódica, além dos de execução diferida, a razão da resolução é a alteração do equilíbrio contratual em sentido subjetivo em face do que os contratantes teriam fixado no momento da sua conclusão. Alterado o valor entre as prestações de forma a que uma das partes sofra ônus econômico de tal modo excessivo em relação ao momento do contrato ou naquele momento razoavelmente previsível, sua posição é agravada frente à outra cuja prestação ficou igual. Daí a presunção de desvantagem para a parte. Ressalte-se que o ônus, para o civilista italiano, deve ser apurado subjetivamente, não utilizando parâmetros externos, pelo que não seria remediável o desequilíbrio originário; também não considera que o desequilíbrio decorrente de mutação superveniente das condições econômicas de uma das partes seja suficiente para acionar a aplicação da regra. Aduz que a lógica da autonomia privada está garantida, pois a resolução está a seu serviço para controlar a correspondência, no tempo, entre os efeitos programados e os reais (cf. ob. cit., p. 301).

la de risco e imponderabilidade que atinge contratos de longo prazo precisa ser levado em conta na análise do programa contratual por ser parte do processo decisório que leva, ou não, ao contrato. Pessoas avessas a risco não aceitam obrigações de longo prazo.

Além disso, imaginar-se cabível a previsão de eventos todos e quaisquer eventos futuros significa supor que, ao longo do tempo, não haverá mudança de nenhum tipo que possa afetar a execução do programa contratual, que tudo permanecerá como estava no momento da contratação o que, no mínimo, é irreal. Os "estados da natureza", como os denominam os economistas, mudam, seja por força do desenvolvimento da tecnologia, por razões políticas, internas ou externas, que atingem posições que se imaginavam consolidadas.

"Estados da natureza" não são permanente, imutáveis. O desenvolvimento científico e tecnológico, o aumento da velocidade das comunicações, outros fatores, portanto será utópico imaginar-se que a tutela de certas posições deixe de ser invocada para melhorar a posição de alguém.

11. A resolução por onerosidade excessiva parte de uma relação entre duas prestações; a extrema vantagem de uma em face da outra, resultado de acontecimentos extraordinários e imprevisíveis. Como comparar prestações se uma das partes tiver cumprido a sua e a outra dever fazê-lo ao longo do tempo? Se os estados da natureza não são estáveis, o que será acontecimento extraordinário: guerra, alguma hecatombe, perda do posto de trabalho, insolvência, falência, iliquidez?

Imagine-se a venda parcelada de um automóvel movido à gasolina que o adquirente pretende usar para prestar serviços de transporte. O aumento do preço do combustível somado à perda do poder de compra de usuários desse serviço dificultará o pagamento das parcelas. Deve o vendedor receber o veículo de volta ou reduzir o preço do bem?

Imprevisível é o fortuito, o aleatório, eventual que não pode ser antecipado, evento em relação ao qual não se pode adotar medidas preventivas. Imprevisível e extraordinário presos a um evento, se compreendidos restritivamente, limitam as hipóteses de resolução do contrato. Se esse fora o resultado visado pelo legislador, melhor não dispor a respeito. Se a leitura do artigo tomar a conjunção e não como aditiva e sim como adversativa, qualquer evento futuro que provoque desequilíbrio prestacional permitirá aplicar-se a regra da onerosidade excessiva até como mecanismo para renegociá-la. Não se estranhará, então, que credores, que poderão ficar à mercê dos devedores, busquem proteção contra esse argumento o que implicará aumento dos custos de transação.

Se a resolução de contratos for declarada apenas quando o comportamento de uma das partes não corresponder ao modelo de conduta que a comunidade estimula, deseja, necessário e adequado para a estabilidade das relações privadas, oportunistas tentarão levar vantagem resultando em aumento dos custos de transação.

Suponha-se o negócio de mútuo bancário. Quem vai a uma instituição financeira em busca de recursos, disposto a pagar juros (não importa a taxa) para ter liquidez, está em estado de necessidade, embora não de perigo. A taxa de juros praticada pela instituição financeira leva em conta dois fatores: o preço da captação e cunha fiscal e a segurança de que, no termo final os recursos serão devolvidos acrescidos dos juros pactados. Imagine-se, agora, que possa haver dúvidas quanto ao comportamento do devedor que, se presume, poderá aproveitar-se das novas regras e pretender a resolução do contrato ou redução das prestações que lhe cabem. Pressentida tal ameaça, mesmo que remota, a tendência é procurar mecanismos de defesa preventivos. A realocação de direitos prevista no Código Civil de 2002 pode criar situações curiosas. Em que medida essa defesa preventiva limitará ou onerará o poder de iniciativa econômica depende de como as normas forem interpretadas pelos Tribunais.

12. O contrato disciplina as relações entre partes sob perspectiva óptica de futuro, não se destina, em regra, a dispor quanto aos eventos que, futuramente, possam ocorrer e que, eventualmente, alcancem a relação. Como, do ponto de vista prático, supor seja possível redigir instrumentos que venham a refletir ajustes contratuais com tal precisão que, qualquer fato que venha a afetar o programa das partes, ou de uma delas, seja acompanhado de específica solução?

É pacífico que eventos futuros podem afetar relações negociais ou causar impactos importantes sobre as prestações ainda não adimplidas. Entretanto, se o negócio jurídico e a operação econômica que o estrutura forem associados e como a vinculação entre partes é fruto das declarações feitas, o fundamento econômico do negócio é que deve balizar a avaliação dos pedidos fundados em onerosidade excessiva ou mesmo lesão. A baliza, em regra, será o mercado no momento da contratação e não o mercado no momento em que uma das partes reclame.

É possível que o custo do adimplemento aumente, ou diminua durante o prazo de vigência do contrato, por conta de mudanças nas relações de paridade da moeda, de alteração da taxa de juros, mudanças de preços relativos de bens em mercados, inovações tecnológicas, entre outros.

13. Em contratos de distribuição ou representação, por exemplo, as possibilidades de mudanças que afetem as perspectivas de ganho de uma das partes são concretas. Se for fácil e eficaz, invocar ou o art. 478, ou o 157 do novo Código, que estímulos há para negociar a divisão dos riscos? Resolver o contrato, ou ameaçar fazê-lo é estratégia dominante que põe a outra parte quase que contra a parede. Temor de ser confrontado por essa estratégia, externalidade legal, fará com que as partes procurem defender-se preventivamente com o que os custos de transação serão majorados e, talvez, a realocação de direitos será onerosa, pior do que a anterior.

O respeito à autonomia privada quando o negócio é de longo prazo e de execução continuada ou diferida, deveria produzir mecanismos indutores de respeito ao programa e, quando isso não fosse possível, haver mecanismos voltados para a revisão de sua execução, procurando-se manter a higidez dos vínculos negociais.

Por isso interessa desenvolver modelos de cooperação e não facilitar a resolução de contratos, porque: a) o negócio subjacente, a operação econômica que determina a celebração do contrato, era de interesse das partes e, por isso elas assumiram riscos de eventuais alterações conjunturais que pudessem favorecer uma ou outra em momento futuro mas, sobretudo, porque nesses negócios de longo prazo o elemento especulativo integra o processo decisório; b) dar a uma das partes poder para pleitear a resolução do negócio é, sob o ângulo da teoria da decisão, provê-la de instrumento mediante o qual tem à disposição uma estratégia dominante, forte ou fraca, não interessa, porque dominante. Dar a uma das partes instrumento que a ponha em posição de superioridade estimula condutas oportunistas.

Barcellona afirma que o problema do equilíbrio contratual não é do legislador; que o contrato será válido desde que lícito e desejado pelas partes. A iniqüidade, ou não, de seus efeitos em relação a modelo de justiça distributiva não é matéria que possa ser controlada pelo legislador. Contrato querido e lícito é contrato *justo*, diz, e contrato justo é o querido e lícito. O controle de mérito pelo legislador de atos praticados pelos particulares gera uma reação a um ato não ilícito mas que tem características de injustiça[21] que será corrigida. Contratos de longa duração, com prestações periódicas ou diferida, deveriam ser preservados mesmo quando eventos previsíveis, ou não, incidirem sobre as prestações de qualquer das partes.

Restringindo-se o problema da onerosidade excessiva às partes a transferência de custos entre dois particulares a transferência de direitos se fecha nessa única relação; aplicada aos negócios interempresariais atingirá outras pessoas se der causa à cessação da atividade por um dos contratantes impossibilitado de receber aquilo que acreditava exigível ou sendo compelido a fazer concessões que oneram a atividade.

14. Talvez o legislador de 2002 não tivesse em mente, quando se referiu à onerosidade excessiva, operações interempresariais, ou abrangidas pela legislação consumerista em que há disciplina similar. Também não há de se ter dado conta, e bastaria indagar se há mercado para *leasing* de veículos automotores, dos prejuízos que recaem sobre a sociedade quando um dado negócio deixa de estar disponível porque agentes econômicos se retraem diante da incerteza.

Lembre-se dos fatos de 1999 com a liberação da paridade predeterminada entre o dólar norte-americano e a moeda corrente nacional. Chamado o Judiciário a manifestar-se, vários julgados determinaram a correção dos contratos de *leasing* de veículos por índice que refletisse outra variação do valor da moeda, descasando as fontes de financiamento dos valores financiados; também desequilibraram a relação entre indexador e taxa de juros. Resultado de alegações quanto ao desconhecimento de possível variação abrupta da paridade cambial, as decisões judiciais que favoreceram maciçamente os consumidores, pobres ignorantes, que não liam periódicos nem prestavam atenção aos

21. Idem, pp. 291 e ss.

debates, provocou uma reação das instituições financeiras, supressão desse tipo de *financiamento* para a aquisição de bens de consumo duráveis da linha de *produtos* ofertadas ao público.

A possibilidade de nova intervenção corretiva em contratos de longo prazo e execução continuada deveria considerar que os agentes, agindo preventivamente, na defesa de suas posições, poderão criar óbices à realização de muitas operações negociais de interesse geral.

Miguel Reale explica que o contrato é conquista da civilização, fruto de longa evolução histórica que liga pessoas estabelecendo soluções que atendam aos seus respectivos interesses. A explicação continua para notar que a concepção de que o contrato faz lei entre partes, que não pode ser alterado mesmo quando sobrevenham mudanças não previstas pelos contratantes que alterem o cenário econômico ou tecnológico, não deve mais ser tomado como dogma. Por isso a onerosidade excessiva, noção recolhida do *codice civile*, permite a revisão das cláusulas contratuais que, não aceita pelo outro contratante, leva à resolução do negócio.[22]

Ora, o contrato deve ser visto não de forma estática mas sob óptica dinâmica, mecanismo de circulação voluntária, regular e legítima da riqueza em mercados. Se os sistemas jurídicos reconhecem a propriedade privada o contrato é o instituto que permite sua transferência entre pessoas de forma pacífica. Sem contrato possivelmente a apropriação da riqueza dar-se-ia por meios violentos. Daí a relevância do respeito à autonomia privada na celebração de contratos, autonomia essa expressamente reconhecida pelo legislador italiano no art. 1.322 do *cc*, e que, no Código Brasileiro de 2002 parece-me, tem muito menor importância. Afinal submeter o exercício da liberdade de contratar à razão e limites da função social do contrato é restringi-la, portanto desautorizar contratos que alguém (quem?) dirá, não preencherem uma função social (qual?)

15. No contexto do *codice civile* a regra da função social do contrato como instrumento apto a equacionar interesses individuais que merecem tutela é implícita na medida em que representa o poder dos particulares de criar regras para facilitar a circulação dos bens. Autonomia contratual privada, diz Pietro Barcellona, é o princípio que

22. Idem, pp. 149-150.

sanciona o poder de autodeterminação dos particulares; o contrato é o instrumento pelo qual tal poder é exercido.[23]

Já no direito brasileiro vigente os contratos atípicos devem subordinar-se ao princípio da função social predisposto no art. 421, com o que a criação de novos tipos contratuais deve perseguir interesses sociais, não mais apenas os interesses do contratantes. A posição que Barcellona diz ser excepcional é que, o direito italiano, no recebimento da autonomia privada, reconhece que os particulares ocupam posição excepcional quase equivalente à prerrogativa típica dos legisladores: a de contribuir para determinar o âmbito do que é juridicamente relevante.[24]

A autonomia privada tem função de solução de conflitos no compor interesses por meio do contrato que tem função autonormativa à qual se agrega a obrigatoriedade de sua observância pelas partes.

Para Barcellona essa vinculação (*impegnatività)*, que atua como programa, como auto-regramento privado, tem valor autônomo.[25] Adiante o autor explica que as normas de direito privado são as regras do jogo na medida em que o ordenamento do Estado não contém decisão vinculativa sobre a alocação dos recursos, a atribuição dos bens e direitos que resultam das relações entre particulares, autores estes de sua circulação nos mercados. No plano da autonomia privada as regras do jogo estabelecem as condições de existência, validade e eficácia do contrato, instrumento mediante o qual os particulares atuam em mercados.[26]

Diante dessa explicação é possível recorrer ao ensinamento de Pareto sobre a circulação eficiente de bens na economia de sorte que, partindo da idéia de que o contrato, qualquer contrato, promove ou visa à transferência de bens das pessoas que os valorizam menos para as que os valorizam mais, chegar-se-á ao máximo de eficiência na alocação dos bens quando todos estiverem melhor do que antes com o que have-

23. *Formazione e Sviluppo del Diritto Privato Moderno*, Napoli, Jovene Editore, 1987, p. 274.

24. "(...) infine, il riconoscimento dell'autonomia privata, quale potere di costruire *fattispecie giuridiche*, equivale in realtà al riconoscimento in capo ai soggetti privati di una prerogativa tipica del legislatore: quella di (contribuire a) determinare *l'ambito del giuridicamente rilevante*" (idem, p. 275).

25. Idem, p. 277.

26. Idem, ob. cit., p. 279.

rá aumento do bem-estar de todos, uns porque recebem o bem que desejam, outros porque recebem, em troca, outro bem (ou dinheiro), bem esse que prefere, àquele que detinham antes da troca econômica.

Reforçam-se, assim, as observações de Barcellona bem como a importância do reconhecimento da autonomia privada no que concerne à liberdade de desenhar o conteúdo dos contratos, desenhar os vínculos específicos a que desejam ou aceitam submeter-se na medida em que promovem o aumento do bem-estar. É esse incremento o que justifica os efeitos do programa a que as partes contratantes se prendem, e a atribuição de riqueza que do contrato resulta.

Essa é uma função social do contrato que tem mantido o instituto vivo e pujante ao longo do tempo. O apreço da sociedade ao instituto em diferentes períodos históricos é patente. Mesmo quem pensou na morte do contrato, como Grant Gilmore, acabou por reconhecer que o instituto persiste, que novas formas de contratação, novos tipos contratuais diferentes dos tradicionais surgem e que não há limites precisos no emprego do contrato para essa função social de promoção da circulação da riqueza e que, no exercício da liberdade de contratar, podem os agentes determinar o efeito da circulação, as conseqüências jurídicas, no plano da atribuição de direitos e obrigações entre si o que deve ser respeitado.

Roppo[27] nota uma certa ambigüidade na tendência a limitar o poder do contratante forte assim como a que encontra na despersonalização do contrato que é, cada vez menos, autêntica expressão da autonomia individual, corroendo o espaço para efetiva liberdade e autodeterminação das pessoas que pode dificultar ou impedir que busquem, de forma eficaz, a perseguição de seus próprios interesses.

A posição teórica de Roppo, quanto à ambigüidade, pode representar importante meio de criação de externalidades em matéria de contratos. Um negócio intersubjetivo entre particulares como o contrato, e não se fala apenas em contratos de organização, fica subordinado ao atendimento de uma função social que, parece-me, significa deva atender a interesses externos aos dos próprios contratantes?

Essa novidade, a função social do contrato como parâmetro para sua validade e eficácia. Essa inovação, creio, atinge o negócio jurídi-

27. Roppo, ob. cit., p. 47.

co contrato em dois de seus três planos. Existe o negócio mas não é válido e, se for válido, poderá ser ineficaz se não preencher a exigência do art. 421.[28] Demais disso o artigo atinge, de forma violenta, a autonomia privada na medida em que restringe a liberdade de contratar.

O princípio da autonomia contratual, isto é, a liberdade para escolher contratar, ou não, escolher a contraparte, a modalidade de formação do vínculo, o tipo e o conteúdo contratual, a lei aplicável e a modalidade de resolução de controvérsias, quando se trate de contratos individuais e personalizados, mesmo os legalmente tipificados fica presa à existência de uma função social para o contrato.

Preocupação, no caso, resultante da mudança principiológica, especialmente quando ligada à socialidade do direito, vejo com limpidez naquela norma do Novo Código Civil que se refere à função social do contrato. O que, precisamente, se há de entender por função social do contrato?

16. O legislador brasileiro, ao dispor sobre função social não parece ter adotado essa visão ao aplicá-la ao contrato, típica e própria dele; a visão adotada mais se aproxima da busca de fixação de critério para apreciar a um determinado e particular contrato, tipificado, ou não, mas um contrato concreto. Conviria ter-se parâmetros que facilitassem a tomada de decisão pelas partes porque tal como aparece na lei a norma permite amplo grau de subjetividade dos Tribunais gerando insegurança pela imprevisibilidade criada.

Reconhecendo a relevância dos interesses gerais, que devem prevalecer sobre os individuais, um Código regido pelo princípio da solidariedade, parece aqui bastante individualista. Extrair bem-estar de alguns nem sempre produz a redistribuição visada. Contrato operação econômica requer equacionamento de conflitos de interesse segundo critérios compatíveis com os interesses gerais de preservação de negócios.

Custos de transação elevados reduzem a eficácia alocativa de que resulta perda de bem-estar. Suponha-se, agora, que se pense em aplicar a regra do art. 157 a mútuos contratados com instituições financeiras. Intermediárias entre agentes superavitários e outros deficitá-

28. "Art. 421. A liberdade de contratar será exercida em razão e nos limites da função social do contrato."

rios, os efeitos perversos de serem rés nessas ações seriam: os agentes superavitários demandarão maiores garantias e, portanto, a captação de recursos será mais difícil e onerosa; os intermediários tenderão a reduzir os volumes de recursos ofertados a quem deles necessita, o que igualmente favorece a elevação de custos de transação. Que ganhos terá a sociedade com essa realocação de direitos?

Se o devedor argüir a ocorrência de evento superveniente e extraordinário para resolver o contrato, e este for de execução continuada para ele, devedor, mas o credor já tiver adimplido sua obrigação? Por exemplo, mútuo com taxa de juros flutuante; a elevação brusca da taxa que leve à resolução do contrato condenará o mutuário a devolver, de imediato o principal? E se ele não dispuser dos recursos, ainda assim será o negócio resolvido? Sem a imediata restituição da quantia mutuada o devedor obtém ganhos econômico-financeiros que representam transferência de riqueza do credor.

Pelo princípio da vinculatividade das declarações, segundo o qual as partes não podem resilir do negócio salvo na ocorrência de situações específicas, o legislador introduz no sistema a noção de estado de necessidade. A realocação de direitos e deveres é evidente.[29] O artigo 156 reproduz, em certa medida, o 1447 do *cc* que dispõe sobre contratação em condições iníquas quando a contraparte visa a salvar a si ou terceiro de perigo atual de dano grave à pessoa. O dano deve ser físico ou pode ser mental?

A doutrina entende que se configura estado de perigo quando uma pessoa se veja sob ameaça tal que possa atingir sua existência, sua integridade, física ou mental, e que esse perigo seja atual ou iminente, ou quando esteja submetida a mesmo tipo de risco pessoa da família. Se dano grave significar perigo de vida ou perda de qualidade de vida decorrente de evento atual e imprevisto o quadro é um, mas se incluir dano mental ele será significativamente alargado, com possibilidade de serem aplicados critérios subjetivos na sua apreciação. Incluir na concepção de estado de perigo a busca de recursos

29. "Art. 156. Configura-se o estado de perigo quando alguém, premido da necessidade de salvar-se, ou à pessoa de sua família, de grave dano conhecido pela outra parte, assuma obrigação excessivamente onerosa. Parágrafo único. Tratando-se de pessoa não pertencente à família do declarante, o juiz decidirá segundo as circunstâncias."

para suportar o custo de terapêuticas no caso de moléstias crônicas ou mesmo daquelas sem gravidade será ainda outro mecanismo que facilitará condutas oportunistas.

Se o perigo ou risco de dano pode turbar a percepção da pessoa quanto ao desequilíbrio prestacional resultante do negócio, também se pode supor que o argumento dá margem a condutas oportunistas. Sobretudo se houver intenção de, baseado em dano mental, incluir-se nesse quadro risco econômico-financeiro. Seqüestros, longos ou relâmpagos, por exemplo, poderiam ser motivo para afirmar-se estado de perigo quando se pretendesse liquidar ativos para fazer caixa.

No art. 157[30] o legislador trata da lesão por estado de necessidade ou inexperiência, afastando-se, outra vez da matriz italiana que, no art. 1448 do *cc* considera haver lesão quando há estado de necessidade. A lei brasileira prevê duas hipóteses de incidência da regra da lesão: a) premente necessidade; e b) inexperiência. Inexperiência quer dizer a que falte experiência, que pode ser entendida quer como falta de conhecimento abrangente, falta de sabedoria adquirida ao longo da vida, prática, quanto falta de conhecimento específico ou de perícia, adquiridos sistematicamente mediante aprendizado e que se aperfeiçoa, se aprimora ao longo do tempo. É inexperiente em medicina quem não tenha adquirido conhecimentos em curso organizado para formar médicos, mas pode ser experiente na constatação de certos males por tê-los notado ao longo de algum tempo.

Necessidade é precisão; designa o que é imprescindível mas, também, o que é útil e, portanto, desejável. Estado de necessidade pode ser tanto a situação de penúria, de miséria da pessoa, como exigência individual que visa a um determinado objetivo ou a satisfazer condições materiais e morais de vida. Os dois sentidos da expressão estado de necessidade são diversos, quase opostos.

Interessa saber qual deles prevalecerá na aplicação da norma pelos Tribunais. Se a idéia de miséria, penúria, os efeitos da nova alo-

30. "Art. 157. Ocorre lesão quando uma pessoa, sob premente necessidade, ou por inexperiência, se obriga a prestação manifestamente desproporcional ao valor da prestação oposta. § 1º. Aprecia-se a desproporção das prestações segundo os valores vigentes ao tempo em que foi celebrado o negócio jurídico. § 2º. Não se decretará a anulação do negócio, se for oferecido suplemento suficiente, ou se a parte favorecida concordar com a redução do proveito."

cação levará as pessoas a evitar abusar do semelhante menos favorecido. Se estado de necessidade abrigar o atendimento a um objetivo particular, o de satisfação de condições materiais e morais de vida, a criação de externalidades é provável porque pessoas ladinas, audaciosas, poderão se prevalecer da norma e condutas oportunistas aparecerão. Satisfeitos os interesses individuais, como conter o oportunismo?

17. Difícil saber como os Tribunais avaliarão a inexperiência quando se argüir a anulação de um negócio por lesão. Critério será faixa etária, formação profissional, prática? A prevalecer a doutrina consumerista, cada vez que alguém agir como profissional, empresário, ou não, a tendência será ver no outro contratante a parte débil o que imporá maiores cuidados aos agentes profissionais para informar a contraparte com o conseqüente aumento dos custos de transação.

Ainda que se saiba que igualdade formal entre pessoas não se traduz em igualdade no plano material a liberdade de contratar há de ser compreendida como emanação dos direitos de personalidade, fundada na dignidade da pessoa. Intervenção ou controle da liberdade de contratar indica invasão da esfera de manifestação dos direitos individuais da pessoa.

Convém lembrar que Coase explicou que é difícil saber se a distribuição de riqueza pela nova alocação de direitos é melhor, ou não, porque critérios diferentes de atribuição de propriedade parecem induzir a diferente distribuição de riqueza. Mas, quando há custos de transação envolvidos, é muito oneroso para os contratantes cobrir todas as contingências e possibilidades.

Se assim for, a distribuição de riqueza prevista pelo Código Civil poderá ser decepcionante se onerar os contratantes porque poderá resultar em redução do bem-estar geral. Impedir ou inibir ações sem fundamento na boa-fé ou que limitem o exercício de poder de alguns agentes são positivas. Normas que favoreçam condutas oportunistas disfarçadas ou acobertadas por externalidades normativas devem ser descartadas. Facilitar estratégias dominantes é pior.

Prudente repensar a questão da incompletude contratual estudada pelos economistas e o que representam, em matéria de custos de transação, novidades como a lesão e a onerosidade excessiva. A dificuldade, quando não a impossibilidade de se prever, nos contratos de execução diferida ou continuada, todas e quaisquer mudanças – econômicas, tecnológicas, informacionais, sociais, políticas, entre outras – que possam alterar o equilíbrio da relação inicial entre partes. Ainda quando se pudesse prever muitos desses eventos, o custo de negociar e redigir cláusulas que os reequilibrassem poderia ser de tal monta que acabaria por inibir a contratação.

Por derradeiro quero manifestar minha preocupação com introdução da noção de função social do contrato no Código Civil. A concepção de função social de qualquer instituto jurídico tem servido para justificar, quando não determinar, a intervenção do Estado nas relações entre particulares. Nesse sentido a função social da propriedade invocada para facilitar desde desapropriações até incremento nas alíquotas de tributos ou imposição de taxas quando se considere que o imóvel não atende à sua *função social*.

Trata-se de forma de *punição* que recai sobre proprietários que utilizam de forma indesejável bens imóveis. Até o presente não se cogitou de recorrer a essa função social da propriedade para determinar que imóveis residenciais, de baixa ocupação em relação à área útil, devam ser redivididos para abrigar maior número de moradores, ou que obras de arte, obras literárias raras, ou outros bens móveis, de propriedade individual mas de interesse social sejam postos à disposição da comunidade.

18. Alterar o paradigma de avaliação da validade e eficácia dos contratos sem boa explicação, pode sugerir que se pretenda que a autonomia privada seja conformada pelo Estado e/ou o Judiciário. Socialidade ou socialismo? Liberdade ou dirigismo? Se o contrato é negócio entre particulares, e esse é o princípio de sua relatividade que vincula aos seus termos apenas os contratantes e não terceiros, o que significa deva ele, contrato, qualquer contrato, ter função social? Pensar a criação de utilidades como possível preenchimento da função social do contrato poderia, talvez, facilitar a caminhada a ser empreendida pelo intérprete e pelo aplicador da Lei. Caberia ao legislador, no interesse da convivência social pacífica, inibir litígios, fomentar modelos de cooperação para estimular a solidariedade e não facilitar a promoção de litígios. Quando há externalidades as condutas tendem ao oportunismo e, com isso, a sensação de que alguém leva vantagem facilita o descontentamento e, portanto, a busca de equilíbrios que, ao invés de trilharem o caminho da composição, da negociação, tenderão a ser resolvidos judicialmente, num processo circular que aumenta custos de transação.

Em relação à matéria obrigacional aduz o jurista que o Código confere aos juízes margem para recorrer à finalidade social do direito, determinar a equivalência das prestações, enfim, empregar conceitos éticos na integração dos negócios a eles submetidos. Para os economistas o Direito é um bem público extremamente valioso que, nos ordenamentos de base romano-germânica, além da função promocional de Bobbio, está assentado na certeza e segurança que a observância da norma traz. Essa certeza e segurança poderiam ficar comprometidas em razão desse arbítrio ou dessa margem que se dá aos juízes para, fundados na finalidade social do direito, determinar a resolução de contratos? O tempo dirá se teremos aqui fonte de custos de transação e se forem positivos a nova alocação será perversa.

É certo que as normas jurídicas importam e influem no comportamento das pessoas, assim como é igualmente certo que mudanças legislativas têm custo (ainda que muitos legisladores não tenham clara noção disso). Portanto, cabe ao legislador, na reforma das leis, propor regras que acarretem o menor custo ao mesmo tempo em que promovam o máximo de bem-estar possível para a sociedade atingida.

Se isso é tresler o Código, então aceito a invectiva pois me parece impossível afastar temores quanto ao novo, ao desconhecido e revisto proposto na nova lei civil que, nada obstante as boas intenções dos projetistas, espero, não venha a produzir efeitos deletérios onerando a sociedade ou parcelas expressivas dela, porque nesse caso, nem mesmo Kaldor-Hicks serviriam para justificar as inovações.

Para concluir, e ainda uma vez, explicar minha aflição, a falta de um suporte fático claro para atividades econômicas voltadas para mercados, a necessidade de estabilidade das relações contratuais, fica desamparada pela falta de previsão de mecanismos que induzam à cooperação, à negociação, para recompor relações que devem ser duradouras, embora não perenes, que levem a manter os negócios, sobretudo aqueles interempresariais.

Inserir no sistema de direito positivo a cláusula *rebus sic stantibus*, mesmo que de forma reelaborada, como está no art. 478 do Código, torna aquelas relações menos seguras, facilita a deserção, não estimula comportamentos cooperativos entre parceiros e, talvez até, acabe por estimular condutas oportunistas uma vez que põe uma das partes em situação de dominação em relação à outra. Explico. Suponha-se que uma das partes tenha feito investimentos em ativos produtivos que não possam, facilmente e sem perda, ser redirecionados para outros usos ou fins. A resolução do contrato é, nesses casos, ruim de modo geral, nada obstante, em certas circunstâncias seja justificável.

Parece certo que, em tais hipóteses, a perda de bem-estar social não será facilmente recuperada, recomposta – por exemplo, perda de postos de trabalho, de utilidades –, com o que a função social do contrato pode ficar bastante comprometida. A realocação de direitos, ainda uma vez, parece tutelar a imprevidência e o oportunismo, contrariamente ao que se promete com a solidariedade e a eticidade.

Possível que as hipóteses levantadas não passem de quimeras que desaparecerão com as primeiras decisões judiciais. Coase demonstrou que magistrados, no sistema da *common law*, costumam ter presente o resultado econômico de suas decisões e, mais importante, que, também eles, além do mercado, fornecem informações aos agentes; que, se a resposta dos Tribunais for favorável ao desejo de levar vantagem, tão decantado em certo período não muito distante, a atividade econômica organizada na forma empresarial enfrentará dificuldades.

Se estiver, ainda que minimamente, certa ou no caminho correto, será preciso que nas decisões judiciais se tenha presente o potencial de se acentuarem as externalidades como resultado das sentenças que fiquem apenas no caso concreto sem considerar repercussões sobre a comunidade; se houver externalidades que elas não afetem as atividades econômicas gerando desnecessários custos sociais. A segurança e a previsibilidade do direito são vitais para garantir a todos acesso às utilidades produzidas pelo exercício das atividades econômicas, empresariais, ou não.

6. Direito Comparado

*A BOA-FÉ OBJETIVA: uma noção comum no conceito alemão, brasileiro e japonês de contrato**

VÉRA MARIA JACOB DE FRADERA

1. Introdução. PARTE I: 2. As razões da adoção do conceito de boa-fé objetiva como regra contratual no BGB, no Código Civil brasileiro de 2003 e no Minpô de 1947. PARTE II: 3. O alcance dos três textos relativos à boa-fé objetiva nos Códigos Civis alemão, brasileiro e japonês: 3.1 A boa-fé objetiva como "standard jurídico"; 3.2 A boa-fé objetiva como princípio. 4. As variações da concepção principial da boa-fé objetiva. 5. A boa-fé objetiva, instrumento de criação pretoriana: os deveres anexos e acessórios incidentes na relação contratual — Um segundo estágio da concretização. 6. Conclusão.

1. Introdução

A escolha do tema deve-se ao aumento crescente do relacionamento entre Brasil e Japão, seja no plano comercial, seja no cultural, cuja mais recente demonstração é a assinatura, em 2002, de Convênio entre a *Law School* da Universidade de Tohoku, Sendai e a Faculdade de Direito da UFRGS. Dentre os inúmeros assuntos passíveis de ser objeto de reflexão comparatista, optamos pelo contrato, pois ele constitui a base de todas as relações jurídicas civis e comerciais, é a mola propulsora das trocas, e, ao lado da família e da propriedade, um dos pilares fundamentais da ordem jurídica privada.

* Este estudo tem origem em palestra proferida na Faculdade de Direito da UFRGS, por ocasião do evento relativo ao acordo de Cooperação entre a Universidade Tohoku/Sendai e a Faculdade de Direito da Universidade Federal do Rio Grande do Sul (UFRGS), em setembro de 2002. V. a respeito, edição especial da *Revista da Faculdade de Direito da UFRGS*, set./2002.

Dentro do tema "contrato", escolhemos realizar a comparação no que respeita à concepção e aplicação do princípio da boa-fé objetiva[1] em três sistemas, a saber, o alemão, o brasileiro e o japonês, buscando demonstrar a semelhança entre o *BGB* e o *Minpô*, fundada precipuamente no fato de os alemães e os japoneses serem povos dedicados ao comércio, sem nenhum resquício de canonismo em suas origens, diversamente do modelo brasileiro, eivado destas influências, ao lado de outras, como o Direito visigótico, resultando dessa mescla, algumas das peculiaridades do Código Civil brasileiro. No referente à concepção da boa-fé objetiva, sua adoção, ainda de forma não expressa,[2] deve-se a forte inspiração romana, presente no projeto de Código Civil brasileiro, de autoria do insigne jurista Teixeira de Freitas. Seu sucessor, Clóvis Beviláqua, neste aspecto, manteve-o inalterado. A tradição positivista fez com que, durante muitos anos, o Direito civil brasileiro ignorasse os recursos decorrentes da aplicação da boa-fé em sentido objetivo, restringindo-se, por décadas, aos limites da boa-fé em sentido subjetivo, prevista pelo legislador, de maneira expressa.

Antes de iniciar propriamente nossa análise comparatista, faremos brevíssima referência à maneira interessante como o Japão adotou uma noção romanista de contrato.

De acordo com David e Spinosi,[3] o Japão esteve praticamente isolado do Ocidente durante aproximadamente 250 anos, mais precisamente, até o ano de 1853, quando iniciou alguns contactos com seus vizinhos, os chineses, sofrendo, então, influência da China. Contudo, conservou o Japão, em relação ao pensamento chinês, uma marcante

1. A única nota com traços de originalidade neste estudo é a de comparar três sistemas tão distintos em um sem número de aspectos e, não obstante, aproximados pela noção de contrato, pois estamos perfeitamente conscientes do fato de, como afirmado pelo professor Guido Alpa, "la letteratura sulla clausola generale di buona fede è sterminata, sia nell'esperienza italiana, sia nelle esperienze degli altri ordinamenti continentali", in "Il Diritto Giurisprudenziale in Itália e nel Mondo", *Atas* do Congresso realizado em Cagliari/Chia, 15-17 giugno 1995, p. 31.

2. A explicação para o fato de Teixeira de Freitas não ter incluído um artigo expresso sobre a boa-fé objetiva em seu projeto, poderia estar na sua idéia de unir as obrigações civis e comerciais. Como a boa-fé objetiva já estava prevista no Código Comercial de 1850, desempenhando a função interpretativa, não haveria necessidade de prevê-la expressamente para as obrigações civis.

3. *Les grands systèmes de droit contemporains*, 11ª ed., Dalloz, 2002, pp. 426 e ss.

originalidade, devido, por um lado, ao próprio caráter dos japoneses, e, por outro, em virtude do isolamento voluntariamente mantido, até a abertura do país, no já mencionado ano de 1853.[4] É importante referir ainda o fato de os primeiros documentos jurídicos japoneses remontarem ao ano de 646,[5] destacando-se, neste período, a elaboração de regras repressivas – *ritsu* – e de regras administrativas – *ryô*.[6]

A primitiva sociedade nipônica era dividida em classes, primando pela ausência da idéia de Direito. Nestas remotas épocas, há uma espécie de repúdio à regulamentação da sociedade mediante regras jurídicas, consideradas pouco flexíveis, pois suas soluções, de acordo com tal pensamento, estão desprovidas de nuances.

Desta sorte, desenvolveu-se, na sociedade japonesa, um conjunto de regras, originadas da conveniência e da moral, reguladoras, em todas as circunstâncias da vida, da conduta a ser seguida pelos indivíduos nas suas relações com os demais. Estas regras são denominadas *giri*, as quais substituem o Direito e, segundo alguns juristas nipônicos, a própria moral. Para um japonês, o fato de não respeitar um dos *giri*, no qual ele está implicado, representa uma vergonha, situação descrita pela expressão "perda da face".

Este código de honra, puramente costumeiro, tornou inútil, até época assaz recente, a intervenção do Direito e de seus mecanismos.

Em 1868, tem início a denominada era *Meiji*, marcando os primórdios da ocidentalização do Japão, ocorrendo um processo de renovação da sociedade japonesa, surgindo um Estado Democrático no lugar do Estado Feudal até então existente.

Um desenvolvimento extraordinário coloca o Japão entre as primeiras nações de nossa época no referente ao comércio mundial. Uma

4. Apesar dessa opção pelo isolamento, houve alguns contatos importantes com o Ocidente: no século XVII, os holandeses negociavam com os japoneses e, no século XVIII, os portugueses estavam muito presentes na terra do sol nascente. Jesuítas de várias nacionalidades lá pregavam o cristianismo

5. Foram produzidos na era Taika, cujo início é fixado em 646.

6. Segundo referem R. David e C. Spinosi, neste período, os japoneses se encaminham para uma concepção jurídica revestida de uma certa importância, criam escolas onde o direito é ensinado e os *ritsu-ryô* são comentados. Os mestres franceses salientam, contudo, que, nas compilações jurídicas então produzidas, a idéia de direito subjetivo ainda é algo remoto (in *Les grands Systèmes de Droit Contemporains,* cit., p. 426).

legislação moderna é então elaborada, visando a aproximar o Direito japonês dos sistemas jurídicos ocidentais.

Qual a razão de tantas modificações?

O fundamento de tantas e variadas transformações pode ser encontrado no florescimento da era *Meiji*,[7] quando o Japão decidiu, em 1858, pôr fim aos Tratados desiguais, firmados com os Estados Unidos, Reino Unido, França e Países Baixos.[8]

Foi então encetada a adoção de Códigos, inspirados dos modelos europeus, movimento cujo início foi marcado pela tradução do *Code Civil* francês, iniciada no ano de 1869 e concluída cinco anos mais tarde.

A escolha do *Code Civil* como primeiro modelo ocidental a ser conhecido pelos juristas japoneses teve vários motivos determinantes, como bem observa o professor Jacques Robert,[9] um dos mais importantes conhecedores do Direito japonês no Ocidente.

Em primeiro lugar, a França era, na época, o único país a possuir Códigos completos, cuja excelência já havia sido comprovada.

Em segundo lugar, o *Esprit des Lois* de Montesquieu foi a primeira obra jurídica francesa a ser traduzida e publicada no Japão, tendo servido de base para as primeiras reflexões constitucionais japonesas, à maneira ocidental, nos inícios da era *Meiji*. De acordo com a lição do professor Robert, os primeiros textos constitucionais do Japão moderno apresentam a marca do liberalismo das *Lumières*,[10] textos onde são

7. Já nos primeiros anos da era *Meiji* a presença francesa fez-se sentir, sobretudo no âmbito do direito.

8. Por esses tratados desiguais, eram atribuídos privilégios exorbitantes (regime de extraterritorialidade, estabelecimento de jurisdições consulares para julgar os conflitos ocorrentes entre japoneses e estrangeiros).

Como o direito comum japonês não oferecia garantias suficientes aos seus súditos, teve início um movimento nacional no sentido de conferir aos nacionais as mesmas condições. Outro aspecto deveras importante para a ocidentalização do Japão foi a necessidade de se adotar o capitalismo para manter sua independência perante as potências ocidentais. Por outro lado, uma reforma jurídica se fazia necessária para pôr fim aos Tratados desiguais.

9. Na introdução aos trabalhos sobre "Boissonade et la réception du droit français au Japon", Colloque organisé par l'Université Panthéon-Assas (Paris II) et la Maison du Japon à la Cité internationale universitaire de Paris, le 22 novembre 1990, *Revue Internationale de Droit Comparé*, n. 2, avril/juin 1991, pp. 327-331.

10. Ob. cit., p. 328.

invocados o princípio representativo, o princípio democrático e o da internacionalização jurídica, valorizando-se o Direito comparado. Inseriu-se nos textos uma declaração,[11] semelhante à Declaração dos Direitos do Homem, em que foram revogados os antigos costumes discriminatórios, buscando-se seguir os princípios racionais universalmente reconhecidos. Da mesma forma, eram proclamados os princípios da separação dos poderes e da igualdade de todos perante a lei.[12]

Contudo, apesar de tantos esforços, o Japão ainda não lograra ocidentalizar-se o suficiente. Desta sorte, o governo japonês decidiu recorrer à colaboração de três juristas franceses, George Bousquet, Georges Appert e Gustave Boissonade de Fontarabie. Foi este último que acabou sendo o autor de vários Códigos para o Japão, dentre os quais, um Código Penal e um Código de Instrução Criminal, em 1877. Quanto ao Código Civil, ele teve menor êxito, apesar de o seu autor ter consagrado muitos anos de vida a sua redação.

Somente a grande determinação dos japoneses foi capaz de terminar esta obra gigantesca.

Esta tradução teve ainda a colaboração de juristas alemães e, em menor número, de ingleses, como relata o professor Noda (1962), escrevendo sobre o grande, e até hoje reverenciado, professor Boissonade.[13]

O projeto Boissonade de Código Civil foi revisto e adotado em 1891, tendo sido conservado o Direito japonês relativamente ao Direito de família e sucessões, devido as suas peculiaridades locais. Contudo, sua vigência foi diferida, devido a uma séria oposição, de diversas origens.[14]

Um novo texto foi então preparado, o qual deveria manter grande parte do primeiro, mas tal não ocorreu, devido à influência dos proje-

11. Era o "Juramento imperial dos cinco artigos", equivalente às nossas Declarações de Direitos.

12. Idem, p. 328.

13. Sobre a vida e a obra de Boissonade, consultar a *Revue Internationale de Droit Comparé*, cit., onde vários aspectos de sua obra são analisados pelos professores G. Antonetti, J. Carbonnier, E. Hoshino, Y.Okubo, E. Seizelet, J.-L. Sourioux, bem como o já referido Jacques Robert.

14. De acordo com o professor Jacques Robert, alguns fatores contribuíram para o fracasso do projeto Boissonade, tais como a tentativa de apresentar um projeto demasiado europeu, muito distante das tradições nipônicas. Outros criticaram, mas sem razão, segundo Robert, o fato de o jurista francês ter, de certa forma, igno-

tos de Código alemães, cuja qualidade impressionaram os redatores nipônicos. Desta sorte, o Código Civil japonês, adotado em 1896,[15] apresenta nítida influência alemã, pois é contemporâneo ao *BGB*, mas isso não significa que não haja contribuições de outros sistemas.[16]

É interessante observar que, neste aspecto, ocorreu no Direito japonês fenômeno semelhante ao vivenciado pelas sociedades latino-americanas, onde a maioria dos Códigos civis é igualmente resultado de uma mescla de vários modelos europeus.[17]

Após 1945, uma outra corrente ocidental passou a ter certa participação na elaboração do Direito japonês, qual seja, o Direito norte-americano.[18] Finalmente, em 1947, foi publicado o Código Civil japonês, denominado *Mimpô*, o qual recepcionou o princípio da boa-fé objetiva.

Este fato foi de grande relevância, tanto é que, povos vizinhos, como a Coréia do Sul e a China Popular ou Taiwan, foram por ele nitidamente influenciados.[19]

Postos estes dados informativos básicos sobre a ocidentalização do Direito japonês, passaremos ao exame e justificativa da presença do princípio da boa-fé objetiva nos contratos em três ordenamentos aqui

rado as tradições nacionais japonesas e não ter levado em conta, com maior profundidade, as especificidades do país, cultural e fisicamente tão afastado do Ocidente, naquela época. Outro fator pesou fortemente para o repúdio ao projeto, pois seu Código foi considerado como revolucionário para a época, onde ele afirmava a noção de pessoa em detrimento da de Estado, fazia ressaltar o indivíduo e não o grupo. Além disso, o *Code Napoléon* já sentia o peso dos anos, enquanto outro modelo, o *BGB*, estreava, como algo totalmente inusitado, no cenário jurídico universal. V. ob. cit., p. 329.

15. Onde não há lugar para a BFO.

16. Sobre este período da história do direito privado japonês, consultar o interessante trabalho da professora Yuko Nishitani, in *Revista da Faculdade de Direito da UFRGS*, edição especial, set. 2003, pp. 9-8, especialmente p. 13.

17. Vide nosso artigo "A circulação de modelos jurídicos europeus na América Latina, um obstáculo à integração no Cone Sul?", *Revista Ciências Sociais*, Rio de Janeiro, Universidade Gama Filho, 1996.

18. Para uma visão crítica desse período, consultar a interessante obra coletiva, organizada por A. von Mehren, *Law in Japan*, 1963.

19. Para informações a respeito da história da civilização japonesa, vide Edwin O. Reischauer, *Japan, the story of a Nation*, Charles E. Tuttle Company, 1976, e John Whitney Hall, *Japan, from Prehistory to Modern Times*, Charles E. Tuttle Company, 1978. Sobre o direito japonês em geral, consultar: René David-Camille Jauffret-Spinosi, *Les grands Systèmes de Droit Contemporains*, 11ª ed., Dalloz, 2002; Y. Noda, *Introduction au droit japonais*, Dalloz, 1966; J. H. Moitry, *Le droit japonais*, Que

mencionados, adiantando que os três o reconhecem, mas com acepções e alcance um pouco distintos.

É oportuno referir, neste passo, nosso propósito de não abordar a questão da classificação da boa-fé objetiva como cláusula geral, pois a brevidade desejada para esse estudo seria então sacrificada.[20]

Na primeira parte de nosso estudo, nos ocuparemos das razões da adoção do conceito de boa-fé nos três ordenamentos e, na sua segunda parte, examinaremos o alcance dos três textos relativos à boa-fé objetiva nos Códigos Civis, alemão, brasileiro e japonês.

Parte I

2. As razões da adoção do conceito de boa-fé objetiva como regra contratual no BGB, no Código Civil brasileiro de 2003 e no Minpô de 1947

Paradoxalmente, Alemanha, Brasil e Japão sofreram a influência do Direito romano, porém, por motivos bastante diversos.

sais-je?, 1988; I. Kitamura, "Une esquisse psycanalystique de l'homme juridique au Japon", *Revue Internationale de Droit Comparé*, 1987, n. 4, pp. 791 e ss.; T. Taniguchi, "La loi et la coutume au Japon", *Études juridiques offertes à M. Julliot de la Morandière*, 1964, pp. 571 e ss.; H. Oda, *Japanese Law*, 1992; Yuko Nishitani "Introdução à História do Japão", *Revista da Faculdade de Direito da Universidade UFRGS*, edição especial, set./2002, tradução do alemão, de Maitê Schmidtz, Luciana Quinto; revisão da Profa. Dra. Cláudia Lima Marques, pp. 9 e ss.

20. Sobre as cláusulas gerais, existe extensa e variada bibliografia, sobretudo no plano europeu, remontando os primeiros estudos às primeiras décadas de vigência do *BGB*. Assim, a título de exemplo, indicamos: J. Hedeman, *Die Flucht in die Generalklauseln, Eine Gefahr f?r Recht und Staat*, Tübingen, 1933; J. Esser, *Principio y Norma en la elaboración jurisprudencial del derecho privado*, Bosch, 1961; *Generalklausen als Gegenstand der Sozialwissenschaften*, mit Beiträgen von K. Luederssen, E. Noelle Neumann, T. Raiser, G. Teubner und A. Zielcke, Baden-Baden, Nomos Verlag, 1978; Stefano Rodotà, "Il tempo delle clausole generale", *Riv. Crit. del Diritto Privato*, vol. 5, 1986, pp. 709 e ss.; Luciana Cabella Pisu e Luca Nanni (a cura di) *Clausole e principi generali nell'argomentazione giurisprudenziale degli anni novanta*, Cedam, 1998. No Brasil, J. Martins-Costa, "As cláusulas gerais como fatores de flexibilização do sistema", *Revista de Informação Legislativa do Senado Federal*, v. 112, 1992. Posição crítica, a respeito da adoção das cláusulas gerais, devido a sua intervenção demasiado incisiva na autonomia da vontade, veja "Desatualização do Projeto de Código Civil na questão da boa-fé objetiva nos contratos", *Revista dos Tribunais*, vol. 775, maio/2002, pp. 11-17, em especial pp. 11 e 12.

a) A Alemanha, por buscar um sistema jurídico apto a regular a sua mais importante atividade, o comércio e também em razão do prestígio desfrutado por esse Direito em todo o mundo, afinidade igualmente na vocação imperialista, expressa na denominação do Chefe de Estado, o *Kaiser*, vocábulo derivado de *Caesar*, a autoridade máxima romana.

O Brasil, pela via Ordenações, a lei do colonizador português, foi obrigado a adotar um sistema romanista, já bastante mesclado por outros direitos, o árabe e o visigodo. A influência canonista[21] é igualmente muito importante, marcando o Direito brasileiro de forma indelével, sobretudo no âmbito da família.[22]

O Japão, dada a necessidade de ocidentalização, por razões de incremento comercial, optou por inspirar-se no Direito alemão, devido as grandes afinidades com a Alemanha, destacando-se, dentre todas, em primeiro lugar, o comércio.[23] Assim, a adoção de uma legislação privada de origem romana deu-se de segunda mão, através dos projetos do *BGB*.

Já a doutrina japonesa reconhece a origem romana da boa-fé objetiva, mas sem que isso tenha grande relevância em sua versão contemporânea.

21. Sobre o assunto, Ernest Caparros "Les racines institutionnelles des droits occidentaux dans le droit ecclésiastique", in K. D. Kerameus (Ed.), *Rapports généraux présentés au XIVe Congrès International de droit comparé (Athènes, 1994)*, 1995, pp. 7-32; Antonio Padoa Schioppa, "Notes on the role of canon law and on legal historiography", in *Rapports nationaux italiens aux XVIe Congrès International de Droit Comparé (Athènes, 1994)*, Milano, Giuffrè, 1994, pp. 15-30.

22. Vide, Osvaldo Hamilton Tavares, "A influência do Direito Canônico no Código Civil brasileiro", *Revista de Direito Civil*, n. 34, pp. 46 e ss.; Salvatore Berlingò, "Il Diritto 'familiare' nell'ordinamento canônico", *Riv. Diritto Civ.*, 1999, pp. 619 e ss. Sobre a atual exigência de flexibilização do Direito Canônico, o excelente artigo de Louis-Léon Christians, "Le droit canonique internormatif. Conflits de lois et de juridictions avec les systèmes étatiques et les autres systèmes religieux en droit matrimonial", *Rev. Crit. Dir. Internat. Privé*, (2), 1998, pp. 217 e ss.

23. Vale lembrar que, antes das codificações de 1804 e 1900, a boa-fé objetiva era considerada um princípio geral de comércio na França e na Alemanha. Consultar sobre esse período, Rudolf Meyer, *Bona Fides und lex mercatoria in der europäischen Rechtstradition,* Wallstein Verlag, Göttingen, 1994; em língua francesa, nosso comentário, *Revue Internationale de Droit Comparé,* 1995, vol. 1, p. 277.

Qual a razão de ter o Direito romano exercido tamanho fascínio entre os alemães, e indiretamente, entre os japoneses?[24]

A resposta está no fato de o Direito romano ter vocação à universalidade, suas soluções claras, idênticas em toda parte, permitem uma circulação fácil de riquezas. Além disso, o Direito romano tem como centro o indivíduo, e o contrato, como legitimação da vontade e poder desse indivíduo, fazendo com que muitos o considerem um dos antepassados mais remotos do liberalismo.

O Direito alemão, diversamente de todos os outros povos influenciados pelo sistema romano, continua a atribuir-lhe grande relevância, destacando-se, neste âmbito, a teoria da interpretação e suas técnicas. Desta sorte, o princípio da boa-fé está presente, dentre outros aspectos do contrato, na exceção de contrato não cumprido, no § 242, onde se prescreve dever ser a execução da prestação realizada de acordo com a boa-fé. Também na fase pré-contratual, a boa-fé é reclamada, servindo de fundamento à responsabilidade civil, quando da ocorrência da *culpa in contrahendo*, conceito de origem romana, magistralmente sistematizado por Von Ihering,[25] antes mesmo da entrada em vigor do *BGB*.

A repercussão desse estudo foi intensa, tendo o conceito de *culpa in contrahendo* sido recepcionado em vários sistemas, inclusive pela *common law* americana, mediante a sua divulgação por professores americanos com formação alemã, ou por mestres alemães, radicados nos Estados Unidos, exercendo o magistério em Universidades locais.[26]

Uma vez que o Direito romano está na raiz da recepção do conceito de boa-fé contratual, em todos os ordenamentos onde se faz presente, é importante referir, ainda de forma sucinta, a noção romana de boa-fé e sua configuração nas modernas codificações.

24. Não referimos o caso do Brasil por ter sido a adoção de um sistema calcado no Direito Romano, não uma escolha, mas sim uma imposição do colonizador português através das Ordenações do Reino.

25. Em artigo publicado em 1860, intitulado, em sua versão francesa, "De la *culpa in contrahendo* ou des dommages-intérêts dans les conventions nulles ou restées imparfaites", *Oeuvres Choisies*, tradução de O. de Meulenaere, vol. II, p. 1.

26. A respeito, consultar Daniela Caruso, *La "culpa in contraendo", l'esperienza statunitense e quella italiana*, Giuffrè, 1993. Vide também nosso comentário sobre o livro, in *Revue Internationale de Droit Comparé*, vol. 3, p. 724, 1997.

b) A noção romana de *bona fides* – A primeira acepção é de cunho religioso, sendo *Fides* a deusa da palavra dada, representante da fé jurada e protetora dos segredos. Ela também governava a confiança entre os homens, protegendo os fracos contra os poderosos.

Já a *bona fides* é um conceito jurídico, cujo conteúdo foi traçado por Cícero: a *fides* do *bonus vir romano* era a atitude social do romano que auxilia os demais na medida do possível e não prejudica a ninguém. A *bona fides* era a fidelidade à palavra dada e a regra de conduta do homem honesto.

A regra da boa-fé nos contratos tem origem nas ações de boa-fé, ela se faz presente antes mesmo do surgimento da noção de contrato, sendo que os contratos de natureza consensual, tais como os conhecemos hoje em dia, têm origem nessas ações, as *bona fidei judicia*.[27]

Este conceito, bastante modificado, vai aparecer nas codificações dos séculos XIX e XX, como veremos a seguir.

c) A Codificação da boa-fé no século XIX – A Alemanha e o Japão são povos, há séculos, dedicados ao comércio. Mas as semelhanças entre as duas potências não terminam aí, pois o protestantismo e a moral japonesa apresentam características que os aproximam sobremaneira, a ponto de constituírem comportamentos muito próximos. Tal é o caso dos *giri*, conjunto de regras norteadoras de cada tipo de relação humana, regras fundadas na tradição e no sentimento de afeição (*ninjô*) que une os indivíduos nas suas relações e, aquele que não as observa é egoísta, busca primordialmente o seu interesse, em vez de obedecer à parte mais nobre de sua natureza.

O primeiro jurista japonês a consagrar um estudo à noção de boa-fé foi o professor Ishizaka, em 1915. Para ele, a função essencial da boa-fé era ser um critério (*kijun*) capaz de possibilitar a determinação do objeto da prestação ou a maneira de seu cumprimento.

27. Sabe-se ainda muito pouco a respeito dessas ações, mas é fato incontroverso a existência de três diferentes listas, onde estão elas enumeradas, uma de Cícero (in *De Officiis*), uma de Gaius (in *Institutas*) e a terceira no *Corpus Juris Civilis* de Justiniano. Para um melhor aprofundamento sobre o tema, consultar Max Kaser, *Römisches Privatrecht*, Juristisches Kurz-Lehrbuch, 15ª ed., 1989, p. 370. Em língua francesa, o clássico M. Villey, *Le droit romain*, PUF, 1945. Na literatura brasileira, breves referências à *Bona Fides* no direito romano, em *A boa-fé no Direito Privado*, de Judith Martins-Costa, Ed. RT, 1999, pp. 111-124 e notas, sobretudo as de número 71 e 72.

Em 1920,[28] uma decisão do Tribunal Supremo japonês aplicou pela primeira vez o princípio da boa-fé objetiva, princípio "que domina o Direito das obrigações", determinando, a partir daí, uma pesquisa mais aprofundada sobre o seu conceito.

Na verdade, os motivos pelos quais a boa-fé foi introduzida no Código Civil japonês remontam à doutrina anterior à codificação, tais como a busca por uma maior adaptabilidade do Direito às diversas situações da vida, e a vontade de instituir o primado do coletivo sobre o individual. A boa-fé objetiva no Japão é tida como uma norma, cujo fim precípuo é o de limitar a autonomia da vontade e, ao mesmo tempo, permitir ao magistrado melhor adaptar a sua decisão ao caso concreto.

A doutrina encarregou-se desse estudo e, graças as suas valiosas contribuições, o *Minpô* recepcionou, em seu texto, a boa-fé, tendo em vista uma maior flexibilidade do Direito, certamente sob uma forte e evidente influência da Escola do Livre Direito, o *Freirechtsbewegung* alemão.[29]

Contudo, ainda assim, a introdução do princípio da boa-fé objetiva só foi possível mediante uma reforma constitucional, reforma necessária à adaptação do país as novas circunstâncias, criadas em conseqüência da 2ª Guerra Mundial, fator da destruição material do país do Sol nascente. As forças de ocupação, ou seja, os norte-americanos foram os grandes incentivadores da elaboração de uma Constituição democrática para o país, o que desencadeou, de maneira natural, uma série de adaptações do *Minpô* à nova realidade jurídico-política japonesa.[30]

28. Tribunal Supremo, 18.12.1920, *Minroku*, n. 26, p. 1.947, ref. por Béatrice Jaluzot, in *La bonne foi dans les contrats*, Dalloz, 2001, p. 51, nota 1.

29. Segundo Eugen Ehrlich, um dos mais ardorosos defensores da atribuição de um poder pretoriano aos juízes, existe, paralelamente ao direito emanado do Estado, um direito livremente constituído, o qual deve ser levado em conta pelo magistrado, da mesma forma que a lei. O controvertido pensador ensinava que o livre direito é composto pela "eqüidade (*Billigkeit*)", pelo "sentimento do justo (*richtiges Recht*)", pela "razão prática (*praktisches Vernunft*)" e, sobretudo, pela "sentença de acordo com os valores sociais (*Werturteil*)". A respeito desta doutrina, há inúmeras obras, mas talvez as mais interessantes sejam a de H. Kantorowicz, *Der Kampf um die Rechtswissenschaft*, publicada em 1906, e a reação inflamada de François Gény a respeito, o tão conhecido *Méthode d'interprétation et sources en droit positif*, cuja primeira edição data de 1899, sendo a segunda, mais difundida, datada de 1919.

30. Sobre a evolução da ocidentalização do Japão e a influência americana no país, vide Edwino Reischauer, ob. cit.

Para levar a cabo este projeto de democratização, ao mesmo tempo em que era reformada a Constituição, votou-se uma lei sobre medidas de urgência para o Direito civil. A comissão de reforma do Código Civil apresentou quatro projetos, cujo objetivo era o Direito civil como um todo, mas somente aquele relativo à reforma do artigo 1º do *Minpô* foi aprovado, tendo como fundo o princípio maior, o do bem-estar do povo (artigo 1º, alínea 1, e a referência à boa-fé, na alínea 2) e o da proibição do abuso de direito (artigo 1, alínea 3).

É interessante observar que o Japão introduziu a norma relativa à boa-fé objetiva em seu Código Civil, visando, por meio dela, à adaptação do Direito civil aos novos valores democráticos, consagrados na Constituição do país, também recentemente democratizada.

A seguir, passaremos a analisar as diferentes configurações da boa-fé objetiva nos Códigos objeto deste estudo.

Parte II

3. O alcance dos três textos relativos à boa-fé objetiva nos Códigos Civis alemão, brasileiro e japonês

Os legisladores destes três países redigiram de forma mais ou menos semelhante a regra onde impõem aos contratantes o dever de atuarem, na consecução do contrato, de acordo com os ditames da boa-fé objetiva. É o que se depreende dos textos a seguir transcritos.

As disposições normativas a respeito da boa-fé objetiva, nas Codificações analisadas:

a) Código alemão de 1900

"§ 242. O devedor tem a obrigação de executar a prestação, tal como o exigem a confiança e a fidelidade levando em consideração os usos de tráfico."[31]

b) Código Civil brasileiro de 2002

"Art. 422. Os contratantes são obrigados a guardar, assim na conclusão do contrato, como em sua execução, os princípios da probidade e boa-fé."

31. Causa certa perplexidade, o fato de o § 242 ter, como destinatário, aparentemente, somente o devedor.

c) O Código Civil japonês, o Minpô, com a redação dada em 1947:

"Artigo 1º. (...) alínea 2. O exercício dos direitos e a execução das obrigações são coisas que devem ser feitas de boa-fé e com lealdade."

Postas as três normas relativas ao princípio da boa-fé objetiva nos Códigos aqui referidos, surge uma indagação, qual seja, a de determinar-se a verdadeira natureza das normas relativas à boa-fé objetiva, em cada um dos sistemas de Direito privado em análise: a que categoria de norma pertence a boa-fé objetiva? Seria um *standard* jurídico ou um princípio geral? Alguns ordenamentos a consideram como um *standard*, servindo de critério de julgamento, outros, como princípio, o que lhe dá maior importância.

3.1 A boa-fé objetiva como "standard" jurídico

Como *standard*, a boa-fé objetiva pode receber acepções muito variadas, distintas segundo a matéria onde é aplicada, pois o *standard* dá uma medida média de conduta social, suscetível de se adaptar às particularidades de cada hipótese determinada. Desta sorte, a boa-fé objetiva é um conceito de *geometria variável*,[32] cuja constância é duvidosa, mas cuja vantagem é a flexibilidade. Exemplo dessa acepção, é a forma como ela está prevista no *Code Civil* francês e no *Uniform Commercial Code* americano.[33]

Os alemães e japoneses optaram pela concepção principial da boa-fé objetiva.[34] Esta qualificação vem sendo adotada, a cada dia mais, por outros sistemas.

32. A expressão, inúmeras vezes citada, é da autoria de Béatrice Jaluzot, ob. cit.

33. Artigo 1.134: "as convenções legalmente formadas têm valor de lei em relação àqueles que as constituíram. Elas somente podem ser revogadas por seu consentimento mútuo, ou por causas autorizadas pela lei. Elas devem ser executadas de boa-fé". Já o UCC americano, em seu § 1-102, dispõe que as partes podem, mediante as cláusulas contratuais, tais quais os *standards* deverão ser observados durante a execução do contrato.

34. "Princípio é uma idéia geral, extraída de um conjunto de regras ligadas entre si por uma certa relação lógica, e é a idéia comum, situada na base de todas essas regras, que é formulada sob a forma de 'princípio'. O traço mais característico do princípio é a abstração.Um princípio é extraído das regras. Mediante um trabalho de pura indução lógica, eliminando-se as particularidades de cada regra, para manter apenas uma concepção ideal e puramente subjetiva, e dela fazer uma realidade permanente e objetiva" (cf. Al-Sanhoury, *Le standard juridique*, citado por B. Jaluzot, ob. cit., p. 71).

3.2 A boa-fé objetiva como princípio

Como princípio, a boa-fé objetiva desempenha três funções assim entendidas: interpretação, concretização e controle.

a) A função interpretativa da boa-fé – De acordo com o § 157 do *BGB*, "os contratos devem ser interpretados conforme exige a boa-fé levando-se em conta os usos".

O legislador brasileiro de 2002, na Parte Geral do Código Civil, em seu art. 113, dispôs de forma análoga à do legislador do *BGB*: "Os negócios jurídicos devem ser interpretados conforme a boa-fé e os usos do lugar de sua celebração".[35]

Já o Minpô não contém regra expressa referente à interpretação conforme a boa-fé, conferindo ampla discricionariedade ao juiz na matéria.

Na verdade, a incidência da boa-fé na teoria da interpretação japonesa é considerada exclusivamente uma obra da doutrina, preconizando-se a interpretação em função do fim perseguido pelos contratantes, depois pelos usos, pelo Direito supletivo e, por último, em virtude da boa-fé.[36]

Os juízes japoneses costumam interpretar livremente as normas legais, apoiando-se numa *ratio* ou natureza das coisas, os denominados *jori*, invocando em suas decisões tanto a boa-fé como os bons costumes. O juiz nipônico é bem mais livre do que o europeu ou o brasileiro; tem ampla liberdade, não estando tão adstrito à lei como no Ocidente. Esta discricionariedade pode ser algo bom, mas não deixa de representar certa insegurança para o jurisdicionado. É verdade, tam-

35. O nosso vetusto Código Comercial de 1850 já dispunha no mesmo sentido, em seu art. 131 (revogado pelo Código Civil de 2002): "Sendo necessário interpretar as cláusulas do contrato, a interpretação, além das regras sobreditas, será regulada sobre as seguintes bases: 1. a inteligência simples e adequada, que for mais conforme à boa-fé, e ao verdadeiro espírito e natureza do contrato, deverá sempre prevalecer à rigorosa e restrita significação das palavras". Inciso 4: "o uso e prática geralmente observada no comércio nos casos de mesma natureza, e especialmente o costume do lugar onde o contrato deva ter execução, prevalecerá a qualquer inteligência em contrário que se pretenda dar às palavras".

36. A título de exemplo, vale referir a decisão da Corte Suprema Japonesa, em 1957, afirmando "a boa-fé não tem sua aplicação limitada exclusivamente ao exercício dos direitos, à execução das obrigações, ela deve servir de norma de interpretação do teor do contrato (citado por B. Jaluzot, ob. cit., p. 170, n. 622).

bém, que este aspecto depende da cultura do povo, a qual ir ao tribunal representou, durante séculos, um ato qualificado como vergonhoso.

Sob um outro ângulo, há uma aproximação entre o Direito brasileiro e o japonês, relativamente ao exercício do direito, ambos sujeitos à boa-fé.[37]

b) No que tange à função concretizadora da boa-fé, há uma sintonia entre o Direito alemão e o japonês, pois, através da *Konkretisierung* em alemão e da *gutaika* em japonês, é feita a determinação mais concreta do conteúdo da boa-fé, mediante o recurso aos usos locais e a certos valores. É interessante mencionar o fato de o *Minpô* reconhecer, no seu art. 92, a importância desses usos.[38]

O Código Civil de 2002, em seu art. 113, refere a boa-fé e os usos do lugar de sua celebração como critérios para a interpretação dos negócios jurídicos.

No Brasil, infelizmente, a relevância dada aos usos é ainda pequena, porque a nossa tradição é demasiado positivista.

Quanto aos valores, são os não-jurídicos, ou seja, os valores de cunho ético-sociais, como a lealdade, a razão, a justiça, a solidariedade, a eqüidade e os princípios constitucionais.

c) Em relação à função de controle da boa-fé objetiva, os três sistemas jurídicos, alemão, brasileiro e japonês, coincidem num mesmo aspecto, todos concebem a boa-fé objetiva como uma espécie de diretiva do comportamento das partes, quando da execução contratual, diretiva essa que autoriza um efetivo controle desse comportamento, pelo magistrado.

Apesar desse reconhecimento comum, as formas de realização do controle são diferentes nos três ordenamentos.

No sistema alemão, o controle do exercício da autonomia da vontade é realizado de maneira ampla pelo juiz, valendo lembrar aqui a

37. *Minpô*, artigo 1, alínea 2, transcrito *supra*, e o artigo 187 do Código Civil de 2002: "Também comete ato ilícito o titular de um direito que, ao exercê-lo, excede manifestamente os limites impostos pelo seu fim econômico ou social, pela boa-fé ou pelos bons costumes".

38. Artigo 92: "Existindo um costume diverso da lei ou do regulamento, mas não relacionado à Ordem Pública, é preciso levar em conta se os participantes de um ato jurídico tinham a intenção de observar este costume, de modo que o costume deve prevalecer".

teoria do abuso de Direito, nascida da *exceptio doli generalis*, ressuscitada pela jurisprudência do fim do século passado. Esta construção foi vinculada ao § 242, que prevê a execução de boa-fé das convenções. Esta construção é peculiar ao Direito alemão, se bem que as duas noções são indissociáveis na maioria dos sistemas jurídicos.

Foi também com base na boa-fé objetiva, que o juiz alemão controlou a edição de cláusulas abusivas nos contratos de consumo, antes mesmo da publicação da *AGBG*, de 1976.[39] Nos contratos entre comerciantes, o controle pode ser menos incisivo, não obstante, até mesmo essa categoria pode ser sujeita a controle judicial, conforme autoriza o § 9 da mencionada Lei de 1976, sobre condições gerais de negócios.

No Código Civil brasileiro de 2002, está consagrado o controle do exercício da autonomia da vontade, mediante a aplicação do art. 422, onde o legislador impõe o dever, aos contratantes, de guardar, assim na conclusão do contrato, como em sua execução, os princípios de probidade e boa-fé. A exemplo do que ocorre no sistema alemão, mencionam-se, no diploma de 2003, os contratos de adesão (condições gerais de negócios), determinando o legislador a nulidade das cláusulas onde se estipule a renúncia antecipada do aderente a direito resultante da natureza do negócio.[40] Anteriormente à publicação do novo Código Civil, a doutrina nacional já havia sido pródiga em obras relativas às funções da boa-fé objetiva, [41] inclusive a de controle, assim como a jurisprudência de nossos tribunais, atingindo níveis de verdadeira excelência, ao exercer a função controladora do exercício da autonomia da vontade.[42]

Quanto ao Direito japonês, apesar da existência da possibilidade de ampla intervenção do juiz, o controle da autonomia da vontade pelo

39. A *Allgemeine Geschäfts Bedingung Gesetz* de 1976. V. nosso "Ineficácia das cláusulas abusivas", *Revista de Direito do Consumidor*, n. 43, jul./set. 2002, pp. 316-324.

40. Cf. art. 423 do Código Civil de 2002: "Quando houver no contrato de adesão cláusulas ambíguas ou contraditórias, dever-se-á adotar a interpretação mais favorável ao aderente".

41. O grande estudioso e "descobridor" de todas as potencialidades do princípio da boa-fé objetiva no Brasil foi Clóvis do Couto e Silva, com sua obra *A Obrigação como Processo*, em 1976 (Bushatsky).

42. V. referências jurisprudenciais, em J. Martins-Costa, ob. cit., pp. 455 e ss.

juiz tem sido exercido de maneira "circunspecta" como acertadamente refere B. Jaluzot.[43]

Relativamente à sanção ao exercício abusivo do Direito, com assimilação à violação ao princípio da boa-fé, percebe-se uma influência francesa muito grande no Direito japonês nesta matéria. Para outros autores, uma vez que a boa-fé delimita o exercício de direito, sendo este exercício contrário à boa-fé, será ele abusivo.

Para alguns autores, se o exercício do direito contrariar a boa-fé, ele será abusivo, uma vez que a boa-fé delimita o exercício do direito, impondo limites ao Direito subjetivo.

O fundamento para a sanção ao exercício abusivo do direito seria a responsabilidade delitual, identificando-se o abuso de direito ao ato ilícito.

Com efeito, um artigo publicado no Japão em 1906, faz menção ao abuso de direito, e nele se nota nítida influência do pensamento de Josserand,[44] em sua obra publicada em 1905.

4. As variações da concepção principial da boa-fé objetiva

A concepção da boa-fé objetiva como um princípio não está imune a algumas diferenças nos três ordenamentos em análise, da Alemanha, do Brasil e do Japão.

Em 1º lugar, a posição onde está o princípio, no caso do Japão, logo no início do *Minpô*. Seu âmbito de ação se circunscreve ao Direito civil, excluindo o Direito público, mas conferindo-lhe uma posição de destaque, conforme atestam as palavras de K. Kitamura, H. Morita e A. Omura, para quem a boa-fé, no *Minpô*, foi "erigida à condição de primeiro violino, encarregada de conduzir toda a orquestra das regras de Direito civil".[45]

O Direito alemão, por sua vez, concebe a boa-fé objetiva como uma norma superior, dominando todo o sistema, enquanto o japonês,

43. Em ob. cit., p. 238, n. 888.

44. "De l'esprit des droits et de leur relativité, théorie dite de l'abus des droits."

45. "La bonne foi dans la formation du contrat", rapport japonais, in *La bonne foi, journées louisianaises, Travaux de l'Association Henri Capitant*, 1992, p. 143.

como se observou, não lhe atribui tamanha força, e é mais reservado quanto ao âmbito de sua aplicação.

No Brasil, pode-se dizer que a boa-fé objetiva é entendida, algumas vezes, como *standard*, em outras, como princípio. Ela estava subentendida no Código Civil de 1916, onde era pressuposta, existindo como um princípio subjacente. No Código Civil de 2002, está prevista expressamente, nos arts. 113 e 422, tendo aplicação em outras disciplinas além do Direito civil, por exemplo, no Direito do trabalho, no Direito processual civil e no Direito administrativo.

Veremos a seguir, como a jurisprudência, nos três sistemas aludidos, desenvolveu uma série de deveres, com fulcro na boa-fé objetiva, com o fito de complementar o conteúdo do contrato avençado entre as partes.

5. *A boa-fé objetiva, instrumento de criação pretoriana: os deveres anexos e acessórios incidentes na relação contratual – Um segundo estágio da concretização*

Os três sistemas aqui referenciados reconhecem a existência de deveres nascidos da incidência do princípio da boa-fé objetiva no contrato. Contudo, a sua criação deve ser tributada exclusivamente à jurisprudência, sendo seu papel o de influenciar sobremaneira o Direito dos contratos e da responsabilidade civil.

a) O Direito alemão funda todas as obrigações acessórias no princípio da boa-fé objetiva, seja no § 157[46] ou no § 242 do *BGB*. Esta idéia de permitir ao intérprete complementar o conteúdo da relação contratual, mediante a inserção de deveres acessórios, remonta à época dos trabalhos preparatórios da elaboração do *BGB*. A jurisprudência alemã criou, ao longo dos anos, certas obrigações, muito precisas, constituindo verdadeiras regras de Direito material. De acordo com a doutrina germânica, existem três grandes categorias desses deveres, o de cooperação,[47] o de infor-

46. "Os contratos devem ser interpretados como o exige a boa-fé, levando em consideração os usos."

47. Reconhecida pela RG, a Corte Suprema alemã, já em 1920. V. *RGZ*, 101, p. 47. Esta obrigação consistiria "em que o devedor e o credor estão obrigados a proporcionar as condições para o desenvolvimento do contrato e afastar os entraves à sua execução, mediante uma estreita cooperação", cf. o Comentário Palandt/H. Hei-

mação[48] e o de proteção,[49] os quais deram surgimento a várias outros, como o de fidelidade (*Treupflicht*), cuja aplicação se restringe a apenas dois tipos de contrato, o de trabalho e o de sociedade.

b) Já o *Minpô* tem dois fundamentos para os deveres acessórios, os *fuzi gimu*, o art. 1º, alínea 2, e o artigo 415, onde se lê, "a execução deve ser feita segundo o real conteúdo da obrigação". De acordo com a maioria da doutrina nipônica, é difícil conciliar os dois fundamentos.

O Direito japonês reconhece como deveres acessórios o de informar, de proteger,[50] de atuar com diligência e de cooperar.[51]

c) No Direito brasileiro, na concepção cooperativa do contrato percebe-se um feixe de vínculos, uma espécie de estrutura (*Gefüge*) onde cada parte pode ser destacada da outra, sem prejuízo para o todo, de tal sorte que ao lado da obrigação principal, surgem os deveres acessórios, anexos e secundários, alguns até mesmo independentes da obrigação principal, servindo o seu cumprimento, para um melhor adimplemento da principal. De acordo com o pensamento de Clóvis do Couto e Silva,[52] *todos os deveres anexos podem ser considerados como deveres de cooperação*,[53] ressaltando, porém, a existência de autores

netius, § 242, n. 32. O tema é pouco versado na doutrina francesa, contudo, para uma visão comparatista do tratamento da cooperação contratual naquele país, ver o interessante estudo de François Diesse, "Le devoir de coopération comme principe directeur du contrat", *AphD*, 43, 1999, pp. 259-302.

48. O Direito alemão não reconhece uma obrigação geral de informação, mas criou inúmeras outras, dela derivadas. Papel sobremaneira importante é reconhecido à obrigação de informar na fase pré-contratual.

49. Espécie muito heterogênea, pois reúne vários tipos de obrigações secundárias, a ela referenciadas, como a de segurança, prudência, garantia.

50. V. decisão da Corte Suprema japonesa, datada de 17 de outubro de 1991, onde foi mencionada a existência de um dever de proteção, por parte do proprietário negligente, quanto às condições de um prédio, onde ocorrera um incêndio, condenando-o ao pagamento de perdas e danos pela inexecução do contrato, com fundamento no princípio da boa-fé objetiva (citado por B. Jaluzot, ob. cit., p. 520).

51. V. a decisão da Corte Suprema japonesa, em 30 de maio de 1968, onde foi dito que a parte havia "faltado com sua obrigação de contribuir para a realização do fim almejado no contrato" (V. B. Jaluzot, ob. cit., p. 515, nota 3).

52. Ob. cit., p. 117.

53. Consultar, deste autor, também *Les principes fondamentaux de la responsabilité civile em droit brésilien et comparé*, Cours fait à Paris, Université de Paris XII, 1988 (datilografado), onde o autor demonstra compartilhar da concepção alemã de relação obrigacional, pois assim se manifesta: "(...) Aujourd'hui, par l'application du

que dão significado restrito a esses deveres, abrangendo apenas os de auxílio, no sentido de que o fim (adimplemento) só pode ser obtido mediante a mútua cooperação das partes.

O mesmo autor menciona, como parte da categoria de deveres anexos, os de indicação e esclarecimento, cujo cumprimento se dá em favor do outro contratante.

Uma observação interessante diz respeito à terminologia empregada nos três sistemas em relação às conseqüências da incidência do princípio da boa-fé objetiva na relação contratual: enquanto os franceses, aqui pouco mencionados, utilizam a expressão "obrigações acessórias", os alemães, brasileiros e japoneses preferem qualificá-las como "deveres". A razão dessa diferença de tratamento talvez derive da consideração dos "deveres acessórios" como algo externo às partes, não originado da vontade dos contratantes, os quais convencionam, pelo exercício da autonomia da vontade, apenas a obrigação principal. Ora, a incidência do princípio da boa-fé objetiva na relação contratual impõe-lhes deveres (e não obrigações), porquanto inafastáveis por sua vontade, sujeitando ambas as partes.

6. Conclusão

Após essas brevíssimas reflexões de cunho comparatista, chegamos ao momento de realizarmos a síntese das idéias aqui expostas:

a) A recepção do modelo jurídico romano deu-se de forma distinta em cada um dos três ordenamentos analisados.

b) Devido a fatores de cunho histórico, filosófico, religioso e ideológico, a adoção do princípio da boa-fé objetiva redundou em algumas diferenças na sua acepção.

c) Em que pesem a tais diferenças, pudemos, contudo, observar ser a adoção do princípio da boa-fé objetiva um elemento de aproximação entre as três concepções de contrato analisadas, aproximando-as até mesmo daqueles modelos criados pelas organizações internacionais, por exemplo, o da Convenção de Viena de 1980 sobre Venda

principe de la bonne foi au droit des obligations, le rapport obligatoire est considéré aussi comme un ordre de coopération entre les parties pour accomplir l'intérêt du créditeur" (p. 1).

Internacional de Mercadorias, do *Code Unidroit* sobre Contratos Internacionais de Comércio[54] e do *Code Européen des Contrats*.

d) No que se refere ao Direito japonês, resta aberta a indagação formulada inicialmente: pode-se falar em uma real e efetiva ocidentalização do Direito civil japonês? Nossa resposta talvez possa ser interpretada como uma ousadia, pois entendemos que, para alguns efeitos, ela existe, mas para outros, não.

Com efeito, a tradição e a cultura japonesas são mais fortes do que toda e qualquer inspiração externa. E ousamos ir mais longe: melhor seja assim, pois o povo japonês deve conservar sua identidade, seus valores culturais. Já a manutenção e a conservação intacta de suas tradições, o amor pela sua cultura milenar, seu sentimentalismo místico, sua mentalidade voltada mais para a poesia do que para a lógica, substrato dos Códigos ocidentais, o afastam do mundo ocidental.

Pessoalmente acreditamos consistir este aspecto o maior encanto da civilização japonesa: um país extremamente desenvolvido em todos os campos do conhecimento, detentor de uma tecnologia de ponta em vários setores, cujo povo respeita o próximo independentemente de qualquer regra jurídica impositiva, movido por um costume milenar, fator de união e entendimento na sociedade japonesa. Para nós, essa maneira de conceber as relações sociais deve ser um bom exemplo a ser imitado.

54. Publicados pelo UNIDROIT (Institut International pour l'unification du Droit privé), Roma, 1994, 262 pp., em várias versões: alemão, árabe, chinês, espanhol, holandês, húngaro, italiano e russo, sendo a versão original em inglês.

NUNCA CONFIE NUM BUROCRATA

*A doutrina do "estoppel" no sistema da "common law" e o princípio constitucional da moralidade administrativa (art. 37 da CF/88)**

José Guilherme Giacomuzzi

* Este estudo é a tradução, com alguns adendos e modificações, de parte do trabalho apresentado pelo autor à George Washington University, USA, em abril/2001, junto ao Programa Minerva – IBI, *Institute for Brazilian Issues.*

Introdução

A primeira parte do título deste trabalho é um plágio. Cuida-se da tradução de um clássico *comment* do direito americano escrito em 1969 no volume 42 da *Southern California Law Review*: "Never trust a bureaucrat: Estoppel Against the Government".

Assim como o *comment* americano, que põe a *confiança* no centro da cena na doutrina do *estoppel* (contra o Governo),[1] o presente artigo, além de apresentar as linhas mestras desse instituto do direito anglo-saxão, mormente nos USA, pretende demonstrar que, entre nós, no campo do Direito público-administrativo, é o princípio da moralidade administrativa, expresso no art. 37 da CF/88, que veicula a mesma proteção à *confiança*, havendo, portanto, similaridade entre o *telos* dos referidos institutos do *common law* e da *civil law* – apesar, diga-se claramente, do fato de que o princípio da moralidade administrativa não se resume em ou se confunde com a doutrina do *estoppel*, esta de alcance bem mais limitado.

O trabalho é dividido em duas partes. A primeira, descritiva, traz uma exposição, posto que não totalmente completa, mas que se pretende suficiente e em bom sentido acrítica, sobre a doutrina do *estoppel* no sistema da *common law* (mormente o americano), a fim de fornecer elementos à pré-compreensão da segunda parte. Nesta última, após breve comparação dos sistemas da *continental law* e da *common law*, demonstro que, entre nós, é por meio do princípio da moralidade administrativa que se podem discutir as questões que a doutrina do *estoppel* contra o governo suscita na *common law* e, sem esgotar o assunto, indico que, no Brasil, muitas das objeções apresentadas pela doutrina americana à aplicação do *estoppel against the government* não se justificam. Não proponho, entretanto, como na doutrina americana já se pode encontrar, critérios ao impedimento (*estoppel*) do Estado, tarefa a ser oportunamente desenvolvida.

Vale também estampar nesta introdução outro objetivo de um estudo como este, *a latere* dos já implícitos em qualquer trabalho comparativo: chamar a atenção ao fato de que, embora tenhamos já iniciado,[2]

1. As palavras Governo e Estado serão utilizadas indistintamente neste artigo.

2. Anote-se, entretanto, que, sempre à frente do seu tempo, o professor Almiro do Couto e Silva já aludia, faz mais de 20 anos, à necessidade de proteção da confiança

estamos, no Brasil, ainda longe do nível, quantitativo e qualitativo, de discussão que a doutrina anglo-saxã alcançou no debate de institutos que protegem a confiança legítima provocada nos cidadãos por um ato do Estado.

Parte 1 – A doutrina do "estoppel" na "common law"

1. Visão geral

Em livro recente, a inglesa Elisabeth Cooke enfatiza que a história do *estoppel* é complexa. Vários ramos ou categorias de *estoppel*, com diferentes origens e inconsistentes regras, têm sido desenvolvidos ao longo dos anos para fazer frente às várias e mutáveis necessidades humanas e comerciais. O resultado – conclui Cooke – não foi muito ordenado.[3]

Não há dúvida, entretanto, que a doutrina do *estoppel* tenha origem no Direito privado. Nos Estados Unidos, Melville Marvin Bigellow, no início do seu clássico *Treatise*,[4] apresenta a existência de três formas de *estoppel*: *estoppel "by record"*, *estoppel "by deed"* e *estoppel by "facts in pais"*.[5] Somente o último, também conhecido com *equitable estoppel*, é importante para este trabalho.[6] O *estoppel by "facts in pais"* é subdivi-

legítima dos cidadãos frente aos atos do Poder Público. Ver Almiro do Couto e Silva, "A responsabilidade do Estado no quadro dos problemas jurídicos resultantes do planejamento", *Revista Forense* 278/366-371. Tratando da responsabilidade civil do Estado no caso específico da alteração de planejamento, o Professor Almiro, após afirmar que o Estado também deve submeter-se ao princípio da boa-fé, conclui (p. 371): "Há responsabilidade sempre que o Estado, na implantação do plano ou no seu processo de execução acena, mediante promessas firmes, com benefícios e vantagens, induzindo os particulares a um determinado comportamento e ocasionando dano a eles, pela ulterior modificação do plano, mesmo quando realizada mediante lei. (...) A responsabilidade do Estado nessas circunstâncias tem seu fundamento específico na *quebra da confiança*, com a *violação de deveres jurídicos decorrentes da boa fé*" (grifei). Se no Direito anglo-saxão estivéssemos, seria a doutrina do *estoppel* aplicada ao caso.

3. Elizabeth Cooke, *The modern law of estoppel*, p. 16.

4. Melville Marvin Bigellow, *A treatise in the Law of Estoppel*.

5. Bigellow, *A treatise in the Law of Estoppel*, p. 3. Um resumo muito simplificado das formas de *estoppel* encontra-se em Alejandro Borba, *La Teoría de los Actos Propios*, pp. 27-39.

6. De acordo com Cooke, *The modern law of estoppel*, p. 6, Sir Edward Coke, escrevendo em 1628, esplicou que havia "três tipos de *estoppel*, *by matter of record*,

dido em (1) fatos determinados por ou em virtude de um contrato, (2) atos ou condutas que provocaram mudança de posição de acordo com a real ou aparente intenção da parte contra quem o *estoppel* é alegado.[7]

Na Inglaterra, somando-se ao *estoppel in pais*, Cooke menciona a existência do *proprietary estoppel* e do *promissory estoppel* (ou princípios em *High Trees*).[8] O *proprietary estoppel* é descrito como o princípio segundo o qual alguém (A) é encorajado a agir em detrimento da representação ou estímulo de outrem (O) de tal forma que não seria razoável (*unconscionable*) para "O" insistir em seu direito subjetivo. O *promissory estoppel* é assim descrito: quando, por palavras ou atos, alguém, enquanto parte de um negócio jurídico, espontaneamente faz para a outra parte uma inequívoca promessa ou afirmação intentando provocar efeitos obrigacionais entre elas (*to affect the legal relations between them*) (seja ou não por meio de um contrato) e, antes da retratação, esta outra parte age em consonância com aquela promessa ou afirmação, alterando sua posição em detrimento desta promessa, a parte que fez a promessa ou a afirmação não pode agir em dissonância com sua avença.[9]

Na Austrália, a doutrina do *equitable estoppel* é equivalente à do *promissory estoppel* nos USA, protegendo a confiança nas assunções relacionadas à conduta futura de um agente.[10]

Já se pode observar nesse rápido escorço uma certa confusão na terminologia dentro dos países da *common law*. Cooke anota que tem havido uma série de manifestações judiciais de intolerância com a idéia de que o direito do *estoppel* compreenda várias categorias distintas.

by matter in writing, e *by matter in pais*." Cooke coloca-nos que "Aquilo que Coke chama '*estoppel by matter of record*' é freqüentemnete agora chamado *estoppel per rem judicatam*, que pode ser aproximadamente traduzido por '*estopppel* porque a Corte já tenha decidido'. É a regra que quando uma questão já foi uma vez enfrentada, as partes não podem trazê-la novamente à Corte para novo julgamento". Bigellow nota que o termo "*record*" significa (1) o documento legislativo, (2) os autos do processo respectivo que tramitou na Corte; e esclarece que "*deed*" significa "um contrato de penhor, e especificamente a transmissão da propriedade de terra ou algum interesse nisso; (...)" (Bigellow, *A treatise in the Law of Estoppel*, p. 3).

7. Bigellow, *A treatise in the Law of Estoppel*, p. 3.

8. Ver Cooke, *The Modern Law of Estoppel*, pp. 16-53.

9. Cooke, *The Modern Law of Estoppel*, p. 55.

10. Ver Andrew Roberton, "Situating Equitable Estoppel Within the Law of Obligations" (doravante *Situating Equitable Estoppel*), p. 42, nota 78.

Talvez a mais radical crítica tenha sido feito por Mason na Austrália: "(...) deveria ser aceito que não há mais que uma doutrina do *estoppel*, a qual refere que o tribunal da *common law* ou *equity* podem fazer o que é exigido, mas não mais para evitar que uma pessoa que confiou em um estado de situações atual, passado ou futuro (incluindo um estado legal), e cuja confiança na outra parte (a parte impedida [*estopped*]) induziu-a a agir, venha a ser prejudicada por ter agido em confiança da outra parte e em detrimento de outro comportamento correto".

Portanto, não há somente uma forma de abordar a doutrina do *estoppel*. E este artigo não tem pretensão de esgotar a matéria. A intenção é somente – repito – oferecer ao leitor brasileiro as básicas noções do instituto do (*equitable*) *estoppel* (*estoppel by facts in pais*, nas palavras de Bigellow), a fim de possibilitar uma análise comparada com as doutrinas continentais de proteção à confiança e à boa-fé objetiva, mormente o princípio da moralidade administrativa insculpido no art. 37, *caput*, CF/88.

Sustentei noutro lugar que a principal – não a única – função da moralidade administrativa do art. 37 da CF/88 é veicular, no ramo do Direito público-administrativo, a doutrina privatística da boa-fé objetiva.[11] Não há espaço aqui para retomar esse tema, vasto que é. O que interessa é fazer ver que, no sistema da *common law*, a doutrina do *equitable estoppel* e, especialmente para este trabalho, do *equitable estoppel against the government*, trata dos mesmos problemas e enfrenta semelhantes objeções que, no Direito continental, dizem com a doutrina da boa-fé objetiva e, particularmente, no Direito constitucional-administrativo, respeitam ao princípio da moralidade administrativa.

Referidas objeções serão, em relação à moralidade administrativa e/ou proteção à confiança e boa-fé objetiva, somente mencionadas, porque delas tratei no já referido estudo anterior.[12] Seriam elas a existência de uma relação de subordinação (entre partes desiguais) no Direito público, e não de coordenação (entre partes iguais), como ocorre no

11. Ver José Guilherme Giacomuzzi, *A moralidade administrativa e a boa-fé da Administração Pública: o conteúdo dogmático da moralidade administrativa* (doravante, *A moralidade administrativa e a boa-fé*). Para um breve escorço histórico do conceito de moralidade administrativa, ver "A Moralidade Administrativa – História de um conceito", *Revista de Direito administrativo* 230/291-303.

12. Ver Giacomuzzi, *A moralidade administrativa e a boa-fé*, pp. 255-263.

Direito público, e a dependência da boa-fé à autonomia da vontade, às quais se pode ajuntar, como faz Edilson Pereira Nobre Jr. em recente obra, a vinculação da Administração ao princípio da legalidade e o fato, lembrança tomada por este autor a Ernst Forsthoff, de que no Direito administrativo "não existem entre as partes relações de intimidade capazes de justificar a conformação da boa-fé no respectivo tráfico jurídico".[13]

2. A doutrina do "equitable estoppel"

A doutrina do *equitable estoppel* consiste – diz Bigellow – em tomar por verdade um comportamento de uma pessoa que agiu de determinada forma procurando negar sua ação anterior na intenção de privar de benefícios uma outra parte que agiu em consonância com aquela ação prévia. A origem do *estoppel* – continua o autor – é provavelmente encontrada no doutrina da *equity*, segundo a qual, se um comportamento é dirigido a uma pessoa que o trata com boa-fé, aquele que agiu deve saber que se vinculou mesmo consciente de ter agido falsamente. Lord Eldon ter-se-ia referido a isso como "um muito antigo e decisivo ponto da *equity*". Mas o princípio tinha sido adotado em Direito no campo das ações fraudulentas vários anos antes de ser formulado e, embora seja ainda chamado de "*equitable estoppel*", o *estoppel* estaria à inteira disposição do Direito como da *equity*.[14]

13. Edilson Pereira Nobre Jr., *O princípio da boa-fé e sua aplicação no Direito administrativo Brasileiro*, p. 128. Nessa obra, Nobre Jr. caminha pela mesma trilha do nosso *A moralidade administrativa e a boa-fé da Administração Pública*, aduzindo alguns argumentos importantes, com os quais estou de acordo, e acrescendo bibliografia. Porque pioneira, em termos de monografia, no enfrentamento específico das diversas implicações da boa-fé (objetiva) no Direito administrativo, e pela pesquisa doutrinária e jurisprudencial realizada, a obra é de leitura obrigatória.

14. Ver Bigellow, *A treatise in the Law of Estoppel*, p. 557. O "Direito", aqui, é o da *common law*, que, como sabido, não se confunde com a *equity*. Como explica René David ao tratar do Direito inglês, a *common law* constitui-se *stricto sensu* pelas regras definidas pelas Cortes Reais de Westminster (Cortes de *common law*), enquanto que a *equity* (*rules of equity*) consiste nos "remédios" admitidos e aplicados pela Corte da Chancearia. A jurisprudência do Chanceler, a que se chamou *equity*, não era contrária à *common law*, mas se limitava a fornecer a esta um complemento, isso não querendo dizer que as relações entre *common law* e *equity* tenham sido, como ensina René David, sempre harmoniosas (ver René David, *O Direito inglês*, pp. 8-9). Para uma acurada análise do desenvolvimento do *estoppel*, ver Cooke, *The modern law of estoppel*, pp. 16-53. Cooke igualmente salienta o proble-

De fato, como anota Howard Shelton Schwartz,[15] a doutrina do *estoppel* tinha existido antes e já ao tempo de Sir Edward Coke, sendo encontrada nas mais priscas decisões do Direito inglês. Sir Coke definia o termo *estoppel* como oriundo do antigo francês *estoupe*, do qual se originou o termo inglês *stopped*. Daí surgiu o *estoppel*, palavra de origem latina: *stuppa*, donde o termo português,[16] e também espanhol, *estopa*, curiosamente utilizado, como lembra Alejandro Borba, em um provérbio hispânico que diz: "No bastam estopas para tapar tantas bocas", o qual tem sentido análogo ao inglês "*stoppeth his mouth*" ("tape sua boca"),[17] expressão utilizada por Sir Coke: "because a man's own act or acceptance stoopeth or closeth up his mouth to allege or plead the truth". Sir Coke considerava isso o mais alto degrau da justiça. Um solene modo de declaração deveria ser promovido pelo direito ao propósito de autorizar os homens a vincular-se à boa-fé e ao verdadeiro comportamento com base nos quais outras pessoas deveriam agir.[18]

Embora freqüentemente invocado em litígios entre partes privadas,[19] muito se discutiu acerca da possibilidade de ser aplicada a doutrina do *equitable estoppel* aos casos envolvendo o Estado.[20]

ma do signo: *equitable estoppel*, ou *estoppel* "*in pais*", é também conhecido como *estoppel* "*by representation*" ou *estoppel* "*by conduct*" (p. 18).

15. Howard Shelton Schwartz, *The conceptualization of estoppel in government contracts*. Tese preparada ao Professor Gilbert J. Ginsburg, como requisito parcial à obtenção do grau de Mestre em Direito em *Government Procurement*, Washington-DC, setembro de 1971, George Washington University School of Law (não-publicada) (doravante *The conceptualization*).

16. Consulte-se o *Dicionário Houaiss de Língua Portuguesa*, Rio de Janeiro, Objetiva, 2001, p. 1.258. Verbete "estopa": (...) *Etim.* lat. *stuppa*.

17. Borba, *La Teoría de los Actos Propios*, p. 28.

18. No seu livro, Cooke, *The modern law of estoppel*, pp. 1-2, em que pese dizer que formular uma definição de *estoppel* não é fácil, ao menos no sentido de dar uma forma nítida que pudesse ou não nos indicar que um conjunto de fatos seja um exemplo de *estoppel*, cita as palavras de Lord Denning, em tudo similares à definição de Bigellow. Lord Denning teria dito: "*Estoppel* (...) é um princípio de justiça e eqüidade. Ele diz o seguinte: quando um homem, por suas palavras ou atos, leva outro a acreditar em um particular estado de coisas, ele não está autorizado a voltar atrás se isso for injusto ou não eqüânime".

19. Ver Michael Cameron Pitou, *Equitable Estoppel: Its Genesis, Development, and Application in Government Contracting*, tese submetida à *Faculty of the National Law Center of the George Washington University*, setembro 1988 (não-publicada) (doravante, *Thesis*), p. 32.

20. Comment, "Never trust a bureaucrat: Estoppel Against the Government", *42 Southern California Law Review; 391 (1969)*, p. 391. É útil, como faz Pitou, *Thesis*,

Mas pode o Estado ser impedido (*estopped*)? Se pode, sob quais condições? Se não, por quê? Não deve o Estado se submeter ao que já foi chamado de "muito antigo e decisivo ponto da *equity*" ou ao "mais alto degrau da Justiça"? Ou há outros princípios que devem ser levados em conta quando o Estado toma parte na disputa?

pp. 9-13, salientar que há dois outros princípios utilizados para obrigar o Estado, os quais são algumas vezes confundidos com o *equitable estoppel*: *ratification* e *finality*. *Ratification* – diz Pitou – é a validação posterior de um ato originariamente nulo (não-autorizado). O princípio da *ratification* é comumente usado para vincular partes privadas. Mas o Estado pode também ser obrigado via *ratification*, a qual pode ser uma ferramenta extremamente forte e útil na área dos contratos administrativos, porque promessas feitas por servidores públicos incompetentes podem depois se tornar obrigatórias via aplicação da *ratification*. A *ratification* injeta uma medida de flexibilidade nos contratos administrativos. Essa flexibilidade é necessária dada a enorme gama de atividades dentre as várias nas quais o Estado se envolve. Alguém querendo vincular o Estado via *ratification* deve provar dois elementos essenciais: primeiro, a competência para a ratificação oficial do originariamente nulo (por vício de competência – não-autorizado); segundo, que quem ratificou o ato anterior tinha conhecimento, atual ou potencial, do ato não-autorizado. A *ratification* requer autoridade atual para vincular o Estado tal como o *equitable estoppel*. A principal diferença, diz Pitou, é que, sob o princípio da *ratification*, essa autoridade é exercida por um servidor público depois de um ato nulo (não-autorizado) já praticado. Mais, o Estado não pode ser vinculado via *ratification* a menos que ele saiba ou deva saber sobre o ato nulo (não-autorizado) que foi praticado. Finalmente, o servidor que ratifica o ato nulo (não-autorizado) normalmente o faz embora o seu silêncio possa levar a uma ratificação de uma conduta não-autorizada de um servidor do governo. Por outro lado, ensina Pitou, o termo "*finality*" tem sido usado para descrever o efeito vinculativo que os atos dos servidores públicos têm sobre o Estado. Como com o *equitable estoppel*, o princípio da "*finality*" somente vinculará Estado quando seus servidores tenham agido dentro dos limites de sua autoridade. O princípio da *finality*, ensina Pitou, é distinto do *equitable estoppel*. Especificamente, com a *finality* o governo vincula-se de acordo com provisões do contrato e princípios legais. Por outro lado, no *equitable estoppel* são a justiça e o *fair dealing* que sustentam a vinculatividade dos atos administrativos. Mais que isso, o princípio da *finality* não requer a confiança e outros elementos associados com o *equitable estoppel*. Infelizmente, diz Pitou, várias Cortes e juntas administrativas têm desnecessriamente invocado o *equitable estoppel* para obrigar o Governo em situações onde o princípio da *finality* deveria ter sido usado. Ver também, para a diferença entre *estoppel* e *finality*, bem com *ratification*, John Cibinic Jr., e Ralph C. Nash Jr., *Administration of Government Contracts*, pp. 47-60, 64-71. O que é importante notar, como Cibinic e Nash fazem, é que o *estoppel* chega aos mesmos resultados obtidos pela *finality* e, em razão disso, tais conceitos são amiúde confundidos. Os autores anotam, entretanto, duas diferenças importantes: (1) *estoppel* requer a confiança (*detrimental reliance*) da parte que o invoca, enquanto a confiança não é um elemento da *finality*; (2) a afirmação ou ato que leva à aplicação da *finality* é, por sua natureza contratual, vinculativa ao Estado, via operação de princípios legais tais

Para responder tais questionamentos, é útil relembrar que a doutrina *equitable estoppel* tem, de fato, um vasto campo de aplicação. Entretanto, dois deles parecem ser mais comuns: (1) informações dadas por funcionários do governo (*government officials*)[21] e (2) contratos administrativos (*government contracts*), especialmente na fase pré-contratual, como será depois brevemente mencionado. Este segundo caso é também conhecido e abordado como *promissory estoppel*.[22] Primeiro é necessário formar uma maior pré-compreensão sobre a *estoppel doctrine*.

2.1 "Leading cases" da Suprema Corte Americana sobre o tema: Federal Crop Insurance Corp. vs. Merryl (1947) e Schweiker vs. Hansen (1981)

O caso embrionário na Suprema Corte Americana sobre *estoppel against the government* é o *Federal Crop Insurance Corp. v. Merryl*, julgado em 1947.[23]

Nesse *leading case*,[24] a ré era uma empresa estatal (*Federal Crop Insurance* – FCI) que se destinava a fazer seguros para produtores de

como da oferta e aceitação, aceitação de bens etc. O Estado, continuam os autores, é obrigado pelo *estoppel*, no entanto, porque seria injusto não agir dessa forma a despeito de a afirmação, ação ou inação não o vincularem contratualmente. Portanto, o Governo tem sido impedido (*estopped*) por suas condutas tanto quanto por suas meras declarações verbais (p. 71).

21. Há uma vasta doutrina neste campo, citada nas linhas abaixo. O clássico, entretanto, é o livro de Michael Asimow, *Advice to the public from federal administrative agencies*. Asimow introduz seu livro dizendo que é ele "um estudo da função de informar dos agentes federais do governo: o trabalho das agências de fornecer respostas às questões do público as quais minimizam os riscos de transações futuras. Será esta transação tributável ou esta despesa dedutível? Será esta importação enquadrável dentre as que têm tarifa mais favorável? Deve este empregado receber salário mínimo? Preciso eu de um certificado de transporte para transportar este tipo de mercadoria? Minha subvenção me permite despender dinheiro neste item? Esse tipo de propaganda pode ser considerada enganosa?" (p. v).

22. Na Austrália, entretanto, é chamado de *equitable estoppel*, como dito acima no texto.

23. É válido enfatizar, entretanto, que a mais antiga decisão da Suprema Corte acerca da aplicação da doutrina do *estoppel against the Government* foi o caso *Lee v. Munroe*, 11 U.S. (7 Cranch) 366 (1813), citado por Michael Braunstein, "In Defense of a Traditional Immunity – Toward an Economic Rationale for Not Estopping the Government", *14 Rutgers Law Journal 1 (1982)* (doravante, *In Defense*), p. 28.

24. Tomo o resumo a Schwartz, *Administrative Law*, pp. 150-151.

trigo contra perdas de safra ocasionadas por causas inevitáveis, incluindo a seca. Promulgada uma regra (*regulation*) pela agência reguladora competente, foi ela publicada no *Diário Oficial* (*Federal Register*), especificando as condições sobre as quais teria validade o seguro da colheita, tendo constado expressamente da publicação uma provisão que excluía da dita cobertura do seguro o "trigo colhido na primavera que tenha sido novamente semeado na área de trigo durante o inverno". Sem conhecimento dessa provisão, os autores da ação, plantadores de trigo, inscreveram-se junto a uma agência local da FCI para obterem garantia de sua colheita, informando ao agente local que a maioria do trigo era "trigo da primavera que fora novamente semeado em área de trigo no inverno". O servidor público local (*agent*) informou aos autores que *toda a colheita era passível de ser segurada*, e a FCI aceitou a inscrição dos autores para a obtenção do seguro. Dois meses depois, a plantação dos autores foi destruída por uma seca, mas a FCI negou-se a pagar o prejuízo quando descobriu que a plantação destruída tinha sido novamente semeada nas condições mencionadas, estando, pela regulação, fora da possibilidade de ser segurada.

No processo movido pelos autores para reaver o valor do seguro, a FCI contestou dizendo que não estava de nenhuma forma obrigada ao pagamento pelo só fato de um servidor público ter assegurado que a colheita estaria coberta por seguro. A Suprema Corte concordou com tal argumento, sustentando que autores estavam vinculados pelas provisões da regulação, mesmo sem conhecimento de suas regras. A publicação da regulação no *Diário Oficial* dá a publicidade legal ao que lá está contido. A regulação era vinculativa independentemente da falta de conhecimento ou do dano resultado de ignorância. "Se o *Federal Crop Insurance Act* tivesse por linguagem explícita proibido o seguro de trigo de primavera que é novamente semeado no inverno, a ignorância a tal restrição (...) seria irrelevante e o seguro não poderia existir".

Se a ação tivesse sido proposta contra uma companhia privada, disse clara e diretamente Bernard Schwartz, o seguro teria sido pago por força da teoria do *estoppel*.[25] Mas o mesmo não é verdade, no entendimento da Suprema Corte, a uma empresa estatal que atua no ramo de seguros. "Vai de muito" – disse a Suprema Corte – "o tempo

25. Schwartz, *Administrative Law*, p. 151.

de argüir que o Governo é somente outro litigante privado, por propostas de fazê-lo responsável sempre que tome parte em um negócio". E a Suprema Corte aduziu: "Um homem deve dobrar as esquinas quando negocia com o Governo".[26]

Essa decisão da Suprema Corte provocou uma série de reações entre os doutrinadores.[27] Apesar de não ter sido jamais diretamente revertido, o caso *Merril* não tem sido seguido por um considerável número de Cortes inferiores, as quais têm aceitado a doutrina do *estoppel* mesmo contra o Governo em vários casos.[28]

26. Ver Schwartz, *Administrative Law*, p. 151.

27. Uma lista incompleta de artigos de doutrina criticando a abordagem no caso *Merril* incluiria: Raul Berger, "Estoppel Against the Government", *21 University of Chicago Law Review 680 (1954)* (doravante, *Estoppel*); Frank C. Newman, "Should Official Advice be reliable? – Proposals as to estoppel and related doctrines in Administrative law", *53 Columbia Law Review 374 (1953)* (doravante, *Proposals*); David Thompson, "Equitable Estoppel of the Government", *79 Columbia Law Review 551 (1979)* (doravante, *Equitable Estoppel*); Deborah Eisen, "Recent Development – *Schweiker v. Hansen*: Equitable Estoppel Against the Government", *67 Cornell Law Review 609 (1982)* (doravante, *Schweiker v. Hansen*); Deborah Walrath, "Recent Developments in Administrative Law: Liability of Administrative Agencies and Officials: Estopping the Federal Government: Still Waiting for the right case", *53 George Washington Law Review 191 (1985)* (doravante, *Recent Developments*); Fred Ansell, "Comment: Unauthorized Conduct of Government Agents: A Restrictive Rule of Equitable Estoppel Against the Government", *53 University of Chicago Law Review 1026 (1986)* (doravante, *Unauthorized Conduct*); Peter Raven-Hansen, "Regulatory Estoppel: When Agencies Break Their Own 'Laws'", *64 Texas Law Review 1 (1985)* (doravante, *Regulatory Estoppel*); John Conway, "Equitable estoppel of the federal government: an application of the proprietary function exception to the traditional rule", *55 Fordham Law Review 707 (1987)* (doravante, *Equitable estoppel*); mas ver também Braunstein, (*In Defense*, note 56 *infra*), a favor, em termos gerais, à doutrina do *non-estoppel*.

28. Ver Raven-Hansen, *Regulatory Estoppel*, notas 167-174. É necessário aqui um alerta: em que pese à Suprema Corte vir rejeitando sistematicamente o *estoppel* contra o Governo [ver, além do caso *Scheiker* abaixo, *Montana v. Kennedy*, 366 U.S. 308 (1961); *INS v. Hibi*, 414 U.S. 5 (1973); *INS v. Miranda*, 459 U.S. 14 (1982); *Heckler v. Community Health Services*, 467 U.S. 51 (1984); *INS v. Pangilinan*, 486 U.S. 875 (1988), todos citados por Joshua Schwartz, *handout* da cadeira *Government Procurement Law*, v. I, p. 154, *George Washington University Law School, Fall 2003*], a verdade é que alguns desses casos, entretanto, deixam aberta a oportunidade de aplicação dos *estoppel* contra o Governo em caso de ocorrer uma *affirmative misconduct*, tema abaixo abordado. O Prof. Joshua Schwartz anota também (*Handout*, p. 155) que a mesma Suprema Corte parece ter aplicado, sem referir o nome, o *estoppel* contra o Governo em outros casos [*Moser v. United States*, 341U.S. 41 (1951); *United States v. Pennsylvania Industrial Chemical Corp.*, 411 U.S. 655

No segundo *leading case, Scheiker v. Hansen*, julgado em 1981, a Suprema Corte reafirmou a posição tomada no caso *Merrill*. Em *Scheiker*,[29] um servidor público (*agent*) da Previdência Social erroneamente informou a Sra. Hansen que ela não era beneficiária de certos direitos previdenciários e, violando o Manual de Reclamações (*nonlegislative Claims Manual*), errou ao recomendá-la a não preencher um formulário escrito que a habilitaria ao benefício. Quando a Previdência Social, depois, se negou a conceder-lhe o benefício, citando uma regulação legislativa (*legislative regulation*) que exigia, para sua concessão, um formulário *escrito*, a Sra. Hansen argumentou que o benefício lhe era devido em razão do comportamento anterior do servidor, que havia violado o regramento da própria agência.

A Suprema Corte, então, recusou afastar-se da abordagem dada ao caso *Merrill*, expressando a preocupação de que o deferimento do *estoppel* contra o Governo poderia minimizar a regulação legislativa em milhares de casos e enfatizando uma vez mais seu dever de observar condições ao acesso privado ao dinheiro público (no caso, a Seguridade Social). A Suprema Corte reforçou essas objeções ao *estoppel* contra o Governo com vários argumentos práticos acerca das políticas públicas (*policy objections*), insinuando que a aplicação do *estoppel* desencorajaria a agência em continuar sua salutar prática de informalmente editar guias internos de conduta para seus agentes e permitiria uma omissão do servidor acerca de um detalhe de procedimento em dar efeito ao objetivo da regulação substantiva que exigia inscrições por escrito.

Passo agora a elencar, com as respectivas críticas, algumas razões comumente alegadas na doutrina americana para não permitir a aplicação da doutrina do *estoppel* contra o Governo.

(1973); *Bowen v. City of New York*, 476 U.S. 467 (1986); *Honda v. Clark*, 386 U.S. 484 (1967)]. No corpo do texto, abaixo, serão apresentadas algumas posições sobre a real efetividade, hoje, da doutrina da *sovereign immunty*, defesa amiúde apresentada pelo Governo em matéria de *estoppel*. A temática não é, nem de longe, pacífica, e a preocupação básica deste trabalho não é fornecer elementos para a sua solução, mas, sim, expor, de forma simplificada, as linhas mestras do problema. Para análise mais aprofundada ver Joshua Ira Schwartz, "Estoppel remedies for an agency's violation of its own regulations or other misconduct", *44 Administrative Law Review 653*.

29. Tomo o resumo a Raven-Hansen, *Regulatory Estoppel*, p. 30.

2.2 Argumentos para a não-aplicação do "estoppel" ("not estopping") contra o Governo nos Estados Unidos

2.2.1 Doutrina da imunidade estatal – Teoria da soberania – Distinção "proprietary/sovereign"

Talvez a mais antiga justificação que tem sido oferecida para esta tradicional posição de não-aplicação do *estoppel* contra o Estado é a alegada imunidade (*immunity from estoppel*), que é, nas palavras de Raoul Berger, "uma ramificação da imunidade de soberania",[30] baseada no argumento de que o *estoppel* do Governo faria com que reclamações e recusas resultassem num não-autorizado confisco de direitos do Estado sem o seu consentimento soberano.[31] De fato, a idéia que sustenta a *sovereign immunity* é a tradicional visão inglesa de que "o Rei não pode ser impedido, porque não se pode presumir que o Rei causaria o mal a qualquer pessoa (...)" ("the King cannot be estopped, for it cannot be presumed the King would do wrong to any person (...)").[32]

Como nota Shelton Schwartz, decisões judiciais envolvendo a *sovereign immunity* "costumeiramente se baseiam em autoridade, a autoridade baseia-se na história, e a história baseia-se no medievalismo monárquico. Como instituição descendente da coroa, a autoridade que faz a lei possui todos os direitos contra os quais nenhum remédio privado pode suportar".[33]

30. Berger, *Estoppel*, p. 683.

31. Thompson, *Equitable Estoppel*, p. 554.

32. *16 Halsbury's Laws Of England 1695* n. 8 (4th ed., 1976), citado por Eisen, *Schweiker v. Hansen*, p. 610, nota 11. Entretanto, a doutrina da *sovereign immunity* já não mais vigora, como será visto *infra*, item 5.1. Ainda em 1958, lembra Eisen (p. 611, nota 13), o Professor Keneth Culp Davis referia que a *sovereign immunity* tinha sido muito enfraquecida e, em 1976, ele comentava que a questão era não mais se o *estoppel* poderia ser aplicado contra o governo, mas, sim, quando ele deveria ser aplicado.

33. Shelton Schwartz, *The conceptualization*, p. 14. Novamente aqui é necessário o seguinte alerta: a matéria da *sovereign immunity* é complexa demais para abordagem em poucas linhas. Anote-se ademais que essa imunidade vem, na prática, servindo como eficiente defesa do Estado perante as Cortes daquele país, mormente a Corte Suprema, que sempre se mostrou muito à vontade para aplicá-la em favor do Estado. Esse posicionamento, que poderia ser chamado de "conservador", deita raízes, sim, na idéia de que o "Rei não pode errar". A forma propositadamente maniqueísta com que trato a matéria no corpo do texto justifica-se em função do didatismo, mas é evidente – e o leitor deve estar consciente disso – que o assunto mereceria análise mais profunda.

De acordo com Carol Harlow, em análise comparativa sobre a responsabilidade civil do Estado entre Inglaterra e França, na sua tese de doutoramento na Universidade de Londres, em 1980, a máxima familiar de que "the king can do no wrong" realmente tem sua base nos tempos medievais na simples regra processual por meio da qual um lorde não poderia ser processado na sua própria Corte; efetivamente, o rei, sendo um lorde feudal, não poderia ser processado.[34]

Há quem ponha um grão de sal na temática, propondo interessante distinção para limitar a não-aplicação do *estoppel*: *atividade de proprietário "versus" atividade soberana.*

Thompson chamou-a de "a mais largamente aplicada técnica para limitar a regra do *no-estoppel*". Numa palavra, e citando as palavras do autor, o significado dessa distinção é o seguinte: "atividades do governo tomadas unicamente para o lucro e benefício do governo ou de uma agência individual poderiam prover uma razoável base para o *estoppel*, enquanto que atos "soberanos" envolvendo o exercício de poderes reservados exclusivamente ao governo não".[35] Uma explanação mais clara é dada por Pitou: "Sob esse modelo analítico, o Governo pode ser impedido (*estopped*) de reivindicar um direito ou de defender-se quando age na sua capacidade de proprietário ou comerciante, mas não quando exerce suas funções em sua capacidade de soberano".[36]

É facilmente notável que a abordagem *sovereign/proprietary* se projeta sobre a noção de que o Estado deve ser tratado como uma parte privada quando adentra no domínio comercial.[37] Essa abordagem tem sido usada por várias Cortes para permitir que o Governo

34. Carol Harlow, *Compensation and Government Torts*, p. 17. A autora diz que historiadores do Direito inglês dão aos estudantes o seguinte exemplo, citando Maitland (*Constitutional History of England*, p. 482), "English law does not provide any means whereby the king can be punished or compelled to make redress". O leitor já deve ter notado, porque intuitiva, a ligação entre a *sovereign immunity* e a responsabilidade civil do Estado, tema igualmente rico, que não será aqui aprofundado. Não é demais alertar, entretanto, para o fato de que o argumento mais utilizado pelo Governo nos USA em sua própria defesa em casos de responsabilidade pelo problema do *estoppel* é justa e sistematicamente a idéia de *sovereign immunity*.

35. Thompson, *Equitable Estoppel*, p. 555.

36. Pitou, *Thesis*, p. 32.

37. Ver Pitou, *Thesis*, p. 32. Essa distinção (*sovereign/property*), e o resultado que advém daí, é, no Direito administrativo continental, bem conhecida.

seja impedido de reivindicar direitos ou defender-se quando age em sua capacidade de "proprietário".[38] Uma tal abordagem tem, segundo Thompson, o senso comum do realismo que ajuda a explicar sua durabilidade.[39]

2.2.2 Separação de Poderes

Ademais, há outras razões invocadas para justificar a *non-estoppel doctrine*. Uma delas é a alegada interferência do *estoppel* na teoria da separação dos poderes. Desde que o Poder Legislativo somente pode ser exercido pelo Congresso, lembra Shelton Schwartz, a autoridade dos servidores do Poder Executivo tomada do ou limitada pelo legislador deve ser exercida assim como delineada pela legislação. Se esse poder não pode ser exercido por um administrador, pode ser argumentado que ele não deveria ser capaz de, via equívocas interpretações, provocar mudanças em leis emanadas do Congresso. Nem poderia o *estoppel* ser invocado contra o soberano para criar poder a um funcionário o qual entende agir em nome do público sem autoridade, nem pode o seu poder ser alargado via *estoppel*.[40]

Se o Estado, nota John Conway, fosse impedido pelos Tribunais de negar eficácia a um ato ilegal praticado por um servidor, então o Judiciário estaria usurpando a função legislativa decidindo que um ato praticado por um servidor deve ser tido como em maior conformidade com o direito do que um ato emanado do próprio Congresso.[41]

Em resumo, repetindo palavras de B. Schwartz, o *estoppel* poderia ser usado para conferir *de facto* validade a atos administrativos *ultra vires*.[42] Como disse a Suprema Corte no longínquo ano de 1884: "[Oficiais do Governo] são meros servos do Direito, e, se eles desbordam de suas exigências, o Governo não é responsável. Haveria uma impensada licença ao crime se os seus atos, em desrespeito à lei, devessem ser sustentados a fim de proteger terceiros, como se tives-

38. Ver os casos citados por Thompson, *Equitable Estoppel*, p. 556, e Pitou, *Thesis*, p. 33.

39. Thompson, *Equitable Estoppel*, p. 556.

40. Shelton Schwartz, *The conceptualization*, p. 15.

41. Conway, *Equitable estoppel*, pp. 710-711 (citando casos em que essa teoria foi aplicada).

42. Schwartz, *Administrative Law*, p. 152.

sem sido praticados em cumprimento à lei".[43] E como foi repetido em 1984: "Quando o Governo é incapaz de fazer cumprir o Direito porque a conduta de seus agentes deu margem ao estoppel, o interesse dos cidadãos como um todo em obediência à regra de direito (*rule of law*) é solapado".[44]

2.2.3 Proteção do Erário

Outro argumento utilizado é o concernente à proteção do erário (*public fisc*). A Constituição Americana, artigo I, § 9, cláusula 7 (conhecida como *Appropriations Clause*), impõe a exigência de que "Nenhuma verba sairá do Tesouro senão em conseqüência de Dotação feita por Lei" ("No money shall be drawn from the Treasury, but in consequence of Appropriation made by Law").[45]

No caso *Merill*, essa preocupação foi expressada pelo Juiz Felix Frankfurter. As Cortes devem estritamente observar "a condição definida pelo Congresso para onerar o tesouro".[46] Efetivamente, como salienta Shelton Schwartz, as fontes do Tesouro não deveriam ser lesadas em razão de interesses pessoais dos cidadãos, ou de negligente indiferença para com a responsabilidade dos seus servidores ou mesmo por impróprios conflitos de interesses entre eles. O medo de que o servidor público possa "arruinar o todo" tem levado o Estado a repudiar a ação de servidores, e geralmente, por causa desses medos, o *estoppel* não será aplicado contra condutas não autorizadas de um servidor a quem nenhuma autoridade administrativa foi delegada.[47]

43. *Moffat v. United States, 112 U.S. 24, 31 (1884)*, citado por Schwartz, *Administrative Law*, p. 152.

44. *Heckler v. Community Health Servs., 467 U.S. 51, 60 (1984)*, citado por Schwartz, *Administrative Law*, p. 152.

45. A *appropriations clause* é extramamente importante no Direito americano. Especificamente na matéria de contratos administrativos, é simplesmente capital. Ela proíbe qualquer pagamento pelo Governo Federal sem que a verba correspondente tenha sido destinada (*appropriated*) pelo Congresso. Sobre isso, ver CIBINIC, Jr., &. NASH, Jr., *Administration of Government Contracts*, pp. 40 e ss. Anote-se que é crime federal, apenado com multa não superior a U$ 5.000 e/ou prisão de até dois anos, fazer pagamento ou autorizar obrigação de quantia excedente àquela apropriada a determinado fim (31 U.S. Code § 1341, (a)(1), c/c 31 U.S. Code § 150).

46. Citado por Braunstein, *In Defense*, p. 29.

47. Shelton Schwartz, *The conceptualization*, p. 16.

2.2.4 Considerações gerais

Bernard Schwartz enfatiza, por meio da citação de recente decisão, que o caso *Merrill* indica que o *estoppel* não será usado para proteger um indivíduo que tenha mudado de posição por ter confiado em uma informação dada pela Administração: "Desde nossos mais antigos casos, temos reconhecido que o *equitable estoppel* não terá vez contra o Estado como terá contra litigantes privados".[48] Isso é assim, porque haveria mais que um mero interesse privado em jogo em casos típicos como *Merrill*: existiria um interesse público[49] em assegurar que oficiais administrativos não pratiquem atos fora dos limites de sua autoridade.

Davis e Pierce Jr. explicam que a relutância da Suprema Corte em aplicar a doutrina do *estoppel* contra o Governo (*estopping the government*) é compreensível. O Governo Federal implementa centenas de regulações extremamente complicadas e programas de benefícios. Milhões de servidores prestam informações a cidadãos diariamente a respeito de seus direitos e deveres com base nesses programas. Informações equivocadas são, portanto, inevitáveis e comuns. O *estopping the government* baseado em equívoco de seus servidores – dizem os professores – teria uma série de efeitos adversos. O mais imediato resultado seria uma perda financeira de alguma magnitude ao Estado; se ele começa a perder muito dinheiro – continuam Davis e Pierce Jr. – como resultado de *estoppel cases*, suas agências responderiam limitando severamente a acessibilidade das informações e das recomendações dadas pelos seus servidores. Isso, ao revés, causaria extremado dano ao público por quatro razões: (1) todos cidadãos necessitam de informações sobre uma variedade de complicados programas governamentais; (2) a maioria das informações prestadas pelos servidores públicos é correta e útil; (3) ditas informações são gratuitas; e (4) informações de fontes

48. *OPM v. Richmond, – U.S. – (1990)*, citado por Schwartz, *Administrative Law*, p. 151. Efetivamente, como lembrado em *Never trust a bureaucrat*, p. 394, nota 17, citando Davis, havia, na década de 1920, século XIX, um caso no qual o Chief Justice Marshall disse: "A opinião universalmente aceita é que nenhum processo por ser movido contra os Estados Unidos (...)" (*Cohens v. Virginia, 19 U.S. (6 Wheat.) 264, 411-12 (1821)*).

49. Esse "public interest" seria para alguns a pedra de toque da dicotomia Direito público *x* Direito privado.

alternativas, que podem ser mais confiáveis, são freqüentemente muito caras.[50]

O mais ferrenho defensor da doutrina do *non-estoppel government* dentre os doutrinadores americanos parece ser Michael Braunstein. Ele sustenta que todos concordariam que as informações do Governo devem ser confiáveis, mas o problema é o quanto estamos dispostos a pagar para fazê-las mais confiáveis, e quem deve pagar por isso. Braunstein advoga a posição de que a doutrina privatística do *equitable estoppel* foi formada em resposta a específicas pressões, e que diferentes forças econômicas, com diferentes regras de responsabilidade, estão em questão quando se deve perquirir da aplicação do *estoppel* contra o Governo.[51]

De acordo com a visão de Braunstein, o que se faz necessário é uma análise acerca dos prováveis resultados de uma regra que permitisse livremente o *estoppel* contra o Governo. E, mais, Braunstein coloca que o argumento baseado na erosão da doutrina da *sovereign immunity*, o qual é freqüentemente utilizado por Cortes e doutrinadores que advogam a idéia do *estopping the government*, perde o foco, uma vez que a Suprema Corte não se tem valido da referida doutrina para fundamentar suas decisões sobre *estoppel*. Essas decisões da Suprema Corte, diz Braunstein, refletem o reconhecimento não de que o soberano não pode errar, mas, sim, de que o soberano não pode fazer melhor.[52] Braunstein também propõe razões de ordem econômica e

50. Kenneth Culp Davis e Richard Pierce, *II Treatise*, pp. 229-230. Os Professores dão um exemplo claro: "The International Revenue Service (IRS) is a good example. It is one of the Federal agencies that is most respected for its competence. Yet, each year the General Accounting Office (GAO) conducts a study of the taxpayers advice provided by IRS, and each year that study shows that IRS gives erroneous advice in somewhere between 10 and 20 percent of all cases. Some taxpayers are injured by reliance on IRS's advice, but millions of taxpayers are benefited by its availability".

51. Braunstein, *In Defense*, pp. 1-2.

52. Braunstein, *In Defense*, pp. 9-10. O autor termina a primeira parte do seu trabalho com estas palavras: "Em suma, o conflito entre a Suprema Corte e as Cortes inferiores que demonstram uma inclinação a *to estop the Government* é grande. A base do conflito não é tanto doutrinária, mas política. A Suprema Corte tem relutado em abrir um enorme porta a potenciais processos contra os Estados Unidos, em número que não pode ser previsto e os quais, ademais, poderiam abalar significativamente a eficiente administração do governo. Um grande número de Cortes inferiores, reconhecendo essa preocupação, parece estar sendo irresistivelmente levada por

aponta alguns dados a fim de provar que uma regra geral permitindo a aplicação do *estoppel* contra o Estado teria a tendência de reduzir a acessibilidade das informações, e que a conseqüência provável de tal regra seria o aumento dos custos de transações (*transaction costs*).[53]

2.3 Razões para o "estopping the Government"

2.3.1 A erosão da "Sovereign Immunity doctrine"

Acerca do argumento da *sovereign immunity*, invocado para deixar de aplicar a doutrina do *estoppel* contra o Estado, é de dizer-se que vários doutrinadores têm sustentado sua "erosão".[54] Para isso, é usualmente citado um antigo artigo doutrinário, datado de 1933, no qual F. E. Farrer, baseando-se em uma análise histórica de casos ingleses, advoga com firmeza que a crença geral de que "the Crown is not bound by estoppel" é uma falácia.[55]

"Que o *estoppel* em certos casos obriga o Rei, é claro", diz Farrer.[56] Por essa conduta, o Rei pode submeter-se ao *estopped in pais*,

considerações morais e de consciência a *estop the Government* quando necessário a fazer justiça em um caso particular" (art. 15).

53. Braunstein, *In Defense*, pp. 27-39. Ele diz: "Thus, although it is not contended that judicial expansion of the public law doctrine of equitable estoppel would cause an immediate reduction in the amount of information provided by the Government, such a reduction would occur over time, with a consequent increase in transactions costs". E haveria um custo adicional, o qual "seria o de alocar o desproporcional custo sobre os pobres. A razão para isso é muito simples. Primeiro, os mais ricos membros da sociedade têm acesso a fontes alternativas de informação, o que os pobres não têm. Se o Governo reduz a gama de informações disponíveis sobre seus programas, sobre os benefícios que provê e sobre as penalidades que aplica, a riqueza poderá direcionar-se a contadores, advogados e outros profissionais aptos a darem essas informações. O pobre não tem essas opções" (p. 37). Em contraste, é interessante consignar a opinião exposta em *Never trust a bureaucrat*, p. 403: "Se o pleito do *estoppel* for possível contra o governo, as agências vão despender mais esforços em dar informações corretas e portanto os indivíduos vão confiar em tais informações e não agirão contra a lei".

54. Ver Berger, *Estoppel*, p. 680, nota 5. De acordo com Pitou, *Thesis*, p. 34: "Por sorte, poucas Cortes aplicam a doutrina da *sovereign immunity* hoje em dia. De fato, *sovereign immunity* é quase um anacronismo na sociedade hodierna e é melhor deixá-la ao estudo dos historiadores do direito".

55. F. E. Farrer, "A prerrogative fallacy – 'That the Crown is not bound by estoppel'", *49 The Law Quarterly Review 511 (1933)* (doravante, *A prerrogative fallacy*).

56. Farrer, *A prerrogative fallacy*, p. 511.

aduz Farrer, citando um caso, julgado ao final do século XIX, no qual era decidido que a Coroa poderia ser impedida de reivindicar seus títulos de propriedade, contra a *equity*, de uma parte contra a qual a Coroa tinha conscientemente permitido expender gastos na terra, terra essa que a Coroa àquele tempo já sabia ser sua, mas que a parte também acreditava ser a proprietária. "O que seja a *equity* exatamente varia com as circunstâncias de cada caso", diz Farrer, citando as lições das Cortes inglesas e concluindo enfaticamente: "In fact, what is equity between subjects is equity against the King".[57]

Na opinião de Raoul Berger, o *equitable estoppel* é baseado em princípios de moralidade e justiça,[58] e, de acordo com este autor, a *sovereign immunity doctrine*, nos Estados Unidos, está em decadência e oferece incômodo suporte às doutrinas que produzem opressão e injustiça.[59] Indiretamente aludindo à confiança, ele sustenta[60] que um governo democrático e popular deveria preservá-la.[61]

A abordagem *sovereign/proprietary* é também criticada. Ela põe vários problemas, como salienta Thompson, e em algumas decisões a Suprema Corte ou deixou o tema em aberto ou rejeitou em bloco qual-

57. Farrer, *A prerrogative fallacy*, p. 515. Nos EUA James G. Hamill anotou vários casos que revelam uma mudança no conceito de *sovereign immunity*. Hamill apresenta várias decisões tomadas por Cortes Federais nas quais a *sovereign immunity* foi rejeitada. Ver James Hamill, "The Changing Concept of Sovereign Immunity", *13 Defense Law Journal 13 (1964)*.

58. Berger, *Estoppel*, p. 680. O autor cita uma antiga decisão Inglesa: *Pawlett v. Attorney General*, Hardress 465, 469 (1667) (Baron Atkyns): "[I]t would derogate from the King's honour to imagine, that what is equity against a common person, should not be equity against him".

59. Berger, *Estoppel*, p. 683. Thompson, *Equitable Estoppel*, p. 552, assinala que "[*e*]*stoppel* é o usado com cuidado e dentro da discricionariedade da Corte somente quando necessário 'para promover os fins da justiça'".

60. Berger, *Estoppel*, p. 684.

61. Na realidade, não há razões para continuar, hoje em dia, sustentando a doutrina da *sovereign immunity*, ao menos para aqueles que baseiam seu pensamento na origem inglesa do instituto. Se em algum tempo ele foi utilizado, depois do "Crown Proceedings Act", de 1947, há, na Inglaterra, sob essa legislação, uma provisão que diz que a Coroa deve ser responsável civilmente pelos atos de seus servidores (definidos no referido *Act*) como se fossem "a private person of full age and capacity". A legislação refere também que a Coroa deve ser responsável pela quebra de deveres legais impostos aos proprietários e empregadores e por quebra de outros deveres legais que provejam que a lei vincula pessoas outras que não a Coroa e seus servidores. Ver Harlow, *Compensation and Government Torts*, especialmente pp. 17-35.

quer diferenciação entre as espécies de atos administrativos. Mesmo no caso *Merrill*, o Juiz Frankfurter dispensou o conceito central segundo o qual o "Governo é (...) parcialmente público ou parcialmente privado, dependendo da linha de governo ou do tipo de atividade particular ou da maneira que o governo a conduz".[62]

Nos últimos anos, aduz Thompson, algumas Cortes têm-se distanciado da abordagem tradicional *sovereign/proprietary*, movendo-se em direção a um mais direto e balanciado teste, que enfoca as circunstâncias individuais em que se deu a ação governamental e a confiança nela depositada pela parte privada, a despeito de categorias conceituais. O exemplo do autor é o caso *United States v. Lazy FC Ranch*, julgado em 1973, no qual a Nona Circunscrição (*Nine Circuit*) concluiu que, mesmo quando o ato praticado é "soberano", o *estoppel* deveria ser aplicável "se a conduta equivocada do governo ameaçar promover uma séria injustiça e se o interesse público não estiver indevidamente lesado pela imposição do *estoppel*".[63]

2.3.2 A doutrina da separação dos Poderes – Atos autorizados e não autorizados

Outro importante inconveniente alegado para a aplicação do *estoppel* contra o Governo é o da doutrina da separação dos poderes,

62. Thompson, *Equitable Estoppel*, p. 557. "Além disso" – continua Thompson – "a distinção é muitas vezes difícil de ser feita. Mesmo contratos rotineiros das agências podem ser condicionados por uma variedade de exigências impostas pelo Congresso para a promoção da política nacional ou de objetivos sociais que adicionam um elemento de "soberania" a uma transação antes meramente comercial. Finalmente, mesmo se a distinção for aceita como não mais que uma regra de conveniência, seu foco na categorização de ações federais não confronta as considerações constitucionais, práticas e políticas básicas que deveriam governar a viabilidade do *estoppel* em cada caso".

63. Thompson, *Equitable Estoppel*, p. 557. Mas o autor ainda critica o "*Lazy FC* balancing inquiry" – o qual, no seu modo de ver, tem a vantagem de permitir um exame mais flexível dos fatos específicos de cada caso, guardando os princípios gerais da *equity* –, dizendo que, em alguma medida, a abordagem somente torna público o que as Cortes fizeram silenciosamente ao distinguir entre atividades "soberanas" e "privadas", sustentanto que mesmo essa abordagem não provê qualquer norte mais claro para determinar quais fatores traduzem um *estoppel* "indevido" (*unduly damaging*) ao interesse público comparado à técnica alternativa baseada na distinção entre uso ofensivo e defensivo do *estoppel*, asserção ou proteção de um título, regras substantivas ou formais, e "*affirmative misconduct*" e negligência.

como já anotado.[64] Esse tema suscita a questão dos atos *autorizados* e *não autorizados*: se as Cortes aplicam o *estoppel* contra o governo, isso acaba por permitir, em alguns casos, um ato "não autorizado" do agente (o qual usurpou seus poderes).[65] Em resumo, uma vez que as agências são criaturas do legislativo, considerando que elas podem agir somente dentro dos limites da lei, não há possibilidade de ir-se além dos limites legais: se o agente ultrapassa tais limites, um tal ato abusivo não pode ser validado pelo Judiciário. "O poder de executar a lei inicia e termina com a lei promulgada pelo Congresso", disseram os Juízes Black e Frankfurter.[66]

Mas *quid iuris* quando o agente atua dentro dos limites de sua autoridade e poder? Nesses casos (quando a ação administrativa é *autorizada* pelo Congresso), Berger advoga a tese de que a doutrina da separação dos poderes não tem vez: "Em tais casos o governo deveria ser e é impedido (*should be and is estopped*)".[67] Fred Ansell tem a mesma opinião: "A doutrina da separação dos poderes também deixa claro que o *estoppel* deve ser permitido quando o agente atuou dentro dos limites autorizados pela lei. Um ato legalmente autorizado não

64. A esse respeito, é digno de nota o artigo de Bernard Schwartz, "Curiouser and Curiouser: The Supreme Court's Separation of Powers Wonderland", *Notre Dame Law Review* 65/587 (1990). O autor, em profunda pesquisa sobre as intenções dos *framers* sobre o princípio da separação dos poderes, anota, nas pp. 587-588: "Justice Holmes lembra-nos que a concepção de Montesquieu sobre a doutrina da separação dos poderes era baseada em uma ficção: 'His England – the England of the threefold division of power into legislative, executive and judicial – was a fiction invented by him'. Na Inglaterra, com sua fusão virtual dos Poderes Executivo e Legislativo, a separação dos poderes era, apesar de Montesquieu, somente uma teoria política", e revela a preocupação de Madison sobre o assunto, chegando à seguinte conclusão: "A história legislativa antes resumida leva-nos a concluir que uma separação estrita dos poderes, tal como havida na Declaração de Direito de Massachusetts de 1780, foi deliberadamente rejeitada desde o início. Seja o que for que a separação dos poderes possa estipular, ela não significa uma clara linha de separação entre os departamentos, estando cada um expressamente proibido de exercer algum poder apropriado ao outro. Isso teria sido o caso proposto por Madison na emenda da separação dos poderes, feita como foi depois da Declaração do Estado de Massachusetts. Sua rejeição indica uma abordagem mais flexível à separação dos poderes. Tal, de fato, devemos notar, foi a abordagem postulada perante a Suprema Corte sob a Presidência do *Chief Justice* Burger sobre o assunto" (p. 590).

65. Entre nós, seria a validação, pelo Judiciário, de atos administrativos nulos por vício de incompetência.

66. Citado por Berger, *Estoppel*, p. 686.

67. Berger, *Estoppel*, p. 688.

pode ser visto como uma usurpação do poder Executivo sobre o Legislativo. Portanto, a doutrina da separação dos poderes não oferece qualquer obstáculo para a aplicação do *estoppel* contra o Governo em casos de condutas autorizadas".[68]

Além disso, mesmo em relação às condutas não autorizadas – como no caso *Merrill* – Berger sustenta, citando a bem conhecida opinião dissidente do Juiz Jackson, que uma agência federal de seguros deveria submeter-se ao "mesmo princípio fundamental do *fair dealing*" que Estados progressistas aplicam a companhias privadas,[69] e que "é bom lembrar que uma 'Constituição foi feita para a segurança e proteção do povo e não para ser usada como um instrumento de sua destruição'".[70]

É digna de nota a crítica feita por B. Schwartz sobre a opinião da Suprema Corte no caso *Merrill*, na medida em que sua crítica é relacionada com a abordagem da conduta *authorized/unauthorized*. De fato, anota B. Schwartz, no caso *Merrill*, não era uma lei, mas uma regulação, que foi violada pela informação dada. Quando é a regulação da própria agência, e não uma lei, que limita a autoridade dos servidores, não há perigo que o manejo de um *estoppel* venha a possibilitar à agência estender sua própria autoridade legal. O princípio do *no-estoppel*, continua o Professor B. Schwartz, deveria ser limitado aos casos nos quais os atos praticados em confiança na Administração Pública fossem contrários à lei. Em tais casos, ele conclui, o fato de o governo estar envolvido não é realmente o fator determinante, porque nenhuma pessoa pode ser impedida (*estopped*) em posição contrária ao Direito.[71]

2.3.3 O problema do Erário

Apesar de não ser subestimável a capacidade de a aceitação da regra do *estoppel* possibilitar a ruína das finanças públicas, como lembra Fred Ansell, há várias razões para duvidar que tal raciocínio possa explicar as decisões da Suprema Corte sobre o *estoppel*, uma

68. Ansell, *Unauthorized Conduct*, p. 1.038.
69. Berger, *Estoppel*, p. 685.
70. Berger, *Estoppel*, p. 687, nota 46, citando *Kneeland v. Milwaukee, 15 Wis. 454, 469-70 (1862) (Dixon, C.J.)*.
71. Schwartz, *Administrative Law*, p. 153.

vez que em vários casos o autor que pugna pela aplicação do *estoppel* estaria legalmente autorizado a pleitear o benefício, não fosse a conduta equivocada do servidor público. O caso *Schweiker* é um perfeito exemplo disso, uma vez que, relembre-se, o autor estaria autorizado a receber o benefício da Previdência Pública não fosse a negligência do servidor. Nesses casos, não há perigo de depauperar o erário, sobrecarregando o orçamento ou desviando verbas de outras fontes e rubricas.[72]

Ademais, o *estoppel* do Estado apresenta pequeno risco de levar à bancarrota o erário, considerados os vastos recursos que possui o Governo americano. Na medida em que a regra do *no-estoppel* protege o erário pela redução do risco de o governo ter de sofrer perdas financeiras em razão de falhas de servidores, tal ocorre a um custo muito alto – litigantes inocentes são forçados a suportar esse risco.[73]

Além disso, em casos que não está envolvido o dinheiro público, *v.g.*, essa objeção cairia completamente por terra.

2.3.4 Considerações gerais

B. Schwartz critica as abordagens feitas no caso *Merrill* e outras decisões similares. As razões apresentadas em casos como *Moffat* e *Heckler*, diz B. Schwartz, "tem toda a beleza da lógica e toda a fealdade da injustiça". E cita as seguintes palavras: "Algo está errado quando um cidadão pode ser ressarcido de um amassamento no pára-lama causado por um carteiro na roda de um caminhão do Estado e outro não pode quando é trapaceado e feito de trouxa (*booby-trapped*) por um servidor do *Federal Crop Insurance*".[74]

De acordo com B. Schwartz, os casos *Hansen Merrill* representam um retrocesso na investida do Direito administrativo americano de sujeitar o Estado às mesmas regras legais que vinculam os indivíduos. Não se pode fazer melhor, ele anota, do que citar as palavras da Corte da Nona Circunscrição em caso envolvendo o *estoppel* por informação errônea: "Dizer-se a esses apelantes, 'Era uma piada. Vocês não deve-

72. Ansell, *Unauthorized Conduct*, p. 1.034.
73. Ansell, *Unauthorized Conduct*, pp. 1.035-1.036.
74. *McFarlin v. Federal Crop. Ins. Corp., 438 F.2d at 1237*, em Schwartz, *Administrative Law*, p. 152.

riam ter confiado em nós' ('The joke is on you. You shouldn't have trusted us'), é difícil ao nosso grande governo".[75] Nesses casos, conclui Schwartz, o interesse público por trás da regra do *no-estoppel* deveria "ser superado pelo interesse contraposto dos cidadãos em algum mínimo padrão de decência, honra e confiabilidade nas suas relações com o seu Governo".[76]

No já referido *comment* foram enumeradas várias razões para estender a doutrina *estoppel* também para casos contra o governo: (1) com freqüência outras políticas públicas seriam implementadas, (2) aos indivíduos serão dadas informações tais que para que as instituições funcionem de acordo com as propostas legislativas concebidas a partir delas, (3) tal extensão da doutrina promoveria a concepção nos cidadãos de que eles recebem do governo um tratamento honesto ("*fair deal*"), (4) mais perdas decorrentes de equívocos do governo seriam evitadas, (5) essas perdas que efetivamente ocorrem poderiam espraiar-se sobre um grande número de indivíduos, causando assim ínfima perturbação pessoal e social, e (6) os custos para o governo e para as partes privadas em negociar seriam minimizados.[77]

3. "Equitable estoppel against the government" – Propostas de solução na doutrina americana e suas relações com a boa-fé objetiva e a confiança ("good faith reliance")

Como já foi dito, a Suprema Corte nunca decidiu que o *equitable estoppel* poderia ter lugar contra o Estado. Por outro lado, a Corte tem-se recusado a estabelecer uma regra clara de que o *equitable estoppel* não pode em nenhuma circunstância ser aplicado *against the government*. Como notado por Conway, a ausência de um norte bem definido sobre as circunstâncias sob as quais o *estoppel against the government* poderia ser apropriado levou a uma confusão em várias Cortes inferiores, as quais vêm-se utilizando de diferentes critérios e abordagens para embair a estrita *no-estoppel rule*.[78]

75. *Brandt v. Hickel, 427 F.2d 53, 57 (9th Cir. 1970)*, em Schwartz, *Administrative Law*, p. 154.

76. *Hecker v. Community Health Servs., 467 U.S. at 61*, em Schwartz, *Administrative Law*, p. 154.

77. *Comment, Never trust a bureaucrat*, p. 406.

78. Conway, *Equitable estoppel*, p. 707.

Doutrinadores têm proposto métodos e esquemas conceituais a identificar circunstâncias nas quais o *equitable estoppel* poderia ser aplicado contra o governo.

3.1 A proposta legislativa de Newman sobre a "good-faith-reliance", de 1953, e outras leis

Em 1953, Franc C. Newman e outros administrativistas apresentaram uma proposta legislativa, a qual tinha o seguinte texto:

"(1) Ninguém será responsável para com o Governo dos Estados Unidos por danos ou penalidades por causa de conduta desconforme com quaisquer leis constantes da secção seguinte, se for comprovado que a conduta se deu em conformidade com a boa-fé e em confiança a regra, ordem, opinião ou outra disposição escrita de uma agência responsável pela administração daquela situação, e se tal disposição foi promulgada para orientar uma pessoa ou classe de pessoas. A disposição deve por igual eximi-lo de responsabilidade contra terceiros por perdas e danos. Deve eximi-lo de responsabilidade contra terceiros também se ficar confirmado (A) que sua conduta ocorreu depois que terceiro tenha notado sua intenção de confiar na disposição, e (B) que o terceiro pudesse razoavelmente ter tido a expectativa de postular uma revisão administrativa ou judicial do dispositivo. Se o dispositivo em que se confiou for depois substituído, revogado, ou invalidado, ou modificado de tal forma que sua conduta não esteja mais em conformidade com ele, a parte é eximida de responsabilidade somente durante o período anterior ao tempo que ela deveria ter conhecido a alteração do dispositivo e agido de acordo com ela.

"(2) As seguintes leis são incluídas: (a serem inseridas).

"(3) De acordo com os propósitos desta Lei, as agências podem por meio de regras identificar os servidores que estão autorizados a estabelecer disposições escritas a serem seguidas.

"(4) Essa Lei pode ser nominada como 'Good Faith Reliance Act'".[79]

79. Newman, *Proposals*, pp. 389-390. O autor discute quais espécies de problemas apareceram ao esboçar essa legislação. Suas palavras: "(1) Se uma informação oficial é equivocada, deveria o erro ser corrigível? (2) Que tipo de informação deveria proteger uma pessoa? (3) O que deveria ser exigido de quem busca a proteção? (4) Do que e de quem deveria ele ser protegido? (5) Que leis deveriam ser incluídas?" (p. 376).

O Congresso, lamentou B. Schwartz, não se moveu, e o interesse no assunto arrefeceu.[80] Na opinião de Newman, a lei proposta poderia dar algo mais que compaixão às pessoas que no futuro fossem induzidas em erro.[81] E, como notou B. Schwartz valendo-se de metáforas, se um homem deve "dobrar as esquinas" quando negocia com o Estado, como foi dito no caso *Merrill*, o governo deveria ser mantido em um quarteirão retangular quando negocia com seus cidadãos.[82]

Por outro lado, há algumas leis em relação às quais, apesar de se destinarem a temas específicos, é possível perceber uma implicação da doutrina da *good-faith reliance*. De fato, o *Portal-to-Portal Act*, de 1947,[83] dispõe que os empregadores não podem ser responsabilizados pela falta de pagamento dos salários determinados por leis específicas se esse não-pagamento ocorreu por boa-fé e confiança em regras editadas por oficiais designados pelo Ministério do Trabalho (*Labor Department officials*).[84]

80. Schwartz, *Administrative Law*, p. 157.

81. Newman, *Proposals*, p. 389.

82. Schwartz, *Administrative Law*, p. 157. Parecem caber aqui as palavras citadas por Berger na conclusão de seu conhecido artigo: "A pretensão do governo por uma imunidade em relação ao *estoppel* é de fato uma pretensão a eximir-se de exigências da moral e da justiça. Como tal, ele necessita ser zeloso de seus direitos a cada ato. A confiança na eqüidade do governo cimenta nossas instituições sociais. Nenhum centavo de enriquecimento ao governo pode compensar uma depreciação dessa confiança, porque a afronta à moral e à justiça envolvidas é o repúdio à representação do povo pelo governo" (Berger, *Estoppel*, p. 707).

83. Ver, sobre isso, William S. Tyson, "The Good Faith Clauses of the Portal-To-Portal act: and Attempt to Introduce Certainty in the Field of Administrative Law", *22 Temple Law Quarterly 1 (1948)* (doravante, *The Good Faith Clauses*). O autor mostra a "história" da cláusula da boa-fé na legislação americana; refere que havia dispositivos sobre a boa-fé no *Securities Act of 1933*, no *Securities Exchange Act of 1934* e no *Public Utility Holding Company Act of 1935*, assim como havia idêntico dispositivo adotado pelo Senado em 1937 na versão original do *Fair Labor Standards Act*, o qual foi depois rejeitado pelo *Conference Committee* ao apreciar tal projeto de lei (pp. 3-4). Entretanto, ele diz, "A cláusula da boa-fé contida no *Portal Act*, diferentemente de outras mais antigas, não era em nenhum sentido relacionada com o genérico aspecto do poder de fazer regras (*rule-making power*) uma vez que ao administrador nunca foi dado esse poder. Sua singularidade, entretanto, não estava restrita a isso. Mais insólito é o fato de que as cláusulas do *Portal Act* não eram limitadas a casos de confiança em regras, regulações ou ordens, mas extendidas a disposições administrativas, autorizações, interpretações, execução e cumprimento de políticas públicas" (p. 4).

84. Ver Schwartz, *Administrative Law*, p. 156. O autor anota que algumas agências por si mesmas têm estipulado semelhantes incursões sobre a doutrina do "*no*

Mesmo antes dessa Lei, uma Emenda feita em 1934 à Secção 19 do *Securities Act* de 1933 eximia de responsabilidade o cidadão que de boa-fé agisse em confiança às *Commission's Interpretations of the Act*, ainda que pudesse depois alterar sua interpretação ou algum outro órgão revisor pudesse não confirmá-la.[85]

A esse respeito, são dignas de nota outras provisões específicas promulgadas pelo Congresso: *Truth-in-Lending Act*, 15 U.S.C. § 1640(f) (1976); *Color of Title Act*, 43 U.S.C. § 1068 (1976); *Model Penal Code* § 2.04 (*Proposed Official Draft* 1962).[86]

3.2 O entendimento das Cortes e da Doutrina. "Affirmative misconduct" e os seus quatro elementos alegadamente necessários

Apesar de a Suprema Corte nunca ter explicitamente sustentado que o Estado não poderia ser "impedido" (*estopped*), a Corte parece ter sugerido, em 1973, no caso *Immigration & Naturalization Serv. V. Hibi, 414 U.S. 5 (1973)* que o *estoppel* pode ser aplicado quando os agentes do governo cometem uma *affirmative misconduct*.[87] O problema é que a Corte nunca se referiu aos seus requisitos a fim de deixar claro o que isso significa. Como dito por Deborah Walrath em 1985: "A Suprema Corte ainda não explicou a relevância da *affirmative misconduct* enquanto exigência para impor o *equitable estoppel*

estoppel against the government". "Portanto" – salienta Schwartz – "o *Office of Price Administration* montado para administrar o controle de preços durante a Segunda Guerra Mundial, estipulou por regulação que não haveria responsabilidade quando a violação de uma lei fosse baseada na boa-fé e na confiança (*good faith reliance*) emprestada a um servidor da agência".

85. A emenda mereceu os elogios de Walter Wheeler Cook, "Certainty in the Construction of the Law", *21 American Bar Association Journal 19 (1935)*. Cook notou que o significado da Emenda apareceria "quando nós relembrarmos o dilema com que normalmente se confrontam os cidadãos quando se vêem frente a novas e freqüentemente complexas leis que impõem a eles novas obrigações e deveres: ele se expõe a perigo ante a freqüentemente ambígua linguagem da nova lei, talvez mais tarde interpretada por algum órgão de revisão, usualmente uma Corte, que entende que ele se equivocou na interpretação da lei e que, portanto, está sujeito a penosas responsabilidades" (p. 19).

86. Tomei os exemplos de Braunstein, *In Defense*, p. 2, nota 6.

87. Citados por Thompson, *Equitable Estoppel*, p. 555, nota 36.

contra o governo".[88] Essa situação parece persistir até hoje, o que não impediu, entretanto, Cortes inferiores de terem-se engajado em melhor delimitar os indefinidos graus da *affirmative misconduct*. E é importante dizer que, não obstante esse esforço, o problema ainda persiste.[89]

É também clara e bem conhecida a disposição de várias Cortes Federais em abandonar a regra do *no-estoppel*,[90] e deve ser observado que os doutrinadores têm enumerado quatro elementos exigidos para aplicar o *estoppel* contra o governo.[91] Esses elementos foram citados em várias decisões:

"(1) a parte impedida (*estopped*) (Governo) deve conhecer os fatos;

"(2) ela deve querer que sua conduta possa ou deva influenciar a outra parte, de modo que esta tenha o direito de acreditar na sua intenção;

"(3) a parte influenciada deve desconhecer os fatos verdadeiros; e

"(4) ela deve confiar na conduta da parte contrária".[92]

É digno de nota que essas exigências são totalmente similares àqueles clássicos elementos que devem estar presentes nos casos de *estoppel* aplicado no Direito privado, como foi notado Bigelow no final do séc. XIX: (1) deve ter havido uma falsa afirmação ou ocultação de fatos materiais; (2) a afirmação deve ter sido feita com o conhecimento, atual ou virtual, dos fatos; (3) a parte a quem ela foi feita deve ser insciente, atual e potencialmente, da verdade dos fatos; (4) a afirmação deve ter sido feita com a intenção, atual ou virtual, de

88. Walrath, *Recent Developments*, p. 196. Como salientou Thompson, *Equitable Estoppel*, p. 560: "a sugestão da Suprema Corte sobre a *affirmative misconduct* é que ela deve ser vista como um modesto passo em direção a uma regra liberalizante – uma tentativa de prover uma medida limitada de assistência em casos excepcionalmente sensíveis sem expor o governo a uma irrestrita responsabilidade por mera negligência, ações ou omissões impróprias dos seus agentes".

89. Ver Walrath, *Recent Developments*, pp. 196-197.

90. Ver Eisen, *Schweiker v. Hansen*, p. 609, citando várias decisões, p. 616, notas 46 e 47.

91. Ver Pitou, *Thesis*, p. 106, na conclusão do trabalho, onde o autor percebe os mesmos "quatro elementos básicos" os quais a parte deve provar para "estabelecer um caso *prima facie* de *equitable estoppel against the United States*".

92. *United States v. Ruby Co., 588 F.2d 697, 702 (9th Circ. 1978)*, citado por Eisen, *Schweiker v. Hansen*, p. 616, nota 47. Thompson, *Equitable Estoppel*, p. 559, nota 55, menciona uma decisão mais antiga: *Hampton v. Paramount Pictures Corp., 279 F.2d 100 (9th Cir. 1960)*.

que a outra parte devesse agir com base nela; (5) a outra parte deve ter sido induzida a agir com base nela.[93]

A doutrina tem também apresentado balizas para uma teoria do *estoppel against the government*. É impossível, entretanto, nos limites deste trabalho, citar todas. Vou elencar tão-somente algumas, a fim de dar uma idéia geral acerca da tendência da doutrina atual.

Thompson diz que o *estoppel* deveria ser permitido quando o agente do Estado, agindo dentro do escopo de sua autoridade, tenha induzido razoável e perniciosa confiança na parte privada. E, quando carece de competência o servidor, as Cortes devem prestar mais atenção às implicações de se permitir o *estoppel* para a implementação de políticas públicas ditadas pelo Congresso e para a separação de poderes do Estado.[94]

Apesar de não ter dito isso diretamente, a proposta de B. Schwartz parece ser muito simples: "O princípio do *no-estoppel* deveria ser limitado aos casos nos quais os atos cometidos contra a lei (*statute*). Em tais casos o fato de o governo estar envolvido não é um fator determinante, porque nenhuma pessoa pode ser impedida (*estopped*) em uma posição contrária a uma lei (*contrary to a law*)".[95]

A teoria de John F. Conway é mais complexa. Ele inicia pela seguinte estrutura teórica: haveria "dois diferentes tipos de *equitable*

93. Bigellow, *A treatise in the Law of Estoppel*, pp. 569-570. A similitude indica claramente que a idéia é aplicar ao Governo as mesmas regras aplicadas às partes privadas.

94. Thompson, *Equitable Estoppel*, p. 571. Ele salienta: "Em alguns casos, mais freqüentemente envolvendo disputas contratuais, os obstáculos constitucionais e políticos ao uso do *estoppel* podem ser relativamente menores; em outros, tais como disputas sobre a propriedade de terras federais ou em processos criminais, os obstáculos devem ser fortes". E ele conclui: "*Estoppel* não pode ser permitido tornar-se um substituto fácil para a aplicação de princípios fundamentais cuidadosamente elaborados do devido processo. Mas onde esses princípios não provejam soluções a problemas que envolvam ameaças de injustiças sérias, e onde outros mecanismos se mostram incapazes de evitar o dano, há um espaço legítimo para o prudente e disciplinado uso do *estoppel* contra o governo".

95. Schwartz, *Administrative Law*, p. 153. Raven-Hansen, *Regulatory Estoppel*, pp. 40-41, anota que essa é uma *statute/rule distinction* e que algumas Cortes e alguns professores a construíram, citando uma decisão da Corte da Sétima Circunscrição – *Portmann v. United States, 674 F.2d 1155, 1159 (7th Cir. 1982)* – na qual foi reconhecida a validade da objeção à separação dos poderes em casos onde o uso do *estoppel* para obrigar "obediência a uma informação equivocada do governo ameaça contrapor uma expressa exigência legal".

estoppel": (1) *Substantive estoppel* – quando o governo é impedido (*estopped*) de sustentar que um indivíduo não é substantivamente apto a receber um benefício ou serviço em função de uma lei. Aqui, os autores alegam que sua confiança no comportamento do governo justifica o recebimento do benefício, não obstante o fato de que tal comportamento não seja a causa da sua inaptidão ao recebimento do benefício. *Merrill* seria um caso típico. (2) *Procedural estoppel* – quando o governo é impedido (*estopped*) de sustentar que um indivíduo não pode receber um benefício ou serviço porque ele deixou de seguir determinadas regras que lhe eram exigidas, e ele é substantivamente apto a receber os benefícios. O autor teria recebido o benefício se não fosse pelo erro do Governo.

Para Conway, haveria também "três tipos de atividades administrativas": (1) *proprietary in fact* – quando o governo provê precisamente os mesmos bens e serviços do setor privado e compete com este pelos consumidores; (2) *proprietary in form* – na qual o tipo de atividade é em regra conduzida pelo setor privado, mas, em função de certas realidades econômicas, os bens e serviços específicos que o governo provê não são simultaneamente providos pelo setor privado, como, por exemplo, o seguro contra secas e enchentes; e (3) *sovereign activity* – quando a atividade é unicamente desenvolvida pelo setor público, sem que haja nenhuma outra análoga no setor privado (exemplos: administração de seguridade social, cobrança de impostos, imposição de multas, outorga de vistos e reconhecimento de cidadania, compra de munição).[96]

A proposta de Conway é, em resumo, a seguinte, e baseia-se em duas idéias-chave: primeira, quanto "mais *proprietary*" é a atividade do governo, mais deveria ser permitido o *equitable estoppel*. Segunda, quanto "mais *procedure*" é o ato equivocado do servidor, mais deveria ser permitido o *equitable estoppel*. Portanto – diz o autor – quando a atividade administrativa é de fato de proprietário (*proprietary*), ambos *substantive and procedural equitable estoppel* deveriam ser aplicados; quando a atividade administrativa é de *proprietary in form*, somente o *procedural equitable estoppel* deveria ser aplicado; quando a atividade administrativa em questão é puramente soberana, nenhuma forma de *estoppel* (*neither procedural nor substantive equi-*

96. Ver Conway, *Equitable estoppel*, pp. 717-722.

table estoppel) deveria ser aplicada. Esse quadro – conclui Conway – "sintetiza o atual estágio do direito acerca do *equitable estoppel of the federal government*".[97]

4. "Promissory estoppel" e "regulatory estoppel"

Escrevendo sobre os deveres pré-contratuais, o Professor Nili Cohen anota que o Direito inglês impõe algumas limitações à liberdade de agir no processo negocial, uma das quais sendo a regra do *promissory estoppel*, que é, ele diz, uma "criatura híbrida", compreendendo elementos do contrato (promessa) e da responsabilidade civil (confiança).[98]

Na Austrália, onde o *promissory estoppel* tem sido mais desenvolvido,[99] Andrew Robertoson anota que as relações entre as temáticas do *estoppel*, contratos e responsabilidade civil mostram que o direito das obrigações não tem sido ordenadamente construído,[100] sugerindo que a doutrina australiana não chegou a um consenso sobre o assunto.

Nos Estados Unidos, o Professor Eric Mills Holmes, escrevendo em 1996, disse: "o *promissory estoppel* é supremamente mal compreendido".[101]

Evidentemente não posso esclarecê-lo. No entanto, é digno de nota que, de algum modo, o *promissory estoppel*, como *estoppel* que é, tem sido tratado na *common law* sob as luzes do princípio da confiança. Esse é o ponto que tenho de e quero enfatizar. Nos países da *continental law*, o princípio da boa-fé, abaixo abordado brevemente, traz e veicula, assim como a doutrina da *promissory estoppel* na *common law*, a idéia da confiança, que tem sido a pedra de toque na temática.[102]

97. Conway, *Equitable estoppel*, p. 722.

98. Nili Cohen, "Pre-Contractual Duties: Two Freedoms and the Contract to Negotiate", in *Good Faith and Fault in Contract Law*, Oxford, Clarendon Press, 1995 (doravante *Pre-contractual Duties*), p. 29.

99. Cohen, *Pre-contractual Duties*, p. 29.

100. Robertson, *Situating Equitable Estoppel*, p. 41.

101. Eric Mills Holmes, "The Four Phases of Promissory Estoppel", *20 Seattle University Law Review 45 (1996)*, p. 45.

102. Ver, no entanto, Randy E. Barnett & Mary E. Becker Becker,. "Beyond Reliance: Promissory Estoppel, Contract Formalities, and Misrepresentations", *15 Hofstra Law Review 443 (1987)*, sustentando que a confiança não pode ser a pedra

Até aqui tenho descrito o *estoppel* como uma doutrina que é, ou não, capaz de ser aplicada em casos em que uma conduta prévia de alguém, "A", pode provocar em outro uma expectativa, fazendo-o pensar estar autorizado a agir de acordo com aquela prévia atitude tomada por "A".

Há, entretanto, ao menos outra espécie de *estoppel* que é também digno de nota e que deve ser enfocado: o *regulatory estoppel*. A esse respeito, o esquema apresentado aqui é tomado inteiramente do Professor Peter Raven-Hansen.

A comparação entre *equitable estoppel* e *regulatory estoppel* é inevitável. Enquanto *equitable estoppel* – diz Raven-Hansen – impede a parte de quebrar sua própria palavra sob certas circunstâncias, o *regulatory estoppel* impede uma *agency* de agir quando ela tenha infringido sua própria determinação.[103]

Raven-Hansen refere três princípios do *regulatory estoppel*: o mais antigo é o princípio de que as agências devem seguir suas próprias diretrizes, mormente porque essas regras têm "força e efeito de lei".[104] O segundo é o de que essa teoria da "força e efeito" é inaplicável quando a agência tenha violado suas próprias *nonlegislative laws*,[105] e o terceiro princípio é o de que o devido processo garantido pela Quinta Emenda à Constituição Americana obriga as agências a seguir suas próprias leis.[106] Esses três princípios do *regulatory estoppel* operam em diferentes esferas do direito aplicável às agências, mas têm um ponto comum: sob essa teoria, se o governo for

de toque da doutrina do *estoppel*. Cito o original: "Were the issues properly focused, it would be obvious that reliance cannot be the touchstone of promissory estoppel liability. Although reliance often increases cost of underenforcement, a formal limit on liability is of little value if it holds only in the absence of reliance. Similarly, although there is no need for a remedy for misrepresentation in the absence of reliance, reliance alone cannot determine the standard of liability for misrepresentation" (p. 496-497).

103. Raven-Hansen, *Regulatory Estoppel*, p. 28.

104. Raven-Hansen, *Regulatory Estoppel*, p. 5.

105. Raven-Hansen, *Regulatory Estoppel*, p. 27.

106. Raven-Hansen, *Regulatory Estoppel*, p. 56. Cada um desses temas poderiam ser amplamente enfrentados, e tópicos como a separação de poderes, *misconduct*, ou o peso da confiança, dentre outros, poderiam ser francamente discutidos como o foram, embora ali de passagem, quando da análise do *equitable estoppel*. Não é essa a proposta do artigo, no entanto.

impedido (*estopped*) de agir por ter quebrado a própria palavra, deverá haver uma equânime ponderação dos interesses públicos e privados, e essa ponderação é uma solução *ad hoc*, a qual difere caso a caso.[107]

Parte II – "Estoppel" – Aproximação com o princípio da moralidade administrativa (art. 37 da CF/88)

Até aqui somente descrevi o que parece ser o esquema básico da doutrina da *common law* com referência ao *estoppel*. A primeira parte, entretanto, teve também a intenção de aproximar as temáticas do *estoppel* e da moralidade administrativa, princípio insculpido no art. 37 da CF/88.

1. A relativa inutilidade dos argumentos utilizados no "common law"

É básica a diferença no "âmbito de análise" entre o Direito administrativo continental e o Americano. O daquele é bem maior, sendo que B. Schwartz deixa isso bem claro. A concepção continental de Direito administrativo, ele diz, é muito mais abrangente que a americana e compreende não somente os poderes administrativos, seu exercício e "remédios", mas também temas como formas de agências administrativas, exercício do e limitações sobre o poder regulatório, administração dos bens do governo, serviço público e obrigações administrativas. Essas são, nos EUA, matérias estudadas em outro ramo, o da "Administração Pública", não pelo "Direito administrativo", o qual é ligado aos poderes, remédios e respostas às seguintes questões: (1) De quais poderes se revestem as *administrative agencies*? (2) Quais são os limites de tais poderes? (3) Quais as formas pelas quais

107. Raven-Hansen, *Regulatory Estoppel*, pp. 69-70. Nalguma medida, *equitable estoppel* e *regulatory estoppel* confundem-se. Professor Raven-Hansen parte da noção de *equitable estoppel* para construir sua proposta teórica do *regulatory estoppel*. A pedra de toque da temática é balancear os dois interesses em jogo: o privado, que é a confiança em ter um governo que não quebre as próprias regras; e o público, representado pelo interesse em fazer cumprir as políticas públicas postas pelo legislativo, as quais não podem ser afetadas pelo *estoppel*, e algumas vezes são reforçadas por fatores práticos de eficiência administrativa.

as *agencies* são mantidas dentro desses limites se comparado com o Direito administrativo Americano.[108]

Ao contrário da nação do norte, no Direito continental não há lugar para a doutrina da imunidade do Estado (*government immunity doctrine*). No Brasil, o artigo 37, § 6º, da CF/88 põe abaixo qualquer tentativa neste sentido[109] e empece, se não fulmina, argumentos como o da separação dos poderes ou do problema fiscal.

A temática da boa-fé no Direito continental e no *Common Law*, no entanto, vai-nos interessar mais de perto.

Não há espaço aqui ao tratamento da boa-fé no Direito continental, por evidente, sendo a temática por demais conhecida.[110] Vale somente relembrar, a fim de melhor entender o objetivo deste trabalho,

108. Schwartz, *Administrative Law*, p. 2. Doutro norte, vale lembrar que o princípio da legalidade é o mais importante princípio de Direito administrativo entre nós. Uma comparação útil entre os sistemas do *civil law* e do *common law*, embora considerando somente os ordenamentos francês e inglês, foi feito por Harlow, *Compensation and Government Torts*, p. 51: "A idéia de legalidade administrativa não é uma idéia à qual os administrativistas ingleses mostraram muito interesse, embora ela esteja no coração do Direito administrativo" ("The idea of administrative legality is not one in which English administrative layers have shown much interest, though in reality it lies in the heart of administrative law"). De fato, não se encontram, na doutrina do Direito administrativo americano, como se vê na doutrina francesa – e, conseqüência, na doutrina pátria – estudos aprofundados acerca do princípio da legalidade.

109. Esse artigo estabelece o mais importante princípio, entre nós, da responsabilidade civil do Estado. Apesar de o assunto dar margem a muitos debates, havendo questões a serem exploradas, não há dúvidas de que alguns fundamentos estão bem fincados na doutrina e jurisprudência brasileiras. Nos Estados Unidos, Davis & Pierce, *Treatise*, v. III, p. 201, ensinam que o problema da responsabilidade civil do Estado não é muito claro. No original: "Tort liability of Government and Their Employees is a field far too large for comprehensive treatment in a treatise on Administrative law. The field is a complicated amalgam of federal statutory law, judicial interpretations of those statutes, constitutional law, state tort law, federalism, administrative law, conflicts of law, sovereign immunity, the Eleventh Amendmenth's limitation on federal judicial power to entertain actions against States, the Fourteenth Amendment's grant of power to enforce that Amendment's substantive prohibitions, and the scope of immunity of judicial, legislative, administrative, and enforcement personnel".

110. Dentre as obras clássicas, duas, em língua portuguesa, merecem destaque especial, ambas pondo a ênfase do tratamento da boa-fé no âmbito jusprivatista: António Manuel da Rocha e Menezes Cordeiro, *Da Boa Fé no Direito Civil*; e Judith Martins-Costa, *A Boa-Fé no Direito Privado*. No âmbito do juspublicista, ver Giacomuzzi, *A moralidade administrativa e a boa-fé*; Nobre Jr., *O princípio da boa-fé...*

a didática e bem conhecida distinção entre boa-fé subjetiva e objetiva. Como escrevi noutro lugar, baseado em ensinamento de Judith Martins-Costa: "(...) boa-fé subjetiva denota estado de consciência, é "subjetiva" porque o intérprete, ao aplicá-la, busca a intenção do agente; a má-fé é seu contrário. A outra, a boa-fé *objetiva*, caracteriza-se por significar um modelo de conduta social, arquétipo ou *standard* jurídico ligados às idéias e ideais que animaram a boa-fé germânica do § 2º do BGB: regra de conduta baseada na honestidade, na retidão, na lealdade e principalmente, na consideração para com os interesses de terceiros, vistos como um membro do conjunto social que é juridicamente tutelado".[111]

No Direito administrativo americano, embora se possa encontrar menção a uma tal distinção objetivo/subjetivo da boa-fé em artigo de Tyson,[112] essa abordagem é menos comum, e os doutrinadores não a mencionam com freqüência. Nas Cortes, como se nota de uma visão geral das decisões correntes, o uso mais comum da boa-fé é relacionado com o que se chamaria no Direito continental de boa-fé *subjetiva*, o que não significa, entretanto, que o sistema da *common law* ignore por completo a distinção.

111. Giacomuzzi, *A moralidade administrativa e a boa-fé*, p. 240. A distinção, no Direito americano, não é comum, e muitos doutrinadores freqüentemente não a fazem. Nos Tribunais, como se pode ver das decisões judiciais, o uso mais comum da boa-fé é o seu aspecto subjetivo, o que não significa que a distinção objetivo/subjetivo seja ignorada no *common law*. Ver, a confirmar essa assertiva, a maioria dos casos citados em *Words And Phrases: Permanent Edition*, vol. 18A, at 83-130. É também importante notar o ensinamento recente de Roger Brownsword, segundo o qual, na Inglaterra, os advogados estão há muito familiarizados com o conceito de boa-fé subjetiva no sentido de honestidade ou de clara consciência dos fatos, mas não com a idéia de boa-fé objetiva no sentido de uma sua não-exigência nos atos negociais, sendo que a boa-fé objetiva não faz parte do léxico do Direito contratual inglês durante a maior parte do século XX. Mas, do final dos anos 1980 para cá, diz Brownsword, o cenário mudou radicalmente, e o conceito de boa-fé objetiva não é mais uma idéia estranha como antes, embora seja equivocado dizer que os advogados ingleses estejam nos dias de hoje inteiramente à vontade com a idéia da boa-fé (Roger Brownsword, "Positive, Negative, Neutral: the Reception of Good Faith in English Contract Law", *Good Faith in Contract: Concept and Context* (doravante, *The Reception of Good Faith*), pp. 13-15).

112. Tyson, *The Good Faith Clauses*, p. 7: "this phrase 'good faith' can, of course, mean a subjective state of mind in which honesty of purpose rather than reasonableness of conclusion will be the deciding factor. On the other hand, 'good faith' can be used in its objective sense denoting not only subjective honesty but also reasonable action".

É a boa-fé *objetiva* que nos importa, porque a confiança (*reliance*) se encaixa justo aí. Por isso, quando houver referência à boa-fé doravante, sempre será a boa-fé *objetiva* (*good faith reliance*).

1.1 "Good-faith reliance" no Direito privado

A *Good-faith reliance*, ao contrário da *bona fide*, que apareceu desde os primórdios na história do Direito,[113] é um tema que existe há pouco mais de um século, tendo constado do *Bürgerliches Gesetzbuch* [doravante BGB] – que à boa-fé (*Treu und Glauben*) se refere cinco vezes, sendo bem conhecidos os §§ 242 e 157.

Também como sabido, embora o papel que essas normas exercem hoje seja imenso não só na Alemanha, mas em todo o Direito continental, não foi sempre assim. Como disse Jorge Cesa Ferreira da Silva, foram a doutrina e a jurisprudência que alçaram a boa-fé a verdadeiros *topos* formador de opiniões doutrinárias e decisões jurisprudenciais, conferindo-lhe gradualmente maior importância.[114]

Os feitores do BGB não tinham em mente as enormes conseqüências que gerariam às normas que estavam sendo postas,[115] sendo isso lugar-comum entre os doutrinadores. Como enfatiza Udo Reifner, o § 242 não esteve nem nas deliberações iniciais sobre o BGB nem exerceu, nos primeiros livros de casos do começo do séc. XX, algum papel importante,[116] e, mais, tampouco esse parágrafo fazia parte do primeiro esboço do BGB.[117] No entanto, à medida que o tempo foi passando, a boa-fé "alcançou espaço infinitamente maior do que originariamente pretendia. Basta atentarmos para os inúmeros institutos jurídicos ou deveres de conduta dela decorrentes no âmbito jusprivatista, na Alemanha e no mundo: o papel da culpa *in contrahendo*, os

113. Ver J. F. O'Connor, *Good Faith in International Law*, pp. 5-13.

114. Jorge Cesa Ferreira da Silva, *A boa-fé e a violação positiva do contrato*, p. 47. Ver tb. Giacomuzzi, *A moralidade Administrativa e a boa-fé*, p. 234.

115. Ver Menezes Cordeiro, *Da Boa Fé no Direito Civil*, p. 331, onde o autor relata que está ainda crescendo a influência da *treu um Glauben*. Ver tb. Franz Wieacker, *El principio general de la buena fe*, p. 49.

116. Udo Reifner, "Good Faith: Interpretation or Limitation of Contracts? The Power of German Judges in Financial Services Law", *Good Faith in Contract: Concept and Context* (doravante, *Good Faith*), p. 286.

117. Reifner, *Good Faith*, p. 275.

deveres acessórios como a violação positiva do contrato, a *exceptio doli*, o *venire contra factum proprium*, a *supressio* e a *surrectio*, o *tu quoque* e outros".[118]

Todos esses institutos, no entanto, pertencem ao Direito privado, não aparecendo com freqüência no Direito público. Uma tal distinção entre público e privado, muito mais comum no Direito continental do que no *common law*, não precisa ser aqui revista, sendo no entanto fácil perceber, da análise dos argumentos utilizados, que, no sistema da *common law*, para inadmitir o *estoppel* contra o governo, muitos desses argumentos coincidem, não por acaso, com os argumentos comumente esgrimidos por aqueles, no Direito continental, que são contrários à aplicação da boa-fé no Direito público.

A distinção entre Direito público e privado é bem mais familiar ao Direito continental que ao sistema da *common law*. "Quando na Inglaterra falamos sobre "Direito público' – anota Carol Harlow – sabemos todos mais ou menos sobre o que estamos falando, e isso nos é normalmente suficiente".[119] Em contraste, no Direito continental, uma tal distinção, mais histórica no passado e mais científica – dicotômica – com a criação do Estado moderno, nascido com as revoluções dos oitocentos, sempre se fez presente.[120]

Entretanto, essa abordagem público/privado, embora existente, nunca foi muito clara.[121]

Udo Reifner ensina-nos sobre esse dualismo em países do *civil law*, nos quais – ele nota – há duas ordens jurídicas totalmente separadas, com princípios diferentes, Cortes diferentes e práticas profissionais diferentes: Direito privado e Direito público (*droit public*, *öffentliches Recht*, melhor traduzido, diz o autor, por Direito administrativo). "Enquanto o Direito administrativo é, no continente, de-

118. Giacomuzzi, *A Moralidade Administrativa e a boa-fé*, p. 234.

119. Carol Harlow, "'Public' and 'Private' Law: Definition without distinction", *43 Modern Law Review 241 (1980)*, p. 241.

120. O tema comporta uma monografia própria. Por todos, acerca da importância da *summa divisio*, ver, Norberto Bobbio, *Estado, Governo, Sociedade*: *para uma teoria geral da política*, p. 22.

121. Na doutrina Americana, Pierce, Shapiro & Verkuil, *Administrative Law and Process*, p. 1, não deixaram lembrar disso: "As distinções entre Direito público e privado não são precisas".

rivado do sistema feudal de ordens no qual o povo deve 'obedecer', o Direito privado é o direito do consenso entre pessoas iguais".[122]

De fato, dentre os vários critérios utilizados para resolver o problema da dicotomia público/privado, nenhum satisfaz plenamente. Antes, porém, parece necessária outra pergunta: qual a utilidade de uma tal distinção?

Talvez todo o ponto seja resumível na temática do *interesse público*,[123] conceito que, embora de difícil visualização *prima facie* em muitos casos, aparece mais nítido no Direito público que no Direito privado,[124] e que me parece ser capaz de tomar o lugar – aqui está o ponto – do princípio da autonomia da vontade, principal característica do Direito privado, ao menos até o final do séc. XIX, no papel de distinguir o quão público/privado é o direito em questão.

O que significa "interesse público", no entanto, não é algo fácil de definir. Também não há uma necessária oposição entre autonomia da vontade e interesse público. A autonomia da vontade é um princípio filosófico relacionado ao estado liberal dos séculos XVIII e XIX, onde o papel do Estado era muito menor que o hoje exercido.

Data de 1971 a conhecida explanação de Ludwig Raiser segundo a qual não seria mais correto um sustentar a absoluta separação entre o Direito público e o Direito privado.[125] Eles são de fato inter-

122. Reifner, *Good Faith*, p. 278.

123. Há um senso comum – talvez pouco refletido – no Direito continental de que o "public interest" é um dos fundamentos do Direito público. Héctor Jorge Escola, conhecido professor argentino, escreveu um livro – talvez superavaliando o tema – no qual ele propõe que o "interesse público" deveria tornar-se o centro do Direito administrativo. Ver Héctor Jorge Escola, *Él Interés Público como fundamento del Derecho Administrativo*.

124. Nos EUA, os Professores Pierce, Shapiro & Verkuil, *Administrative Law and Process*, p. 3, alertam para o ponto: "the public law, which generally is uncodified, exists to promote the 'public interest'".

125. Ludwig Raiser, "Il Futuro del Diritto Privato", *Il Compito del Diritto Privato*, p. 223. No Direito inglês, Carol Harlow critica os que vêm propondo uma distinção entre Direito público e privado. Suas palavras, no original: "The creators of the 'public/private' classification may feel that they are building bridges across the Channel. If so, this is surprising, as on other occasions, the same men have warned us to beware of harmonization for harmonization's sake. It is also unwise, because it may lead us to adopt an outmoded distinction at the very moment when our continental neighbors are questioning its validity and usefulness" (Harlow, *"Public" and "Private" Law: Definition without distinction*, pp. 264-265).

conectados, existindo esferas entrelaçadas em que, por vezes, prevalece o "peso do público" e, noutras, o privado. Udo Reifner fez análogas observações dizendo que as diferenças entre Direito público e privado estão hodiernamente desaparecendo com o desenvolvimento de uma Administração mais responsável e com as privatizações, produzindo um tipo de consenso no Direito administrativo, enquanto o Direito civil incorpora mais e mais elementos de público interesse.[126]

É fácil perceber que a relação desse intercâmbio entre público/privado e o *estoppel against the Government* é a seguinte: a boa-fé, enquanto instituto típico do Direito privado, pode, no Direito continental, provocar em alguns – como de fato o fez[127] – tantas objeções quantas foram opostas à aplicação do doutrina do *equitable estoppel* pôde, na *common law*, provocar – e de fato ainda o faz. Essa aversão à doutrina da boa-fé no Direito público é ainda presente em países como a Bélgica, *v.g.*, onde domina absoluto o princípio da legalidade, não havendo espaço à boa-fé.[128]

As objeções, entretanto, em minha opinião, são inconsistentes, e delas já tratei noutro lugar.[129] Recentemente, essa posição foi também sustentada, com a costumeira correção, por Judith Martins-Costa: "Hoje em dia, diferentemente, o princípio da confiança está na base das relações jurídicas, sejam de Direito público ou privado".[130]

Não seria arriscado dizer que, no início do séc. XXI, podemos antever uma maior e mais profunda necessidade de aplicação da boa-

126. Reifner, *Good Faith*, p. 278.

127. No início do séc. XX, boa parte das doutrinas italiana e alemã consideravam que a boa-fé era irrelevante ao Direito Público. Ver Manganaro, *Principio*, Introdução. Menezes Cordeiro refere que, contra utilidade da boa-fé no Direito Público, poderia ser considerada a visão liberal de não-intervenção do Estado na vida privada (ver Menezes Cordeiro, *Da Boa Fé no Direito Civil*, p. 383).

128. Ver Guy van Fraeyenhoven, "Rapports Belges. Droit Fiscal", *La Bonne Foi*, p. 385. Tb. Dominique Lagasse, "Rapports Belges. Droit Administratif", in *La Bonne Foi*, pp. 390-392. Tratei mais demoradamente do tema no já citado *A moralidade administrativa e a boa-fé*, pp. 255-263.

129. Entre nós, Nobre Jr., *O princípio da boa-fé*, pp. 127-161, tem a mesma opinião aqui esposada, com rica bibliografia. Na Espanha, consutar a obra de Jesús Gonzáles Pérez, *El Principio General de la Buena Fe en el Derecho Administrativo*, 3ª ed., Madrid, Civitas Ediciones, 1999, pp. 37-40.

130. Judith Martins-Costa, "A proteção da legítima confiança nas relações obrigacionais entre a Administração e os particulares", *Revista da Faculdade de Direito da UFRGS* 22/232.

fé no Direito público – e especificamente no que toca às relações para com a Administração Pública. Há pouco espaço para duvidar que os Estados modernos estejam em constante transformação nas suas estruturas. Em poucas palavras, o *Welfare State* está devolvendo ao setor privado, em forma de privatizações, algumas tarefas que tomou a si depois da Segunda Grande Guerra. A pedra de toque dessa mudança, entretanto, não fará reviver a autonomia da vontade, ao menos no sentido de que as partes irão relacionar-se à margem do Estado e apesar de sua existência (esperando-o longe, embora seja essa a errônea visão de alguns neoliberais). O novo foco é e será o cidadão enquanto co-participante das atividades do Estado, seja enquanto eleitor, escolhendo seus governantes, seja enquanto participante da Administração, tomando parte nas políticas públicas. Uma vida, em suma, do cidadão *com* o Estado, e não *contra* o Estado.

De fato, a "*soft administration*" ganha terreno, e o Estado moderno vem tratando *com* as partes privadas, e *em seu nome e interesse*, como nunca antes fizera. Estado e cidadãos devem trabalhar juntos, e, nesse novo cenário, a boa-fé objetiva tem importante papel.[131] Em alguma medida, é o próprio conceito de democracia que está em jogo. No Direito público, a confiança do cidadão no seu Governo é, sob certo prisma, mais importante que a confiança entre os próprios concidadãos. É impossível a democracia moderna – como se fosse antes viável – sem a confiança nos atos do Estado, e é aí que as doutrinas do *estoppel*, da boa-fé objetiva, da confiança e da moralidade administrativa ganham espaço.[132]

1.2 Boa-fé e responsabilidade pré-contratual. "Culpa in contrahendo"

Conforme ensina Ralph Lake, embora no sistema da *common law* não haja leis definindo o *contrato*, a doutrina inglesa e americana geralmente têm aceitado ser o contrato um "acordo legalmente vin-

131. A mesma conclusão foi alcançada por Manganaro, *Principio*, p. 56.

132. A proteção da confiança é, hoje, lugar comum nas Cortes européias. Ver Federico A. Castillo Blanco, *La Protección de Confiança en Derecho Administrativo*, p. 107. Nessa obra, Blanco faz magnífica análise do princípio da confiança e anota a similitude de propósitos entre a proteção da confiança e a doutrina do *estoppel* nos países do *common law* (pp. 154-162).

culante" (*legally binding agreement*).[133] O *American Restatement of Contract*[134] contém uma definição freqüentemente citada: "Um contrato é uma promessa ou conjunto de promessas para cuja quebra o direito confere ações, ou para cujo cumprimento o direito, de alguma forma, reconhece deveres" ("A contract is a promise or set of promises for the breach of which the law gives a remedy, or the performance of which the law in some way recognizes a duty" (Restatement (Second) of contracts, paragraph 1 (1981)).[135]

Embora a doutrina da boa-fé seja importante para o Direito contratual no sistema da *common law*,[136] talvez sua maior contribuição

133. Ralph B. Lake, *Letters of Intent and Other Precontratual Documents: Comparative Analysis and Forms* (doravante, *Letters*), p. 26.

134. Anote-se: um *restatement* não é uma lei, mas, sim, a opinião doutrinária de vários juristas sobre determinado assunto. Portanto, não vinculante.

135. Lake, *Letters*, p. 27.

136. Como diz Lake, *Letters*, pp. 177-178, o Direito americano, assim como o inglês, impõe deveres de agir de boa-fé nos contratos existentes. O *Restatement (second) of Contracts* dispõe que "every Contracts imposes upon each party a duty of good faith and fair dealing in its performance and enforcement". O *Uniform Commercial Code* dispõe que "every contract or duty within this Act imposes an obligation of good faith in its performance or enforcement". As palavras "*or duty*" foram inseridas pelos redatores do Código para assegurar que os deveres de boa-fé de terceiros estariam também incluídos. Tais dizeres do texto legal, no entanto, não implicam a fase pré-contratual. A idéia é dar efetividade aos contratos existentes. A "*Good Faith*" é definida em dois lugares no Código. A definição geral, aplicável ao Código como um todo, é "'Good faith' means honesty in fact or transaction concerned"– U.C.C., paragraph 1-201 (19) (1978). No art. 2, "good faith" como tal se refere à venda de bens é assim definida: "'Good faith' in the case of merchants means honest in fact and the observance of reasonable commercial standards of fair dealing in the trades."– U.C.C. paragraph 2-103 (b) (1978). Mas um possível dever de boa-fé na fase pré-contratual à qual o *Uniform Commercial Code* se refere não é prevista no Código. As infreqüentes aplicações do *standard* da boa-fé na fase pré-contratual têm duas bases: primeira, as Cortes algumas vezes entendem que a obrigação é muito vaga para ser aplicada; segunda, a determinação de um remédio apropriado pode ser difícil (pp. 179-80). Ver tb. E. Allan Farnsworth, "Precontractual Liability and Preliminary Agreements: Fair Dealing and Failed Negotiations", *87 Columbia Law Review 217 (1987)*. Ele diz: "Americans courts (...) have declined to find a general obligation that would preclude a party from breaking off negotiations, even when success was in prospect. They reluctance to do so is supported by the formulation of a general duty of good faith and fair dealing in both the Uniform Commercial Code and the Restatement (Second) of Contracts that, at least by negative implication, does not extend to negotiations" (p. 239). O mesmo autor escreveu, em 1990, que as negociações pré-contratuais e os acordos preliminares eram um dos dez maiores (*top*

tenha lugar na responsabilidade pré-contratual. A esse respeito, como anota Lake, a extensão e o fundamento dessa responsabilidade é diferente se tomarmos os ordenamentos jurídicos, *v.g.*, de Inglaterra, EUA, França, Itália e Alemanha. Em regra, O Direito inglês não reconhece a responsabilidade pré-contratual. Já os Estados Unidos têm a doutrina do *promissory estoppel* à disposição e podem impor obrigações ao contratante de boa-fé. O Direito francês impõe a responsabilidade pré-contratual. Alemanha e Itália utilizam a doutrina da *culpa in contrahendo* para impor a responsabilidade pré-contratual.[137] Para a intenção deste artigo, cabe analisar minimamente a situação da Alemanha, de onde brota a doutrina da boa-fé objetiva.[138]

Na doutrina do *common law*, Friedrich Kessler e Edith Fine lembram que a teoria da *culpa in contrahendo* remonta ao famoso artigo de Jhering, publicado em 1861 e intitulado "*Culpa in Contrahendo*, oder Schadensersatz bei nichtigen oder nicht zur Perfektion gelangten Verträgen". O escrito sustentou a tese de que a parte que se houvesse com culpa e causasse danos durante a fase de negociação do contrato deveria indenizá-los. O impacto de tal teoria – dizem os autores –, ultrapassou as fronteiras germânicas.[139]

Um resumo da doutrina da "*fault in negotiation* " é dado por Kessler e Fine: Jhering estabeleceu de modo sistemático a questão sobre se a parte "culpável" não deveria ser responsável perante a parte "inocente" a qual sofreu prejuízo por confiar na validade do contrato. Sua resposta é afirmativa. Ele sugeriu que o descuidado promissor (*the careless promissory*) deva responder pelo prejuízo quando tenha criado na outra parte a falsa aparência de uma obrigação vinculativa.[140] Nas décadas que se seguiram à entrada em vigor do BGB (1900), a doutrina da *culpa in contrahendo* resolveu-se no princípio da boa-fé,

ten) pontos desenvolvidos no direito contratual nos anos 1980 (E. Allan Farnsworth, "Developments in Contract Law During the 1980's: The Top Tem", *41 Case Western Reserve Law Review 203* (*1990*)).

137. Lake, *Letters*, p. 171.

138. Udo Reifner, *Good Faith*, p. 276, anota claramente que, na Alemanha, a implementação da responsabilidade pré-contratual foi resolvida pelo princípio da *culpa in contrahendo* desenvolvida do § 242 BGB.

139. Friedrich Kessler & Edith Fine, "*Culpa in Contrahendo*, Bargaining in Good Faith, and Freedom of Contract: A Comparative Study", *77 Harvard Law Review III, 401* (doravante *Culpa*), p. 401.

140. Kessler & Fine, *Culpa*, p. 402.

o qual permearia todo o direito contratual, aplicando-se de fato a todas as transações legais.[141]

Tudo está em que, nos sistema do *civil law*, desde a influência de Jhering, noções de boa-fé em forma de *culpa in contrahendo* ou outro signo qualquer tornaram-se firmemente estabelecidas,[142] e no Brasil não foi diferente. Não obstante o silêncio da lei, a Doutrina e as Cortes têm aplicado a doutrina da *culpa in contrahendo*, baseando-se na teoria da boa-fé objetiva.

Aqui, portanto, já exsurge evidente a relação entre boa-fé, confiança, moralidade e *estoppel*.

1.3 Moralidade, promessas e direito contratual: conexão com a "estoppel doctrine" e teoria da "culpa in contrahendo"

"Estamos vivendo em novo e negro tempo, um tempo de crise moral no qual moralidade e direito são crescentemente zombados, um tempo de egoísmo, de hedonismo, desonestidade e falta de preocupação com os outros (...) Se quisermos recriar uma sociedade decente e civilizada, nossas instituições jurídicas devem ensinar e reforçar cer-

141. Kessler & Fine, *Culpa*, pp. 403-404. Como anotam os autores, pp. 406-407, o impacto da doutrina de Jhering não ficou confinado ao direito contratual alemão, mas afetou o Direito australiano, suíço e italiano. No Direito inglês, como dito por J. F. O'Connor (*Good Faith in English Law*, 17-50, 1990, citado por Lake, *Letters*, p. 171), é claro que as partes de um contato devem agir de boa-fé, embora os juízes ingleses prefiram soluções concretas e normalmente não recorram ao termo "boa-fé". Por outro lado, ainda segundo Lake, os tribunais americanos são muito mais inclinados a impor deveres precontratuais em geral do que os tribunais britânicos.

142. Como nota Lake (*Letters*, art. 178), a exigência de uma obrigação genérica de negociar "de boa-fé" durante a fase pré-contratual é mais problemática no Direito dos EUA. Ele cita algumas decisões: "The duty of good faith is weak in the formation stage of contact, if indeed it can be said to exist there at all", *First Nat'l Bank of Chicago v. Atlantic Tele-Network, 946 F.2d 516, 520 (7th Cir. 1991)*: "(...) this thesis (*culpa in contrahendo*) (...) has never been accepted in Anglo-American jurisprudence". *Racine & Laramie v. Dep't of Parks, 14 Cal Rptr.2d 335, 339 (Cal. App. 4 Dist. 1992)*. Ver tb. *Magna Bank v. Jameson, 604 N.E.2d 541 (Ill. App. 5 Dist. 1992)*. Nem o *Restatement (Second) of Contracts* nem o *Uniform Commercial Code* trata dos deveres da boa-fé na fase pré-contratual. O *comment* à Secção 205 do *Restatement (Second) of Contracts*, entretanto, indica que a má-fé nas negociações pode ser considerada ilícita.

tos princípios morais básicos. O direito contratual deve portanto desempenhar uma função de educação moral".[143]

Henry Mather, escrevendo sobre direito contratual e moralidade, foca o tema das promessas nos seguintes termos: "O direito contratual governa as transações envolvendo uma ou mais promessas. Uma promessa é um compromisso ou assunção de que algo será (ou não) feito no futuro. Esse compromisso ou assunção provoca confiança na outra parte. Quando alguém faz uma promessa, em verdade diz a outra parte, como diz Atiyah: 'Pode contar comigo, pode acreditar em mim, pode confiar em mim'".[144] De fato, promessas são feitas para induzir confiança[145] e, reconhecendo que a sociedade, ou a maioria das pessoas, normalmente cumprem suas promessas, podemos ver uma obrigação moral em cumprir nossas promessas.[146]

Não há dúvida sobre a ligação entre "moralidade e promessa"[147] e, conseqüência, não se pode tampouco duvidar acerca da inter-relação entre esses conceitos e as doutrinas da boa-fé objetiva e do *estoppel*.

143. Henry Mather, *Contract Law and Morality* (doravante, *Contract Law*): "We are living in a New Dark age, an age of moral crisis in which morality and law are increasingly flouted, an age of selfishness, hedonism, dishonesty, and lack of concern for others. (...) If we are to recreate a decent and civilized society, our legal institution must teach and enforce certain basic moral principles. Contract law must thus perform a moral education function".

144. Mather, *Contract Law*, p. 1, citando Atiyah.

145. Ver Mather, *Contract Law*, p. 7.

146. Ver Mather, *Contract Law*, p. 7. Diz o autor: "In the contractual context, this principle leads to the conclusion that legal enforcement of broken promises is justified only when detrimental reliance results in serious harm. The legal enforcement of promises thus seems to rest primarily on the need to protect reliance" (p. 10).

147. Ver o livro clássico do jusfilósofo P. S. Atiyah, *Promises, Morals, and Law* (doravante, *Promises*). Para uma análise aprofundada da origem dos contratos na *common law*, ver James Gordley, "Natural Law Origins of the Common Law of Contract", pp. 367-465. Sobre a obrigatoriedade (*enforceability*) das promessas, Gordley anota que mesmo Grócio, no seu grande trabalho *De iure belli ac pacis, libri tres*, inicia sua discussão "Of Promises" tomando partido no antigo debate escolástico. Santo Tomás de Aquino explicava a promessa (promise-keeping) justo nesse sentido, notavelmente suficiente, desde que ele vê ter sido feita uma equívoca tradução de *Ética* na qual a referência àqueles que confiam nos acordos foram substituídos pela referência àqueles que dizem a verdade perante os tribunais. Tomás de Aquino concluiu que promessas eram vinculantes como formas de verdades (*veritas*), fé (*fidelitas*) e honestidade (*honestas*). Promessa quebrada equivalia à mentira, com uma distinção: "One who promises something does not lie if he has the intention to

Para fins deste estudo, seja-me permitido lembrar que as promessas, em alguma medida, devem ser tratadas do mesmo modo que as chamadas "cartas de intenção", uma vez que a existência destas, mesmo se as partes que nela tomam lugar não intentem especificamente negociar, fortalece a necessidade de agir conforme a boa-fé em situações pré-contratuais específicas, exatamente como as promessas o fazem. O ponto será qual a importância da confiança sobre a qual a outra parte irá agir, provocada pela conduta positiva, nesse caso, da promessa feita por quem firmou a carta de intenção. Em ambos os casos, a responsabilidade pré-contratual pode basear-se na obrigação de negociar segundo a boa-fé.[148]

O termo "cartas de intenção", entretanto, pode variar muito, apesar de ter similares efeitos e significados. Aceito a proposta de Lake: o termo "cartas de intenção" – o qual pode ser definido como um instrumento pré-contratual que reflete acordos ou entendimentos preliminares entre uma ou mais partes em um futuro contrato – pode ser usado para denotar instrumentos pré-contratuais que recebem vários outros nomes, dentre os quais, "*heads of agreement*", "memorandos de entendimento", "protocolo de acordos", "protocolos", "cartas de entendimento", "memorandos de intenções" e "*term sheet*". Todos são regularmente usados, mas "cartas de intenção" parece ser o termo mais usado e em de modo engloba os demais.[149]

O *leading case* do Direito brasileiro – que trata justamente de caso onde se quebrou a promessa contida em um "memorando de entendimento" – amolda-se justamente nessa situação, onde a moralidade administrativa deve – como efetivamente se deu – ter lugar.

do what he promises because he does not speak contrary to what ha has in mind. If, however, he does not do what he promises, then he appears to act unfaithfully because his intention changes" (Summa theological II – II, q. 110, a. 3 ad 5). A última escolástica concordou que a virtude da verdade ou fidelidade obrigava a pessoa a manter suas promessas (pp. 370-374).

148. É evidente que a vida apresenta casos nos quais nada há de errado em "voltar atrás". Na Introdução de seu livro, Cooke mostra um exemplo que pode ser considerado socialmente aceitável: desistir de um compromisso para jantar no último minuto (Cooke, *The modern law of estoppel*, p. 1). Algumas mudanças de comportamento, no entanto, devem ser limitadas a fim de evitar injustiças. As doutrinas do *estoppel*, *good-faith reliance*, "*culpa in contrahendo*" e o princípio da moralidade administrativa são somente um – e o mesmo – mecanistmo para tanto.

149. Lake, *Letters*, p. 5.

Trata-se do caso, o qual já lembrei noutro lugar[150] e que foi também corretamente explorado mais recentemente por Judith Martins-Costa,[151] e que aqui é repetido em razão deste estudo comparativo, referido no RMS 6.183-MG, quando o STJ, em 11.11.1995, decidiu, com base no princípio da boa-fé objetiva e aplicando-o à Administração Pública, que o compromisso público assumido pelo Ministro da Fazenda em "memorando de entendimento" deveria ter valor.

Seja-me permitida a longa citação:

"Aconteceu que um particular pediu fosse suspensa a praça designada nos autos de uma execução contra si movida pelo Banco do Brasil, fundando o pedido nas razões de que esse Banco, em conjunto como Banco Central, o Ministério da Fazenda, o Ministério da Agricultura e a Comissão de Agricultura e Política Rural da Câmara dos Deputados firmaram um entendimento onde o Banco do Brasil reconhecera a 'conveniência de suspender os processos, nos casos em que há ânimo do devedor de acertar as contas', assumindo publicamente o compromisso de 'sustar o andamento dos processos pelo prazo de até 90 dias, tão-logo procurado pelo devedor para fazer o acerto de contas'.

"No voto, são palavras do Ministro relator, Ruy Rosado de Aguiar Jr., *verbis*:

"'O compromisso público assumido pelo Governo, através de seu Ministro da Fazenda, o condutor da política financeira do país, e com assistência dos estabelecimentos de crédito diretamente envolvidos, presume-se tenha sido celebrado para ser cumprido. Se ali ficou estipulado que as execuções de créditos do Banco do Brasil seriam suspensas por noventa dias, desde que o devedor se dispusesse a um acerto de contas, é razoável pensar que esse seria o comportamento futuro do credor, pelo simples respeito à palavra empenhada em documento público, levado ao conhecimento da Nação'.

"E continua o Ministro relator, agora aludindo à responsabilidade pré-contratual, à boa-fé e a moralidade administrativa:

"'No Direito Civil, desde os estudos de Jhering, admite-se que o comportamento adotado pela parte, antes de celebrado o contrato, pode decorrer [do] efeito obrigacional, gerando a responsabilidade pré-contratual. O princípio geral da boa-fé veio a realçar e deu suporte jurídico a esse entendimento, pois as relações humanas devem pautar-se pelo respeito à lealdade.

150. Ver Giacomuzzi, *A moralidade administrativa e a boa-fé*, pp. 284-285.
151. Martins-Costa, *A proteção da legítima confiança*, pp. 228-230.

"'O que vale para a autonomia privada, vale ainda mais para a administração pública e para a direção das empresas cujo capital é predominantemente público, nas suas relações com os cidadãos. É inconcebível que um Estado democrático, que aspire a realizar a Justiça, esteja fundado no princípio de que o compromisso público assumido pelos seus governantes não tem valor, não tem significado, não tem eficácia. *Especialmente quando a Constituição da República consagra o princípio da moralidade administrativa*" – grifo meu.[152]

Reforce-se tal entendimento com a advertência de Atiyah: os filósofos quase sempre assumem que promessas são feitas somente por seres humanos. Mas isso – ele diz – não é verdadeiro. Promessas são feitas por pessoas que agem coletivamente em todas as formas de grupos, instituições, companhias, associações, escolas, hospitais, universidades, Governos e outras instituições.[153] É justo o caso em tela.

Parece claro que, fosse o caso julgado por uma Corte da *common law*, seria por intermédio da doutrina do *estoppel* que a abordagem seria feita. A idéia de culpa pré-contratual teve, no caso citado, o mesmo papel que, no mundo anglo-saxão, tem a doutrina do *estoppel*.

Em suma: o *estoppel*, na *common law*, assim como a boa-fé, na *civil law*, carrega a filosofia de que é fundamental, em dado sistema jurídico, proteger a expectativa legítima e a confiança causadas por determinado ato, seja ele praticado por um agente privado ou público.[154] A confiança (*reliance*)[155] é o ponto essencial de todas essas teorias,[156] e, como venho afirmando, a moralidade administrativa entra justo aí.

152. Giacomuzzi, *A moralidade administrativa e a boa-fé*, pp. 284-285.

153. Atiyah, *Promises*, p. 152.

154. Essa conclusão é em tudo similar àquela alcançada por Kessler & Fine, sendo interessante lembrar somente que sua conclusão se refere especificamente ao Direito privado. Ver Kessler & Fine, *Culpa*, pp. 448-449.

155. Dou por certo que o termo "*reliance*" é bem entendido no contexto do *estoppel in good faith*, no sentido de que alguém pode mesmo discutir, por exemplo, "quanta" confiança seria necessária para vincular outrem. Assumo que "confiança" aqui significa não somente algo que está na mente do outro, mas também se representa e se revela por sua ação. "Confianca, então" – salienta Cooke – "envolve acreditar em algo e fazer algo" ("Reliance, then – stresses Cooke – involves believing something and doing something") (Cooke, *The modern law of estoppel*, p. 96).

156. Como alerta Cooke, *The modern law of estoppel*, p. 13: "Ainda a necessidade da confiança é a marca do *estoppel* nas suas formas desenvolvidas, e o estado

Parece também ser esse o *telos*, ainda que sem fazer expressa menção à confiança – a qual, entretanto, está implícita –, que Humberto Ávila encontra no princípio da moralidade administrativa. Com efeito, em recente estudo sobre os princípios jurídicos, Ávila acerta no coração do problema: o não-cumprimento de determinada promessa feita pela Administração Pública fere expectativa criada pela própria Administração, comportamento incompatível com a lealdade e a boa-fé, "necessárias à promoção da moralidade administrativa".[157]

Conclusão

Diferentes sistemas legais têm diferentes teorias, com diferentes nomes, para tratar do problema da expectativa criada por uma parte que age e, com essa ação, leva outra parte a crer em determinado estado de coisas. A doutrina do *estoppel*, mesmo dentro de mais estreitos limites, exerce no sistema do *common law* o mesmo papel exercido pela doutrina da boa-fé objetiva no sistema do *continental law*. Ambas protegem a confiança legítima da parte que age com base nessa crença. Entre nós, especificamente no campo do Direito público e concernente à ação estatal, o princípio da moralidade administrativa expresso no *caput* do art. 37 da CF/88 é o caminho pelo qual esse debate pode ser veiculado, a despeito de não ser essa a única função da moralidade administrativa. Esse princípio, se bem entendido, deita raízes na boa-fé objetiva e visa a proteger a expectativa legítima criada pelo Estado nos cidadãos. Ele pode ser capaz de provocar mudanças na ação administrativa e ajudar a conduzir, esta é a minha esperança, a nação a um tempo de mais Justiça e confiabilidade no Estado. Estamos ainda, no entanto e infelizmente, muito longe disso.

de vínculo subjetivo entre as partes é relevante para saber se é ou não razoável para uma das partes voltar atrás no que foi estabelecido ou assumido" ("Yet the need for reliance is a hallmark of the law of estoppel in its developed forms, and the state of mind of the parties is relevant to whether or not it is unconscionable for either to go back on a statement or assumption").

157. Humberto Ávila, *Teoria dos Princípios: da definição à aplicação dos princípios jurídicos*, 2003, p. 77. Para ver outros casos em que a boa-fé e a confiança foram tomadas como *ratio decidendi* no campo do Direito Público, consultar a obra já citada de Edilson Pereira Nobre Jr., *O princípio da boa-fé e sua aplicação no Direito administrativo Brasileiro*.

Todos concordam que, em um país que se quer honesto e obediente à moral, o cidadão deve poder confiar nos burocratas e conseqüentemente no Estado. A provocação do título deste artigo não passa, como o nome mesmo diz, de uma provocação. É evidente ser inviável, permita-se-me o truísmo, a construção de uma sociedade justa sem que haja confiança recíproca entre seus membros, e entre estes e o Estado – um problema moral antes de tudo, portanto. Uma democracia onde todos desconfiam de todos não é digna desse nome. O Estado tem o dever de agir conforme a boa-fé e a moralidade para fazer-se confiável. Do contrário, como qualquer outro particular, pode e deve ser responsabilizado, ou, o que dá no mesmo, o Estado *can and must be estopped.*

Referências bibliográficas

ANSELL, Fred. "Comment: Unauthorized Conduct of Government Agents: A Restrictive Rule of Equitable Estoppel Against the Government". *University of Chicago Law Review* 53:1026 (1986).

ASIMOW, Michael. "Nonlegislative Rulemaking and regulatory reform". *Duke Law Journal*, 1985:381.

__________. *Advice to the public from federal administrative agencies.* New York, Matthew Bender, 1973.

ATIYAH, P. S. *Promises, Morals, and Law.* Oxford, Clarandon Press, 1981.

ÁVILA. Humberto. *Teoria dos Princípios: da definição à aplicação dos princípios jurídicos.* São Paulo, Malheiros Editores, 1ª ed., 2003; 4ª ed. 2005.

BARNETT, Randy E. & BECKER, Mary E. Becker. "Beyond Reliance: Promissory Estoppel, Contract Formalities, and Misrepresentations". *Hofstra Law Review* 15:443 (1987).

BECKER, Mary E. Becker & BARNETT, Randy E. "Beyond Reliance: Promissory Estoppel, Contract Formalities, and Misrepresentations". *Hofstra Law Review* 15:443 (1987).

BERGER, Raul. "Estoppel Against the Government". *University of Chicago Law Review* 21:680 (1954).

BIGELLOW, Melville Marvin. *A treatise in the Law of Estoppel.* 5th ed., Boston, Little, Brown, and Company, 1890.

BLANCO, Federico A. Castillo. *La Protección de Confianza en Derecho Administrativo.* Madrid, Marcial Pons, 1998.

BOBBIO, Norberto. *Estado, Governo, Sociedade: para uma teoria geral da política.* 4ª ed., São Paulo, Paz e Terra, 1992.

BORBA, Alejandro. *La Teoría de los Actos Propios*. 2ª ed., Buenos Aires, Abeledo-Perrot, 1993.

BRAUNSTEIN, Michael. "In Defense of a Traditional Immunity – Toward an Economic Rationale for Not Estopping the Government". *14 Rutgers Law Journal 1 (1982).*

BROWNSWORD, Roger. "Positive, Negative, Neutral: the Reception f Good Faith in English Contract Law". In: *Good Faith in Contract: Concept and Context*. Edited by Roger Brownsword, Norma J. Hird and Geraint Howells. Aldershot: Darmouth Publishing Company Limited, Brookfield: Ashgate Publishing Company, 1999, pp. 13-40.

CIBINIC, Jr., John & NASH, Jr., Ralph C. *Administration of Government Contracts*. 3rd ed., Washington-DC, George Washington University, 1995.

CLAYBROOK, Frederick W. "Good Faith in the Termination and Formation of Federal Contracts". *Maryland Law Review* 56:555 (1997).

COHEN, Nili. "Pre-Contractual Duties: Two Freedoms and the Contract to Negotiate". In: *Good Faith and Fault in Contract Law*. Oxford, Clarendon Press, 1995, pp. 25-56.

CONWAY, John. "Equitable estoppel of the federal government: an application of the proprietary function exception to the traditional rule". *Fordham Law Review* 55:707 (1987).

COOK, Walter Wheeler. "Certainty in the Construction of the Law". *American Bar Association Journal* 21:19 (1935).

COOKE, Elizabeth. *The modern law of estoppel*. Oxford University Press, 2000.

COUTO E SILVA, Almiro do "A responsabilidade do Estado no quadro dos problemas jurídicos resultantes do planejamento", *Revista Forense* 278/366-371, abril-junho/1982.

DAVID, René. *O Direito inglês*. São Paulo, Martins Fontes, 2000.

DAVIS, Kenneth Culp & PIERCE Jr., Richard. *Administrative Law Treatise*. Volumes I, II, III. Little, Brown and Company, 1994.

__________. *Administrative Law and Government*. 2nd ed., St. Paul, West Publishing Co., 1975.

EISEN, Deborah. "Recent Development – Schweiker v. Hansen: Equitable Estoppel Against the Government". *Cornell Law Review* 67:609 (1982).

ESCOLA, Héctor Jorge. *Él Interés Público como fundamento del Derecho Administrativo*. Buenos Aires, Depalma, 1989.

FARNSWORTH, E. Allan. "Developments in Contract Law During the 1980's: The Top Ten". *Case Western Reserve Law Review* 41:203 (1990).

__________. "Precontractual Liability and Preliminary Agreements: Fair Dealing and Failed Negotiations". *Columbia Law Review* 87:217 (1987).

FARRER, F. E. "A prerrogative fallacy – 'That the Crown is not bound by estoppel'". *The Law Quarterly Review* 49:511 (1933).

FORSTHOFF, Ernst. *Tratado de Derecho Administrativo*. Madrid, Instituto de Estudios Políticos, 1958.

FRAEYENHOVEN, Guy van. "Rapports Belges. Droit Fiscal". *La Bonne Foi (journée louisianaises)*, Tome XLIII, Paris, Litec, 1992.

GIACOMUZZI, José Guilherme. "A Moralidade Administrativa – História de um conceito". Rio de Janeiro, *RDA* 230/291-303, out./dez. 2002.

__________. *A moralidade administrativa e a boa-fé da Administração Pública: o conteúdo dogmático da moralidade administrativa*. São Paulo, Malheiros Editores, 2002.

GONZÁLES Pérez, Jesús. *El Principio General de la Buena Fe en el Derecho Administrativo*. 3ª ed. Madrid, Civitas Ediciones, 1999.

GORDLEY, James. "Natural Law Origins of the Common Law of Contract". *Towards a General Law of Contract*. Berlin, Duncker & Humblot, 1990, pp. 367-465.

HAMILL, James. "The Changing Concept of Sovereign Immunity". *Defense Law Journal* 13:13 (1964).

HARLOW, Carol. "'Public' and 'Private' Law: Definition without distinction". *Modern Law Review* 43:241 (1980).

__________. *Compensation and Government Torts*. London, Sweet & Maxwell, 1982.

HASEN, David M. "The Ambiguous Basis of Judicial Deference to Administrative Rules". *Yale Law Journal on Reg*. 17:327 (2000).

HOLMES, Eric Mills. "The Four Phases of Promissory Estoppel". *Seattle University Law Review* 20:45 (1996).

KESSLER, Friedrich, & FINE, Edith. "*Culpa in Contrahendo*, Bargaining in Good Faith, and Freedom of Contract: A Comparative Study". *Harvard Law Review III*, 77:401 (1964).

KRAUS, E. P. "Unchecked Powers: Supreme Court and Administrative Law". *Marquette Law Review 75:797 (1992).*

LA BONNE FOI (journée louisianaises), Tome XLIII, Paris, Litec, 1992.

LAGASSE, Dominique. "Rapports Belges. Droit Administratif". *La Bonne Foi (journée louisianaises)*. T. XLIII, Paris, Litec, 1992.

LAKE, Ralph B. *Letters of Intent and Other Precontratual Documents: Comparative Analysis and Forms*. 2nd ed., New Hampshire, Butterworth Legal Publishers, 1989.

MALLOR, Jane P. *et all*. *Business Law and the Regulatory Environment: Concepts and Cases*. New York, McGraw-Hill/Irvin, 2001.

MANGANARO, Francesco. *Principio di Buona Fede e Attività delle Amministrazioni Pubbliche*. Napoli, Edizioni Scientifiche Italiane, 1995.

MARTINS-COSTA, Judith. "A proteção da legítima confiança nas relações obrigacionais entre a Administração e os particulares". *Revista da Faculdade de Direito da UFRGS* 22/228-255, Porto Alegre, set. 2002.

__________. *A Boa-Fé no Direito público*. São Paulo, Ed. RT, 2000.

MATHER, Henry. *Contract Law and Morality*. Westport, Greenwood Press, 1999.

MENEZES CORDEIRO, António Manuel da Rocha e. *Da Boa Fé no Direito Civil*. Coimbra, Almedina, 1997.

NASH, Jr., Ralph C. & CIBINIC, Jr., John *Administration of Government Contracts*. 3rd ed., Washington-DC, George Washington University, 1995.

NEUMAN, Frank C. "Should Official Advice be reliable? – Proposals as to estoppel and related doctrines in Administrative law". *Columbia Law Review* 53:374 (1953).

NOBRE JR., Edilson Pereira. *O princípio da boa-fé e sua aplicação no Direito administrativo Brasileiro*. Porto Alegre, Fabris, 2002.

O'CONNOR, J. F. *Good Faith in International Law*. Brookfield, Darmouth, 1991.

PIERCE, Jr. Richard. "Reconciling Chevron and Stare Decisis". *Georgetown Law Journal* 85:2225 (1997).

__________. "The Role of Constitutional and Political Theory in Administrative Law". *Texas Law Review* 64:469, November 1985.

__________, SHAPIRO, Sidney A., and VERKUIL, Paul R. *Administrative Law and Process*. 3rd ed., New York, Foundation Press, 1999.

PITOU, Michael Cameron. *Equitable Estoppel: Its Genesis, Development, and Application in Government Contracting*. Thesis submitted to the Faculty of the National Law Center of the George Washington University, september 30, 1988 (unpublished).

RAISER, Ludwig. "Il Futuro del Diritto Privato". In: *Il Compito del Diritto Privato*. Milano, Giuffrè, 1990.

RAVEN-HANSEN, Peter. "Regulatory Estoppel: When Agencies Break Their Own 'Laws'". *Texas Law Review* 64:1 (1985).

REIFNER, Udo. "Good Faith: Interpretation or Limitation of Contracts? The Power of German Judges in Financial Services Law". In: *Good Faith in Contract: Concept and Context*. Edited by Roger Brownsword, Norma J. Hird and Geraint Howells. Aldershot: Darmouth Publishing Company Limited, Brookfield: Ashgate Publishing Company, 1999, pp. 269-309.

ROBERTON, Andrew. "Situating Equitable Estoppel Within the Law of Obligations". *Sydney Law Review* 19:32 (1997).

SCHWARTZ, Bernard. *Administrative Law*. 3rd edition, Little, Brown and Company, 1991.

__________. "Curiouser and Curiouser: The Supreme Court's Separation of Powers Wonderland". *Notre Dame Law Review* 65:587 (1990).

SCHWARTZ, Joshua Ira. "Estoppel remedies for an agency's violation of its own regulations or other misconduct". *Administrative Law Review* 44:653.

SHAPIRO, Sidney A., VERKUIL, Paul R. and PIERCE, Jr., Richard, *Administrative Law and Process*. 3rd ed., New York, Foundation Press, 1999.

SHELTON SCHWARTZ, Howard. *The conceptualization of estoppel in government contracts*. Thesis prepared for Professor Gilbert J. Ginsburg, in partial satisfaction toward the degree of master of laws in Government Procurement, Washington-DC, Sept. 1971, George Washington University School of Law. (unpublished).

SILVA, Jorge Cesa Ferreira da. *A boa-fé e a violação positiva do contrato*. Rio de Janeiro, Renovar, 2002.

THOMPSON, David. "Equitable Estoppel of the Government". *Columbia Law Review* 79:551 (1979).

TYSON, WILLIAM S. "The Good Faith Clauses of the Portal-To-Portal act: and Attempt to Introduce Certainty in the Field of Administrative Law". *Temple Law Quarterly* 22:1 (1948).

VERKUIL, Paul R. PIERCE, Jr., Richard, and SHAPIRO, Sidney A. *Administrative Law and Process*. 3rd edition, New York, Foundation Press, 1999.

WALRATH, Deborah. "Recent Developments in Administrative Law: Liability of Administrative Agencies and Officials: Estopping the Federal Government: Still Waiting for the right case". *George Washington Law Review* 53:191 (1985).

WIEACKER, Franz. *El principio general de la buena fe*. 2ª ed., Madrid, Editorial Civitas, 1986.

WORDS AND PHRASES: Permanent Edition. Vol. 18-A (Gone-Gyrotiller). St. Paul, Minn., West Publishing Co., pp. 83-130.

1090

GRÁFICA PAYM
Tel. (011) 4392-3344
paym@terra.com.br